密集人群动力学与风险评估

翁文国　王嘉悦　王崇阳　著

科学出版社
北京

内 容 简 介

本书主要阐述了密集人群中个体动力学行为及相互作用过程,在此基础上建立了密集人群运动模型,再现了密集人群运动的典型场景,并且从微观层面和宏观层面出发定量描述密集人群风险特性、评估人群聚集风险。本书首先介绍了行人动力学理论,包括行人动力学实验、实例、模型等三方面的内容。其次,通过人体连续碰撞实验和人体多米诺模型,揭示了人体碰撞过程和碰撞作用力的传递规律,分析了失稳状态下个体的动力学行为及相互作用过程。再次,建立了密集人群运动模型,探讨典型场景中密集人群运动特征、个体的受力特点和分布规律、踩踏事故机理等。接着,通过人体挤压实验构建了个体损伤风险评估模型并进行验证,提出基于个体风险轴的安全管理策略。最后,从宏观层面出发,研究人员密集场所人群聚集风险定量评估方法,一方面针对"事前",应用建立的行人动力学模型来模拟密集人群运动的典型场景,从临界密度、相互作用力等角度对人群聚集风险进行综合研判,为事中的实时监测、人群管控措施制定提供科学支撑;另一方面针对"事中",研究人群运动过程的实时风险时空变化特征及人群踩踏事故的风险临界值,以期对人群踩踏事故提前做出预警。

本书可供公共安全、消防工程、建筑设计、交通运输工程、管理科学与工程和公共管理等相关领域的科研人员、研究生等参考。

图书在版编目(CIP)数据

密集人群动力学与风险评估 / 翁文国,王嘉悦,王崇阳著. —北京:科学出版社,2022.3

ISBN 978-7-03-071191-5

Ⅰ. ①密… Ⅱ. ①翁… ②王… ③王… Ⅲ. ①公共安全–风险管理–研究 Ⅳ. ①D035.29

中国版本图书馆 CIP 数据核字(2021)第 271960 号

责任编辑:王丹妮 / 责任校对:宁辉彩
责任印制:张 伟 / 封面设计:无极书装

科学出版社出版
北京东黄城根北街 16 号
邮政编码:100717
http://www.sciencep.com

北京中科印刷有限公司印刷
科学出版社发行 各地新华书店经销
*

2022 年 3 月第 一 版 开本:720×1000 1/16
2023 年 1 月第二次印刷 印张:16
字数:323 000

定价:128.00 元

(如有印装质量问题,我社负责调换)

前　言

随着城市人口的不断增加，交通网络的逐渐密集，以及多功能的综合体建筑的迅猛发展，城市中公共场所的行人变得越发密集，再加上大型活动的数量逐渐增多、规模逐渐增大，使得密集人群的安全管理受到了高度重视。公共场所的安全管理面临着参与人数众多、风险因素复杂、社会影响广泛、事故后果严重等问题，踩踏事故也时有发生，且呈严重趋势，全世界每年有数千人在因人群聚集活动发生的踩踏事故中丧生。如何防范化解踩踏事故风险、有效监测预警踩踏事故、保证公共场所的人员安全是公共安全、应急管理、行人交通领域的一个热点、难点问题。

《密集人群动力学与风险评估》开展了密集人群中个体动力学行为研究，构建了密集人群运动模型，定量评估人群聚集风险，从而为公共场所中密集人群的安全管理提供数据、理论和技术支撑。

第一，揭示了人体碰撞过程中局部相互作用在队列中的传递规律。通过开展人体队列中的连续碰撞实验及构建人体碰撞模型，研究真实个体之间发生身体接触时的相互作用过程，深入分析局部相互作用在队列中的传递规律。为深入研究人体对于外部载荷的耐受能力提供了翔实的数据支持，为评估个体风险奠定了重要基础，有助于揭示个体间局部相互作用对人群宏观运动状态的影响机理，为防范人群拥挤踩踏事故提供科学依据。

第二，建立了基于相互作用的密集人群运动模型。基于社会力模型框架，以碰撞冲量与推挤力的方式模拟个体之间身体接触时的相互作用过程，确保在考虑个体生理限制时更加合理地估算个体受到的接触作用力，克服了原始社会力模型描述身体接触过程时的局限性。基于该模型探讨典型场景中密集人群运动特征、个体的受力特点和分布规律、踩踏事故机理等，有助于在事前研判密集人群运动的风险。

第三，构建了基于个体所受载荷强度及其持续时间的定量化个体风险评估计算方法。通过开展人体挤压实验，以个体主观感受作为衡量个体风险的主要依据，建立基于个体所受载荷强度及其持续时间的定量化个体风险评估计算方法，研究不同类型载荷对个体风险的影响，并根据文献中记载的历史数据和事件后果初步验证该方法的适用性，详细研究个体差异性的影响，为评估人群中的个体风险奠定基础，从而服务于人群的安全管理。

第四，提出了人群聚集的定量风险评估方法。基于密集人群运动模型，在模拟各种场景下真实人员运动过程的基础上，实时计算个体所受的接触作用力，结合个体风险值计算方法定量评估密集人群中个体风险的时空分布态势，从而可以在事前研判密集人群运动的风险。事中的风险监测预警主要是基于现场的监控视频提取密集人群的运动特征，基于人群运动的加速度绘制人群聚集风险分布图，从而可以对密集人群的运动过程进行监测预警，为人群活动的安全管理和事故防范提供技术支持。

本书介绍了行人动力学理论，通过实验和模型两种方法研究了密集人群中个体动力学行为及相互作用过程，揭示了人体碰撞过程中局部相互作用在队列中的传递规律。在此基础上构建了密集人群运动模型，再现了密集人群运动的典型场景，最后从微观层面和宏观层面出发定量描述了密集人群风险特性、评估了人群聚集风险，最终实现了人群聚集风险的事前研判和事中实时的监测预警。

本书在国家杰出青年科学基金项目（71725006）、国家自然科学基金青年科学基金项目（72004226）等资助下完成，在此深表感谢！

由于作者水平有限，书中难免存在疏漏之处，恳请读者和同行批评指正。

翁文国
2020 年 8 月于北京

目　　录

第1章　绪论 ··· 1

    1.1　密集人群风险 ··· 1
    1.2　密集人群运动特征 ·· 4
    1.3　人群风险特性与事故机理 ·· 7
    1.4　行人动力学研究方法 ·· 14
    1.5　人群聚集风险评估研究方法 ···································· 23
    1.6　本书内容安排 ··· 25
    参考文献 ··· 27

第2章　行人动力学 ·· 47

    2.1　概述 ··· 47
    2.2　行人动力学实验 ··· 48
    2.3　行人动力学实例 ··· 67
    2.4　行人动力学模型 ··· 88
    参考文献 ··· 100

第3章　人体碰撞过程 ··· 104

    3.1　概述 ·· 104
    3.2　人体队列碰撞实验 ··· 105
    3.3　平地上无手部动作的人体连续碰撞 ························· 108
    3.4　平地上有手部动作的人体连续碰撞 ························· 120
    3.5　楼梯台阶上无手部动作的人体连续碰撞 ··················· 124
    3.6　三种实验场景对比讨论 ·· 128
    参考文献 ··· 130

第 4 章　人体连续碰撞过程模拟 · · · · · · 132

4.1　概述 · · · · · · 132
4.2　人体连续碰撞模型 · · · · · · 133
4.3　模型的适用性分析 · · · · · · 147
4.4　实验中的人体连续碰撞过程模拟 · · · · · · 151
4.5　长人体队列中连续碰撞过程模拟 · · · · · · 159
参考文献 · · · · · · 168

第 5 章　基于相互作用的密集人群运动模拟 · · · · · · 170

5.1　概述 · · · · · · 170
5.2　密集人群动力学模型 · · · · · · 171
5.3　瓶颈处密集人群疏散模拟 · · · · · · 181
5.4　麦加朝圣活动人群汇流模拟 · · · · · · 187
5.5　"爱的大游行"活动对冲人流模拟 · · · · · · 192
参考文献 · · · · · · 195

第 6 章　密集人群中的个体风险评估 · · · · · · 198

6.1　概述 · · · · · · 198
6.2　人体挤压实验 · · · · · · 199
6.3　个体风险评估计算方法 · · · · · · 203
6.4　基于个体风险轴的安全管理策略 · · · · · · 214
参考文献 · · · · · · 216

第 7 章　人群聚集的定量风险评估 · · · · · · 219

7.1　概述 · · · · · · 219
7.2　事前的人群聚集风险综合研判 · · · · · · 220
7.3　事中的实时风险监测预警 · · · · · · 230
参考文献 · · · · · · 247

第 1 章 绪 论

1.1 密集人群风险

自 21 世纪以来，世界城市化进程日新月异。2014 年，全球约 39 亿人居住在城市中，城市人口比例已达到 54%，预计在 2015 年将增长到 66%[1,2]。21 世纪上半叶是中国城市高速发展时期，2007 年的官方统计数据显示，全国总人口为 13.21 亿，其中城市人口 5.93 亿，城市化率达到 44.9%[3]。2010 年，第六次全国人口普查结果显示全国总人口（不包括港、澳、台）达到 13.4 亿，城市化水平上升至 49.68%，城乡人口基本持平[4]。2020 年《国民经济和社会发展统计公报》显示，2020 年末我国常住人口城镇化率超过 60%[5]。到 2050 年，预计将有 75% 的中国人居住在城市[6]。全球城市化进程的高速发展，势必将导致中国乃至世界的诸多城市面临着前所未有的人口聚集压力，人群高度密集可能将成为未来城市生活的常态。尽管密集的人群通常不会造成负面的影响[7]，但在有些时候，公共设施的落后与人群管理的缺失可能就会导致人群发生过度拥挤，甚至造成人员受伤或踩踏死亡的严重后果[8]，同时带来不必要的财产损失和极其恶劣的社会影响。

城市人口的急剧增多使得一些承担社会职能的公共场所压力陡增，体育场馆、交通枢纽、公园景区、宗教庙宇、商业中心等公共场所内举办的一系列活动都面临着参与人数众多、风险因素复杂、社会影响广泛、事故后果严重等问题。而且在很多上述类型的公共场所内，人群始终都处于一种接近饱和的状态，这给传统的管理方式带来了巨大的困难和负担。据统计[9]，在 21 世纪的 150 起拥挤踩踏事故中，死亡 5867 人，受伤 12 722 人，且主要发生在宗教场所、体育场所和公众集会场所。这充分表明，现代城市中公共场所的密集人群安全管理面临着巨大的挑战和危机。

近年来，全球仍然发生了多起较为严重的人群拥挤踩踏事故，如表 1.1 所示。例如，在沙特阿拉伯，一年一度的穆斯林麦加朝圣是世界上最大的步行活动之一，数百万人将会在几天内参加宗教仪式，现场十分拥挤。在 2006 年以前，若干起人群事故导致数千人失去生命，此后，沙特阿拉伯政府启动了众多项目以防止此类事故的再次发生，建立了基于运筹学、数据分析和人群动力学的人群管理决策支持系统，使朝圣者行走顺畅且不再拥挤，确保了2007~2014年未再发生与人群相关的大规模伤亡事故。然而在2015年，相关部门和技术人员不再负责活动的路线规划和日程安排，一起人群事故灾难再次降临，造成数千人伤亡[10]。在我国也同样发生过多起此类事故。例如，2014年末，上海外滩陈毅广场聚集了数十万群众准备观看跨年灯光秀活动，尽管该活动已经改换其他地点但大多数群众并不知情仍然向外滩广场聚集，由于现场管理措施缺失、安保力量不足、监管责任落实不到位，拥挤的人群在楼梯上形成对冲，楼梯下方行人被推倒后造成人体堆叠的致命情况，最终导致数十人死伤[11]。这些典型的重大人群拥挤踩踏事故表明，人群活动的安全管理和事故防范都亟须得到科学有效的理论指导和技术支持，这样才能从根本上杜绝群死群伤的惨痛后果。

表 1.1　2014年以来全球人群拥挤踩踏事故典型案例[12]

时间	地点	伤亡情况	事故成因
2014年1月5日	中国宁夏	造成14人死亡，10人受伤	西吉县北大寺宗教领袖纪念活动中，在为信教群众散发食物时，由于相互拥挤，发生踩踏事故
2014年1月18日	印度孟买	造成18人死亡，50多人受伤，其中大部分人死于窒息	当地精神领袖葬礼时大量人群聚集，且道路狭窄，个体由于拥挤导致呼吸困难甚至失去知觉，随后有人跌倒引发踩踏
2014年12月31日	中国上海	造成36人死亡，49人受伤	上海外滩新年庆祝活动发生踩踏事故，对冲的人流在楼梯上发生拥堵推搡，造成台阶下方人员跌倒，致使人群形成堆叠
2015年1月1日	苏格兰爱丁堡	造成123人受伤	新年庆祝活动钟声响起之前，由于场地上拥挤不堪，现场一片混乱，人员拥挤造成受伤
2015年9月24日	沙特阿拉伯麦加	造成至少1399名朝圣者死亡，近2000人受伤	踩踏事故发生在朝圣者准备参加射石驱邪仪式期间，朝圣者由于高温和身体疲惫跌倒引发踩踏
2015年10月15日	波兰比德哥什	造成1人死亡，11人受伤	当地大学组织的派对聚会地点容纳了超出限制的人数，在某一时刻，一个人绊倒了另一个人，有人推搡，引发了踩踏
2016年10月15日	印度瓦拉纳西	造成至少24人死亡，20人受伤	一座通往印度教仪式地点的桥梁上数百名朝圣者在过桥时出现了桥梁倒塌的谣言，他们开始惊慌失措地跑向安全的地方，造成人员死亡
2017年3月6日	赞比亚卢萨卡	造成至少8人死亡，28人受伤	教会组织者开始向参加食品援助活动的人群分发免费食品的时候发生踩踏
2017年6月3日	意大利都灵	造成1人死亡，1500多人受伤	欧洲冠军联赛决赛中，恐慌情绪爆发，许多球迷开始惊恐地尖叫，从广场中心跑出来，一股猛烈的人潮撞向障碍物
2017年9月29日	印度孟买	造成至少22人死亡，数百人受伤	早高峰时，4列火车同时到达车站，很多人挤在公路站之间狭窄的桥上，雨后可能导致有人滑倒引发踩踏事故

续表

时间	地点	伤亡情况	事故成因
2018年6月16日	委内瑞拉加拉加斯	造成21人死亡,另有5人受伤,至少有11名受害者死于窒息	在一家夜总会,一名派对参与者引爆催泪弹,造成人员伤亡并引发恐慌,发生人员踩踏事件
2018年9月17日	安哥拉罗安达	造成5人死亡,7人受伤	非洲冠军联赛比赛中发生踩踏事件。比赛结束后,体育场的大门关闭,随后发生踩踏事件,遇难者被挤死
2018年12月8日	意大利科里纳尔多镇	造成6人死亡,约59人受伤,多数遇难者的头骨被压碎,创伤部位集中在头部和胸部	迪斯科舞厅内说唱音乐会发生踩踏事故。数十名青少年冲向出口附近的低矮栏杆或墙壁,栅栏发生倾覆,人群从上面滚过,出现堆叠,遇难者集中在矮墙附近
2019年9月10日	伊拉克卡尔巴拉	造成至少31名朝圣者死亡,100多人受伤	一神殿举行阿舒拉节纪念活动过程中,人行道的一部分突然坍塌,引发恐慌,导致踩踏事件发生
2020年1月7日	伊朗克尔曼市	造成至少56人死亡,213人受伤	遭美军空袭身亡的苏莱曼尼在其家乡克尔曼下葬,数十万伊朗当地民众涌上街头为苏莱曼尼送行,发生踩踏事件
2021年1月3日	印度西孟加拉邦卡林蓬区	造成2人死亡,4人受伤	一音乐会现场的大门关闭,外面拥挤的人群焦躁不安。突然门被打开,人群瞬间蜂拥而入,部分人被冲倒,导致踩踏事件发生

人群拥挤踩踏事故特征鲜明,包括人群密度高、发生突然、干预难度大等。统计数据也表明,在拥挤踩踏事件的触发诱因中,突发事件占24.67%,有人摔倒占30.67%,人为破坏因素占16%。这表明此类事故往往难以准确预测,在事故预警方面存在巨大的难度。另外,由于事故区域人群密度较高且事故发生突然,如果前期规划不明确,事故处置和救援工作往往面临人力不足、行动迟缓、物资匮乏、协调不力、措施失当等现实问题,从而间接导致人员伤亡和财产损失状况进一步恶化,换言之,此类事故的应急干预工作同样难以做到有的放矢。尽管如此,研究人员仍然建立了众多人群动态监测系统[13-16],涉及全球定位系统(global positioning system,GPS)[17-21]、红外技术[22]、射频识别技术[23,24]、蓝牙传感器[25-27]及计算机视觉[28-35]等各种技术手段,旨在实时掌握人群运动的基本特征。但是,具有先进设计的基础设施与管理系统依然不能完全避免事故的发生,问题根源仍然在于对此类事故的发生机理认识不够深入,对于导致个体伤亡的原因理解还不完全透彻,同时缺乏有效的辅助规划和决策评估手段,当然也受限于管理人员的专业水平。

目前,各国都非常重视公共场所的安全管理工作,我国也颁布实施了《大型群众性活动安全管理条例》,要求对大型活动实行安全许可管理并进行风险评估。在人群聚集活动的准备阶段,需要深入调研实际场所存在的各种风险因素,并综合评估现有管理方式对公共场所规避各类风险的实际效果，尤其对于防范人群大规模聚集可能导致的拥挤踩踏事故，需要制订相应的干预策略和防控措施，同时利用模拟研究等手段预测人群的风险分布情况，验证干预策略及防控措施的有效性和适用性；在人群聚集活动的实际管理中，需要深刻理解密集人群运动的宏观特征规律和其内部的微观事故机理，并能够动态地掌握人群运动状态的演化趋势，根据提取到的特征参量计算个体伤亡风险，判断发生拥挤踩踏事故的可能性，并以此作为后续风险预警和信息发布的重要依据，适时启动应急预案并采取适当的干预措施。因此，深入研究密集人群拥挤踩踏事故发生的微观机理和宏观规律，建立基于个体层面的事故风险定量评估计算方法，从而优化现有的密集人群运动模拟及风险评估方法已经成为密集人群场所安全管理的迫切需求。

1.2　密集人群运动特征

速度、密度、流量是表征行人运动特征的基本变量，三者之间的相关关系称为基础图[36-38]，基础图的确定不仅有助于行人设施的设计[36,39,40]，而且可以为行人流模型的建立和校验提供理论支撑[41-44]。因此，国内外研究人员通过实验、实例数据针对基础图展开了大量的研究[45-60]，发现不同学者提出的基础图的形状差异较大，造成这种差异的原因有很多，包括行人的文化背景、行人流运动方向、运动目的、建筑类型、数据的测量方法等[61]。但是，所有的基础图都体现出一个共同的规律，即速度随着密度的增加而减小[61]，并且可以根据速度的变化率将速度-密度曲线划分为 4 个阶段[50,62]。第一阶段中，速度缓慢减小，行人可以维持自身的期望速度运动；第二阶段中，随着密度增大，空间开始受限，速度的减小趋势加快；第三阶段中，人群中相互作用力增大，速度降低的趋势减缓；第四阶段中，由于行人物理尺寸的限制出现了最大承受密度，速度迅速降低。此外，随着密度的增大，行人的运动空间受限，人群中出现超越、跟随、避让等行为[63]，同时也会表现出低密度时不具有的行为特征[64]，如瓶颈现象[65]、分层现象[66-68]、"拉链"现象[69]、震荡波[49]等。

（1）瓶颈现象。如果两名行人相互挨着行走并且都想通过狭窄的瓶颈，他们之间存在相互干扰，经过一段时间的相互作用或阻碍后，其中一人将首先通过瓶颈。低密度时这一现象并没有多大的影响，但是人群密度较高时，以及人群紧张或兴奋的情况下，合作水平会降低，瓶颈的使用效率降低，行人不断在瓶颈处积累从而发生堵塞现象[70]。Helbing 等[71]通过社会力模型模拟了行人在瓶颈处的运动特征，发现人员的期望速度比 1.5 m/s 小时，行人之间可以相互协调，顺畅地通过瓶颈，而期望速度大于 1.5 m/s 时，堵塞现象就会发生，行人在瓶颈处的分布呈拱形,也就是说此时行人希望尽快通过瓶颈的心理反而降低了实际的运动速度,这被称为"快即是慢"现象。Kirchner 等[72]通过引入摩擦力因子来描述行人之间的冲突,即行人都想通过瓶颈,从而改进了元胞自动机,再现了高密度时行人在瓶颈处发生拥堵的现象,发现低密度下行人之间的冲突不会引起疏散时间的较大变化,而密度较高时,行人之间的冲突会使疏散时间急剧增大。Parisi 和 Dorso[73,74]基于社会力模型研究了瓶颈处的拥堵现象,发现如果人员期望速度大于一定的阈值,那么疏散时间会增大,人流量会急剧减小,表现出了瓶颈处的"快即是慢"现象。Suzuno 等[75]基于现象和分析模型深入分析了造成"快即是慢"现象的物理因素,发现该现象主要是由驱动力与非线性摩擦之间的竞争导致。Seyfried 等[76]结合其他瓶颈实验[77-80]的分析结果,发现瓶颈的位置、行人的初始位置和密度等都会影响瓶颈处拥堵现象出现的条件,通常情况下当进入的人流量大于最大容量时,拥堵现象才会发生,此实验中瓶颈处发生拥堵的条件是行人密度大于 1.8 m^{-2},而某些情况下由于随机流量波动、本地组织的干扰或心理因素,拥堵现象会在最大流量达到之前发生。Garcimartín 等[81]组织了 85 人参加两种不同工况的瓶颈实验,工况一时实验者被告知要尽快通过瓶颈,但不能推搡其他行人,工况二时实验者同样要尽快通过瓶颈,但是可以推搡其他人,通过两种工况的对比发现第二种工况下疏散时间远大于第一种工况,说明推挤力会加重拥堵现象。其他一些学者通过动物如蚂蚁、羊等开展了瓶颈实验,测量了相应的疏散时间和连续两只动物通过瓶颈的时间间隔,同样观察到了"快即是慢"现象[82-85]。

(2)分层现象。密度较低时,行人可以使用简单的策略来最大限度地减少不适感,如调整速度以避免与周围少数人发生碰撞,但是当人群密度较高时,特别是周围行人向反方向运动时,需要采用复杂的策略,此时行人会选择跟随着与自己方向一致的行人运动,导致分层现象出现[70]。分层现象是行人自发形成的,减少了相反运动的行人的相遇次数,即相互作用频率和必要的制动或避让行为减少,从而提高了行人的步行效率[48]。Isobe 等[86]通过在宽 2 m、长 12 m 的通道内组织实验者进行双向运动实验,发现两股人流相遇时出现分层现象,当行人穿过逆向人流后分层现象消失。Kretz 等[77]组织实验者在宽 1.98 m 的通道内双向运动,通过改变双向运动行人的比例得到不同的工况,观察到了分层现象,并且最多有 4 层,层数为单数时总会表现出对称性破缺,为双数时,对称性在靠左行走的行人与靠右的行人达到均衡的情况下会保留。Moussaïd 等[87]通过环形通道双向流实验研究了分层现象,发现分层现象是不稳定的,即分层以后的有序运动和不分层的无序运动交替出现,这主要是由行人舒适速度的改变造成的。Zhang[55]在双向行人流实验中通过改变入口的宽度和给予的实验参与者的指令,发现无指令情况下分层现象较稳定,而有指令情况下层在空间和时间的分布会变换。Guo 等[88]分别研究了正常视野和视野受限情况下双向环形通道实验中行人的分层现象,发现正常视野下行人可以很快地分层，并且总是靠右行走，但是视野受限时，分层现象在初始阶段没有发生，经过一段时间的自学后开始采用分层行走以避免碰撞。Shiwakoti 等[58]比较了"T"形通道中两种不同的汇流方式下行人的自组织现象，第一种情况为行人先在直行通道中然后汇流进入 90°通道，行人通过靠近各自的拐角行走来避免碰撞，因此表现出明显的分层现象，而第二种情况为有一股人流在 90°通道内然后与另一股直行通道的人流汇集进入直行通道，此种情况下行人分层现象不明显。Hoogendoorn 和 Daamen[67]组织志愿者参加了窄瓶颈实验，在瓶颈宽度不变的前提下改变每组实验参与者的数量来研究分层现象与密度的关系，发现当瓶颈中行人的密度达到饱和（即临界值）时，分层现象出现，并且每个层的分布相对固定，层之间相距 0.45 m。Seyfried 等[76]通过逐步增加瓶颈的宽度研究了分层现象，发现当瓶颈宽度大于 0.9 m 时分层现象出现，并且瓶颈宽度变大时，层的分布发散，前后两人的时间间隔降低。Tian 等[89]同样在瓶颈实验中观察到了行人的分层现象，发现当瓶颈宽度增加到 1.3 m 时，层的数量由 2 增加到 3，但是此时行人倾向于在瓶颈的两边行走，而不愿在中间行走，当宽度增加到 1.4 m 时，每层中的人数几乎相等。

（3）"拉链"现象。当行人在瓶颈内的运动空间受限时，行人会出现分层现象，当层与层之间存在空间重叠时，每一层中的行人占用了其他层的空间，这被称为"拉链"现象[67]，"拉链"现象中行人提高了空间的占用率，从而有助于缓解瓶颈中人流量的下降[90]。Duives 等[91]认为"拉链"现象可以通过减少个体某个方向上的占用的空间或者减小个体在某个方向上的排斥力来重现。Hoogendoorn 和 Daamen[67]通过瓶颈实验观察到了"拉链"现象，并将"拉链"现象的空间模式分为 4 种。Yanagisawa 等[92]通过引入摩擦函数改进了元胞自动机模型，其中摩擦函数的输入变量有相互作用的行人的数量、通过瓶颈时方向的转动及"拉链"现象，研究发现改进以后的模型能够更好地吻合之前的实验结果，基于此模型提出了增大瓶颈中流出量的措施，即在瓶颈处放置障碍物，因为障碍物的设置减少了相互作用的行人的数量。

（4）震荡波。在密集人群中，行人会通过推搡其他行人来前行或者获取更多的空间，从而引发人群内部的压力，压力分布的不均匀导致力链产生，力链的传播和力的积累会导致人群内部压力的爆发，从而使人群失去控制，变成完全无序的运动[70]。Fruin[93]提出当行人的密度大于 7 m^{-2} 时，可以把人群当作流体，行人会由于震荡波的传播脱离地面并且被移动到 3 m 以外的区域。Helbing 课题组描述了踩踏事故的演变过程[49,94]。在正常情况下，行人处于层流状态；当密度增加时，行人的运动空间受限，行人开始减速运动，当前面的行人完全停下来时，后面的行人也停下来，而前方人员重新行走时，被占用的空间被释放，后方人员依次重新行走起来，表现为走-停波的形式；当密度进一步增加时，行人中的作用力变大，从而引发震荡波，此时行人的运动方向不受自己控制，行人变为无序地运动，人群处于湍流状态。Seyfried 等[95]基于单列行人运动实验定量分析了走-停波出现的条件，发现密度大于 1.5 m^{-1} 时走-停波出现，处于走状态和停状态下的行人的速度分别是 0.15 m/s 和 0。Ziemer 等[96]用同样的方法分析了另一组单列行人运动实验，计算了走状态下的行人的速度是 0.12 m/s。Zhang 等[97]分析了广东佛山"行通济"活动中行人的运动特征，发现行人在入口处存在走走停停的现象，并进一步计算了行人处于走-停波状态时的特征速度及走-停波的传播速度。Cao 等[98]比较了不同年龄构成的行人表现出的走-停波现象的不同，宏观密度相同时，与只有学生参与的实验相比，学生与老年人混合的实验中走-停波出现得更加频繁，此外，走-停波传播的速度也会随着宏观密度的增加而减小。Helbing 和 Mukerji[99]系统地分析了"爱的大游行"踩踏事故的发生过程，发现事故发生前人群同样处于湍流状态，由于震荡波的作用行人很难保持身体平衡。Ma 等[100]基于流场动力学理论研究了"爱的大游行"活动过程中处于湍流状态的密集人群的运动特征，包括速度场及其流线、涡旋结构、速度方向分布等。Lian 等[101]使用 Grassberger-Procaccia 相关维度方法，显示了"爱的大游行"活动期间行人分布的均匀性，相关维度大约为1.92，而单个行人的空间模式与之不同，从簇到均匀分布变化。Yu 和 Johansson[102]改进社会力模型中的排斥力的表达式，使其能够体现密集人群中强烈的相互作用力，再现了密集人群运动状态从自由行走到拥堵再到震荡波出现的整个过程，与真实的案例数据吻合。Golas 等[103]引入摩擦力改进了连续性模型，再现了"爱的大游行"踩踏事故的发生过程，并通过比较有摩擦力和无摩擦力两种情况下计算的压力值，证明了引入摩擦力对再现湍流人群的必要性。

综上所述，目前在密集人群行为方面的研究取得了很多的成果，发现了密集人群中的瓶颈现象、分层现象、"拉链"现象、震荡波等现象，但是对于不同场景下踩踏事故的触发原因及其事故发生前后人群运动特征的差异的相关研究较少。因此有必要基于实际案例数据，对比分析不同场景下踩踏事故的发展过程及人群运动特征的不同。

1.3 人群风险特性与事故机理

国内外众多研究人员对密集人群中发生的拥挤踩踏事故开展了大量的研究工作。一方面从宏观人群的角度出发，研究人群整体的风险特性，深入分析其发生、发展过程，建立人群风险识别和评估方法；另一方面从微观个体的角度出发，研究个体出现伤亡的事故机理，揭示引发事故的根本原因，提出事故发生概率的估算方法。这些研究成果既能够服务于人群聚集活动之前的事故模拟仿真与风险评估研究，还能够帮助管理人员在人群聚集活动过程中进行实时的风险识别与监测，共同为预防人群拥挤踩踏事故提供科学支撑。

针对宏观人群的风险分析受到了大量研究人员的关注，国内外学者通过对人群踩踏事故案例及真实人群活动进行研究分析，逐渐揭示了宏观人群运动的基本特征和风险特性。Fruin[93]认为当密度达到 7 人/m² 时人群就几乎成为流体，个体将有意无意地成为整体人流的一部分。事实上，现实中的密集人群内，通常可以观察到三种较为典型的人群运动状态，即层流状态、走-停波状态和湍流状态。Helbing 等通过对麦加朝圣人群事故的视频分析，发现随着人群密度的不断增大，层流状态会突然转变为走-停波状态，而后又突然转变为湍流状态，且湍流状态是一种极其危险的人群运动状态，往往会导致行人突然移动，容易造成跌倒并引发踩踏事故，并提出了将"人群压力"作为量化人群风险的表征参数[49,94,104]。Wang 等[105]基于麦加朝圣人群事故的视频，详细分析了走-停波状态的基本特性，同时还利用正交分解法对湍流状态进行了深入分析，研究了人群湍流的基本特征，并发现了与"人群压力"预测结果一致的高风险区域。Helbing 和 Mukerji[99]详细调查了德国"爱的大游行"音乐节踩踏事故，发现事故前人群处于湍流状态且认为这是人群密度升高后的一种必然现象。Ma 等[100]研究了德国"爱的大游行"音乐节踩踏事故中人群的不稳定现象，发现人群流场符合湍流流场的典型模式且行人速度的相关特征亦呈现湍流特征，同时验证了"人群压力"能够较好地表征人群事故风险。Zhang 等[97]利用互相关算法对佛山"行通济"活动视频中的人群速度特征进行了分析，发现瓶颈区域层流状态转变为走-停波状态，并建立了震荡波的理论分析模型对走-停波状态进行了深入研究，提出了运用速度特征频率进行风险预警的想法。上述研究表明，人群运动状态的转变尤其是湍流状态的出现往往可以作为人群事故的预兆，同时可以利用表征参数定量地反映人群风险的时空分布特征。

但除此之外，大量的研究也聚焦于分析和识别特定的人群现象，并将其作为人群事故的预警标志。Fruin[93]提出人群中产生的震荡波可以在人群中传播，其足以将人抬起甚至撕破身上的衣服，强烈的震荡波还会加重个体的焦虑情绪并使呼吸变得异常困难。Helbing 和 Mukerji[99]也深入分析了"爱的大游行"事故中的震荡波和多米诺现象造成人员伤亡的具体过程。Krausz 和 Bauckhage[106]采用基于光流场的测量方法对"爱的大游行"事故进行了分析，提出了基于流场特征的震荡波检测和定位方法，该方法能够通过实时检测过度拥挤现象和震荡波现象对人群事故进行预警。Cao 等[107]基于人群动能和速度方向分布的归一化方法提出了一种人群异常情景的判定方法，该方法可对静态异常和动态异常两个情景进行检测，能够合理地检测到突然加速、减速、突然聚集、分散四种异常场景。Zhao 等[108]基于视频分析方法能够识别人群的有序或无序状态，并利用熵模型的相关参量识别人群异常行为。Wu 等[109]通过划分密度网格和纹理分析方法，能够识别出室内和室外存在遮挡区域的过度拥挤现象。Zheng 等[110]提出了一种突变理论模型来研究人群拥堵的运动机理，并推导出了拥堵时的临界密度和临界速度。Still[111]还专门针对在体育场看台发生的人群倾倒堆叠事故场景开展了模拟研究，并对看台座位深度、高度、间距和坡度等影响因素进行了对比分析。其后又对音乐会现场的人群涌动现象进行了模拟，演示了碰撞等相互作用导致人群浪涌现象的过程。王振和刘茂[112]针对人群拥堵现象进行了深入分析，发现人群的初始密度和堵塞持续时间将直接影响人流疏导过程。卢春霞[113]认为人群中的扰动将引起密度的变化并以波的形式向周围传播，一旦产生激波现象将可能导致拥挤踩踏事故。

尽管已经有大量研究表明人群运动状态的转变尤其是湍流状态的出现以及某些危险的人群现象与人群拥挤踩踏事故存在着紧密的关联，但是仍然需要深入分析人群宏观运动状态和现象发生的内在机理。Helbing 和 Mukerji[99]在事故调查中发现了人群内部相互推搡和碰撞的传递效应，认为这种传递现象会使作用力不断积累，从而造成极大的危险。Still[114]对震荡波造成危害的原因进行了阐述和详解，并指出其重要性不可忽视，同时指出震荡波形成的主要原因可能是人群内部的相互作用行为，这同样也是导致人群事故的内在原因。Ma 等[100]通过事故视频分析认为行人之间的身体接触将引起局部作用力的传播，从而引起速度的波动并导致湍流现象。Illiyas 等[115]研究了印度近 50 年来的踩踏事故，认为人群中的个体可能会非理性地做出自我保护动作，而对他人和周围环境漠不关心，当他们采取不合理的行为策略时，将最终扰乱人群的运动状态，随着事态的发展，个体行为将失去作用而被人群的整体运动支配，并将导致人群湍流的因素概括为人群涌动、突发事件、自然灾害或人为破坏、谣言、竞争行为、临时通知或活动开幕和闭幕。在此基础上，模拟研究试图复现这类宏观的人群运动状态和现象。Henein 和 White[116]在元胞自动机模型的基础上增加了矢量场来表示相互作用力，可以模拟行人间推挤所造成的后果，研究发现相互作用力能够对宏观人群的逃生行为起到促进作用，同时认为人群内的相互作用力是造成人员伤亡的直接原因。Yu 和 Johansson[102]在传统社会力模型的排斥力中增加了新的分量来反映极端拥挤区域内个体之间的强相互作用，从而能够模拟人群运动状态由层流状态转变为湍流状态的过程，湍流状态下的典型特征分析也得到了与案例研究相一致的结果。Kim 等[117]在基于速度的模型中增加了自行定义的相互作用力和其他物理力，如推搡力、碰撞力、制动力及阻滞力等，使得模型能够同时考虑中低密度时个体的避撞行为和高密度时个体之间的相互作用过程，从而模拟人群涌动现象，并发现了局部相互作用力可以在人群中传递。Golas 等[103,118]提出了基于速度的湍流人群模拟模型，主要考虑了类似于真实行人之间的相互作用力和人体加速度约束，他们认为建模行人之间相互作用产生的轴向接触力和切向摩擦力是模拟湍流状态的关键。Ma 等[119]在模拟研究中将个体划分为活跃和不活跃两类，发现活跃个体频繁与他人发生的身体接触可能是导致人群湍流的源头，并建立了大规模人群异质性接触模型，复现了人群的湍流运动状态。上述研究表明，人群内某些个体的非理性行为可能导致个体之间发生强烈的相互作用，这类相互作用尤其是发生身体接触时产生的作用力对宏观人群运动状态的演变具有重要影响。

另外，仍有大量研究人员建立了基于指标或参数的人群风险评估方法，能够定性或定量地描述事故风险水平。定性评估方法主要是利用过往事故的统计信息，针对影响事故的各类因素或指标，开展深入细致的风险评估。英国健康与安全委员会曾利用调查表法和关键词法等定性地对公共场所的人群聚集风险进行了评估分析[120]。胡成等[121]基于运动安全容量、心理安全容量、生理安全容量和服务安全容量，提出了以确定公共场所人员安全容量为核心的风险分析方法。张青松等[122]认为人群拥挤踩踏事故的发生是能量不断聚集并最终突然释放的过程，并利用事件树方法对事故风险进行了分析。于帆等[123]结合层次影响理论建立了风险评估模型，并以事件系统理论为基础确立了基于事件强度、空间和时间的风险评估模式来寻找关键致灾因子。角志达等[124]利用事故树方法对事故致因进行了定性研究，建立了事故评价的指标体系和基于数据包络法的风险评价模型。刘泽照等[125]采用模糊综合评价法建立了依托指标体系的预评估模型，并对上海外滩踩踏事故风险进行了综合分析。定量评估方法是根据人群运动的某些特征参数，确定计算人群风险的量化方法，从而定量地评估人群风险水平。Helbing 等[49]提出了可用于表征人群风险时空变化态势的"人群压力"参数，该参数等于人群密度与速度方差的乘积，能够在空间上反映人群中的高风险区域，也能够在时间上预测人群中出现的湍流状态。Lee 和 Hughes[126]发现在四个案例研究中人群密度都可以很好地表示在某个特定位置处发生人群事故的可能性，并能够利用连续模型[127,128]模拟类似的危险情况，定量地评估人群发生过度拥挤事故和踩踏事故时的风险水平。Wang 等[129]研究了典型人群密度对救援策略的影响，并提出了人群密度风险轴来确定大规模疏散中救援策略的有效性，定量地计算了不同疏散策略及人群密度下的疏散风险。佟瑞鹏等[130]认为事故风险与触发因子、滞留人数、总人数及死亡人数存在关联，建立了拥挤踩踏事故风险定量评价模型。毛华松等[131]基于空间句法理论建立了人群聚集风险的定量评估模型，其中选择整合度、连接度和可理解度作为评估因子，并对重庆动物园进行了案例分析。张青松等[132]提出了人群拥挤踩踏事故风险四阶段理论，并主要针对滞留阶段和拥挤阶段建立了定量计算方法，分别通过滞留人数比和拥挤力来表征事故发生概率和个体伤亡情况。一般而言，定量分析方法能够实时地根据人群的动态变化得到人群风险分布态势和风险演化趋势，具有较大的实用价值，但定量分析方法的难点在于确定能够真实表征人群风险的特定参数。

针对微观个体伤亡事故机理的研究同样得到了大量研究人员的重视。Lee 和 Hughes[126]指出密集人群中导致个体死亡的两种事故类型分别是跌倒踩踏和过度拥挤。许多学者和调查人员也认同了该结论[99]，认为造成个体伤亡和事故灾难的直接原因是跌倒踩踏或过度拥挤，抑或是两者皆有[133]。Wang 等[134]通过对北京密云彩虹桥人群事故的研究，指出个体之间的接触作用力是导致过度拥挤时个体伤亡的关键，其敏感部位在人体的胸腔，且作用力的强度和持续时间都对后果有直接影响，但只有当人群密度超过某特定阈值时个体之间才会产生这种接触作用力。而踩踏事故的灾害因素往往较为复杂多样，过度拥挤导致个体极度虚弱甚至丧失意识后发生跌倒，继而引发踩踏，可能是这起事故的发生原因。Lee 和 Hughes[126]发现造成跌倒踩踏事故的临界人群密度要明显低于过度拥挤事故的临界人群密度，后者可能达到 10 人/m^2，但这一数值严重依赖于行人的身体特征，因而并不是绝对的判断标准。Byard 等[135]全面地梳理了两类事故中伤亡人体的可见病理学特征，可以归纳为面部和结膜瘀点，头部充血，软组织肿胀，轻微的瘀伤和擦伤；胸部受压伴肋骨、胸骨骨折，大面积软组织挫伤；肺撕裂或挫伤，连枷胸，胃、脾脏破裂等。另外，Jongewaard 等[136]还发现事故中人体出现神经损伤的机制通常包括脑缺氧、缺血和静脉高压。总的来说，两种事故中个体伤亡的内在机理和研究方式存在着明显不同。

在跌倒引发踩踏从而导致个体伤亡的事故中，人群可能是极度恐慌的，也可能是异常兴奋的。当人群密度达到临界状态后，如果行人仍有可能运动，那么就容易引发跌倒，任何跌倒的行人都可能因被其他行人推挤而无法再次站立[137]。一般来讲，造成伤亡的原因一方面可能是跌倒的人被其他站立却没有注意到有人摔倒的行人踩踏导致严重外伤，另一方面可能是跌倒的人被其他绊倒或摔倒在其身上的行人压迫导致窒息死亡。大量的研究人员通过事故调查等方式从病理学角度揭示了人员伤亡的具体原因和临床症状。在踩踏导致个体伤亡的事故中，人员伤亡的具体原因可以概括为"创伤性窒息"。创伤性窒息通常是由重物落在胸部或人体与重物之间的剧烈挤压导致呼吸受阻而造成的[138,139]。一般受害者会预感到即将发生的冲击并自然而然地突然吸气然后屏住呼吸，从而导致出现创伤性窒息的典型临床症状，即上腔静脉瘀点出血、结膜下出血和面部水肿等[140]。此后，大量的研究人员不断地引述这种术语来阐述相关的伤害。Sharma 等[141]指出创伤性窒息是由突发压迫性胸部创伤导致的且常伴随颅颈发绀、面部水肿和瘀斑、结膜下出血和神经性损伤等症状，人群事故中死亡个体常见这些临床症状，表明遇难者并非死于钝器性损伤。Vega 和 Adams[142]认为出现连枷胸是创伤性窒息造成个体死亡的主要机理，尤其是强烈的冲击载荷与短时的静态载荷导致个体死亡的情况[143,144]，而长期的静态载荷主要还是因个体的呼吸受到限制而引起窒息死亡[145]。Williams 等[146]对造成个体死亡的案例进行了重新评估，明确了创伤性窒息的四个基本要素，并指出某些临床症状的效应与压迫力及其持续时间均有关系，且事故受害者的恐惧心理也会影响创伤性窒息的发生。Campbell-Hewson 等[147]强调创伤性窒息的后果取决于压力及其持续时间的共同效果。创伤性窒息的死亡率应该被表示为压力大小和压迫时间的函数。Sertaridou 等[148]也指出压力大小和持续时间都会影响创伤性窒息的后果,人体可以在短时间内忍受较大的压力,但是相对较轻的压力作用较长时间也会导致个体死亡。综上,尽管从大量的病理学研究中可以揭示出跌倒个体最终出现伤亡的机理,但从个体风险的角度来讲,一旦在密集人群中个体发生跌倒就有极大的可能性引发踩踏事故,跌倒个体在踩踏事故中生还的概率非常低,因而从个体失衡跌倒的角度考虑踩踏事故中的个体风险具备一定的合理性和可行性。在生物力学研究中,很多学者采用实验和模拟手段研究了人体失衡跌倒的规律和机理。Pijnappels 等[149]开展实验研究了个体被障碍物绊倒后的应激行为,发现绊倒后会产生一个前倾角动量,肢体必须快速反应来抑制该角动量从而恢复平衡。Aftab 等[150]采用两足机器人的控制策略构建了平衡恢复模型,该模型能够预测一个完整的恢复平衡过程,再现不同实验场景下的平衡恢复动作。Carty 等[151]定量地研究了年轻人和老年人在恢复平衡过程中的稳定性,发现空间、时间、运动学和动力学因素均会影响前向失稳后恢复过程的稳定性。Hsiao 和 Robinovitch[152]建立了步进平衡恢复模型,以此来研究步长和跨步时间对地面接触力的影响以及步进恢复平衡的可行性。Wu 等[153]建立了一个简易的步进平衡恢复模型来研究恢复平衡的最小步长规律,研究发现增加初始正向速度和质心偏移量就需要相应地增加恢复平衡所需的最小步长。贾利晓[154]建立了重心运动轨迹的数学物理模型,分析了人体行走滑摔的力学机制,发现跌倒的根本原因在于外力对人体重心的力矩不守恒。综上所述,踩踏事故发生的过程仍然较为复杂且影响因素较多,从生物力学角度考虑个体失衡跌倒的发生概率,并以此衡量个体在跌倒踩踏事故中的风险水平,相较于还原个体发生跌倒继而因受到压迫作用导致伤亡的完整过程更具有可行性。

在过度拥挤导致的个体伤亡事故中,人群密度往往极高,或者可以说是人群密度超出了正常范围,行人几乎不可能运动。此时,人群内部的过度挤压作用会压迫个体的胸腔,导致他们在站立姿态下窒息而死。从临床病理学角度来看,过度拥挤事故中造成个体伤亡的原因仍然会涉及"创伤性窒息",Gill 和 Landi[155]在人群事故调查中发现了保持直立姿态死亡的个体,且只有前后向的作用力会限制胸部的扩张并造成遇难者呼吸困难,这种强烈的压迫作用能够防止个体摔倒直至人群密度得到缓解,此时部分个体呈现出与创伤性窒息一致的临床症状。除此之外,个体伤亡的原因还可以由"压迫性窒息"来描述,在希尔斯堡球场事故报告中,Wardrope 等[156]利用压迫性窒息来描述事故中造成伤者出现神经性损伤的原因。压迫性窒息是由逐渐增加的持续压力作用在胸腔造成的,尽管此时呼吸道是敞开的但呼吸仍然被阻断,持续性的压迫会导致严重的神经并发症,这可能是大脑长期缺氧所形成的伤害。尽管"创伤性窒息"与"压迫性窒息"的形成过程和临床表现并不完全相同，但是造成个体伤亡的原因都可以概括为外部压力作用于人体的胸腔导致个体呼吸受阻而出现窒息死亡现象[157]。虽然外部压力既可能是剧烈的突发载荷也可能是相对平稳的持续载荷，且导致呼吸受阻的生理过程也不尽相同，但仍然可以采用相似的评估方法计算个体的风险。首先，研究人员期望全面了解个体对于外部载荷的承受能力。Hopkins 等[158]引述了来自英国内政部的记录，发现在两起事故中，6227 N 的力作用于人体 15 s 或者 1112 N 的力作用于人体 4～6 min 就可能致死。Wang 等[134]统计后发现 400 N 以上的载荷作用在人体胸腔部位超过 30 s 就可能引起不适。目前，完整记录作用在个体的外部载荷大小、作用时间及个体相应的身体状态的数据非常有限，更多的数据仅仅准确记录了载荷情况。Smith 和 Lim[159]通过开展人体实验，发现人体感受较为舒适的受力范围为 175～247 N。Evans 和 Hayden[160]受英国内政部委托开展人体耐受载荷的相关实验研究，当水平放置的钢管挤压在人体躯干的不同部位时，男性的平均耐受载荷在 418～476 N，女性的平均耐受载荷在 133～227 N；当平行放置的木板挤压在人体躯干的不同部位时，男性的平均耐受载荷在 507～623 N，女性的平均耐受载荷为 178 N；当实验者被允许调整姿势时平均耐受载荷能够增加 12%，当实验者被允许推挡挤压物时平均耐受载荷能够增加 67%。王振[161]通过对大量文献资料汇总，建立了作用力与持续时间导致窒息死亡的二维关系图，进而得到了致死压力与受力时间的拟合曲线。Kroll 等[162]还通过生物力学的角度构建了简易的胸腔模型来计算能够导致连枷胸的载荷阈值，用于研究窒息的机理和发生条件。由前文所述，导致个体窒息死亡的过程中外部载荷与持续时间显得同样重要，两者均会影响个体的风险水平。其次，部分学者也针对人群内可能产生的挤压力情况进行了研究，以试图揭示个体在现实中可能受到的外部载荷水平。卢春霞[163]还对拥挤人群中产生的挤压力进行了分析，认为挤压力可以在人群中传播并最终造成人群的受力过大而出现倾倒，低密度时挤压力会被位移削弱，而高密度时挤压力使人发生挤压变形从而进行传播，并基于此提出了利用空隙来阻断人群中挤压力传递的方法。Lee 和 Hughes[164]针对某音乐会现场固定障碍物边界处的人群挤压力开展了研究，利用自回归方法对挤压力的时间序列进行分析后能够预测高密度人群在固定障碍物边界处产生的挤压力。Hopkins 等[158]测量到在特拉法加广场庆祝活动中固定结构上的瞬时峰值载荷可达 2000 N/m，且 600 N/m 的平均载荷持续了 40 min，使得部分群众感到明显的不适。Coutie 和 Snelson[165]实测到的体育比赛中护栏受到的人群挤压力可高达 4 kN。Helbing 等[71]指出拥挤人群中挤压力可高达 4450 N/m，并足够压弯钢护栏或者推倒墙壁。综上所述，过度拥挤事故中可以主要考虑外部压力作用于人体胸腔后导致窒息死亡的风险水平，这一方面取决于人群在各类场景下产生的挤压力强度及持续时间，另一方面取决于人体对于载荷的承受能力。

1.4 行人动力学研究方法

对于行人动力学的研究从 20 世纪 90 年代已经开始，研究方法主要有实验、实例和模型。1995 年，有学者提出了多粒子模型，并且利用该模型研究了人群中的自组织现象，如通道的形成、瓶颈处通行方向的摆动等[65]。之后有学者开始研究人群恐慌状况下的堵塞、间歇流现象[71]。直到 2000 年越来越多的学者开始研究人群动力学及人群运动特征，提出了社会力和离心力模型[166]、元胞自动机模型[72,167]、格子气模型[168]、平均场模型[169]等不同的模型。目前，学者开始基于视频[94,170-172]研究人群运动的实例或记录实验[168]中人群的运动轨迹，研究的内容包括人群运动特征（速度、密度、流量、时间间隔）[57,77,97]、基础图[50,55]、估计通行能力[76]、建模[54]、人群运动的震荡波振幅及频率与速度的关系[173]、预测人群运动发展趋势[49]。

1.4.1 行人动力学实验

实验研究的方式多样，包括动物实验、实验室环境下以人为对象的可控实验、疏散实验及虚拟现实实验。

使用非人类生物进行动物实验是一种获得动力学经验数据的间接手段，避免了真实人员参与实验所带来的伦理问题和安全隐患。众多动物实验同样揭示了现实中的人群自组织现象。Saloma 等[174]利用水池中小鼠实验揭示了出口处成拱形分布、破坏性扰动和自组织排队等现象，同时发现了描述真实生物体实际疏散动力学所需的临界采样率。Altshuler 等[175]利用蚂蚁实验证实了恐慌情况下生物体会不对称地选择两个相同的出口，但正常情况下选择两个出口的比例大致相等。Li 等[176]进一步发现随着蚁群密度的增大，蚂蚁对于出口选择的非对称程度呈现先增大后减小的趋势。Soria 等[82]利用不同浓度的化学物质刺激蚁群从瓶颈处逃离，发现中等浓度条件下的疏散时间最短，间接揭示出了"欲速则不达"效应。Pastor 等[177]以不同季节的温度差异作为区分绵羊竞争力的指标，同样发现激励程度不同的绵羊在疏散过程中表现出"欲速则不达"效应。Lin 等[85]利用不同数量的焚香刺激老鼠逃离，刺激水平越高，总疏散时间越长，同样验证了"欲速则不达"效应。然而，Boari 等[178]利用热源刺激蚂蚁疏散时，观察到更高的温度促使蚂蚁能够更快地疏散，这与"欲速则不达"效应相矛盾，也表明部分动物实验可能无法可靠地反映真实人群动力学过程。另外，动物实验还可以研究特定情境下的疏散效率问题。Burd 等[179]发现蚂蚁巢穴附近的障碍物能够提高蚁群疏散的整体效率。Shiwakoti 和 Sarvi[180]也发现拐角出口相比墙体中间出口能够有效降低蚁群的疏散时间，同时出口附近存在障碍物时也能够有效提升疏散效率。Zuriguel 等[181]通过在羊群疏散实验中改变障碍物和出口的距离，发现整体疏散效率与障碍物位置关系密切。通常出口距离障碍物较近时疏散效率会因发生拥堵而降低，而距离较远时有助于提升疏散效率。大量的动物实验表明，当研究侧重于整体层面的集体行为时，动物实验可以作为一种有效的研究人类行为的近似模型。大多数动物实验中，蚂蚁、老鼠和绵羊是最为常见的，且实验中通常会使用化学品、水、热或光作为刺激源，通过定量方法控制其程度并用以反映生物体不同的期望速度，从而研究恐慌情况下的动力学过程，但是疏散时间与期望速度之间的函数关系并不一定会出现 Helbing 等[71]在模拟研究中得到的最小疏散时间。因此，动物实验仍然存在一定的局限性，其难以提供足够有效的动力学经验数据，无法全面揭示人群动力学过程。

实验室环境下以人为对象的可控实验已经成为获取动力学经验数据的主要方式。大量的可控实验仍然致力于利用基础图揭示人员运动的基本规律。Seyfried 等[50,182]通过实验获得了行人进行一维运动时的动力学参数，从而对基础图进行了深入研究和验证，并利用实验数据推断了行人在二维运动时的基础图特点，但是其也发现不同测量方法所描述的基础图存在较大差异。Zhang 等[183,184]通过开展直线走廊和"T"字形交叉口的人员实验，比较了四种不同的测量方法对基础图的影响，并深入研究了不同情境下基础图的差异。另外，还有相当多的可控实验注重研究行人在特定建筑结构下的运动特征及其影响因素，如瓶颈处、转弯处、交叉路口及汇流处等。Kretz 等[185]组织 94 名志愿者参与通过瓶颈处的人群运动实验，发现在瓶颈较窄时比通量随着瓶颈宽度增大而线性下降，但在瓶颈较宽时比通量基本恒定。Seyfried 等[76]进一步发现人群流量随着瓶颈宽度的增大呈现线性增长，Tian 等[89]进一步佐证了瓶颈处人群流量随瓶颈宽度线性增大的结论。Liddle 等[186]针对瓶颈处长度和宽度对人群运动的影响进行了实验，并比较与 Kretz 等[185]、Muir 等[78]、Nagai 等[79]和 Seyfried 等[76]在实验设计上的不同之处。Garcimartín 等[81]通过控制实验者以竞争和非竞争方式通过瓶颈处，证明了"欲速则不达"现象的存在。Nicolas 等[187]通过引入特殊的自私行为研究个体行为对瓶颈处人群运动的影响，并发现具有自私行为的个体比例增大会导致不同的人群流动特征。Dias 等[188,189]通过实验研究发现行人通过转弯处时会有减速行为，出现减速的区域会因行人的初始速度不同而发生变化，但不会受到转弯角度的影响。Shiwakoti 等[190]通过实验研究发现行人汇流时会减速并引起流量下降，且汇流角度越大时越显著。Shi 等[191]也通过实验发现了汇流角度对人群流量的显著影响。Zhang 等[192]通过实验研究了"T"形通道的汇流现象，发现汇流通道的速度明显降低。Wong 等[53]开展了多角度的交叉行人流实验，并利用提取到的经验数据对双向行人流模型进行了标定。Lian 等[193]组织 364 名大学生开展了四向交叉行人流实验，重点研究了交叉区域内局部密度与速度之间的关系。Kretz 等[77]也组织过 67 名志愿者在走廊内开展双向行人流实验，研究了双向行人流特征并与单向行人流进行了对比。Moussaïd 等[87]也对通道内的双向行人流开展了实验研究，发现了自组织行为产生的分层现象可能取决于个体速度的变化。上述很多实验研究中均会获得行人精确的动力学经验数据，这为校准和验证行人动力学模型提供了坚实的基础。除此之外，还有部分实验旨在揭示个体施加推挤作用力的基本情况，这能够进一步完善行人的动力学经验数据体系。Dickie 和 Wanless[194]在实验室内测量了人体可以施加的最大载荷，发现 60 kg 的健康年轻女性最大推力为 162 N，70 kg 的健康中年男性最大推力为 242N，92 kg 的健壮成年男性最大推力为 600 N。Daams[195]通过实验研究发现人体在自由姿态、功能性姿态及标准姿态下施加的外部作用力均具有可重复性，但平均作用力的差异非常显著，其详细测量了在不同作用高度下人体以不同姿态施加的推力和拉力水平。需要注意的是，实验室环境可以被理解为传统实验室与单纯自然环境的折中表现，一般而言实验者既会受到可控因素的影响，还能够感受真实的个体存在和物理环境，因而实验室环境下以人为对象的可控实验受到研究人员的广泛关注和推崇。

疏散实验通常是在真实的建筑物或场馆内进行的，但通常实验者明确知晓演习并非真实事件，所以实验结果也不能完全代表真实情况。疏散实验多数旨在揭示人员的路径选择行为。Fang 等[196]研究了具有两个相邻出口的教学楼疏散过程，发现人群在密度较小时强烈倾向于选择最近的出口，这表明人群在紧急情况下可能无法合理利用多个出口。Liu 等[197]在拥有两个出口的教室进行了疏散实验，发现个体选择出口时不仅考虑距离出口的远近还考虑出口周围的人员密度。Guo 等[198]利用在教室中进行的疏散实验，研究了在能见度良好和能见度为零的情况下行人的路径选择问题。Fridolf 等[199]组织了 100 名实验者在 200 米长的隧道内开展疏散实验，发现利用扬声器提供警报信号及播放录制语音信息能够较好地引导人群到达出口，同样的结果在 135 人参与的地铁隧道疏散实验中再次得到证实[200]。Nilsson 等[201]在公路隧道内开展了疏散实验，研究了驾驶员在遇到火灾紧急情况时的行为和情绪反应，以及信息提示和逃生引导系统对出口选择行为的影响。Kobes 等[202]在酒店内开展了 83 次夜间疏散实验，发现大多数逃生者在没有烟雾时选择主要出口逃生，而当烟雾阻断了通往主要出口的路线时大多数逃生者选择消防出口逃生，同时，较低的出口标志和对周围环境的先验知识似乎对使用最近的消防出口有积极的影响。还有相当一部分疏散实验侧重于研究疏散开始之前的反应弛豫时间和行为。Nilsson 和 Johansson[203]在电影院进行了疏散实验，重点调查疏散的初始阶段，测量了个体的反应时间和疏散准备时间，发现当火灾警报不清楚或信息不充分时社会影响对个体来说显得更加重要,同时个体之间的距离越小,社会影响程度越高,个体受到附近个体的社会影响程度也要高于远处个体。Cheng 等[204]在一座两层且拥有五个紧急出口的商场内开展疏散演习,发现疏散准备时间是疏散过程的重要组成部分。通常而言,高层建筑被研究人员视作疏散实验的重要应用场景。Ronchi 等[205]利用一栋六层办公楼的疏散演习录像,分析了行人在楼梯上的运动轨迹、步行速度和占用面积。Peacock 等[206]所在的美国国家标准与技术研究院一直在搜集办公楼消防演习疏散过程中楼梯井内的行人运动数据,并研究建筑物内紧急情况下人员运动和行为,他们发现下楼过程中的平均运动速度为 (0.48 ± 0.16) m/s,但局部速度差异显著,分布在 0.056 m/s 到 1.7 m/s 之间。Fang 等[207]在一栋八层建筑的楼梯井中进行了疏散实验,发现楼梯间入口缓冲区内的汇流行为、逃生人员的竞争强度和楼梯井的能见距离是影响楼梯井内行人下行速度的三个因素。Ma 等[208]组织了单独个体和大规模人群的疏散实验来研究超高层建筑的疏散过程,重点分析了平均速度和疏散时间等参数,并讨论了混合疏散策略对疏散时间的影响。借助真实的建筑环境来开展人群疏散实验是获得真实动力学经验数据的可靠方式之一,但是,实验的设计和控制因素往往缺乏灵活性,数据采集方法和精度也会受到限制,并且在相同条件下重复多次实验往往并不容易,这也导致疏散实验很难获得更加全面且精确的动力学经验数据。

  虚拟现实实验为进行安全、无风险的人群运动或疏散实验提供了另一种可行的途径。得益于沉浸式环境可视化方面的进展,这种实验方法的潜在适用性和普及性逐步增强。Moussaïd 等[209]证明了共享三维虚拟环境作为一个实验平台能够满足真实个体进行群体实验的可行性,揭示了人群事故中常见的群体聚集和过度拥挤现象的运动特征。Tang 等[210]使用虚拟现实方法来研究疏散者的寻路行为,发现没有疏散标志会导致疏散时间延长,在"T"形路口大多数参与者倾向于左转,且男性比女性具有更好的寻路能力。Kinateder 等[211]组织两组实验对象开展虚拟隧道火灾疏散实验,发现他人的行为可以影响个体的路径选择,而目的地选择、预先移动和疏散时间不受影响。Bode 和 Codling[212]使用交互式虚拟环境来研究疏散中人类的逃生路线决策,发现个体不具有对熟悉路线的固有偏好,且在外界因素刺激下受试者更有可能在选择路线时表现出不利于疏散的行为。此后,Bode 等[213]还利用虚拟现实环境研究了人群疏散中个体的动态逃生路线选择机制,发现参与者倾向于根据与时间相关的信息做出路径选择决策,如出口处队列长度和移动速度等。Andrée 等[214]采用虚拟现实技术对高层建筑疏散的方式选择和电梯等待时间进行了研究,发现寻路系统可能导致人们更倾向于将电梯作为他们首选的疏散方式,且等待时间呈现两极分化。尽管虚拟现实实验能够提供较大的灵活性,但是,一方面实验者感受到的其他个体与真实人群仍然存在差异,另一方面实验者难以表现出与真实环境下相同的决策行为，这不仅仅取决于主观因素，也存在某些客观的限制。

1.4.2 行人动力学实例

通过对现实中人群运动视频进行分析提取，可以获得人群动力学经验数据。该方法得益于视频图像分析技术的发展，具有准确便捷和操作性强等优势[215-219]，相关的技术手段在实验研究中也有应用。例如，Boltes 和 Seyfried[220]基于视频图像处理技术开发了行人轨迹自动提取算法，并发布了 PeTrack 软件供研究人员在实验室环境中使用。通常，利用视频分析方法可以有效提取真实环境中个体或人群的运动参数，从而用于模型验证和校准。Knoblauch 等[221]通过一系列的实地研究，测量了不同年龄的行人在不同条件下的行走速度和启动时间。Antonini 等[222]利用从实际场景中提取到的行人运动参数对动力学模型进行了参数校准，使得模型能够预测行人在未来给定时间点的位置，并模拟行人在其他个体存在时的短期行为。Moussaïd 等[223]分析了约 1500 个群组在自然条件下的运动情况，发现群组成员之间的交流和互动会影响群体典型的运动模式。Do 等[224]对通过实地调查、直接观察和录像收集到的数据进行分析，发现人群密度较低时单独个体比群组中的个体运动速度快且轨迹变化也更明显，随着人群密度的增加，群组分裂的可能性也会增大且脱离的个体回归群组的可能性降低。Zeng 等[225]根据行人观测数据对社会力模型中的可测参数进行直接估计，对不可测参数进行极大似然估计，建立了考虑人群和个体避撞、转弯车辆规避及人行横道边界约束等信号灯交叉路口典型行人行为的修正社会力模型。Rudloff 等[226]利用三个场景中的真实人群动力学数据比较了社会力模型的三种校准方法，研究了模型参数对这些方法的敏感性及它们在不同场景下的可移植性。Helbing 等[49]分析了麦加朝圣过程中人群的运动特征，研究发现人群运动过程中会出现 3 种状态——层流、走-停波、湍流，并确定了该情景下 3 种状态转化的临界条件，同时将人群密度与速度方差的乘积作为压力以量化人群运动的风险。通过时间轴整理了"爱的大游行"活动的发展过程，从不同方面分析了踩踏事故的致因，并进一步为大型活动的组织管理提供建议[99]。Johansson 等[51]利用真实场景中的行人轨迹数据，采用优化算法得到了社会力模型中的最优参数标准，此模型能够用于疏散场景、麦加朝圣和城市环境的大规模人群模拟。Krausz 和 Bauckhage[106]采用光流法提取了"爱的大游行"中人群运动速度场，分析了群体行为特征，并在此基础上发展了可用于探测人群拥堵及紊乱状态的视频监控系统。Ma 等[100]通过跟踪"爱的大游行"监控视频内 273 人的运动轨迹并计算其速度场，详细分析了活动过程中个人行为特征及群体行为特征，定量计算了人群压力，发现了流场中的湍流结构。Zhang 等[57]分析了佛山"行通济"活动中大规模人群单向流的参数特征和边界效应，并详细比较了单向流和双向流的基础图差异。总的来讲，虽然现实中人群运动视频分析方法可以得到真实情况下的动力学经验数据，并能够对单独个体和人群整体进行数据分析，但是能够获取的经验数据类型十分有限，一般只涉及行人的运动参数。

1.4.3 行人动力学模型

一般而言，人员疏散动力学模拟研究的主要目的包括以下三个方面。一是开展人群运动的相关研究并复现典型的人群运动状态和现象，二是对特定场景下的人员疏散过程进行风险评估，三是对人群活动的基础设施布局提出优化改造建议[227]。事实上，完整地建模人员运动过程需要考虑若干不同层次的问题，个体的动力学过程是最基础的工作，但往往还需要考虑路径规划[228-230]和行为决策[222,231,232]等问题。目前，国内外学者已经基于不同的方法原理创建了众多人员疏散动力学模型，主要包括元胞自动机模型[233-236]、格子气模型[237-239]、社会力模型[41,65,71,240]、基于智能体的模型[241-243]、基于速度的模型[54,244,245]和流体动力学模型[48,127,246-248]，以及一些应用范畴相对有限的模型，如博弈论[249,250]、行为模型[251,252]、网格模型[253-255]、混合模型[256-258]等。为了帮助使用者选择适合特定场景的人员疏散动力学模型，一些研究者对动力学模型进行了细致的梳理和归类。Zheng 等[259]总结归纳了 7 种主要的人员疏散动力学模型，并对模型的优缺点进行了详细的讨论，认为应该结合多种模型来研究人群疏散问题。Vermuyten 等[260]针对各类最优化模型在行人疏散和结构设计等问题中的应用进行了系统而全面的综述。Bellomo 和 Dogbe[261]也对有关人群现象建模研究的相关文献进行了综述和批判性分析。金国政和喻赞[262]同样阐述了当前广泛应用的疏散动力学模型的特点和原理。然而，并非所有的模型都可以在任意情况下使用，必须根据所研究的具体问题来选取合适的动力学模型，这种选择涉及人群规模、宏观或微观尺度、模拟场景等诸多方面[263-265]。Still[266]强调了不同人员疏散动力学模型的适用场景，并列出了详细的清单进行说明。Duives 等[91]利用已知的人群现象对现有的人员疏散动力学模型进行了评估以确定各种模型的适用性问题，并详细列举了可以用于评估模型的特征或标准。

通常可以按照不同的角度和标准对现有的人员疏散动力学模型进行分类[61]。例如，可以划分为宏观模型和微观模型。宏观模型将人群视作一个整体而忽略了个体间的差异，可以利用时间和空间函数快速地求解宏观人群的运动状态；微观模型将每个行人描述为具有自身属性的唯一实体，可以单独地考虑每个行人的运动状况，其模拟的精度相对较高但运算速度较慢[13]。此外，还可以从模型对时间和空间等的描述方式上划分为连续模型和离散模型。然而，随着理论研究的不断深入，研究人员越发重视人群中微观个体的动力学行为，尤其是个体间相互作用过程及其对个体动力学行为的影响[267],并试图在微观个体的局部动力学行为与宏观人群的整体动力学状态之间建立联系。目前,能够广泛用于模拟微观个体动力学过程的模型主要是基于作用力的模型和基于启发式算法的模型。这两类模型中典型的动力学过程就表现为个体的避撞行为或个体间的碰撞过程[91],这两种表现形式通常可以被视为评判模型能否模拟真实个体之间相互作用过程的标准。需要注意的是,避撞行为体现的是行人的主动性导航策略,而碰撞过程体现的是行人的被动性身体接触。避撞行为在人群密度较低时能够很好地再现行人流畅的运动轨迹,但在人群密度较高时碰撞过程已经无法完全避免,真实个体的动力学过程应当同时参考主动性行为和被动性过程[268]。

基于作用力的模型往往以经典牛顿力学原理为基础,个体的动力学过程完全是由个体所受的合力决定,个体受力包括人体自身的自主驱动力、非接触类外力和接触类外力。磁场力模型[269]、离心力模型[166,270]和社会力模型[65,71]等均采用了这种基于作用力模型的架构原理。磁场力模型中利用同性磁极的排斥力来表示个体间的非接触相互作用力,利用异性磁极的吸引力表示个体朝向目的地的运动趋势。离心力模型中主要考虑个体间的相对速度和相对距离,并利用离心力公式计算个体间的非接触相互作用力。社会力模型作为一种最具代表性且应用广泛的基于作用力的模型,其虚构了一种"社会力"用以表示个体间的非接触相互作用力。

基于作用力的模型不断被众多研究人员改进,从而适用于更多的场景和领域,并更加符合现实中的人类行为。一方面,研究人员改进模型以获得符合现实中的行人基础图数据的模拟结果。Seyfried 等[41]提出了一种改进的社会力模型,用于定性分析行人之间的相互作用对行人速度-密度关系的影响。Parisi 等[240]在社会力模型中引入了自停机制以避免行人连续不断地推挤前方的个体,修正模型能够再现正常情况下行人流的特定流量和基础图。Chraibi 等[271]讨论了传统模型的诸多内在问题,包括粒子穿透、不现实倒退和高速现象以及违反牛顿定律原理等,并提出了解决这些问题的改进模型。还有一部分研究人员更加关注不同场景下人群运动模拟的适用性问题,如人行横道[225,272]、楼梯[273]、地铁车站[274,275]等,并有针对性地提出了一些补充规则。另一方面,研究人员针对模型内个体间相互作用、参数设定和求解方式提出了多种优化改进方法。Yang 等[276]提出了一个与时间相关的修正参数,能够动态更新个体的期望速度来反映外部激励或刺激作用,并引入导航力来提高行人动力学过程的真实感。Lakoba 等[277]针对社会力模型在模拟单个行人或少量行人时的失真情况,提出了更加符合实际的参数修正方案,并考虑了局部密度、个体朝向与记忆行为对个体受力及运动状态的影响。陈涛等[278]引入相对速度对社会力模型中的心理排斥力进行了修正,解决了原模型中个体之间或个体与障碍物之间接触时速度的振荡问题,增强了人员的主观能动性。汪蕾等[279]引入了出口吸引力和朋友吸引力,并考虑了相对速度对心理排斥力的影响,从而对社会力模型进行了改进。张蕊等[280]针对社会力模型模拟拥挤状态下行人运动时存在失真及运算效率低的问题，引入有限元分析方法对社会力模型进行改进，并提出了基于有限元理论的方法与求解步骤。基于作用力的模型的最大优势在于通用性，也就是说，许多不同的改进模型只是在相互作用力的推导方程上存在差异，模型的框架能够很好地兼容这些改进方法，从而实现预期的相互作用方式。

但事实上，传统的基于作用力的模型中行人往往缺乏主观上的预见性，最为典型的表现就是行人不能智能地绕开障碍物。修正模型更多的是期望实现真实个体的避撞行为。Moussaïd等[281]在实验研究的结果基础上对个体间相互作用方式进行了优化改进，能够使行人自行减速并调整运动方向以避免碰撞，同时在回避行为中观察到了非对称现象。Karamouzas等[282]提出了一种基于碰撞预测的改进社会力模型，增加了避撞力以减少个体间发生接触的可能性，从而能够得到更加流畅的个体轨迹。Zanlungo等[283]提出了一种新的社会力模型范式，行人能够明确预测下一次碰撞发生的时间和地点以避免发生碰撞，相互作用力可能与个体间距离、个体相对位置和速度，或者绝对速度紧密相关。Gao等[284]提出了基于避撞行为的改进社会力模型，主要考虑将个体时距和碰撞时距视作发生潜在碰撞的指标，并通过疏散实验验证了模型的有效性。Ratsamee等[285]将身体姿态、人脸朝向及个体空间等引入到社会力模型中，利用与人脸朝向相关的附加作用力实现避撞行为，该模型能够预测其他个体的运动并实现类似真实行人的规避动作。Wang等[286]提出了一种在社会力模型中利用最优化算法求解期望速度和方向的方法，行人可以改变运动方向并主动地避免碰撞障碍物。同时，基于作用力的模型框架还包含了接触类外力，即排斥力和摩擦力，适用于描述个体间被动的碰撞过程，部分修正模型旨在更加准确地还原真实的碰撞现象。Langston等[287]引入了身体抵抗力来修正个体间存在身体接触的相互作用过程，以便描述在恐慌等情况下的人员运动过程，研究发现期望速度的增加将导致个体间挤压力的显著增大，并认为挤压力可以预测潜在的个体伤亡和建筑结构损坏情况。Lin等[288]改变了社会力模型中身体接触力的计算方式，认为发生身体重叠时的法向接触力与重叠面积成正比，是重叠距离的非线性函数。Kabalan等[289]重点考虑了行人碰撞问题，利用参数敏感性分析方法研究了模型参数选取对碰撞过程的影响，并在参数优化后的疏散模拟中得到了与实验测量相一致的结果。综上所述，基于作用力的模型兼容能力较强，可以通过修正得到大多数观测结果，但模型的预测能力较弱，多数情况下利用已知数据集校准后的模型可能无法定量预测其他场景下的观测结果。但是即使需要使用不同的修正形式，基于作用力的模型也仍然具有极大的应用价值和前景。

基于启发式算法的模型的核心在于行人的主动认知过程，主要优势在于能够模拟个体之间的避撞行为。启发式算法认为个体运动一般依赖于两个简单的认知过程，首先行人根据视野内的布局情况来调整他们的运动方向，其次行人根据可用的步行空间来调整步行速度[290]。上述认知过程主要依靠速度障碍法（velocity obstacles，VOs）来实现，该方法广泛应用于描述机器人在移动障碍物中实现避撞运动的过程，是重要的动态路径规划方法之一[291]。在此基础之上，还有一些更加复杂的扩展方法。van den Berg 等[292]提出了相互速度障碍法（reciprocal velocity obstacles，RVOs），假设其他行人也会做出类似的避撞决策，从而得到了光滑且逼真的行人运动轨迹。此后，van den Berg 等[293]又提出了最优交互避碰法（optimal reciprocal collision avoidance，ORCA）的基本原理，能够实现多体相互避撞运动过程并得到了无碰撞运动的充分条件，该方法可以保证大量机器人在杂乱的空间中进行局部避撞运动。基于启发式算法的模型[223,294]就是在人员动力学模拟领域应用了上述碰撞回避方法来处理行人之间的相互作用过程并实现类似真实行人的避撞行为。模型中对两个主要的行为认知过程的处理方式一般是首先个体在考虑障碍物的情况下基于最短路径原则选择运动方向；然后在选定的运动方向上，个体将减速以确保在指定时间内不会与最近的障碍物或人体发生碰撞，并利用最优化方法得到期望速度。这样，个体的运动方向和速度大小便可以依次确定，因而部分学者也称其为基于速度的模型[91]。基于启发式算法的模型中个体并不会排斥周围的行人，而是主动地在人群中寻找一条自由的道路，可以分三个步骤来实现，分别是寻找个体的可达空间、筛查与相邻个体可能发生的碰撞、推测出短期的最优路径。

　　基于启发式算法的模型已经大量应用于人员疏散动力学模拟研究中，研究人员试图不断改进碰撞回避方法，提升算法的效率。Karamouzas 和 Overmars[245]通过考虑潜在碰撞的迫近程度来缩减当前时刻可选择的运动状态集合，从而减少计算负担。Qu 等[295]提出了一种基于临界度概念的启发式寻路算法，并用一种简化的最优搜索方法代替了线性规划过程，显著提升了算法的计算效率，因此模型可以实现大规模行人流的模拟。Degond 等[296]提出了一个动力学和宏观模型的混合结构，并假定行人在目标导航与避免碰撞之间寻找最佳的折中方案。Huth 等[297]提出了一个有限体积元异质性行人流宏观模型，该模型能够描述非恐慌情况下多交互行人运动过程。Xiao 等[298]提出个体的运动方向和运动速度将由三个方面的因素决定，一是快速行走的期望，二是安全行走的约束，三是舒适行走的需求。其中，快速行走的期望和舒适行走的需求共同决定了个体的运动方向，而安全行走的约束和舒适行走的需求共同决定了个体的运动速度。另外，基于启发式算法的模型中不仅考虑了行人的主动认知过程，还能够考虑人群密度较高时个体之间发生身体接触时产生的作用力。Moussaïd 等[54]在基于启发式算法的模型基础上考虑了个体与周围人体发生碰撞时相互作用力引发的有意和无意运动，并利用综合评估函数来确定行人的运动方向，使得模型能够得到预期的行人运动轨迹和基础图数据，重现了典型的自组织现象和人群湍流运动状态。Kim 等[244]将基于速度的避碰算法与外部物理力相结合,既能够建模真实物理力和个体之间的相互作用力,还能够允许个体预测并避免碰撞。改进模型能够模拟人群密集环境中众多个体的真实行为和个体之间的相互作用过程。综上所述,基于启发式算法的模型提供了解决模拟中多个相互作用耦合求解的新思路,而在基于作用力的模型架构中并没有很好地诠释将多个相互作用进行线性累积还是非线性累积的内在原理[298]。但是,基于启发式算法的模型架构较为复杂且扩展性相对较差。

1.5 人群聚集风险评估研究方法

人群聚集风险评估方法的研究可以为行人设施的设计、人流引导方案的制订提供指导意见,为高密度人群的监测预警提供技术手段,从而提升公众场所应急管理能力。英国健康与安全执行局(Health and Safety Executive,HSE)采用检查表、访谈、问卷调查等多种方式分析了群体性事件组织过程中可能存在的安全隐患,总结评价了针对这些安全隐患管理者采取的应对措施的有效性[299,300]。Lee 和 Hughes[126]根据踩踏事故中人员伤亡原因将其分为两种。第一种是践踏致死,其他行人没有注意到摔倒的行人而踩在上面或者被摔倒的行人绊倒而压在上面,导致下面的行人窒息死亡;第二种为人群内部挤压致死。研究表明,挤压力的大小和时间直接影响事故的后果及其严重程度,人体各部位中对挤压力最敏感的是胸部,当超过 400N 挤压力的持续时间大于 30 s 时,人体就会感觉不适;当挤压力为 600N/m 时,人体可以承受的最长时间是 40 min[159];当挤压力为 1112N 时,持续时间为 4~6 min 时人就会因为窒息而死亡;当 6227N 的挤压力持续 15 s 时就会导致人窒息死亡[158]。王起全[301]通过对统计分析发现造成地铁拥挤踩踏事故的主要原因有 4 个方面,包含 13 个元素,据此运用关联度算法对人群聚集风险进行了评估,并采用实例对其评估结果进行了验证。刘艳等[302]运用数据包络分析(data envelopment analysis,DEA)方法确定了踩踏事故的评价指标,主要思路是基于地铁车站的实际情况,如集散量、出入口比例等计算踩踏事故高危区的有效面积和持续时间,从而表征地铁车站中人群聚集风险。霍宇芒等[303]通过建立指标体系的方法对 8 个不同地铁车站的拥挤踩踏事故风险进行评估,得出行人密度和对冲人流是引发踩踏事故的主要因素。任常兴等[304]分析了踩踏事故的特点和原因,发现群集指数可以评估行人聚集风险。上述的研究中主要是针对人群踩踏事故风险致因的研究,而基于人群运动特征的风险评估方法的研究较少,特别是缺少有关高密度人群踩踏事故的临界条件及定量风险评估方法的研究。

通过对事故致因的分析发现压力可以对行人的危险性进行定量评估,很多研究人员引入压力这个指标对人员聚集风险进行评估。Fruin[93]提出了基于行人之间的相互作用力（force）、影响行人运动的信息（information，如声音、谈话、工作人员的培训等）、空间（space，建筑配置、行人容量、人流疏导能力）、时间（time）四个因素的 FIST 模型，对密集人群进行了风险评估，并给出了踩踏事故的防范措施。Sun 等[305]基于 FIST 模型量化了模型中的评估指标，提出了 DICE 模型，即密度（density）、相互作用力（interaction）、行人的特征（characteristics）、环境扰动（environmental disturbance），分别采取视频图像处理、传感器测量、事故统计分析结果等方法获取相应的参数值，从而定量评估踩踏事故风险。Henein 和 White[116]分析了紧急状态下行人运动特征，发现当行人的运动受阻时会推搡其他行人，并且力会在人群中传递，当达到一定的阈值时一方面会造成人员伤亡，另一方面可能会使行人失去控制。Lee 和 Hughes[164]使用标准的前向-后向自回归模型对某次音乐会过程中人群内压力的时间序列进行了分析，发现本方法可以根据已有的数据较好地预测 5 分钟之后人群内压力的增长趋势。此外，Lee 和 Hughes[126,306]基于事故调研研究了踩踏事故的演变规律，并且利用连续性模型再现和解释了密集人群的运动特征，定量评估了人群聚集风险，该方法可以识别高风险区域，在此基础上通过公式推导发现当人群分布均匀时踩踏事故的风险较低。Helbing 课题组提出了一种表征人群内部压力的方法，即人群密度与速度方差的乘积，并基于麦加朝圣踩踏事故的案例分别从时间和空间上比较了不同参数，如密度、旋度、散度、压力对踩踏事故风险的表征效果，发现压力可以作为踩踏事故风险的表征参数，基于此得到的高风险区域与事发地点一致，并且可以识别出人群进入紊乱状态的时间[49,94]。Ma 等[100]、Golas 等[103]应用 Helbing 提出的人群内部压力计算方法评估了"爱的大游行"活动中密集人群聚集的风险，得出了踩踏事故的高风险区域。

Wang 等[134]提出只有当密度大于某一阈值时，行人之间才存在挤压力，通常情况下当密度大于临界值时踩踏事故就会发生，当人群密度高于 7.0 m^{-2} 时，行人处于停滞状态，此外，基于人群动力学理论和经验公式计算了北京彩虹桥上的人流量、密度分布、聚集时间等，得出彩虹桥上处于停滞状态的行人的范围达到 10 m 长，从人流量增大到事故发生只需要 14.85 min，计算结果与实际情况一致。而且，行人的速度会随着密度的增加而减小，如果密度大于一定的阈值，行人就有发生危险的可能[113]。Still[307]发现人群在静止和运动情况下的临界密度不同，分别为 4.7 m^{-2}、4.0 m^{-2}。Wang 等[129]通过密度-流量曲线和人体特征研究了行人的不同特征密度参数，包括行人速度开始减小时的密度、流量达到最大值时的密度、速度为 0 时的密度及可承受最大密度，得出中国人的最大可承受密度为 9 m^{-2}，进一步研究了不同密度下疏散措施的有效性，并基于此评估了行人的疏散风险，将风险分为有效区、关键区、无效区等 3 个区域。Zheng 等[110]基于密度与速度的关系建立了突变理论模型，研究了行人的拥堵现象，并基于此得出了行人流中出现拥堵现象的临界密度、速度，与偏微分方程模型相比，此方法具有不需设定初始条件、不涉及时间和位置、能够获取临界密度的优势。冉丽君和刘茂[308]基于连续性模型和密度-速度经验公式推导出了密度与距离的关系式，据此分析了某大型演出过程中人群密度的分布情况，并将密度作为表征参数评估了活动过程中踩踏事故的风险。刘茂课题组分析了拥堵现象的原因，研究了拥堵现象出现前后人群密度的变化规律，探讨了拥堵消除的发展过程和影响因素，发现初始密度和拥堵持续时间直接影响了拥堵消除的时间，得出对人群密度的实时监控并防止拥堵现象可以减小人群聚集风险[113]。此外，该课题组继续研究了踩踏事故的演变过程，提出了人群移动四阶段理论[132]，进而建立了多个由事故发生概率和事故后果决定的人群聚集风险表征模型，运用了不同的方法计算事故发生概率，如滞留人数法[132,309,310]、事件树分析方法[161]、概率统计法，事故后果的表示方法包括基于挤压力及其持续时间的方法[132,309,310]，以及综合考虑人群密度、挤压力、事故持续时间的方法[161]。吴娇蓉等[311]通过综合考虑行人的静态、动态需求空间以及人群构成对需求空间的影响，提出了聚集效应转变的临界条件，基于此降低踩踏事故发生的可能性。上述的风险评估方法共有两类，一类是基于事故统计建立的风险评估模型，但是这种方法的局限性在于全面的事故统计数据难以获取；另一类是基于挤压力、"人群压力"、密度等指标进行评估，其局限性在于相应指标的实时、精准获取较难，另外在高密集人群中行人的密度几乎是均匀的，因而基于密度的风险评估方法很难提供踩踏事故的高风险区域[94]。

综上所述，目前的方法在对踩踏事故进行风险评估过程中存在不同的困难，如数据难以获取、不能进行实时分析或者适用性有限，因此有必要基于无外界突发事件触发的和有外界突发事件触发的人群运动的视频数据，研究两种场景中高密度人群的行为特征，得出适用于这两种场景的人群聚集风险实时评估方法。

1.6 本书内容安排

本书以密集人群的拥挤踩踏事故为背景，聚焦微观个体的动力学过程和宏观人群运动过程的模拟，并将最终服务于人群聚集风险评估，包括事前的风险研判和事中的风险监测预警。如图1.1所示，本书首先在第2章中介绍了行人动力学的研究方法，包括行人动力学实验、实例和模型。微观个体的动力学过程的研究分别在第3章和第4章中，通过开展人体队列中的连续碰撞实验及构建人体碰撞模型，研究真实个体之间发生身体接触时的相互作用过程，深入分析局部相互作用在队列中的传递规律，并对比楼梯和平地场景中传递规律的差异，重点讨论固定边界和手部动作的影响。第 5 章为宏观人群运动过程模拟，在社会力模型框架的基础上，考虑人体的碰撞过程和推挤过程，将第 3 章中得出的碰撞作用力引入社会力模型中，提出基于真实个体相互作用过程的优化改进模型，并通过三种典型场景中密集人群运动的模拟对模型进行了验证。第 6 章通过开展人体挤压实验，建立基于个体所受载荷强度及其持续时间的定量化个体风险评估计算方法，研究不同类型载荷对个体风险的影响，并根据文献中记载的历史数据和事件后果初步验证该方法的适用性，详细研究了个体差异性的影响，以期服务于人群的安全管理。第 7 章为人群聚集的定量风险评估，事前的风险研判主要是基于第 5 章提出的密集人群动力学模型计算行人之间的接触作用力，结合第 6 章提出的个体风险值计算方法，对密集人群中个体的损伤风险进行评估，从而可以在事前研判密集人群运动的风险；事中的风险监测预警主要是基于现场的监控视频提取密集人群的运动特征，基于人群运动的加速度绘制人群聚集风险分布图，从而可以对密集人群的运动过程进行监测预警。

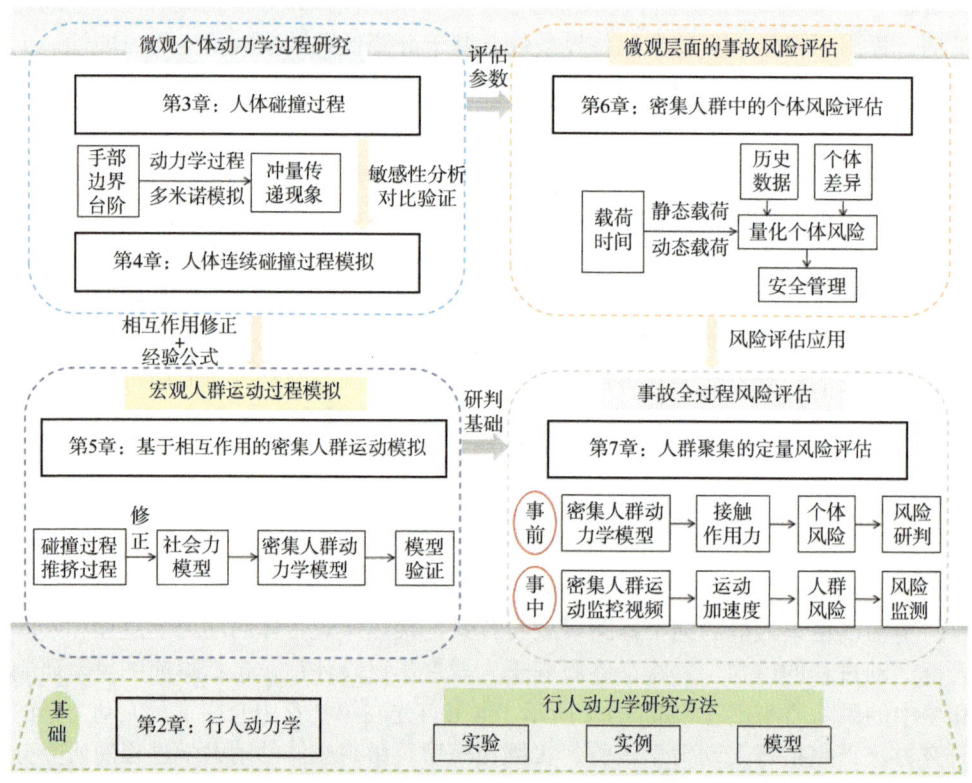

图1.1　本书内容安排

参 考 文 献

[1] Aono. Rise of the city[J]. Science, 2016, 352 (6288): 906-907.

[2] Wigginton N S, Fahrenkamp-Uppenbrink J, Wible B, et al. Cities are the future[J]. Science, 2016, 352 (6288): 904-905.

[3] 巴曙松, 邢毓静, 杨现领. 未来20年中国城市化的前景与挑战[J]. 改革与战略, 2010, 26(5): 79-83.

[4] 连倩倩, 安乾. 中国城市化的历史进程及特征分析[J]. 当代经济, 2018, (15): 8-12.

[5] 国家统计局. 中华人民共和国 2020 年国民经济和社会发展统计公报[N]. 人民日报, 2021-03-01 (010).

[6] 刘春泉. 我国城市化发展进程的回顾与思考[J]. 宁夏大学学报(人文社会科学版), 2004, (3): 92-97.

[7] 牛晓霞, 朱坦, 刘茂. 人群聚集场所的风险评价技术研究[J]. 环境科学与技术, 2005, (3): 85-86, 97.

[8] Soomaroo L, Murray V. Disasters at mass gatherings: lessons from history[J]. PLoS Currents, 2012, 4: RRN1301.

[9] 周进科, 刘翠萍, 靳凤彬, 等. 拥挤踩踏事件伤亡情况和发生原因分析[J]. 中华灾害救援医学, 2015, 3 (2): 67-71.

[10] Haase K, Al abideen H Z, Al-Bosta S, et al. Improving pilgrim safety during the hajj: an analytical and operational research approach[J]. Interfaces, 2016, 46 (1): 74-90.

[11] Zhou J B, Pei H B, Wu H S. Early warning of human crowds based on query data from Baidu maps: analysis based on Shanghai stampede[C]//Shen Z J, Li M Y. Big Data Support of Urban Planning and Management. Cham: Springer, 2018: 19-41.

[12] Still G K. Crowd disasters[EB/OL]. http://www.gkstill.com/ExpertWitness/CrowdDisasters.html [2019-03-26].

[13] Johansson A F. Data-driven modeling of pedestrian crowds[D]. Dresden: Dresden University of Technology, 2009.

[14] 李海鹏. 人群聚集风险预警系统建设与应用[J]. 劳动保护, 2015, (3): 94-96.

[15] 倪慧荟, 姚晓晖. 人群聚集风险预警系统构建研究——以西单商业区为例[J]. 科技促进发展, 2014, (4): 110-115.

[16] 孙燕, 李秋菊, 李剑峰. 城市重点公共区域人群聚集风险的实时定量技术[J]. 中国安全生产科学技术, 2011, 7 (8): 147-153.

[17] Blanke U, Tröster G, Franke T, et al. Capturing crowd dynamics at large scale events using

participatory GPS-localization[C]//2014 IEEE Ninth International Conference on Intelligent Sensors, Sensor Networks and Information Processing (ISSNIP), 2014: 1-7.

[18] Rahman K M, Alam T, Chowdhury M. Location based early disaster warning and evacuation system on mobile phones using OpenStreetMap[C]//2012 IEEE Conference on Open Systems, 2012: 1-6.

[19] Soni A, Sharma A, Kumar P, et al. Early disaster warning & evacuation system on mobile phones using google street map[J]. International Journal of Engineering and Technical Research, 2014, 2(4): 9-11.

[20] Zheng X P, Liu M T. Forecasting model for pedestrian distribution under emergency evacuation[J]. Reliability Engineering & System Safety, 2010, 95(11): 1186-1192.

[21] Ramesh M V, Anjitha S, Rekha P. A novel wireless sensor network architecture for crowd disaster mitigation[C]//2012 8th International Conference on Wireless Communications, Networking and Mobile Computing, 2012: 1-4.

[22] Shelke Y, Patil V, Desale S, et al. Crowd control system using IR transmitter and receiver[J]. International Journal of Research in Engineering and Technology, 2014, 3(3): 424-428.

[23] Mitchell R O, Rashid H, Dawood F, et al. Hajj crowd management and navigation system: people tracking and location based services via integrated mobile and RFID systems[C]//2013 International Conference on Computer Applications Technology (ICCAT), 2013: 1-7.

[24] Nair A M, Daniel S J. Design of wireless sensor networks for pilgrims tracking and monitoring[J]. International Journal of Innovations in Scientific and Engineering Research, 2014, 1(2): 1-6.

[25] Versichele M, Neutens T, Delafontaine M, et al. The use of Bluetooth for analysing spatiotemporal dynamics of human movement at mass events: a case study of the Ghent Festivities[J]. Applied Geography, 2012, 32(2): 208-220.

[26] Versichele M, Neutens T, Goudeseune S, et al. Mobile mapping of sporting event spectators using bluetooth sensors: tour of Flanders 2011[J]. Sensors, 2012, 12(10): 14196-14213.

[27] Weppner J, Lukowicz P. Bluetooth based collaborative crowd density estimation with mobile phones[C]//2013 IEEE International Conference on Pervasive Computing and Communications (PerCom), 2013: 193-200.

[28] Seidler J, Meyer K, Gillivray L M. Collecting data on crowds and rallies a new method of stationary sampling[J]. Social Forces, 1976, 55(2): 507-519.

[29] Dalal N, Triggs B. Histograms of oriented gradients for human detection[C]//2005 IEEE Computer Society Conference on Computer Vision and Pattern Recognition, 2005: 886-893.

[30] Li L Y, Huang W M, Gu I Y H, et al. An efficient sequential approach to tracking multiple objects through crowds for real-time intelligent CCTV systems[J]. IEEE Transactions on Systems, Man, and Cybernetics, Part B (Cybernetics), 2008, 38(5): 1254-1269.

[31] Li X, Hu W M, Shen C H, et al. A survey of appearance models in visual object tracking[J]. ACM Transactions on Intelligent Systems and Technology, 2013, 4（4）: 58.

[32] Zhan B B, Monekosso D N, Remagnino P, et al. Crowd analysis: a survey[J]. Machine Vision and Applications, 2008, 19（5/6）: 345-357.

[33] Ibrahim A M, Shafie A A, Rashid M. Performance metrics in video surveillance system[J]. Journal of Engineering Science and Technology, 2013, 8（2）: 199-216.

[34] Jacques J C S, Mussef S R, Jung C R. Crowd analysis using computer vision techniques[J]. IEEE Signal Processing Magazine, 2010, 27（5）: 66-77.

[35] 马剑. 相向行人流自组织行为机理研究[D]. 合肥：中国科学技术大学，2010.

[36] Fruin J J. Pedestrian Planning and Design[M]. New York: Metropolitan Association of Urban Designers and Environmental Planners, 1971.

[37] Older S J. Movement of pedestrians on footways in shopping streets[J]. Traffic Engineering & Control, 1968, 10（4）: 160-163.

[38] Hankin B D, Wright R A. Passenger flow in subways[J]. Journal of the Operational Research Society, 1958, 9（2）: 81-88.

[39] Nelson H E. Emergency movement[C]//The SFPE Handbook of Fire Protection Engineering, Bethesda, National Fire Protection Association, 2002: 367-380.

[40] Predtechenskii V M, Milinskiĭ A I. Planning for foot traffic flow in buildings[M]. New Delhi: Amerind Publishing, 1978.

[41] Seyfried A, Steffen B, Lippert T. Basics of modelling the pedestrian flow[J]. Physica A: Statistical Mechanics and Its Applications, 2006, 368（1）: 232-238.

[42] Kirchner A, Klüpfel H, Nishinari K, et al. Discretization effects and the influence of walking speed in cellular automata models for pedestrian dynamics[J]. Journal of Statistical Mechanics: Theory and Experiment, 2004, 2004（10）: P10011.

[43] Daamen W, Bovy P H L, Hoogendoorn S P. Modelling pedestrians in transfer stations[C]//Pedestrian and Evacuation Dynamics, Duisburg, Germany, Springer Verlag, 2002: 59-73.

[44] Meyer-könig T, Klüpfel H, Schreckenberg M. Assessment and analysis of evacuation processes on passenger ships by microscopic simulation[C]//Pedestrian and Evacuation Dynamics, Duisburg, Germany, Springer Verlag, 2002: 297-302.

[45] Lam W H K, Morrall J F, Ho H. Pedestrian flow characteristics in Hong Kong[J]. Transportation Research Record, 1995, （1487）: 56-62.

[46] Mōri M, Tsukaguchi H. A new method for evaluation of level of service in pedestrian facilities[J]. Transportation Research Part A: General, 1987, 21（3）: 223-234.

[47] Daamen W, Hoogendoorn S P. Experimental research of pedestrian walking behavior[J].

Transportation Research Record: Journal of the Transportation Research Board, 2003, 1828 (1): 20-30.

[48] Helbing D, Buzna L, Johansson A, et al. Self-organized pedestrian crowd dynamics: experiments, simulations, and design solutions[J]. Transportation Science, 2005, 39 (1): 1-24.

[49] Helbing D, Johansson A, Al-Abideen H Z. Dynamics of crowd disasters: an empirical study[J]. Physical Review E, 2007, 75 (4): 046109.

[50] Seyfried A, Steffen B, Klingsch W, et al. The fundamental diagram of pedestrian movement revisited[J]. Journal of Statistical Mechanics Theory and Experiment, 2005, 10 (10): P10002.

[51] Johansson A, Helbing D, Shukla P K. Specification of the social force pedestrian model by evolutionary adjustment to video tracking data[J]. Advances in Complex Systems, 2007, 10 (supp02): 271-288.

[52] Chattaraj U, Seyfried A, Chakroborty P. Comparison of pedestrian fundamental diagram across cultures[J]. Advances in Complex Systems, 2009, 12 (3): 393-405.

[53] Wong S C, Leung W L, Chan S H, et al. Bidirectional pedestrian stream model with oblique intersecting angle[J]. Journal of Transportation Engineering, 2010, 136 (3): 234-242.

[54] Moussaïd M, Helbing D, Theraulaz G. How simple rules determine pedestrian behavior and crowd disasters[J]. Proceedings of the National Academy of Sciences of the United States of America, 2011, 108 (17): 6884-6888.

[55] Zhang J. Pedestrian fundamental diagrams: comparative analysis of experiments in different geometries[D]. Wuppertal: University of Wuppertal, 2012.

[56] Yang L Z, Rao P, Zhu K J, et al. Observation study of pedestrian flow on staircases with different dimensions under normal and emergency conditions[J]. Safety Science, 2012, 50(5): 1173-1179.

[57] Zhang X L, Weng W G, Yuan H Y, et al. Empirical study of a unidirectional dense crowd during a real mass event[J]. Physica A: Statistical Mechanics and Its Applications, 2013, 392 (12): 2781-2791.

[58] Shiwakoti N, Shi X M, Ye Z R, et al. Empirical study on pedestrian crowd behaviour in right angled junction[C]//37th Australasian Transport Research Forum (ATRF), 2015.

[59] Huo F Z, Song W G, Chen L, et al. Experimental study on characteristics of pedestrian evacuation on stairs in a high-rise building[J]. Safety Science, 2016, 86: 165-173.

[60] Al-Gadhi S A H. A review study of crowd behavior and movement[J]. Journal of King Saud University-Engineering Sciences, 1996, 8 (1): 77-108.

[61] Schadschneider A, Klingsch W, Klüpfel H, et al. Evacuation dynamics: empirical results, modeling and applications[J]. Encyclopedia of Complexity and Systems Science, 2009: 3142-3176.

[62] Weidmann U. Transporttechnik der fussgänger[J]. IVT Schriftenreihe, 1992, 90: 54.

[63] Seitz M J, Bode N W F, Köster G. How cognitive heuristics can explain social interactions in spatial movement[J]. Journal of the Royal Society Interface, 2016, 13（121）: 20160439.

[64] 屈云超. 密集人群疏散行为建模与动态特性研究[D]. 北京：北京交通大学，2015.

[65] Helbing D, Molnár P. Social force model for pedestrian dynamics[J]. Physical Review E, 1995, 51（5）: 4282-4286.

[66] Hoogendoorn S P, Daamen W. Pedestrian behavior at bottlenecks[J]. Transportation Science, 2005, 39（2）: 147-159.

[67] Yamori K. Going with the flow: micro-macro dynamics in the macrobehavioral patterns of pedestrian crowds[J]. Psychological Review, 1998, 105（3）: 530.

[68] Navin F P, Wheeler R J. Pedestrian flow characteristics[J]. Traffic Engineering, Inst Traffic Engr, 1969, 19（7）: 30-33, 36.

[69] Cepolina E, Tyler N. Understanding Capacity Drop for designing pedestrian environments[C]// The 6th International Conference onWalking in the 21st Century, Zurich, Switzerland, 2005: 1-11.

[70] Johansson A, Helbing D. Crowd Dynamics[M]. Weinheim: Wiley-VCH Verlag GmbH & Co. KGaA, 2006: 449-472.

[71] Helbing D, Farkas I, Vicsek T. Simulating dynamical features of escape panic[J]. Nature, 2000, 407（6803）: 487-490.

[72] Kirchner A, Nishinari K, Schadschneider A. Friction effects and clogging in a cellular automaton model for pedestrian dynamics[J]. Physical Review E, 2003, 67（5）: 056122.

[73] Parisi D R, Dorso C O. Morphological and dynamical aspects of the room evacuation process[J]. Physica A: Statistical Mechanics and Its Applications, 2007, 385（1）: 343-355.

[74] Parisi D R, Dorso C O. Microscopic dynamics of pedestrian evacuation[J]. Physica A: Statistical Mechanics and Its Applications, 2005, 354: 606-618.

[75] Suzuno K, Tomoeda A, Ueyama D. Analytical investigation of the faster-is-slower effect with a simplified phenomenological model[J]. Physical Review E, 2013, 88（5）: 052813.

[76] Seyfried A, Passon O, Steffen B, et al. New insights into pedestrian flow through bottlenecks[J]. Transportation Science, 2009, 43（3）: 395-406.

[77] Kretz T, Grünebohm A, Kaufman M, et al. Experimental study of pedestrian counterflow in a corridor[J]. Journal of Statistical Mechanics: Theory and Experiment, 2006, 2006(10): P10001.

[78] Muir H C, Bottomley D M, Marrison C. Effects of motivation and cabin configuration on emergency aircraft evacuation behavior and rates of egress[J]. The International Journal of Aviation Psychology, 1996, 6（1）: 57-77.

[79] Nagai R, Fukamachi M, Nagatani T. Evacuation of crawlers and walkers from corridor through an exit[J]. Physica A: Statistical Mechanics and Its Applications, 2006, 367: 449-460.

[80] Müller K. Zur Gestaltung und Bemessung von Fluchtwegen für die Evakuierung von Personen aus Bauwerken auf der Grundlage von Modellversuchen[D]. Magdeburg: Technische Hochschule Magdeburg, 1981.

[81] Garcimartín A, Zuriguel I, Pastor J M, et al. Experimental evidence of the "faster is slower" effect[J]. Transportation Research Procedia, 2014, 2: 760-767.

[82] Soria S A, Josens R, Parisi D R. Experimental evidence of the "Faster is Slower" effect in the evacuation of ants[J]. Safety Science, 2012, 50(7): 1584-1588.

[83] Parisi D R, Soria S A, Josens R. Faster-is-slower effect in escaping ants revisited: ants do not behave like humans[J]. Safety Science, 2015, 72: 274-282.

[84] Garcimartin A, Pastor J M, Ferrer L M, et al. Flow and clogging of a sheep herd passing through a bottleneck[J]. Physical Review E, 2015, 91(2): 022808.

[85] Lin P, Ma J, Liu T Y, et al. An experimental study of the "faster-is-slower" effect using mice under panic[J]. Physica A: Statistical Mechanics and Its Applications, 2016, 452: 157-166.

[86] Isobe M, Adachi T, Nagatani T. Experiment and simulation of pedestrian counter flow[J]. Physica A: Statistical Mechanics and Its Applications, 2004, 336(3/4): 638-650.

[87] Moussaïd M, Guillot E G, Moreau M, et al. Traffic instabilities in self-organized pedestrian crowds[J]. Plos Computational Biology, 2012, 8(3): e1002442.

[88] Guo N, Hao Q Y, Jiang R, et al. Uni- and bi-directional pedestrian flow in the view-limited condition: experiments and modeling[J]. Transportation Research Part C: Emerging Technologies, 2016, 71: 63-85.

[89] Tian W, Song W G, Ma J, et al. Experimental study of pedestrian behaviors in a corridor based on digital image processing[J]. Fire Safety Journal, 2012, 47: 8-15.

[90] Cristiani E, Piccoli B, Tosin A. Multiscale Modeling of Pedestrian Dynamics[M]. Cham: Springer International Publishing, 2014: 73-107.

[91] Duives D C, Daamen W, Hoogendoorn S P. State-of-the-art crowd motion simulation models[J]. Transportation Research Part C: Emerging Technologies, 2013, 37: 193-209.

[92] Yanagisawa D, Kimura A, Nishi R, et al. Theoretical and empirical study of pedestrian outflow through an exit[C]//Asama H, Kurokawa H, Ota J, et al. Distributed Autonomous Robotic Systems 8. Berlin: Springer, 2009: 227-238.

[93] Fruin J J. The causes and prevention of crowd disasters[J]. Engineering for Crowd Safety, 1993, 1(10): 1-10.

[94] Johansson A, Helbing D, Al-Abideen H Z, et al. From crowd dynamics to crowd safety: a video-based analysis[J]. Advances in Complex Systems, 2008, 11(4): 497-527.

[95] Seyfried A, Portz A, Schadschneider A. Phase coexistence in congested states of pedestrian dynamics[J]. Cellular Automata, 2010, 6350: 496-505.

[96] Ziemer V, Seyfried A, Schadschneider A. Congestion dynamics in pedestrian single-file motion[C]//Knoop V L, Daamen W. Traffic and Granular Flow' 15. Cham: Springer, 2016: 89-96.

[97] Zhang X L, Weng W G, Yuan H Y. Empirical study of crowd behavior during a real mass event[J]. Journal of Statistical Mechanics: Theory and Experiment, 2012, 2012 (8): P08012.

[98] Cao S, Zhang J, Salden D, et al. Pedestrian dynamics in single-file movement of crowd with different age compositions[J]. Physical Review E, 2016, 94 (1): 012312.

[99] Helbing D, Mukerji P. Crowd disasters as systemic failures: analysis of the Love Parade disaster[J]. EPJ Data Science, 2012, 1 (1): 1-40.

[100] Ma J, Song W G, Lo S M, et al. New insights into turbulent pedestrian movement pattern in crowd-quakes[J]. Journal of Statistical Mechanics: Theory and Experiment, 2013, 2013 (2): P02028.

[101] Lian L P, Song W G, Ma J, et al. Correlation dimension of collective versus individual pedestrian movement patterns in crowd-quakes: a case-study[J]. Physica A: Statistical Mechanics and Its Applications, 2016, 452: 113-119.

[102] Yu W J, Johansson A. Modeling crowd turbulence by many-particle simulations[J]. Physical Review E, 2007, 76 (4): 046105.

[103] Golas A, Narain R, Lin M C. Continuum modeling of crowd turbulence[J]. Physical Review E, 2014, 90 (4): 042816.

[104] Helbing D, Johansson A, Al-Abideen H Z. Crowd turbulence: the physics of crowd disasters[C]//Chien W Z. The Fifth International Conference on Nonlinear Mechanics. Shanghai: Shanghai University Press, 2007: 967-969.

[105] Wang J Y, Weng W G, Zhang X L. New insights into the crowd characteristics in Mina[J]. Journal of Statistical Mechanics: Theory and Experiment, 2014, 2014 (11): P11003.

[106] Krausz B, Bauckhage C. Loveparade 2010: automatic video analysis of a crowd disaster[J]. Computer Vision and Image Understanding, 2012, 116: 307-319.

[107] Cao T, Wu X Y, Guo J N, et al. Abnormal crowd motion analysis[C]//2009 IEEE International Conference on Robotics and Biomimetics (ROBIO), 2009: 1709-1714.

[108] Zhao Y, Yuan M Q, Su G F, et al. Crowd Security Detection based on Entropy Model[C]//12th International Conference on Information Systems for Crisis Response and Management (ISCRAM 2015), 2015: 24-33.

[109] Wu X Y, Liang G Y, Lee K K, et al. Crowd density estimation using texture analysis and learning[C]//2006 IEEE International Conference on Robotics and Biomimetics, 2006: 214-219.

[110] Zheng X P, Sun J H, Cheng Y. Analysis of crowd jam in public buildings based on cusp-catastrophe theory[J]. Building and Environment, 2010, 45 (8): 1755-1761.

[111] Still G K. Progressive crowd collapse[EB/OL]. https://www.gkstill.com/CV/Modelling/Crowd

Collapse. html[2019-03-26].

[112] 王振, 刘茂. 人群疏散的动力学特征及疏散通道堵塞的恢复[J]. 自然科学进展, 2008, 18 (2): 179-185.

[113] 卢春霞. 人群流动的波动性分析[J]. 中国安全科学学报, 2006, 16 (2): 30-34, 146.

[114] Still G K. Introduction to Crowd Science[M]. Boca Raton: CRC Press, 2014.

[115] Illiyas F T, Mani S K, Pradeepkumar A P, et al. Human stampedes during religious festivals: a comparative review of mass gathering emergencies in India[J]. International Journal of Disaster Risk Reduction, 2013, 5: 10-18.

[116] Henein C M, White T. Macroscopic effects of microscopic forces between agents in crowd models[J]. Physica A: Statistical Mechanics and Its Applications, 2007, 373: 694-712.

[117] Kim S, Guy S J, Hillesland K, et al. Velocity-based modeling of physical interactions in dense crowds[J]. The Visual Computer, 2015, 31 (5): 541-555.

[118] Golas A, Narain R, Lin M. A continuum model for simulating crowd turbulence[C]//ACM SIGGRAPH 2014. NewYork: Association for Computing Machinery, 2014: 20.

[119] Ma J, Song W G, Lo S. Simulation of crowd-quakes with heterogeneous contact model[C]// Chraibi M, Boltes M, Schadschneider A, et al. Traffic and Granular Flow'13. Berlin: Springer, 2015: 103-110.

[120] Au S Y Z. Research to develop a methodology for the assessment of risks to crowd safety in public venues: parts 1 & 2[J]. HSE Contract Research Report, 1998: 204.

[121] 胡成, 姚晓晖, 李伟, 等. 基于风险分析的公共场所人员安全容量确定方法. 中国安全科学学报, 2010, 20 (11): 152-158.

[122] 张青松, 刘金兰, 赵国敏. 大型公共场所人群拥挤踩踏事故机理初探[J]. 自然灾害学报, 2009, 18 (6): 81-86.

[123] 于帆, 宋英华, 霍非舟, 等. 城市公共场所拥挤踩踏事故机理与风险评估研究——基于EST层次影响模型[J]. 科研管理, 2016, 37 (12): 162-169.

[124] 角志达, 宋瑞, 刘星材. 城市轨道交通车站拥挤踩踏事故风险评价[J]. 交通信息与安全, 2015, 33 (2): 86-91.

[125] 刘泽照, 杨帆, 黄杰. 大型公共活动踩踏事故模糊风险评估应用研究——以上海"12·31"踩踏事件为例[J]. 南京航空航天大学学报 (社会科学版), 2015, 17 (2): 33-38.

[126] Lee R S, Hughes R L. Exploring trampling and crushing in a crowd[J]. Journal of Transportation Engineering, 2005, 131 (8): 575-582.

[127] Hughes R L. The flow of large crowds of pedestrians[J]. Mathematics and Computers in Simulation, 2000, 53 (4/5/6): 367-370.

[128] Hughes R L. A continuum theory for the flow of pedestrians[J]. Transportation Research Part B: Methodological, 2002, 36 (6): 507-535.

[129] Wang J H, Lo S, Wang Q S, et al. Risk of large-scale evacuation based on the effectiveness of rescue strategies under different crowd densities[J]. Risk Analysis, 2013, 33（8）：1553-1563.

[130] 佟瑞鹏，李春旭，郑毛景，等. 拥挤踩踏事故风险定量评价模型及其优化分析[J]. 中国安全科学学报，2013，23（12）：90-94.

[131] 毛华松，黎宇梦，罗毅，等. 基于空间句法理论的公共空间人群聚集风险评估与空间干预策略研究[J]. 西部人居环境学刊，2018，33（6）：77-82.

[132] 张青松. 人群拥挤踩踏事故风险理论及其在体育赛场中的应用[D]. 天津：南开大学，2007.

[133] Rutty G N, Cary N, Lawler W. Death in crowds[M]//Rutty G N. Essentials of Autopsy Practice：Reviews, Updates, and Advances. Cham：Springer International Publishing, 2017：43-57.

[134] Wang Z, Liu M, Zhao Y. Analysis of trample disaster and a case study—Mihong bridge fatality in China in 2004[J]. Safety Science, 2008, 46（8）：1255-1270.

[135] Byard R W, Wick R, Simpson E, et al. The pathological features and circumstances of death of lethal crush/traumatic asphyxia in adults—A 25-year study[J]. Forensic Science International, 2006, 159（2/3）：200-205.

[136] Jongewaard W R, Cogbill T H, Landercasper J. Neurologic consequences of traumatic asphyxia[J]. The Journal of Trauma, 1992, 32（1）：28-31.

[137] Helbing D, Brockmann D, Chadefaux T, et al. Saving human lives：what complexity science and information systems can contribute[J]. Journal of Statistical Physics, 2015, 158（3）：735-781.

[138] Landercasper J, Cogbill T H. Long-term followup after traumatic asphyxia[J]. The Journal of Trauma, 1985, 25（9）：838-841.

[139] Sandiford J A, Sickler D. Traumatic asphyxia with severe neurological sequelae[J]. The Journal of Trauma, 1974, 14（9）：805-810.

[140] Thompson A, Illescas F F, Chiu R C J. Why is the lower torso protected in traumatic asphyxia? A new hypothesis[J]. The Annals of Thoracic Surgery, 1989, 47（2）：247-249.

[141] Sharma A, Rani A, Barwa J. Traumatic asphyxial deaths due to an uncontrolled crowd at railway station：two case reports[J]. Journal of Indian Academy of Forensic Medicine, 2010, 32（3）：254-256.

[142] Vega R S, Adams V I. Suffocation in motor vehicle crashes[J]. American Journal of Forensic Medicine & Pathology, 2004, 25（2）：101-107.

[143] Michalewicz B A, Chan T C, Vilke G M, et al. Ventilatory and metabolic demands during aggressive physical restraint in healthy adults[J]. Journal of Forensic Sciences, 2007, 52（1）：171-175.

[144] Cosio M Q, Taylor G W. Soda pop vending machine injuries[J]. Journal of Orthopaedic Trauma, 1992, 6（2）：186-189.

[145] DeAngeles D, Schurr M, Birnbaum M, et al. Traumatic asphyxia following stadium crowd surge: stadium factors affecting outcome[J]. WMJ, 1998, 97(9): 42-45.

[146] Williams J S, Minken S L, Adams J T. Traumatic asphyxia—reappraised[J]. Annals of Surgery, 1968, 167(3): 384-392.

[147] Campbell-Hewson G, Egleston C V, Cope A R. Traumatic asphyxia in children[J]. Journal of Accident & Emergency Medicine, 1997, 14(1): 47-49.

[148] Sertaridou E, Papaioannou V, Kouliatsis G, et al. Traumatic asphyxia due to blunt chest trauma: a case report and literature review[J]. Journal of Medical Case Reports, 2012, 6(1): 257.

[149] Pijnappels M, Bobbert M F, van Dieën J H. How early reactions in the support limb contribute to balance recovery after tripping[J]. Journal of Biomechanics, 2005, 38(3): 627-634.

[150] Aftab Z, Robert T, Wieber P B. Predicting multiple step placements for human balance recovery tasks[J]. Journal of Biomechanics, 2012, 45(16): 2804-2809.

[151] Carty C P, Mills P, Barrett R. Recovery from forward loss of balance in young and older adults using the stepping strategy[J]. Gait & Posture, 2011, 33(2): 261-267.

[152] Hsiao E T, Robinovitch S N. Biomechanical influences on balance recovery by stepping[J]. Journal of Biomechanics, 1999, 32(10): 1099-1106.

[153] Wu M, Ji L H, Jin D W, et al. Minimal step length necessary for recovery of forward balance loss with a single step[J]. Journal of Biomechanics, 2007, 40(7): 1559-1566.

[154] 贾利晓. 人体行走过程中的滑摔倾向及其机制与防控研究[D]. 北京: 机械科学研究总院, 2013.

[155] Gill J R, Landi K. Traumatic asphyxial deaths due to an uncontrolled crowd[J]. American Journal of Forensic Medicine & Pathology, 2004, 25(4): 358-361.

[156] Wardrope J, Ryan F, Clark G, et al. The Hillsborough tragedy[J]. British Medical Journal, 1991, 303(6814): 1381.

[157] Sauvageau A, Boghossian E. Classification of asphyxia: the need for standardization[J]. Journal of Forensic Sciences, 2010, 55(5): 1259-1267.

[158] Hopkins I H G, Pountney S J, Hayes P, et al. Crowd pressure monitoring[C]//Smith R A, Dickie J F. Engineering for Crowd Safety. London: Elsevier, 1993: 389-398.

[159] Smith R A, Lim L B. Experiments to investigate the level of "comfortable" loads for people against crush barriers[J]. Safety Science, 1995, 18(4): 329-335.

[160] Evans E J, Hayden F. Tests on live subjects to determine the tolerable forces that may be exerted by crowd control crush barriers[J]. Report on Research in Biomechanics at the University of Surrey, 1971.

[161] 王振. 城市公共场所人群聚集风险理论及应用研究[D]. 天津: 南开大学, 2007.

[162] Kroll M W, Still G K, Neuman T S, et al. Acute forces required for fatal compression asphyxia:

a biomechanical model and historical comparisons[J]. Medicine，Science and the Law，2017，57（2）：61-68.

[163] 卢春霞. 拥挤人群中的挤压分析[J]. 交通运输系统工程与信息，2007，7（2）：98-103.

[164] Lee R S C, Hughes R L. Prediction of human crowd pressures[J]. Accident Analysis & Prevention，2006，38：712-722.

[165] Coutie M G, Snelson R J. Measurement of loadings on crush barriers during football matches[C]//Smith R A, Dickie J F. International Conference on Engineering for Crowd Safety，1993：409-419.

[166] Yu W J, Chen R, Dong L Y, et al. Centrifugal force model for pedestrian dynamics[J]. Physical Review E，Statistical，Nonlinear，and Soft Matter Physics，2005，72（2 Pt 2）：026112.

[167] Muramatsu M, Nagatani T. Jamming transition of pedestrian traffic at a crossing with open boundaries[J]. Physica A：Statistical Mechanics and Its Applications，2000，286（1/2）：377-390.

[168] Helbing D, Isobe M, Nagatani T, et al. Lattice gas simulation of experimentally studied evacuation dynamics[J]. Physical Review E，Statistical，Nonlinear，and soft Matter Physics，2003，67（6）：067101.

[169] Nagatani T. Dynamical transition and scaling in a mean-field model of pedestrian flow at a bottleneck[J]. Physica A：Statistical Mechanics and Its Applications，2001，300（3/4）：558-566.

[170] Hoogendoorn S, Daamen W, Bovy P H L. Extracting microscopic pedestrian characteristics from video data[C]//Transportation Research Board Annual Meeting，2003：1-15.

[171] Batty M, Desyllas J, Duxbury E. The discrete dynamics of small-scale spatial events：agent-based models of mobility in carnivals and street parades[J]. International Journal of Geographical Information Science，2003，17（7）：673-697.

[172] 翁文国, 廖光煊, 王喜世, 等. DPIV图象的诊断方法研究[J]. 火灾科学，1999，（4）：3-9.

[173] Liu X, Song W G, Zhang J. Extraction and quantitative analysis of microscopic evacuation characteristics based on digital image processing[J]. Physica A：Statistical Mechanics and Its Applications，2009，388：2717-2726.

[174] Saloma C, Perez G J, Tapang G, et al. Self-organized queuing and scale-free behavior in real escape panic[J]. Proceedings of the National Academy of Sciences of the United States of America，2003，100（21）：11947-11952.

[175] Altshuler E, Ramos O, Núñez Y, et al. Symmetry breaking in escaping ants[J]. The American Naturalist，2005，166（6）：643-649.

[176] Li G, Huan D, Roehner B, et al. Symmetry breaking on density in escaping ants：experiment and alarm pheromone model[J]. PLoS One，2014，9（12）：e114517.

[177] Pastor J M, Garcimartín A, Gago P A, et al. Experimental proof of faster-is-slower in systems of frictional particles flowing through constrictions[J]. Physical Review E，2015，92（6）：062817.

[178] Boari S, Josens R, Parisi D R. Efficient egress of escaping ants stressed with temperature[J]. PLoS One, 2013, 8 (11): e81082.

[179] Burd M, Shiwakoti N, Sarvi M, et al. Nest architecture and traffic flow: large potential effects from small structural features[J]. Ecological Entomology, 2010, 35 (4): 464-468.

[180] Shiwakoti N, Sarvi M. Enhancing the panic escape of crowd through architectural design[J]. Transportation Research Part C: Emerging Technologies, 2013, 37: 260-267.

[181] Zuriguel I, Olivares J, Pastor J M, et al. Effect of obstacle position in the flow of sheep through a narrow door[J]. Physical Review E, 2016, 94 (3): 032302.

[182] Seyfried A, Boltes M, Kähler J, et al. Enhanced empirical data for the fundamental diagram and the flow through bottlenecks[C]//Kingsch W W F, Rogsch C, Schadschneider A, et al. Pedestrian and Evacuation Dynamics 2008. Berlin: Springer, 2010: 145-156.

[183] Zhang J, Klingsch W, Schadschneider A, et al. Transitions in pedestrian fundamental diagrams of straight corridors and T-junctions[J]. Journal of Statistical Mechanics: Theory and Experiment, 2011, 2011 (6): P06004.

[184] Zhang J, Klingsch W, Schadschneider A, et al. Ordering in bidirectional pedestrian flows and its influence on the fundamental diagram[J]. Journal of Statistical Mechanics: Theory and Experiment, 2012, 2012 (2): P02002.

[185] Kretz T, Grünebohm A, Schreckenberg M. Experimental study of pedestrian flow through a bottleneck[J]. Journal of Statistical Mechanics: Theory and Experiment, 2006, 2006 (10): P10014.

[186] Liddle J, Seyfried A, Klingsch W, et al. An experimental study of pedestrian congestions: influence of bottleneck width and length[C]//The 8th International Conference on Traffic and Granular Flow, 2009.

[187] Nicolas A, Bouzat S, Kuperman M N. Pedestrian flows through a narrow doorway: effect of individual behaviours on the global flow and microscopic dynamics[J]. Transportation Research Part B: Methodological, 2017, 99: 30-43.

[188] Dias C, Ejtemai O, Sarvi M, et al. Pedestrian walking characteristics through angled corridors[J]. Transportation Research Record: Journal of the Transportation Research Board, 2014, 2421: 41-50.

[189] Dias C, Sarvi M, Ejtemai O, et al. Elevated desired speed and change in desired direction[J]. Transportation Research Record: Journal of the Transportation Research Board, 2015, 2490: 65-75.

[190] Shiwakoti N, Gong Y S, Shi X M, et al. Examining influence of merging architectural features on pedestrian crowd movement[J]. Safety Science, 2015, 75: 15-22.

[191] Shi X M, Ye Z R, Shiwakoti N, et al. Empirical investigation on safety constraints of merging

pedestrian crowd through macroscopic and microscopic analysis[J]. Accident Analysis & Prevention, 2016, 95: 405-416.

[192] Zhang J, Klingsch W, Schadschneider A, et al. Experimental study of pedestrian flow through a T-junction[C]//Kozlov V V, Buslaev A P, Bugaev A S, et al. Traffic and Granular Flow'11. Heidelberg: Springer, 2013: 241-249.

[193] Lian L P, Mai X, Song W G, et al. An experimental study on four-directional intersecting pedestrian flows[J]. Journal of Statistical Mechanics: Theory and Experiment, 2015, 2015(8): P08024.

[194] Dickie J F, Wanless G K. Spectator terrace barriers[J]. Structural Engineer, 1993, 71: 216.

[195] Daams B J. Static force exertion in postures with different degrees of freedom[J]. Ergonomics, 1993, 36(4): 397-406.

[196] Fang Z M, Song W G, Zhang J, et al. Experiment and modeling of exit-selecting behaviors during a building evacuation[J]. Physica A: Statistical Mechanics and Its Applications, 2010, 389(4): 815-824.

[197] Liu S B, Yang L Z, Fang T Y, et al. Evacuation from a classroom considering the occupant density around exits[J]. Physica A: Statistical Mechanics and Its Applications, 2009, 388(9): 1921-1928.

[198] Guo R Y, Huang H J, Wong S C. Route choice in pedestrian evacuation under conditions of good and zero visibility: experimental and simulation results[J]. Transportation Research Part B: Methodological, 2012, 46(6): 669-686.

[199] Fridolf K, Ronchi E, Nilsson D, et al. Movement speed and exit choice in smoke-filled rail tunnels[J]. Fire Safety Journal, 2013, 59: 8-21.

[200] Fridolf K, Nilsson D, Frantzich H. Evacuation of a metro train in an underground rail transportation system: flow rate capacity of train exits, tunnel walking speeds and exit choice[J]. Fire Technology, 2016, 52(5): 1481-1518.

[201] Nilsson D, Johansson M, Frantzich H. Evacuation experiment in a road tunnel: a study of human behaviour and technical installations[J]. Fire Safety Journal, 2009, 44(4): 458-468.

[202] Kobes M, Helsloot I, de Vries B, et al. Way finding during fire evacuation: an analysis of unannounced fire drills in a hotel at night[J]. Building and Environment, 2010, 45(3): 537-548.

[203] Nilsson D, Johansson A. Social influence during the initial phase of a fire evacuation—Analysis of evacuation experiments in a cinema theatre[J]. Fire Safety Journal, 2009, 44(1): 71-79.

[204] Cheng X D, Zhang H P, Xie Q Y, et al. Study of announced evacuation drill from a retail store[J]. Building and Environment, 2009, 44(5): 864-870.

[205] Ronchi E, Kuligowski E D, Peacock R D, et al. A probabilistic approach for the analysis of evacuation movement data[J]. Fire Safety Journal, 2014, 63: 69-78.

[206] Peacock R D, Hoskins B L, Kuligowski E D. Overall and local movement speeds during fire drill evacuations in buildings up to 31 stories[J]. Safety Science, 2012, 50（8）: 1655-1664.

[207] Fang Z M, Song W G, Li Z J, et al. Experimental study on evacuation process in a stairwell of a high-rise building[J]. Building and Environment, 2012, 47: 316-321.

[208] Ma J, Song W G, Tian W, et al. Experimental study on an ultra high-rise building evacuation in China[J]. Safety Science, 2012, 50（8）: 1665-1674.

[209] Moussaïd M, Kapadia M, Thrash T, et al. Crowd behaviour during high-stress evacuations in an immersive virtual environment[J]. Journal of the Royal Society, Interface, 2016, 13（122）: 20160414.

[210] Tang C H, Wu W T, Lin C Y. Using virtual reality to determine how emergency signs facilitate way-finding[J]. Applied Ergonomics, 2009, 40（4）: 722-730.

[211] Kinateder M, Ronchi E, Gromer D, et al. Social influence on route choice in a virtual reality tunnel fire[J]. Transportation Research Part F: Traffic Psychology and Behaviour, 2014, 26: 116-125.

[212] Bode N W F, Codling E A. Human exit route choice in virtual crowd evacuations[J]. Animal Behaviour, 2013, 86（2）: 347-358.

[213] Bode N W F, Wagoum A U K, Codling E A. Information use by humans during dynamic route choice in virtual crowd evacuations[J]. Royal Society Open Science, 2015, 2（1）: 140410.

[214] Andrée K, Nilsson D, Eriksson J. Evacuation experiments in a virtual reality high-rise building: exit choice and waiting time for evacuation elevators[J]. Fire and Materials, 2016, 40（4）: 554-567.

[215] Hu W M, Tan T N, Wang L, et al. A survey on visual surveillance of object motion and behaviors[J]. IEEE Transactions on Systems, Man, and Cybernetics, Part C（Applications and Reviews）, 2004, 34（3）: 334-352.

[216] Davies A C, Velastin S A, Yin J H. Crowd monitoring using image processing[J]. Electronics & Communication Engineering Journal, 1995, 7（1）: 37-47.

[217] Boltes M, Seyfried A, Steffen B, et al. Automatic extraction of pedestrian trajectories from video recordings[C]//Klingsch W, Rogsch C, Schadschneider A, et al. Pedestrian and Evacuation Dynamics 2008. Heidelberg: Springer, 2009: 43-54.

[218] Gavrila D M, Giebel J. Shape-based pedestrian detection and tracking[C]//Intelligent Vehicle Symposium, 2002: 8-14.

[219] 翁文国, 廖光煊, 王喜世. 基于互相关的 DPIV 图像诊断方法研究[J]. 实验力学, 1999, 14（3）: 323-329.

[220] Boltes M, Seyfried A. Collecting pedestrian trajectories[J]. Neurocomputing, 2013, 100: 127-133.

[221] Knoblauch R L, Pietrucha M T, Nitzburg M. Field studies of pedestrian walking speed and start-up time[J]. Transportation Research Record: Journal of the Transportation Research Board, 1996, 1538: 27-38.

[222] Antonini G, Bierlaire M, Weber M. Discrete choice models of pedestrian walking behavior[J]. Transportation Research Part B: Methodological, 2006, 40(8): 667-687.

[223] Moussaïd M, Perozo N, Garnier S, et al. The walking behaviour of pedestrian social groups and its impact on crowd dynamics[J]. PLoS One, 2010, 5(4): e10047.

[224] Do T, Haghani M, Sarvi M. Group and single pedestrian behavior in crowd dynamics[J]. Transportation Research Record: Journal of the Transportation Research Board, 2016, 2540: 13-19.

[225] Zeng W L, Chen P, Nakamura H, et al. Application of social force model to pedestrian behavior analysis at signalized crosswalk[J]. Transportation Research Part C: Emerging Technologies, 2014, 40: 143-159.

[226] Rudloff C, Matyus T, Seer S, et al. Can walking behavior be predicted?: analysis of calibration and fit of pedestrian models[J]. Transportation Research Record: Journal of the Transportation Research Board, 2011, 2264: 101-109.

[227] Gwynne S, Galea E R, Owen M, et al. A review of the methodologies used in the computer simulation of evacuation from the built environment[J]. Building and Environment, 1999, 34(6): 741-749.

[228] Borgers A, Timmermans H J P. City centre entry points, store location patterns and pedestrian route choice behaviour: a microlevel simulation model[J]. Socio-Economic Planning Sciences, 1986, 20(1): 25-31.

[229] Daamen W. Modelling passenger flows in public transport facilities[D]. Delft: Delft University, 2004.

[230] Hoogendoorn S P. Walker behaviour modelling by differential games[C]//Interface and Transport Dynamics. Heidelberg: Springer, 2003: 275-294.

[231] Hoogendoorn S P, Bovy P H L. Pedestrian route-choice and activity scheduling theory and models[J]. Transportation Research Part B: Methodological, 2004, 38(2): 169-190.

[232] Zhu W, Timmermans H. Exploring pedestrian shopping decision processes—an application of gene expression programming[C]//Pedestrian and Evacuation Dynamics 2005. Heidelberg: Springer, 2007: 145-154.

[233] Fang W F, Yang L Z, Fan W C. Simulation of bi-direction pedestrian movement using a cellular automata model[J]. Physica A: Statistical Mechanics and Its Applications, 2003, 321(3/4): 633-640.

[234] Song W G, Yu Y F, Fan W C, et al. A cellular automata evacuation model considering friction

and repulsion[J]. Science in China Ser. E Engineering & Materials Science, 2005, 48（4）: 403-413.

[235] Pelechano N, Malkawi A. Evacuation simulation models: challenges in modeling high rise building evacuation with cellular automata approaches[J]. Automation in Construction, 2008, 17（4）: 377-385.

[236] Bandini S, Rubagotti F, Vizzari G, et al. A cellular automata based model for pedestrian and group dynamics: motivations and first experiments[C]//Parallel Computing Technologies. Heidelberg: Springer, 2011: 125-139.

[237] Fredkin E, Toffoli T. Conservative logic[J]. International Journal of Theoretical Physics, 1982, 21（3/4）: 219-253.

[238] Tajima Y, Nagatani T. Scaling behavior of crowd flow outside a hall[J]. Physica A: Statistical Mechanics and Its Applications, 2001, 292（1/2/3/4）: 545-554.

[239] Tajima Y, Takimoto K, Nagatani T. Scaling of pedestrian channel flow with a bottleneck[J]. Physica A: Statistical Mechanics and Its Applications, 2001, 294（1/2）: 257-268.

[240] Parisi D R, Gilman M, Moldovan H. A modification of the Social Force Model can reproduce experimental data of pedestrian flows in normal conditions[J]. Physica A: Statistical Mechanics and Its Applications, 2009, 388（17）: 3600-3608.

[241] Goldstone R L, Janssen M A. Computational models of collective behavior[J]. Trends in Cognitive Sciences, 2005, 9（9）: 424-430.

[242] Bonabeau E. Agent-based modeling: methods and techniques for simulating human systems[J]. Proceedings of the National Academy of Sciences, 2002, 99（Supplement 3）: 7280-7287.

[243] Zarboutis N, Marmaras N. Searching efficient plans for emergency rescue through simulation: the case of a metro fire[J]. Cognition, Technology & Work, 2004, 6（2）: 117-126.

[244] Kim S, Guy S J, Manocha D. Velocity-based modeling of physical interactions in multi agent simulations[C]//12th ACM SIGGRAPH/Eurographics Symposium on Computer Animation, 2013: 125-134.

[245] Karamouzas I, Overmars M. A velocity-based approach for simulating human collision avoidance[C]//Intelligent Virtual Agents. Heidelberg: Springer, 2010: 180-186.

[246] Henderson L F. The statistics of crowd fluids[J]. Nature, 1971, 229（5284）: 381-383.

[247] Bradley G E. A proposed mathematical model for computer prediction of crowd movements and their associated risks[C]//Smith R A, Dickie J F. Engineering for Crowd Safety. London: Elsevier, 1993: 303-311.

[248] Treuille A, Cooper S, Popović Z. Continuum crowds[J]. ACM Transactions on Graphics, 2006, 25（3）: 1160-1168.

[249] Lo S M, Huang H C, Wang P, et al. A game theory based exit selection model for evacuation[J].

Fire Safety Journal, 2006, 41（5）: 364-369.

[250] Kirchner A, Klüpfel H, Nishinari K, et al. Simulation of competitive egress behavior: comparison with aircraft evacuation data[J]. Physica A: Statistical Mechanics and Its Applications, 2003, 324（3/4）: 689-697.

[251] Robin T, Antonini G, Bierlaire M, et al. Specification, estimation and validation of a pedestrian walking behavior model[J]. Transportation Research Part B: Methodological, 2009, 43（1）: 36-56.

[252] Wijermans N. Understanding crowd behaviour[D]. Groningen: University of Groningen, 2011.

[253] Løvås G G. Modeling and simulation of pedestrian traffic flow[J]. Transportation Research Part B: Methodological, 1994, 28（6）: 429-443.

[254] Daamen W. SimPed: a pedestrian simulation tool for large pedestrian areas[C]//Conference Proceedings EuroSIW, 2002: 24-26.

[255] Borgers A, Timmermans H. A model of pedestrian route choice and demand for retail facilities within inner-city shopping areas[J]. Geographical Analysis, 1986, 18（2）: 115-128.

[256] Xiong M Z, Lees M, Cai W T, et al. Hybrid modelling of crowd simulation[J]. Procedia Computer Science, 2010, 1（1）: 57-65.

[257] Xiong M Z, Cai W T, Zhou S P, et al. A case study of multi-resolution modeling for crowd simulation[C]//Proceedings of the 2009 Spring Simulation Multiconference, 2009: 17.

[258] Golas A, Narain R, Curtis S, et al. Hybrid long-range collision avoidance for crowd simulation[J]. IEEE Transactions on Visualization and Computer Graphics, 2014, 20（7）: 1022-1034.

[259] Zheng X P, Zhong T K, Liu M T. Modeling crowd evacuation of a building based on seven methodological approaches[J]. Building and Environment, 2009, 44（3）: 437-445.

[260] Vermuyten H, Beliën J, de Boeck L, et al. A review of optimisation models for pedestrian evacuation and design problems[J]. Safety Science, 2016, 87: 167-178.

[261] Bellomo N, Dogbe C. On the modeling of traffic and crowds: a survey of models, speculations, and perspectives[J]. SIAM Review, 2011, 53（3）: 409-463.

[262] 金国政, 喻赞. 人员疏散模型综述[J]. 产业与科技论坛, 2014, 13（13）: 135-136.

[263] Bellomo N, Piccoli B, Tosin A. Modeling crowd dynamics from a complex system viewpoint[J]. Mathematical Models and Methods in Applied Sciences, 2012, 22（supp02）: 1230004.

[264] Papadimitriou E, Yannis G, Golias J. A critical assessment of pedestrian behaviour models[J]. Transportation Research Part F: Traffic Psychology and Behaviour, 2009, 12（3）: 242-255.

[265] Schadschneider A, Klüpfel H, Kretz T, et al. Fundamentals of pedestrian and evacuation dynamics[C]//Bazzan A L C, Klügl F. Multi-Agent Systems for Traffic and Transportation Engineering. Hershey: IGI Global, 2009: 124-154.

[266] Still G K. Review of pedestrian and evacuation simulations[J]. International Journal of Critical Infrastructures, 2007, 3(3/4): 376.

[267] Zainuddin Z, Shuaib M. Modification of the decision-making capability in the social force model for the evacuation process[J]. Transport Theory and Statistical Physics, 2010, 39(1): 47-70.

[268] Moussaïd M, Nelson J D. Simple heuristics and the modelling of crowd behaviours[C]//Weidmann U, Kirsch U, Schreckenberg M. Pedestrian and Evacuation Dynamics 2012. Berlin: Springer, 2014: 75-90.

[269] Okazaki S, Matsushita S. A study of simulation model for pedestrian movement with evacuation and queuing[C]//Smith R A, Dickie J F. Engineering for Crowd Safety. London: Elsevier, 1993: 271-280.

[270] Chraibi M, Seyfried A, Schadschneider A. Generalized centrifugal-force model for pedestrian dynamics[J]. Physical Review E, Statistical, Nonlinear, and Soft Matter Physics, 2010, 82(4): 046111.

[271] Chraibi M, Kemloh U, Schadschneider A, et al. Force-based models of pedestrian dynamics[J]. Networks and Heterogeneous Media, 2011, 6(3): 425-442.

[272] Cantillo V, Arellana J, Rolong M. Modelling pedestrian crossing behaviour in urban roads: a latent variable approach[J]. Transportation Research Part F: Traffic Psychology and Behaviour, 2015, 32: 56-67.

[273] Qu Y C, Gao Z Y, Xiao Y, et al. Modeling the pedestrian's movement and simulating evacuation dynamics on stairs[J]. Safety Science, 2014, 70: 189-201.

[274] Wan J H, Sui J, Yu H. Research on evacuation in the subway station in China based on the Combined Social Force Model[J]. Physica A: Statistical Mechanics and Its Applications, 2014, 394: 33-46.

[275] Seriani S, Fernandez R. Pedestrian traffic management of boarding and alighting in metro stations[J]. Transportation Research Part C: Emerging Technologies, 2015, 53: 76-92.

[276] Yang X X, Dong H R, Wang Q L, et al. Guided crowd dynamics via modified social force model[J]. Physica A: Statistical Mechanics and Its Applications, 2014, 411: 63-73.

[277] Lakoba T I, Kaup D J, Finkelstein N M. Modifications of the helbing-molnár-farkas-vicsek social force model for pedestrian evolution[J]. SIMULATION, 2005, 81(5): 339-352.

[278] 陈涛, 应振根, 申世飞, 等. 相对速度影响下社会力模型的疏散模拟与分析[J]. 自然科学进展, 2006, 16(12): 1606-1612.

[279] 汪蕾, 蔡云, 徐青. 社会力模型的改进研究[J]. 南京理工大学学报(自然科学版), 2011, 35(1): 144-149.

[280] 张蕊, 张哲宁, 杨静. 基于有限元理论的行人流社会力仿真模型改进研究[J]. 城市交通,

2013, 11 (5): 76-81.

[281] Moussaïd M, Helbing D, Garnier S, et al. Experimental study of the behavioural mechanisms underlying self-organization in human crowds[J]. Proceedings of the Royal Society B: Biological Sciences, 2009, 276 (1668): 2755-2762.

[282] Karamouzas I, Heil P, van Beek P, et al. A predictive collision avoidance model for pedestrian simulation[C]//Motion in Games. Heidelberg: Springer, 2009: 41-52.

[283] Zanlungo F, Ikeda T, Kanda T. Social force model with explicit collision prediction[J]. EPL (Europhysics Letters), 2011, 93 (6): 68005.

[284] Gao Y, Chen T, Luh P B, et al. Modified social force model based on predictive collision avoidance considering degree of competitiveness[J]. Fire Technology, 2017, 53 (1): 331-351.

[285] Ratsamee P, Mae Y, Ohara K, et al. Human-robot collision avoidance using a modified social force model with body pose and face orientation[J]. International Journal of Humanoid Robotics, 2013, 10 (1): 1350008.

[286] Wang Q L, Chen Y, Dong H R, et al. A new collision avoidance model for pedestrian dynamics[J]. Chinese Physics B, 2015, 24 (3): 038901.

[287] Langston P A, Masling R, Asmar B N. Crowd dynamics discrete element multi-circle model[J]. Safety Science, 2006, 44 (5): 395-417.

[288] Lin P, Ma J, Lo S. Discrete element crowd model for pedestrian evacuation through an exit[J]. Chinese Physics B, 2016, 25 (3): 034501.

[289] Kabalan B, Argoul P, Jebrane A, et al. A crowd movement model for pedestrian flow through bottlenecks[J]. Annals of Solid and Structural Mechanics, 2016, 8 (1/2): 1-15.

[290] Gigerenzer G, Todd P M. Simple Heuristics That Make Us Smart[M]. New York: Oxford University Press, 1999.

[291] Fiorini P, Shiller Z. Motion planning in dynamic environments using velocity obstacles[J]. The International Journal of Robotics Research, 1998, 17 (7): 760-772.

[292] van den Berg J, Lin M, Manocha D. Reciprocal velocity obstacles for real-time multi-agent navigation[C]//2008 IEEE International Conference on Robotics and Automation, 2008: 1928-1935.

[293] van den Berg J, Guy S J, Lin M, et al. Reciprocal n-body collision avoidance[C]//Robotics Research. Heidelberg: Springer, 2011: 3-19.

[294] Paris S, Pettré J, Donikian S. Pedestrian reactive navigation for crowd simulation: a predictive approach[J]. Computer Graphics Forum, 2007, 26 (3): 665-674.

[295] Qu Y C, Gao Z Y, Orenstein P, et al. An effective algorithm to simulate pedestrian flow using the heuristic force-based model[J]. Transportmetrica B: Transport Dynamics, 2015, 3 (1): 1-26.

[296] Degond P, Appert-Rolland C, Moussaïd M, et al. A hierarchy of heuristic-based models of crowd dynamics[J]. Journal of Statistical Physics, 2013, 152(6): 1033-1068.

[297] Huth F, Bärwolff G, Schwandt H. A macroscopic multiple species pedestrian flow model based on heuristics implemented with finite volumes[C]//Pedestrian and Evacuation Dynamics 2012. Heidelberg: Springer, 2014: 585-601.

[298] Xiao Y, Gao Z Y, Qu Y C, et al. A pedestrian flow model considering the impact of local density: voronoi diagram based heuristics approach[J]. Transportation Research Part C: Emerging Technologies, 2016, 68: 566-580.

[299] Ballerini M, Cabibbo N, Candelier R, et al. Interaction ruling animal collective behavior depends on topological rather than metric distance: evidence from a field study[J]. Proceedings of the National Academy of Sciences of the United States of America, 2008, 105(4): 1232-1237.

[300] Carey M, Ryan M, Au S. Managing crowd safety in public venues: a study to generate guidance for venue owners and enforcing authority inspectors[J]. HSE Contract Research Report, 1993: 53.

[301] 王起全. 基于赋权关联度算法的地铁拥挤踩踏事故风险研究[J]. 中国安全科学学报, 2013, (5): 94-100.

[302] 刘艳, 汪彤, 丁辉, 等. 地铁车站拥挤踩踏事故风险评价DEA模型研究[J]. 中国安全科学学报, 2013, (10): 100-104.

[303] 霍宇芒, 宋守信, 顾一波. 基于组合权重的地铁车站拥挤踩踏事故风险评价[J]. 安全与环境工程, 2016, (5): 139-143.

[304] 任常兴, 吴宗之, 刘茂. 城市公共场所人群拥挤踩踏事故分析[J]. 中国安全科学学报, 2005, (12): 102-106.

[305] Sun A J, Liu M, Li J F. Real-time crowd massing risk supervision system based on massing crowd counting in public venue[C]//2009 International Symposium on Computer Network and Multimedia Technology, 2009: 1-7.

[306] Lee R S C, Hughes R L. Minimisation of the risk of trampling in a crowd[J]. Mathematics and Computers in Simulation, 2007, 74(1): 29-37.

[307] Still G K. Crowd Dynamics[D]. Coventry: University of Warwick, 2000.

[308] 冉丽君, 刘茂. 人群密度对人群拥挤事故的影响[J]. 安全与环境学报, 2007, (4): 135-138.

[309] 刘茂, 王振. 人群拥挤踩踏事故的风险分析及预防控制[J]. 应用基础与工程科学学报, 2006, 14(12): 108-114.

[310] Zhang Q S, Liu M, Wu C H, et al. A stranded-crowd model(SCM) for performance-based design of stadium egress[J]. Building and Environment, 2007, 42(7): 2630-2636.

[311] 吴娇蓉, 叶建红, 陈小鸿. 大型活动广场访客聚集行为控制指标研究[J]. 武汉理工大学学报(交通科学与工程版), 2006, (4): 599-602.

第 2 章　行人动力学

2.1　概　　述

　　行人动力学的研究主要有实验、实证（即利用实际人群运动案例）、模型三种方法，这三种研究方法有其各自的特点。实验研究一般是利用一定量的志愿者在控制实验条件的前提下使其运动，研究个体和群体的运动特征，实验研究能够从某种程度上观测真实人群运动特征，具有数据获取容易、可以控制影响行人运动的变量、可重复性好等特点。但是，由于实验条件的限制，不可避免地会有人为因素影响实验结果，并且实验的参与人数一般较少，如果组织高密度下的行人实验会存在一定的安全隐患，则实验研究难以研究高密度人群情景，同样地，也很难针对突发事件发生的行人运动行为展开实验研究。实证研究主要利用的是真实的人群运动案例，完全反映真实的人群运动特征。但是，实证研究对行人运动特征的记录设备和提取技术有很高的要求。模型研究通过考虑行人行为特征基于一定的规则建立相应的行人流模型，研究行人的运动特征、行为模式及对周围人群的影响。模型研究可以节约时间和成本，实现人群运动特征的重现，对人群运动规律的认识发挥了重要的作用。模型研究也有一定的局限性，如无通用模型、应用有一定局限性，目前针对复杂情景的模型还有待提高，模型的有效性和适用性需要通过实验或实证数据进行验证。

　　本章将首先介绍行人动力学实验的研究方案、开展过程、数据提取分析方法和实验结果。其次，介绍行人动力学实例中人流量、行人运动速度、密度等特征参数的获取方法，并基于佛山"行通济"活动过程中密集人群运动的实际案例阐述行人动力学实例研究方法的实施过程和研究结果。最后，详细介绍了目前常用的三种行人动力学模型的原理和发展历程。

2.2 行人动力学实验

2.2.1 可控行人实验

可控行人实验是组织一定数量的志愿者，通过布置特殊的实验场景来复现真实环境，并允许人群在可控因素的影响下运动，同时依靠多种途径的测量手段提取个体和群体的动力学参数。可控行人实验设计方案如图2.1所示，通过组织可控行人实验，改变人员数量、人群构成、社会关系、运动方向，或者设计不同的建筑结构、外部环境、突发事件等，研究不同实验工况下行人的运动特征和行为特点，分析行人运动影响因素及其作用机理，探究行人之间的相互作用，研究踩踏事故发生机理和防范措施。采集实验数据的方法有多种，包括问卷调查、视频监控、手机、蓝牙、GPS、眼动仪、生理参数测量仪器等。

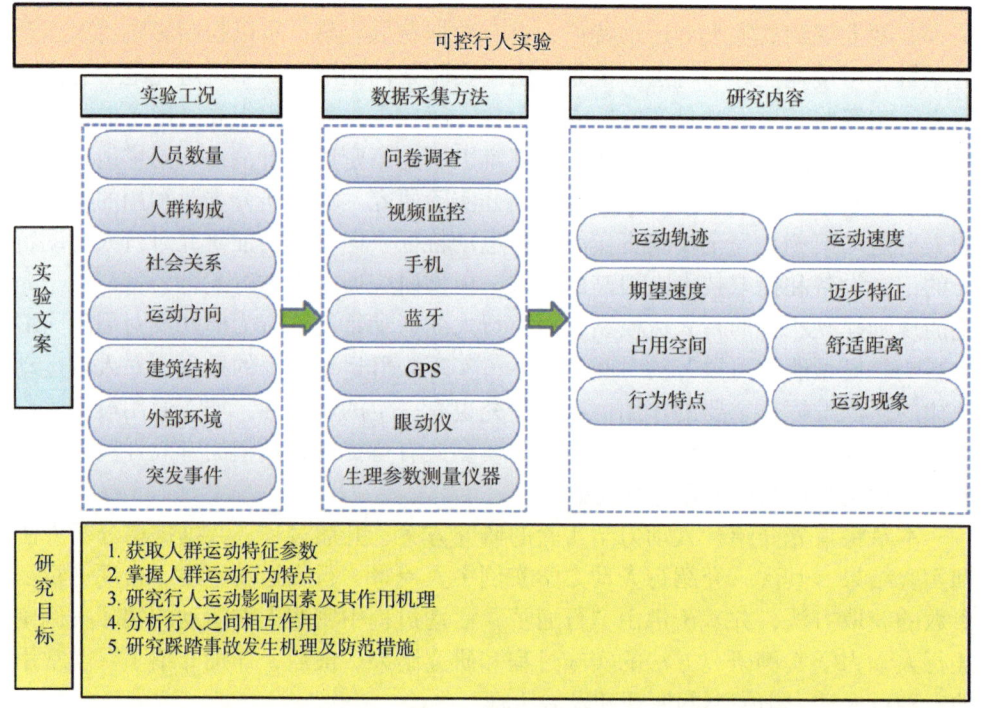

图2.1 可控行人实验设计方案

可控行人实验工况的设计要根据研究目的而进行，控制变量包括人员数量、人群构成、社会关系、运动方向、建筑结构、外部环境、突发事件等，如图 2.2 所示。

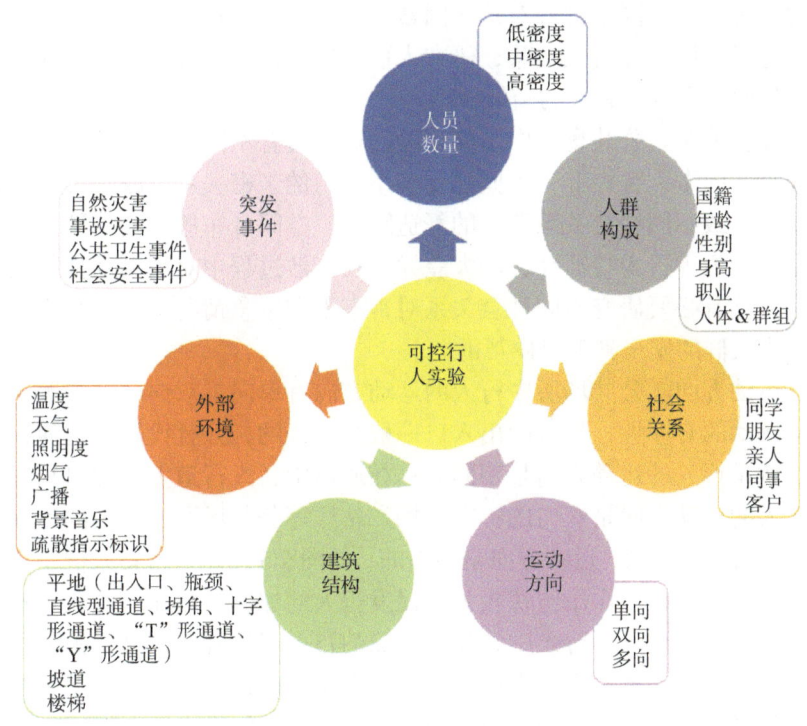

图2.2 可控行人实验控制变量

（1）人员数量。在可控行人实验中，可以通过改变一次实验中参与者的数量来改变行人的密度，研究不同密度下行人的运动特征、行为特点、主动感受等。人群密度不仅与人群运动速度密切相关，密度的变化还会改变人群运动状态，密度的增加会使得人的运动速度下降甚至发生堵塞，一旦人群密度超过了临界值，个人和人群就处在风险中。因此可以在实验中将人群密度设置为可控变量，研究密度与其他运动特征的关系，分析密度变化时的人群运动规律，有助于更加科学有效地管控、引导人流，防止拥挤踩踏事故的发生。

（2）人群构成。公共场所中会有不同国籍、不同年龄、不同性别、不同身高、不同职业的行人，并且有的行人独自一人行走，有的行人与其他行人结伴行走，表现出不同的运动特征。不同类型的公共场所人群构成不同，如国际赛事场馆中会有不同国籍的观众和运动员，养老院中主要是老人和养老院的工作人员，医院中主要是病人、家属、医生、护士等，校园中主要是学生和老师。不同人群的运动特征和疏散行为存在明显差异，其运动能力、心理承受能力、环境和信息的感知能力、疏导方法识别响应能力各不相同，疏散能力、安全疏散时间及疏散过程中的需求也不同。因此，人群的异质性使公共场所中密集人群的疏散十分复杂，具有较大的难度。不同学者针对这一因素，组织不同国籍、年龄、性别、身高、职业的志愿者开展可控行人实验，研究人群构成对密集人群运动特征和疏散行为的影响，从而提出科学有效的疏散策略。

（3）社会关系。公共场所中结伴行走的行人具有不同的社会关系，如同学、朋友、亲人、同事、客户等，不同社会关系群组的亲密关系、跟随关系等存在较大的差异，导致不同社会关系群组的舒适距离、空间分布等运动特征，以及避障行为、跟随行为等行为特征存在较大差异，在疏散过程中对周围其他行人的影响也不同。因此有必要研究不同社会关系对常态下和紧急情况下群组行为特征的影响，从而为人群的安全管理提供帮助。

（4）运动方向。公共场所中行人的运动方向有单向、双向、多向等，如为了保证人群运动的有序性，景区的出入口一般是分开的，并且设置栅栏使行人排队进出，也就是行人的运动方向是相同的；在通道中、人行道上、过斑马线时等情况下，行人的运动方向是双向的；在广场、站厅等公共场所，行人的运动不受建筑通道、栅栏等的限制，运动方向是多向的，如图2.3所示。密集人群中行人运动方向与行人之间的相互作用密切相关，促发行人的加速、减速、避让、超越、跟随等行为，如单向运动的行人中，如果前面的行人突然奔跑前进，极大可能后面的行人也会奔跑；如果后面行人的运动速度大于前面行人的运动速度，两者之间的距离会越来越小，当距离小于一定的阈值时，后面的行人就会减速，否则就会碰撞。因此，不同的学者研究密集人群在单向、双向、多向运动时的行为特征，以及人群中不同方向运动的行人比例不同时，密集人群运动特征的变化规律。

（a）景区入口-单向运动　　（b）斑马线-双向运动　　（c）站厅-多向运动

图2.3　行人运动方向

（5）建筑结构。建筑结构也会影响行人的运动特征。通常情况下，行人在平地上的运动速度比坡道、楼梯上的运动速度快，相应的安全疏散时间也不相同。针对这一因素，学者研究了行人在出入口、瓶颈处、直线型通道、曲线型通道、拐角、十字形通道、"T"形通道、"Y"形通道、坡道、楼梯等建筑结构中的运动特征和疏散行为，如图2.4所示。

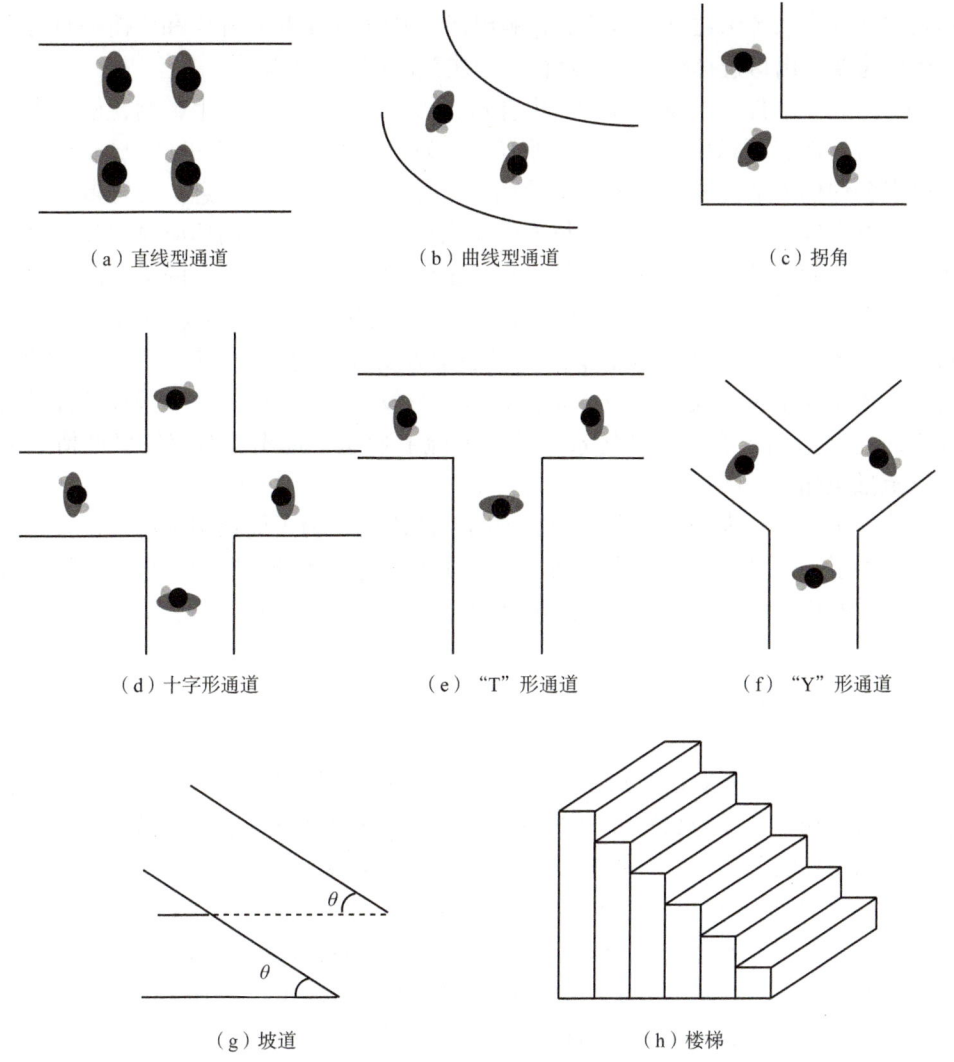

图2.4 建筑结构

(6) 外部环境。外界环境不同时,如温度、天气(雨、雪、雾、大风等)、照明度(白天、晚上;照明系统正常、故障)、烟气、背景音乐、疏散指示标识、广播等不同时,行人的运动特征存在明显的差异。外界温度为15℃时行人的平均速度比外界温度为25℃时的平均速度大,比外界温度为0℃时的平均速度小[1]。火灾发生时,大量的烟尘弥漫在空气中,使能见度大大降低;照明度较低时(如夜晚、照明系统故障),行人的视野受限,此时行人的运动特征与正常情况下大大不同,如能见度对行人的运动速度、前向距离、流量、跟随行为等产生影响[2]。背景音乐会对行人的基本图、迈步行为、走停行为产生影响,并且不同音速的背景音乐和不同类型的背景音乐对行人运动的影响规律不同[3]。疏散指示标识和广播会对行人的运动速度、出口选择行为、寻路行为、决策时间产生影响[4]。

（7）突发事件。突发事件的发生会对行人的生理和心理产生影响，使行人的疏散行为与常态下相比存在很大的差异。突发事件对行人生理的影响显而易见，如火灾会灼伤人的皮肤，火灾产生的烟气会导致行人中毒、窒息。突发事件的发生会引发人群的恐慌心理，引发行人的从众行为，影响行人的反应时间和信息感知能力，从而降低疏散效率；此外，突发事件的发生会降低行人的疏散能力，突发事件发生的位置会影响行人疏散路径和出口的选择，并且突发事件的类型不同，对行人疏散行为的影响也不同。很多学者研究了地震、台风、洪水、滑坡、火灾、化学品泄漏、交通事故、恐怖袭击等突发事件下的运动特征和疏散行为，基于此建立适用于突发事件场景下的行人疏散模型，提出针对突发事件情景的应急疏散策略。

综上所述，行人的行为会受到多种因素的影响，为了简化实验场景，大量的学者开展了一系列的单列行人运动实验，在单列行人运动实验中，行人之间只有一维纵向的相互作用，从而能够深入分析实验中控制变量对行人行为的影响。

2.2.2　单列行人运动实验

图 2.5 是单列行人运动实验的示意图。行人的运动通道近似椭圆，由长 2.5 m 的直线通道和外半径为 2.25 m 的半圆形通道组成（便于比较直线区域和曲线区域行人运动特征的差异），通道宽 0.8 m（通道宽度的设置从物理空间上限制了行人的超越行为）。通过改变通道内实验者的数量及他们的运动方向，共进行了 57 组实验，其中 3 组实验的通道中只有一个实验者行走，即每个实验者按照自己的期望速度绕通道一圈（以下称为场景 A），如图 2.5（a）所示；其余 54 组为 6 人或 6 人以上的实验者同时绕通道行走，并且后面的实验者不能超过前面的人（以下称为场景 B），如图 2.5（b）所示。随着参与人数的增加，行人运动的宏观密度从 0.36 m^{-1} 增大到 1.74 m^{-1}。行人的运动方向包括顺时针运动和逆时针运动两种工况，如表 2.1 所示。实验过程中共有 196 名 11 岁或 16 岁的学生参加，其中男生 108 人，女生 88 人，实验者的身高为 1.42 m 至 1.93 m 不等。整个实验过程通过垂直向下视角的摄像头记录下来（25 帧/s），并进一步通过 PeTrack 软件提取行人的运动轨迹[5]。

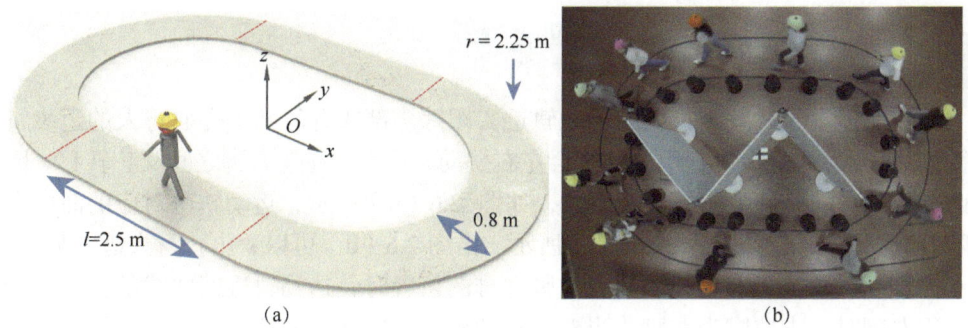

图2.5 单列行人运动实验

表 2.1 实验设置

人数	年龄	宏观密度/ m⁻¹	顺时针运动实验组数	逆时针运动实验组数
1	11, 16	0.06		150
1	16	0.06	46	
6	11, 16	0.36	4	5
7	11	0.42	1	
10	11, 16	0.60	4	
11	11	0.66		2
12	11, 16	0.72	4	2
13	16	0.78		1
15	11, 16	0.90		4
16	11, 16	0.96	3	5
17	11, 16	1.02	1	2
21	11	1.26	2	
22	16	1.32	1	
23	11, 16	1.38	1	1
24	11, 16	1.44	3	1
25	11, 16	1.50	1	4
28	11	1.68	1	
29	11	1.74		1
39	11	2.35		1

注：宏观密度=人数/通道周长，通道周长近似为通道中心线的周长，约为 16.62 m；由于每组实验的实验者是随机选取的，部分实验者不只参加一次实验，会参加多次实验

2.2.3 实验中行人迈步特征的提取

目前很多学者基于行人的运动轨迹（跟踪头部或者肩部）提取行人的迈步特征[6-11]。行人在行走过程中，身体会左右摆动，重心会在左右脚之间交替转移，因此行人的运动轨迹由凹凸曲线组成，如图 2.6（b）所示，运动轨迹对应的曲率会随着时间上下振荡，如图2.6（c）所示。由图2.6（d）可以看出，行人迈右脚时，支撑脚为左脚，当右脚移动到与左脚并排的位置时，达到轨迹凹曲线的顶点；行人迈左脚时，支撑脚为右脚，当左脚移动到与右脚并排的位置时，达到轨迹凸曲线的顶点。由此说明可以通过获取轨迹凹凸曲线的顶点得出行人的迈步点，轨迹的曲率-时间曲线的极大值、极小值分别对应行人的左步点和右步点，步长为左右步点之间的距离，步进时间为左右步点的间隔时间，详细的计算步骤如下。

（1）计算行人轨迹的曲率 κ

$$\kappa(t) = \frac{x'(t)y''(t) - y'(t)x''(t)}{\sqrt{\left[(x'(t))^2 + (y'(t))^2\right]^3}} \quad (2.1)$$

其中，

$$\begin{cases} x'(t) = [x(t+\Delta t) - x(t)]/\Delta t \\ y'(t) = [y(t+\Delta t) - y(t)]/\Delta t \end{cases} \quad (2.2)$$

$$\begin{cases} x''(t) = [x'(t+\Delta t) - x'(t)]/\Delta t \\ y''(t) = [y'(t+\Delta t) - y'(t)]/\Delta t \end{cases} \quad (2.3)$$

(x, y) 表示行人的位置坐标；$\Delta t = 0.4$s。

（2）平滑曲率-时间曲线。本章采取 Savitzky-Golay 过滤器[12]处理曲率-时间曲线，不仅可以滤除噪点，还能保留原有信号的形状、宽度。该方法的思想是选取以计算点为中心的 $2p+1$ 个数据点，然后用 q 次多项式对该数据点集进行拟合，进而计算出该计算点的拟合值；重复同样的步骤，可以得到其他计算点的拟合值，所有计算点拟合值的连线即平滑以后的曲率-时间曲线。$2p+1$ 和 q 的大小会影响 Savitzky-Golay 过滤器的平滑效果。$2p+1$ 越小，q 越大，噪点越多；$2p+1$ 越大，q 越小，平滑以后的曲线误差越大。本章中 $2p+1$ 的取值在大部分情况下为 41，根据每个人局部密度的不同在[35, 45]范围内对 $2p+1$ 进行进一步的调整，正常情况下局部密度越大，$2p+1$ 取值应越大，q 的经验公式如下：

$$q = \begin{cases} 6, & \rho < 0.9 \text{ m}^{-1} \\ 5, & 0.9 \leq \rho < 1.32 \text{ m}^{-1} \\ 4 \text{ 或} 3, & \rho \geq 1.32 \text{ m}^{-1} \end{cases} \quad (2.4)$$

（3）迈步点识别。行人运动轨迹的振荡反映了迈步过程中重心在左右脚之间交替变换的过程，体现在其曲率随时间的上下波动，图 2.6（d）进一步证实了轨迹曲线顶点、迈步点之间的相关性，因此可以通过曲率-时间曲线的极小值、极大值得出轨迹的顶点，从而进一步得到行人的迈步点，其中曲率-时间曲线的极大值、极小值分别对应左步点和右步点。本章采用 Python 中的"detect peaks"函数找到了曲率-时间曲线的极大值、极小值，此函数具有灵活调节极值的最小高度、极值之间距离的特点。为了检验本章提出的行人迈步点识别方法的可靠性，手动测量了 0.36 m^{-1}、0.96 m^{-1}、1.74 m^{-1} 三种工况下不同身高的行人的真实步长，即行人两脚同时落地时的距离，并将其与根据识别出的步点计算得出的步长进行比较，发现两者的最大绝对误差是 ±0.05 m，最大相对误差是 ±9.8%，如图 2.6（f）所示。

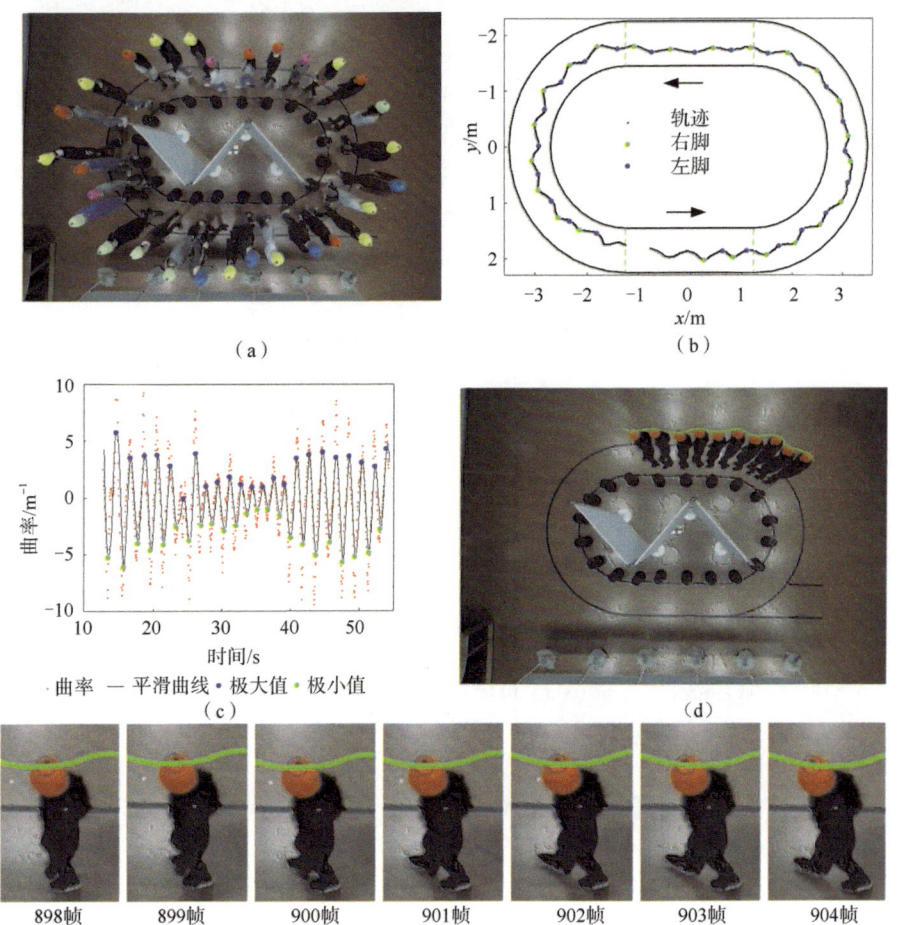

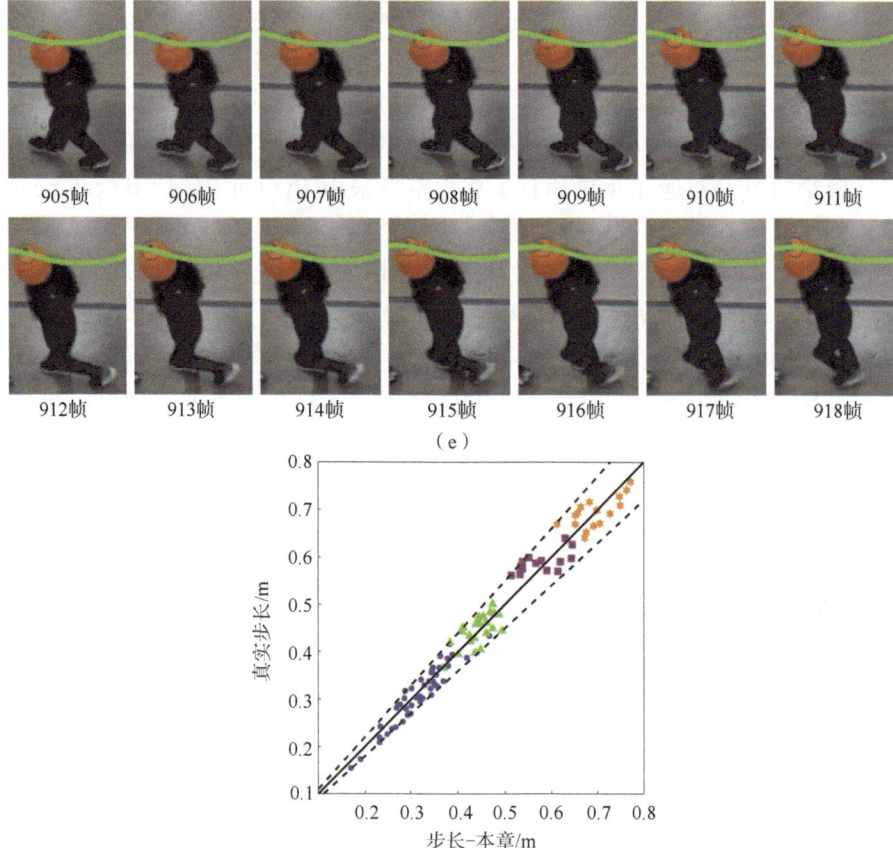

(e)

(f)

- 高的实验者,密度为0.36m⁻¹
- 矮的实验者,密度为0.36m⁻¹
- 矮的实验者,密度为0.96m⁻¹
- 矮的实验者,密度为1.74m⁻¹
- 参考线:y=x
- 参考线:相对误差为10%

图2.6 基于轨迹数据的迈步特征提取方法及其验证

图(a)为宏观密度是 1.74 m⁻¹,逆时针运动工况下的实验录像。图(b)为该工况下某一实验者的运动轨迹。图(c)为相应运动轨迹对应的曲率随时间的变化,黑色实线代表 Savitzky-Golay 过滤器对曲率-时间曲线的平滑,紫色和绿色点分别表示曲率-时间曲线的极大值和极小值,对应于图(a)中的左右脚。图(d)中该实验者的连续 10 个步点,分别在 758 帧、781 帧、801 帧、821 帧、840 帧、860 帧、879 帧、898 帧、919 帧、940 帧;绿色的实线代表该实验者从 748 帧到 950 帧的运动轨迹。图(e)为该实验者某一步的整个迈步过程。图(f)为本方法得出的步长与真实步长的对比;最大绝对误差为±0.05 m,相对误差为±9.8%;图中不同的符号表示不同工况下随机选取的不同身高的实验者的数据

2.2.4 行人运动特征的计算

密度、前向距离、速度、步长是行人运动的 4 个基本特征参数。在单列行人运动实验中,对这些特征参数的测量采用了投影坐标系[13],即原坐标点投影到参照曲线(一般取通道的中线)上,得到新的坐标系。但是单列行人运动实验的通

道不仅有直线部分，还包括曲线部分，而曲线部分特征参数的测量值会受到投影坐标系中所选取的参照曲线的影响，具体分析见图 2.7。在低密度情况下，曲线部分的行人倾向于沿着通道内侧行走（图 2.7），如果将通道中线作为参照线，前向距离、速度、步长的测量值会偏大，而密度的测量值会偏小。所以，为了更加准确地测量这些基本参数，投影坐标系中参照曲线的选取至关重要。为了将参照曲线的影响降到最低，本章选取通过连续两个计算点的中点的曲线作为参照曲线（以下称为最近参考线），即两个计算点到最近参考线的距离相等，如图 2.8 所示。对于不同的特征参数的测量，计算点不同。

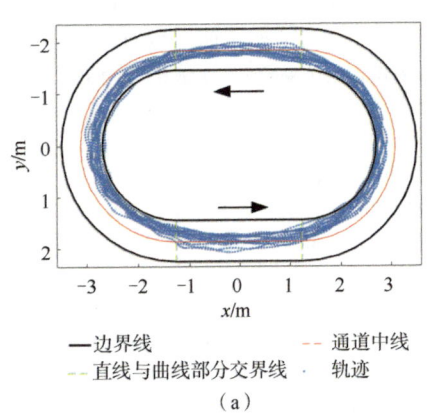
(a)

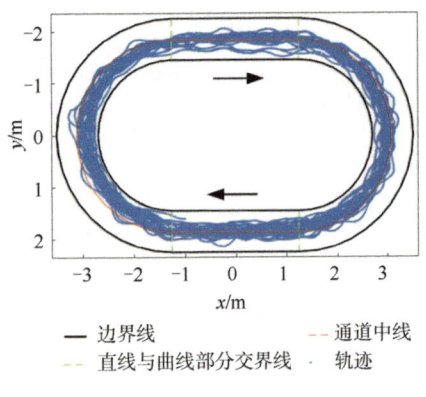
(b)

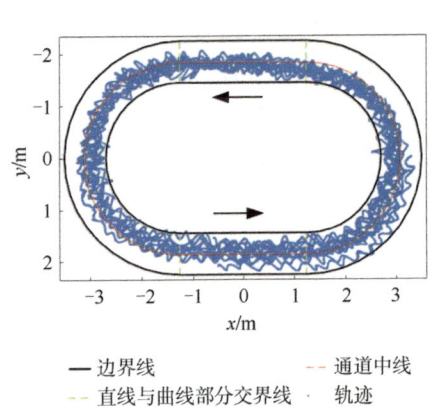
(c)

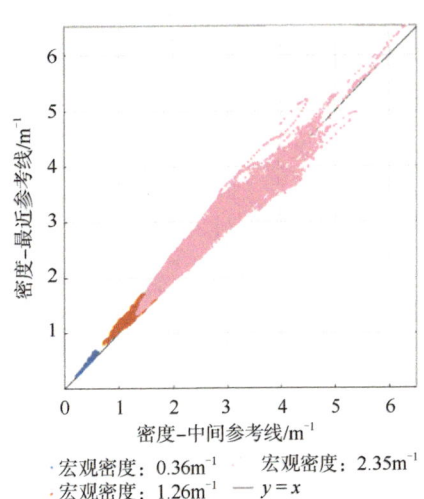
(d)

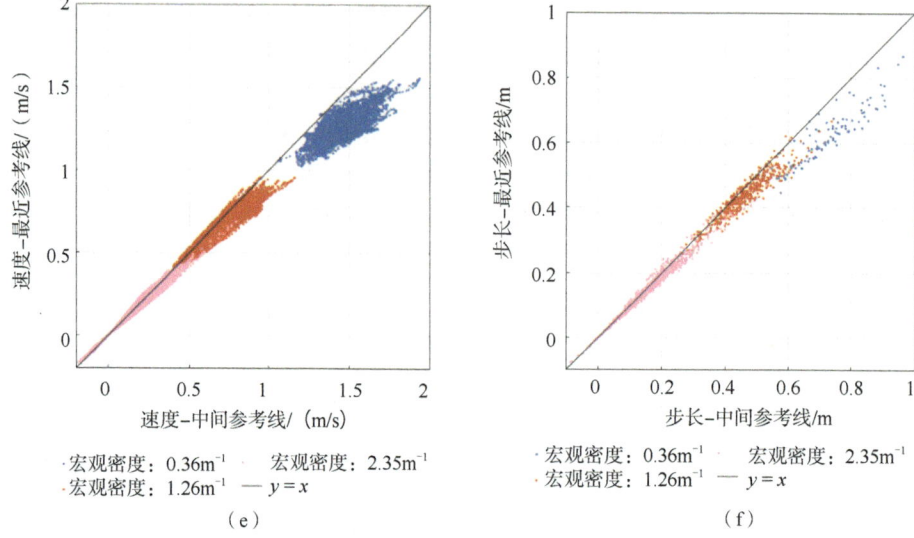

(e)　　　　　　　　　　　　　　　　　(f)

图2.7　不同工况下基于最近参考线的行人运动特征

图(a)~图(c)表示不同工况下实验参与者的运动轨迹，宏观密度分别为 0.36 m⁻¹、1.26 m⁻¹、2.35 m⁻¹，箭头表示实验者的运动方向；基于最近参考线和中间参考线的密度、速度、步长的比较，每幅图中包括图(d)~图(f)中所示的 3 种工况下的数据点，分别用蓝色、橘色和桃红色表示

（1）前向距离和密度：计算点是相邻两人 i 和 $i+1$ 在同一时刻的位置 Q_i 和 Q_{i+1}，如图 2.7 所示。

（2）速度和步长：计算点是行人 i 在不同时刻的位置。步长的计算点是相邻的两个步点 $S_i(t)$ 和 $S_i(t+\Delta t)$。

基于最近参考线的前向距离、密度、速度、步长的计算步骤如下。

（1）原坐标点 (x,y) 投影到选取的最近参考线上，得到投影坐标系 $(\hat{x},\hat{y})$。

$$\begin{cases}\hat{x}_i(t)=\begin{cases}k+x_i(t), & (x_i(t),y_i(t))\in A\\ 2k+r_i(t)\partial_i(t), & (x_i(t),y_i(t))\in B\\ 3k+\pi r_i(t)-x_i(t), & (x_i(t),y_i(t))\in C\\ 4k+\pi r_i(t)+r_i(t)\partial_i(t), & (x_i(t),y_i(t))\in D\end{cases}\\ \hat{y}_i(t)=r_i(t)-L_i(t)\end{cases}\quad(2.5)$$

其中，

$$r_i(t)=\begin{cases}(L_i(t)+L_{i+1}(t))/2, & 对于 Q_i 和 Q_{i+1}\\ (L_i(t)+L_i(t+\Delta t))/2, & 对于 S_i(t) 和 S_i(t+\Delta t)\end{cases}\quad(2.6)$$

$$L_i(t)=\begin{cases}\sqrt{(|x_i(t)|-k)^2+y_i(t)^2}, & |x_i(t)|>k\\ |y_i(t)|, & |x_i(t)|\leqslant k\end{cases}\quad(2.7)$$

$$\partial_i(t) = \begin{cases} \cos^{-1}(y_i(t)/L_i(t)), & (x_i(t), y_i(t)) \in B \\ \cos^{-1}(-y_i(t)/L_i(t)), & (x_i(t), y_i(t)) \in D \end{cases} \quad (2.8)$$

$$\begin{cases} (x_i(t), y_i(t)) \in A = \{(x_i(t), y_i(t)) \| x_i(t) | \leq k, y_i(t) > 0\} \\ (x_i(t), y_i(t)) \in B = \{(x_i(t), y_i(t)) \| x_i(t) | > k\} \\ (x_i(t), y_i(t)) \in C = \{(x_i(t), y_i(t)) \| x_i(t) | \leq k, y_i(t) < 0\} \\ (x_i(t), y_i(t)) \in D = \{(x_i(t), y_i(t)) \| x_i(t) | < -k\} \end{cases} \quad (2.9)$$

$$k = l/2 \quad (2.10)$$

其中，$\hat{x}$ 表示原坐标点 (x, y) 在最近参考线上的投影点与投影坐标系原点之间沿着最近参考线的距离；$\hat{y}$ 表示原坐标点到投影点之间的距离；$r_i(t)$ 表示所选取的最近参考线的半径；$\partial_i(t)$ 表示投影点沿 $\hat{x}$ 轴方向走过的弧长所对应的弧度角。为了方便计算，将整个椭圆形实验通道分为 4 个区域，分别为 A、B、C、D，每个区域对应的坐标系转换公式不同，$l = 2.5$ m 代表椭圆形实验通道直线部分的长度，如图 2.8 所示。

（2）前向距离计算。t 时刻行人 i 的前向距离指行人 i 在 t 时刻和他前面的行人 $i+1$ 之间的距离。

$$h_i^{near}(t) = |\hat{x}_{i+1}(t) - \hat{x}_i(t)| \quad (2.11)$$

其中，$h_i^{near}(t)$ 表示行人 i 在 t 时刻的前向距离。

（3）行人 i 在 t 时刻的密度为

$$\rho_i^{near}(t) = 2/(h_i^{near}(t) + h_{i-1}^{near}(t)) \quad (2.12)$$

（4）行人 i 在 t 时刻的速度为

$$v_i^{near}(t) = \delta \cdot (\hat{x}_i(t+\Delta t) - \hat{x}_i(t-\Delta t))/2\Delta t \quad (2.13)$$

其中，$\Delta t = 7/25$；当行人沿通道顺时针运动时，运动方向与投影坐标系的方向相反，$\delta = 1$，当行人逆时针运动时，$\delta = -1$。

（5）行人 i 在 $t + \Delta t$ 时刻的步长 $s_i^{near}(t)$、迈步的摆动幅度 $w_i^{near}(t)$ 为

$$s_i^{near}(t) = |\hat{x}_i(t+\Delta t) - \hat{x}_i(t)| \quad (2.14)$$

$$w_i^{near}(t) = |\hat{y}_i(t+\Delta t) - \hat{y}_i(t)| \quad (2.15)$$

其中，Δt 表示步进时间；t 和 $t + \Delta t$ 表示连续两步的时间。

图 2.7（a）～图 2.7（c）是宏观密度分别为 0.36 m^{-1}、1.26 m^{-1}、2.35 m^{-1} 的三种工况下所有参与者在 40.2 s 内的运动轨迹，相应的平均速度分别为 1.27 m/s、0.64 m/s、0.12 m/s。图 2.7（a）中，曲线部分的轨迹主要集中于通道内侧，而

直线部分的轨迹主要分布在通道中间，说明行人在曲线部分倾向于走最短路径，而行人从曲线部分转入直线部分时，倾向于在通道中间行走，发生这一现象可能的原因包括行人的行走速度、尽量保持原有运动方向的意愿、避免急速转弯的意愿等。当行人运动速度较大时，若想继续沿着通道内侧行走，就需要更大的自驱力调整行人的运动方向。当行人的运动密度增长为 1.26 m^{-1} 时，21 个行人的运动轨迹分布较疏松，如图 2.7（b）所示，与图 2.7（a）相比，图 2.7（b）中曲线部分的轨迹向通道中间偏移，这是因为随着密度的增加，行人运动空间受限，而运动路径从通道内侧向外移动可以增加运动路径的长度，从而减缓这种受限情况。图 2.7（c）是 39 个行人的运动轨迹，宏观密度为 2.35 m^{-1}，运动轨迹的分布更加分散，部分行人沿着通道外侧行走来获取更多的空间，并且在高密度环境下，行人之间通过横向偏移来避免碰撞，从而出现"拉链"现象。

从式（2.5）可以看出，特征参数在直线部分的测量值与参照曲线的半径无关，但是在曲线部分受参照曲线半径的影响，所以基于最近参考线的特征参数（包括密度、速度、步长）的测量值 q^{near} 和基于中间参考线的特征参数测量值 q^{middle} 的比较只针对曲线部分，如图 2.7（d）～图 2.7（f）所示。图 2.7（d）～图 2.7（f）中每幅图片展示了相应特征参数在不同密度条件下（0.36 m^{-1}、1.26 m^{-1} 和 2.35 m^{-1}）的比较，从图中可以看出 q^{near} 和 q^{middle} 随密度的变化规律不同。在低密度时，ρ^{near} 总是大于 ρ^{middle}，但是 v^{near} 和 s^{near} 总是小于 v^{middle} 和 s^{middle}，这是因为低密度时行人在曲线部分倾向于沿通道内侧行走，如图 2.7（a）所示，所以 r^{near} 总是小于 r^{middle}，因此计算点在中间参考线上的投影点之间的距离总是大于最近参考线上的投影距离；当密度增加到 1.26 m^{-1} 时，数据点向 $y = x$ 的另一侧偏移，q^{near} 和 q^{middle} 之间的差距减小；当密度继续增加到 2.35 m^{-1} 时，数据点几乎均匀地分布在 $y = x$ 周围，说明 q^{near} 和 q^{middle} 之间的差距减小，这是因为在高密度情况下，行人的运动轨迹基本围绕着通道中线。综上所述，q^{near} 和 q^{middle} 之间的差别随着密度的增加逐渐减小。

2.2.5 行人迈步特征与速度、密度的关系

为了研究整个椭圆形通道内的迈步特征，首先应该验证椭圆形通道的曲率对迈步特征是否有影响，即选取出在统计意义上相互独立的实验数据，然后利用统计检验的方法验证直线部分与曲线部分的步长是否有显著的差异，如果没有则说明通道曲率对迈步特征没有影响。

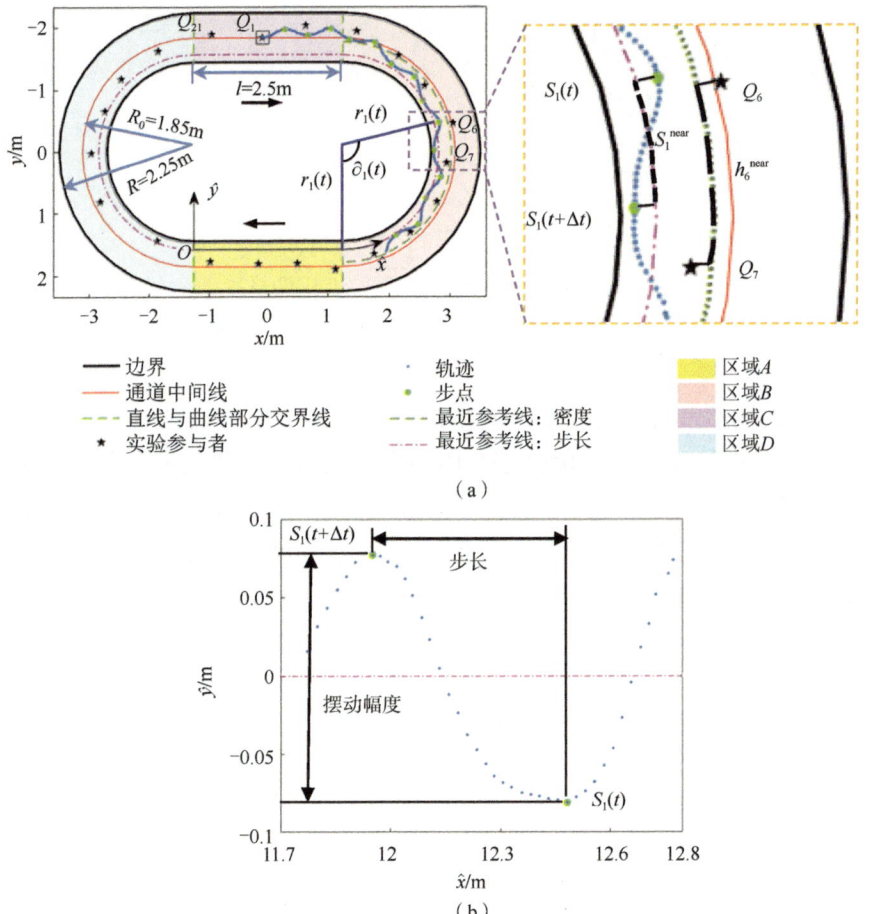

图2.8 行人运动特征计算方法

图（a）中黑色粗实线表示实验通道的边界，通道的中间用红色实线表示，浅绿色的虚线表示直线部分与半圆形部分的边界，将通道分为四个区域——两个直线部分 A、C 和两个半圆形部分 B、D，黑色五角星表示宏观密度为 $1.26\ \mathrm{m}^{-1}$、顺时针运动工况下的 21 个实验参与者（Q_1, Q_2,⋯, Q_{21}），黑色的箭头表示实验者的运动方向，蓝色的点表示实验者 Q_1 每一帧的位置点，绿色的点代表 Q_1 的步点，深绿色点线和桃红色点划线分别表示计算密度和步长时需要的坐标转换参照线；图（b）是图（a）中 $S_i(t)$ 和 $S_i(t+\Delta t)$ 两个步点在投影坐标系（$\hat{x}$, $\hat{y}$）的位置，两步点在投影坐标系的沿 $\hat{x}$ 方向的距离表示步长，沿 $\hat{y}$ 轴方向的距离表示迈步摆动幅度

（1）独立数据的选择。本章采取自相关方法选取统计意义上的独立数据，判定依据为自相关系数在 [−0.1, 0.1] 范围内。图 2.9 是实验者步长的自相关系数，即实验者步长-时间曲线与经过延迟的时间序列曲线之间的相关性，从图中可以看出，当延迟时间大于等于 3 步时，自相关系数在 [−0.1, 0.1] 范围内，也就是说当两个步点相隔 3 步时，在统计上可以认为其相互独立，因此独立数据的选取至少要相隔 3 步。本章中每隔 5 步选取一个数据得到统计意义上的独立数据。

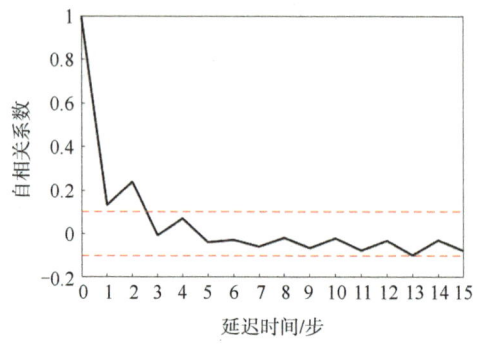

图2.9 自相关函数

（2）比较曲线部分和直线部分的步长数据。本章采取双样本的 Kolmogorov-Smirnov 检验进行比较，该检验是常用的无参数检验方法之一，零假设为两个样本来自同一个分布。图 2.10 分别展示了 423 个直线部分的独立数据和 1136 个曲线部分的独立数据的步长分布图，利用 Kolmogorov-Smirnov 检验得出 $P=0.48$，说明检验结果不能拒绝原假设，所以从统计意义上讲，没有明显的证据表明曲线部分的步长与直线部分的步长不同，也就是说曲率对步长的影响可以忽略。

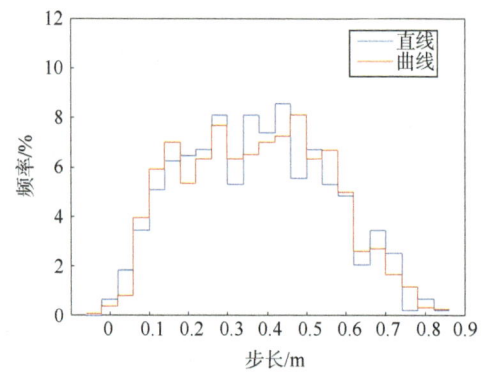

图2.10 直线部分步长与曲线部分步长数据的比较

对于行人的步长 s、步频 f_s 和速度 v 的关系，目前主要有两种——线性和非线性，如表 2.2 所示。表 2.2 中式（2.18）由式（2.16）和式（2.17）联立得出，所以式（2.18）中的系数应该与式（2.16）中的系数对应相等。同样地，式（2.20）由式（2.17）和式（2.19）联立得出。为了确定步长-速度的定量关系，本部分基于同一组数据通过两个指标进行评价，比较分析线性和非线性两种函数对步长-速度关系的描述效果。首先，通过 R^2 评价关系式是否理想，其次，比较基于步长数据点的步长-速度关系的系数和基于步频数据点的步频-速度关系的系数是否一致。步长-速度关系的确定有利于考虑行人迈步特征的行人流模型的建立和完善。

表 2.2 步长、步频和速度的关系

关系	步长 s 与速度 v	步长 s、步频 f_s 与速度 v	步频 f_s 与速度 v
线性	$s = a \cdot v + b$ （2.16）	$f_s s = v$ （2.17）	$1/f_s = b/v + a,\ f_s \neq 0, v \neq 0$ （2.18）
非线性	$s = f(h) \cdot v^n$ （2.19）		$f_s = 1/f(h) \cdot v^{1-n}$ （2.20）

注：a 和 b 是线性关系式的系数；$f(h)$ 是非线性关系式的系数，与行人的身高相关；Dean[14]提出的非线性关系式中 $f(h) = \tilde{h} \cdot c$，其中 $\tilde{h} = h/1.72$，c 为常数，等于 $1/1.57$，h 表示行人的身高，单位为 m；$\tilde{h} = h/1.72$ 是基于平均身高 1.72 m 对行人身高归一化后的数据

图 2.11（a）、图 2.11（b）分别表示 s-v 和 $1/f_s$-$1/v$ 的关系及其线性拟合函数，即式（2.16）和式（2.18）。图 2.11（a）中 $R^2=0.805$，式（2.16）中参数 a 和 b 的 95%置信区间分别为 0.397 ± 0.004 s 和 0.177 ± 0.004 m，参数 a 的值表示平均步进时间。本章与其他学者提出的线性关系式的比较见表 2.3，有一定的差别，一个原因是研究的场景不同，表 2.3 中除了本章和 Jelić 等[8]，其他研究都是针对行人自由行走状态下的步长与速度的关系，行人之间没有相互作用力，而本章实验数据既包含行人自由行走的状态（场景 A），也包含行人之间存在相互作用的状态（场景 B）；另一个原因是行人运动的目的不同，本章和 Jelić 等[8]的实验中，行人降低速度是因为空间受限，而其他研究中行人降低速度是因为指令；除此之外，其他因素如文化差异、年龄、性别、身高、体重、舒适的前向距离、数据大小等都会影响到步长与速度的线性关系，即使是同一个学者不同时间组织的不同实验（Seitz 和 Köster[15]、Seitz 等[16]），得出的关系也有差别。图 2.11（b）中 $R^2=0.453$，较小，说明线性函数不能很好地描述 $1/f_s$-$1/v$ 的关系。我们知道 $y = 1/x$ 在 $x \in (0,1)$ 区间内急剧变化，在 $x \in [1, +\infty)$ 内变化缓慢，而本章中 71%的数据点速度小于 1 m/s，所以相应的 $1/v$ 会变得范围较大，数据分散。而且本章中 95%的步频数据大于 1 Hz，相应的 $1/f_s$ 会变得十分集中，在这种情况下，速度差别很大的一组数据点可能具有相同的步频，如图 2.11（b）所示，这就解释了图 2.11（b）中 R^2 的值小的原因。另外，前面提到，理想情况下式（2.18）和式（2.16）对应的参数应该相等，而本章基于步长数据得到的参数 a 和 b 的值与基于步频数据得到的参数 a 和 b 的值具有显著的差异，它们的置信区间不重叠，如表 2.3 所示。综上所述，利用线性关系不能很好地描述步长与速度的关系。

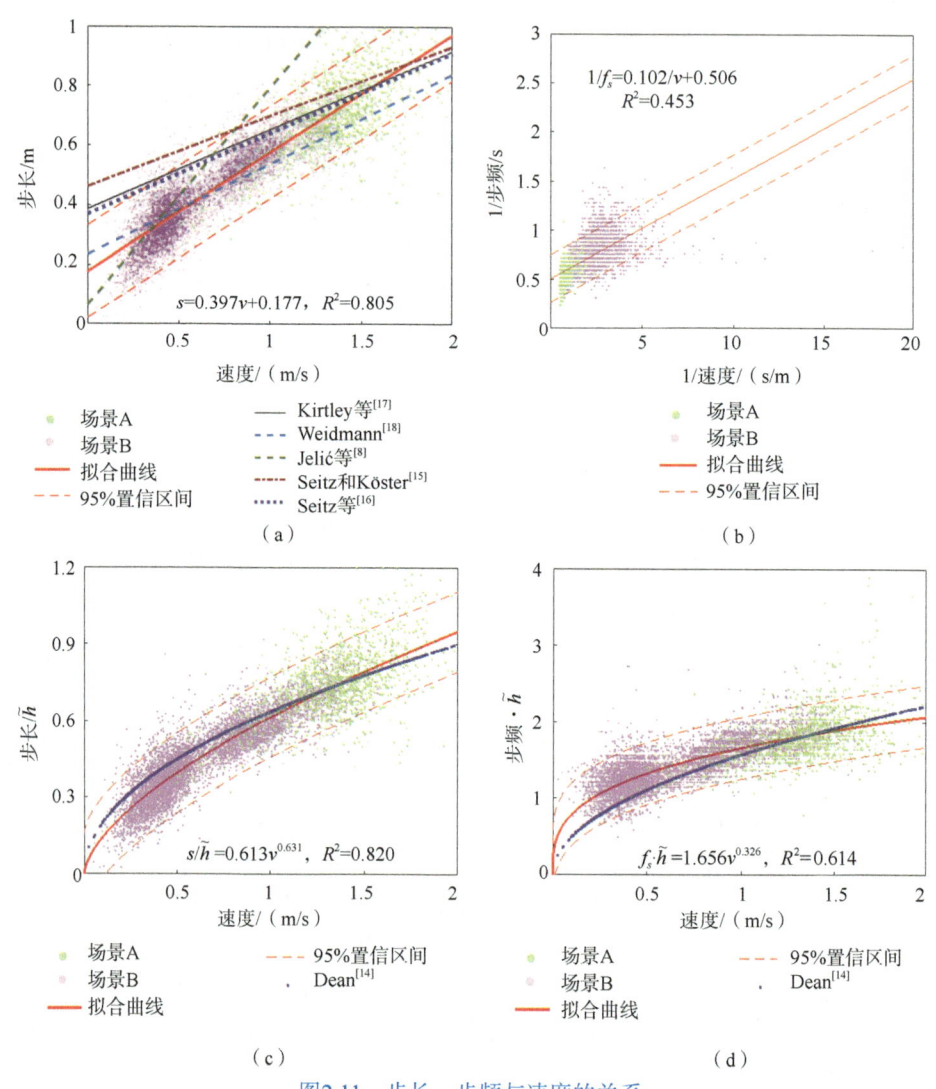

图2.11 步长、步频与速度的关系

图中 $\tilde{h} = h/1.72$

表2.3 步长-速度线性关系对比

系数	$s = av + b$						$1/f_s = b/v + a$
	Kirtley 等[17]	Weidmann[18]	Seitz 和 Köster[15]	Seitz 等[16]	Jelić 等[8]	本章	本章
a	0.265	0.302	0.235	0.270	0.724	0.397 (0.393, 0.401)	0.506 (0.501, 0.512)
b	0.386	0.235	0.462	0.370	0.065	0.177 (0.173, 0.181)	0.102 (0.099, 0.105)

为了检验非线性关系的可靠性，本章基于 $s/\tilde{h}=cv^n$ 和 $f_s\cdot\tilde{h}=dv^p$ 分别对步长数据和步频数据进行了拟合，如图 2.11（c）、图 2.11（d）所示，拟合结果见表 2.4，相应的 R^2 分别为 0.820 和 0.614。由于 $s/\tilde{h}=cv^n$ 和 $f_s\cdot\tilde{h}=dv^p$ 应满足式（2.17），理想情况下 $c\cdot d=1$，$n+p=1$。本章中由表 2.4 可得，$c\cdot d\approx 1.015$，$n+p=0.957$，与理想值接近。由以上的讨论可得，非线性关系可以很好地描述步长与速度之间的关系。通过比较分析本章与 Dean[14] 的研究结果的差异，发现本章提出的非线性关系的系数与 Dean[14] 中的系数不同，因为在 Dean[14] 的实验中，所有参与者以自身的理想速度单独行走，而本章的数据包含两个场景 A 和 B，既有单独行走的场景，也有存在相互作用力的场景。另外，从图 2.11（c）、图 2.11（d）可以看出，本章得出的拟合曲线与 Dean[14] 提出的关系曲线相交，交点在场景 A 和 B 的交界处，由表 2.5 可知，场景 A 中本章提出的关系式的均方根误差（root mean square error, RMSE）与 Dean[14] 的 RMSE 近似，表明两个关系式在场景 A 中接近，而在场景 B 中，本章提出的关系式的 RMSE 小于 Dean[14] 的，这也进一步说明了本章提出的关系式既适用于场景 A，也适用于场景 B。

表 2.4　步长-速度非线性关系对比

系数	$s/\tilde{h}=cv^n$		$f_s\cdot\tilde{h}=dv^p$	
	Dean[14]	本章	Dean[14]	本章
c（d）	0.637	0.613（0.611, 0.615）	1.570	1.656（1.650, 1.662）
n（p）	0.500	0.631（0.624, 0.638）	0.500	0.326（0.320, 0.332）

注：括号中的为相应参数的置信区间

表 2.5　步长-速度非线性关系准确性对比

RMSE	$s/\tilde{h}=cv^n$		$f_s\cdot\tilde{h}=dv^p$	
	场景 A	场景 B	场景 A	场景 B
Dean[14]	0.1163	0.0847	0.2754	0.2685
本章	0.1162	0.0691	0.2767	0.1872

注：RMSE 常用来表示模型测量值与真实值的不同

图 2.12（a）是行人在不同密度情况下的步长与身高的关系，由图可以看出，一方面，随着密度的增加，行人的运动空间受限，步长减小；另一方面，身高对步长的影响也会随着密度而改变。在场景 A 中，行人的空间不受限，身高是影响行人步长的主要因素，行人越高，行人的腿越长，步长越大；随着密度增加，在（0, 0.80）范围内，步长随身高的增长趋势减缓，此时步长不仅与身高有关，也与运动空间有关；当密度为[1.20, 3.60]时，步长-身高曲线基本达到平稳状态，也就是说身高对步长的影响几乎为 0。行人在行走过程中除了需要迈步空间外，还需要安全距离[19-21]，也就是行人希望与前面的人保持一定的距离，当行人的密度为

1.2 m^{-1}时，行人的可用空间为$1/2 \times 1/1.2 \approx 0.42$ m，减去安全距离以后剩余的迈步空间非常有限，小于行人理想的迈步空间，所以这种情况下，由于严重受限的空间，不管理想的步长有多大，行人只能迈有限的步子，导致不同身高的行人的步长近似相等。图2.12（b）是行人在不同密度情况下的步进时间与身高的关系。在场景A和低密度情况下，步进时间随着身高的增长缓慢增加，说明高的行人的迈步频率低，矮的行人的迈步频率高；在高密度情况下，步进时间随身高的增长增加速度变快，这是因为高的人所需要的迈步距离大，他们需要更长的时间等待前面的行人留出足够的空间。

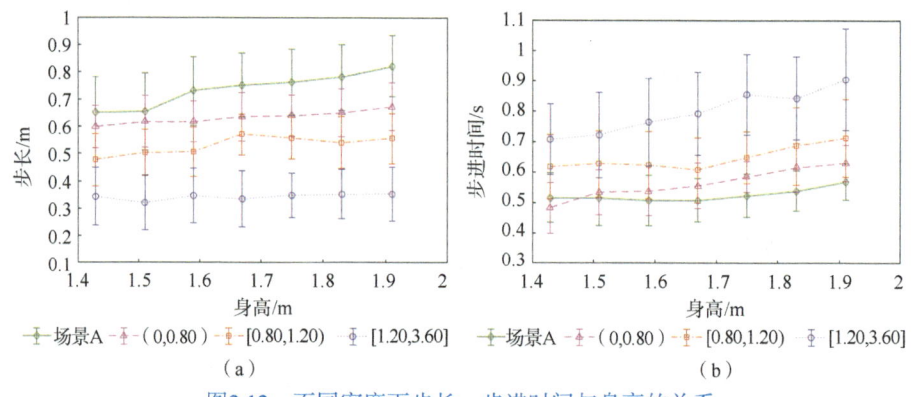

图2.12 不同密度下步长、步进时间与身高的关系

除了步长、步频、步进时间外，行人迈步时的摆动幅度也是一个重要的行人迈步特征。Hoogendoorn 和 Daamen[6]基于瓶颈实验提出了一个线性函数来描述迈步摆动幅度与速度的关系：$y = -0.017x+0.068$。Liu 等[9]研究了单列行人运动实验中行人的迈步特征，同样用线性函数描述迈步摆动幅度与速度的关系：$y = -0.16x+0.292$。基于此，如果同样采取线性函数拟合本章的数据，就会得到$y = -0.074x+0.146$，$R^2=0.20$，这说明线性函数并不能很好地描述本章的数据。由图2.13可以看出，在速度小于0.55 m/s时，迈步摆动幅度随速度的增加急剧减小，而当速度大于0.55 m/s时，迈步摆动幅度的变化减缓。低密度时，行人的运动速度大，步进时间短，这种情况下行人在迈步过程中，当重心还没有完全移动到驻立脚时，另一只脚已经经过驻立脚，因此重心又开始向另一侧转移，导致迈步摆动幅度小；在高密度情况下，重心完全转移到驻立脚，甚至停留一段时间，此种情况下迈步摆动幅度大。基于上述的讨论，本章分别基于总体最小二乘法和最小二乘法，采取分段线性函数描述迈步摆动幅度与速度的关系。

$$w = \begin{cases} -2.642v+1.151, & 0.3 \leqslant v < 0.4 \\ -0.029v+0.102, & 0.4 \leqslant v \leqslant 1.6 \end{cases} \quad (2.21)$$

其中，w表示迈步摆动幅度，单位是m；$R^2=0.76$。为了进一步验证速度对迈步摆动幅度的影响，本章基于自相关方法选取了 460 个速度范围在 $0.3 \leqslant v < 0.4$ 的独立数据点和 1767 个速度范围在 $0.4 \leqslant v \leqslant 1.6$ 的独立数据点，然后运用 F 检验得出两种情况下 $P < 0.01$，说明速度对迈步摆动幅度在两个区间上的影响都十分显著。

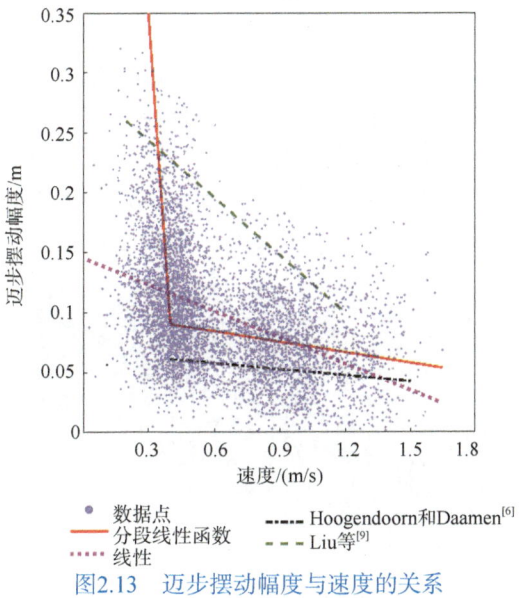

图2.13 迈步摆动幅度与速度的关系

图 2.13 表明，一方面，当速度在[0.40, 1.50]范围内时，本章提出的迈步摆动幅度-速度关系曲线高于 Hoogendoorn 和 Daamen[6]的关系曲线，说明在相同速度的情况下本章的迈步摆动幅度更大，这可能归因于横向的相互作用力。在本章的实验中，行人是成一列运动的，横向的相互作用力可以忽略，而 Hoogendoorn 和 Daamen[6]的研究是基于瓶颈实验，行人的横向空间非常受限，横向作用力的影响远大于单列行人运动实验，因此其相应的迈步摆动幅度小。另一方面，本章提出的关系曲线总是在 Liu 等[9]提出的关系曲线下方，也就是说本章的迈步摆动幅度小于 Liu 等[9]的，其中的原因有很多，如 Liu 等[9]提出的关系式是基于平均迈步摆动幅度和速度得出的，并且实验者的构成不同，包括年龄、性别、文化背景、国籍等。

2.3 行人动力学实例

实证研究是基于真实的大规模人群活动，利用各种技术手段提取人群运动的特征参数，如速度、密度、流量等，基于此定量研究人群的个体行为和群体行为特征，从而可以客观反映人群运动规律。目前，行人运动速度主要是基于监控视频，利用视频图像分析方法提取，行人流量主要使用红外探测器进行测量，人员密度可以通过速度、密度、流量三者的流体力学关系进行求解。

2.3.1 基于红外探测器的人流量测量

为了及时获得现场信息，对活动过程进行实时监测，需要对人流量进行测量，获得活动期间的实时参与总人数数据，以及在活动过程中人流量的变化情况。人流量的测量主要依托于红外探测器，如图 2.14 所示，红外探测器传感部分主要为红外发射器与接收器，图中为单个红外探测器，本次测量中采用 6 个红外探测器并联进行测量，该红外探测器主要技术指标如表 2.6 所示。

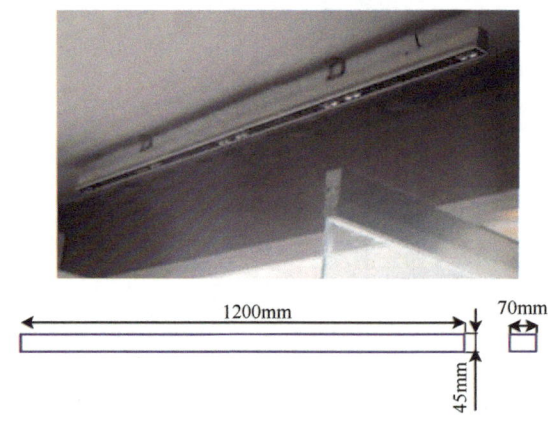

图2.14　红外探测器实物图及主要尺寸

表 2.6　探测器主要技术参数

项目	内容	项目	内容
检测原理	红外载波	检测宽度	≥5cm
单个检测距离	≤1.2m	检测间距	≥2cm
工作温度	−10~50℃	工作电压	12V
功率	≤6W	通信方式	485 总线
外壳材料	铝合金	安装方式	吊装式

每个红外探测器模块的有效探测宽度为 1.2 m，本次测量中共使用 6 个红外探测器并联进行，有效探测宽度为 7.2 m。

该测量系统主要可以实现以下功能。

（1）总宽度 7.2 m（18 人左右并排行走）。

（2）显示通过的总人数。

(3)显示实时流量。
(4)实时数据显示曲线。
(5)数据存储。

2.3.2 基于视频的人群运动速度提取

传统的智能视频分析方法主要通过个体的检测和跟踪确定其运动速度、人员密度与流量等[9,22,23]。个体的检测和跟踪一般采取帧差法、光流法及背景剪除等方法。外界环境改变时,由于运动物体的纹理特征、灰度值十分接近,帧差法对目标的检测不够完整,仅获取目标的部分信息,并且该方法不适用于缓行物体的检测;光流法对独立移动的目标可以进行有效的检测,但计算复杂度较高并且对噪声相当敏感,抗噪性差;背景剪除可以较完整地提取整个运动目标的轮廓信息,但对特殊的外界如水纹反光、阴天下雨、雾、扬沙等较为敏感,而且计算量也比较大[24]。通过俯视图像检测头部进行个体检测和跟踪也是较为常用的方法,对头部的检测主要有基于头部轮廓和基于颜色两类模型,基于头部轮廓的模型精度较高,其中应用较为广泛的是采用方向梯度直方图(histogram of oriented gradient,HOG)提取人头各种角度的特征[25],并用分类器对目标和背景进行分类,有效地提高了检测效果[26]。传统的视频分析方法需要检测和跟踪个体,这种方法随着个体数量的增加,计算量将急剧增加,在人员十分密集的场景计算复杂,运算时间长,无法满足对监控视频进行实时分析的需求。互相关算法不考虑个体运动特征,而是将密集人群看作整体,研究群体的运动特征,可以高效、快速、准确地提取出密集人群的速度场。互相关算法是将两幅连续视频图像划分成若干对应的诊断窗口,通过快速傅里叶变换(fast Fourier transform,FFT)获取该窗口中粒子的平均速度。这种算法由于不用跟踪所有粒子,大大加快了速度场计算速度。

互相关算法较早应用于实验流体力学数字粒子图像测速技术(digital particle image velocimetry,DPIV)的图像处理。DPIV原理是将示踪粒子洒在流场中,用相机拍摄在片光源下曝光的流场图像并对图像进行数字化,最后进行图像诊断,得到流场的速度场。DPIV速度的计算公式[27]为

$$v = \left[S(t_2) - S(t_1) \right] / (t_2 - t_1) \tag{2.22}$$

其中,v 表示流场速度;S 表示空间位置;t 表示两帧图像相隔时间。v 是关于 t、S 的变量。

为了加快图像诊断速度,需要将连续的两帧图像在 FFT 的基础上进行互相关运算[28,29]。对于连续两帧的视频图像,相同位置的两个访问窗口的灰度函数为 $f(m,n)$ 和 $g(m,n)$,$g(m,n)$ 可以认为是 $f(m,n)$ 经过变换后受到噪声的影响

得到的函数。

$$g(m,n) = f(m,n) * s(m,n) + d(m,n) \quad (2.23)$$

其中，$s(m,n)$表示空间位移函数；$d(m,n)$表示噪声函数；*表示卷积。式（2.23）可表示为

$$s(m,n) = \left[\sum_{k=-\infty}^{+\infty}\sum_{l=-\infty}^{+\infty} f(k,l)\ s(k-m,l-n)\right] + d(m,n) \quad (2.24)$$

基于图像的统计特性，运用互相关技术可求得$s(m,n)$，互相关函数是灰度函数$f(m,n)$和$g(m,n)$的期望，即

$$\phi_{fg}(m,n) = E[f(m,n), g(m,n)] = \phi_{ff}(m,n) \times s(m,n) + \phi_{fd}(m,n) \quad (2.25)$$

对式（2.25）实施 FFT 处理得

$$\mathbb{F}\{\phi_{fg}(m,n)\} = \mathbb{F}\{\phi_{ff}(m,n)\}\mathbb{F}\{s(m,n)\} + \mathbb{F}\{\phi_{fd}(m,n)\} \quad (2.26)$$

又因为

$$\mathbb{F}\{\phi_{fg}(m,n)\} = F^*(u,v)G(u,v) \quad (2.27)$$

则

$$|F(u,v)|^2 S(u,v) = F^*(u,v)G(u,v) - F^*(u,v)D(u,v) \quad (2.28)$$

噪声只是使相关峰值降低，不会影响相关峰值为最大值的结果，因此忽略噪声的影响。

$$s(m,n) = \mathbb{F}^{-1}\{F^*(u,v)G(u,v)\} \quad (2.29)$$

这样就得到了两个窗口的空间位移。具体步骤如图 2.15 所示。

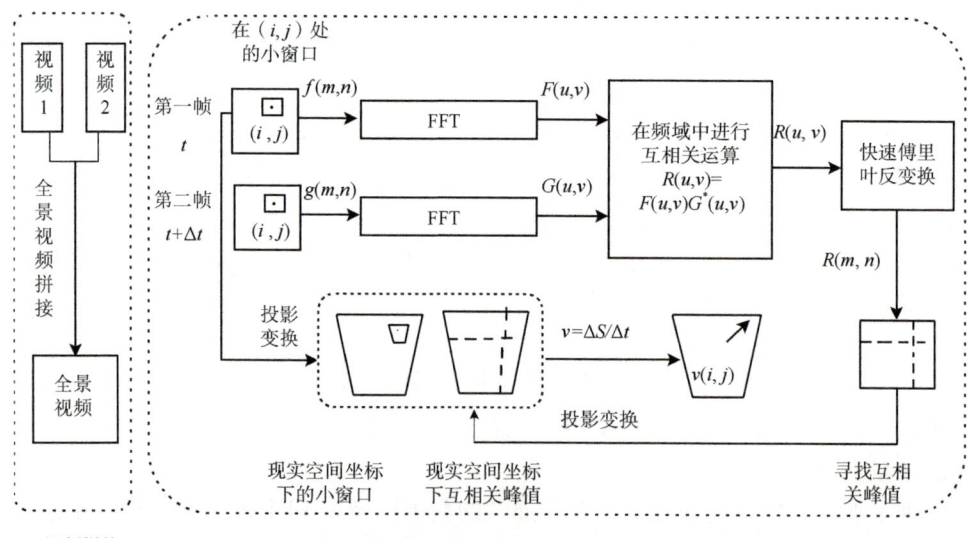

图2.15　计算步骤

（1）将场景中的视频图像进行拼接，得到全景视频图像，研究整个场景的人群运动特征。

（2）对图像进行分割，得到若干个诊断窗口，其中心点就是计算点。诊断窗口大小的设置不仅与场景大小有关，还与人群的密度、速度、视频安装位置等因素有关，选择合适的窗口大小可以提高计算的准确度。

（3）对连续的两帧视频图像进行计算，经过 FFT 处理，将图像从空间域变成频域。

（4）在频域中对同一位置连续两帧的访问窗口实施互相关运算，接着再实施快速傅里叶反变换，获取到相关面。

（5）在相关面上运用高斯插值算法找出其最大值所在的位置，即峰值所在的位置。峰值的位置决定了位移的大小。

（6）经过投影变换得到真实的位移，位移与两帧之间的时间间隔之比得到真实的速度。

互相关算法是基于图像的统计特性进行计算的，访问窗口的位移是通过比较连续两帧图像访问窗口的相似性得到的，计算出的速度是窗口内人群的平均速度，因此对视频图像的分辨率及对比度没有很高的要求。

本章基于两个实际案例的录像视频数据，分别为德国"爱的大游行"踩踏事故[30-32]和广东佛山"行通济"活动[28,29]，通过手动跟踪的方法获取了行人运动速度的真实值并与本章算法的计算值比较，验证了本章算法的可靠性。"爱的大游行"期间高密度人群运动空间十分受限，速度较小，而"行通济"活动中行人有序运动，处于层流状态，运动速度较大，因此选取这两个案例可以在较大的速度范围内验证本章的速度提取方法。具体验证的步骤如下：

（1）真实速度值的获取。将两案例中研究区域的视频图像划分为 64 pixels×64 pixels 的网格，网格的大小与速度提取算法中访问窗口的大小相同，手动跟踪每个网格内计算点（如图 2.16 所示星号标记点）在连续 6 帧（τ =0.2 s）的位置，得到计算点的位移（单位为 pixel）为

$$s_i(t) = (x,y)_{i,t+\tau} - (x,y)_{i,t} \qquad (2.30)$$

其中，$s_i(t)$ 表示计算点 i 在 t 时刻的位移；$(x,y)_{i,t}$ 和 $(x,y)_{i,t+\tau}$ 分别表示计算点 i 在 t 和 $t+\tau$ 时刻的像素坐标。

则每个计算点 i 在 t 时刻的运动速度为

$$v_i(t) = s_i(t)/\tau \qquad (2.31)$$

为了与速度提取算法的计算值进行比较，本章根据网格内所有计算点运动速度的平均值得到了网格中心点的速度：

$$u_j = \frac{1}{m}\sum_{i=1}^{m} v_i(t) \qquad (2.32)$$

其中，u_j 表示网格内所有计算点运动速度的平均值，用以表示网格 j 中心点的速度，即网格速度的真实值；m 表示网格内计算点的数量。

（2）将速度提取算法得出的计算值与网格速度的真实值进行比较。如图 2.16（c）所示，图中横纵坐标分别表示速度的计算值和真实值，图中数据点分布在 $y = x$ 周围，最大相对误差约为±10%，说明本章采用的速度提取方法可靠性较好。造成误差的可能原因包括网格内行人的数量大于计算点的数量，有些行人由于被遮挡无法跟踪；本章的算法是对访问窗口的相似性进行分析来确定相应的速度，并不会考虑窗口内每个像素的细节信息，但是此处真实速度值的获取是通过网格内所有计算点速度的平均值得到。

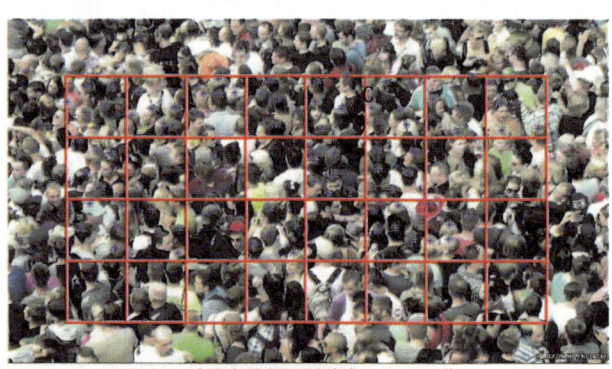

（a）"爱的大游行"踩踏事故视频图像

（b）"行通济"活动视频图像

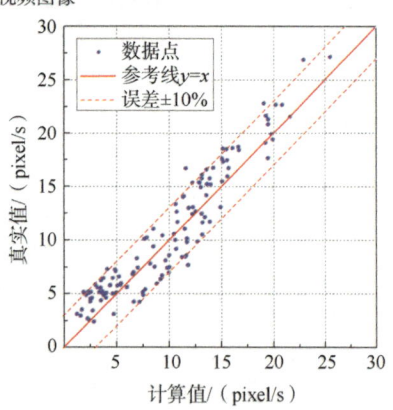

（c）网格中心点速度的真实值与计算值的比较

图2.16　基于互相关算法的速度提取方法的验证

研究区域被划分为64pixels×64 pixels的正方形网格，该网格的大小与速度提取方法中访问窗口的大小相同，网格内计算点即跟踪的行人用蓝色的星号表示

2.3.3 人员密度的求解

一般认为，在等宽的通道及宽阔的广场上的单向人员流动遵循流体力学关系。

$$Q(r) = \rho(r)V(r) \tag{2.33}$$

其中，$Q(r)$ 表示人流量；$\rho(r)$ 表示人员密度；$V(r)$ 表示人员的平均速度。可见，Q、ρ、V 为三个重要的特征参数，基于红外探测器可以获得活动过程中人流量的情况，即式（2.33）中的 Q，如果可以获得余下两个参数中的任意一个参数，那么就可以通过式（2.33）估算出另外一个参数。这里采用的方法是对人流量 Q、人员的平均速度 V 进行测量，通过式（2.33）求解人员密度 ρ。

2.3.4 实例分析

1. 场景描述

"行通济"是广佛都市圈最具特色和影响力的元宵节活动，佛山人祖祖辈辈延续着"行通济"的风俗，而且还流传着"行通济，无闭翳"的谚语。

元宵节当晚，几十万人齐集佛山通济桥前，呼朋唤友，或者一家老小，手持风车及生菜，汇入拥挤的人潮，迈过通济桥牌坊，口中默念"行通济，无闭翳"，祈求时来运转。这种习俗源于明朝，至今已有几百年历史。现在元宵"行通济"习俗的影响力已扩展到整个珠三角和港澳地区，"行通济"已成为整个珠三角的年度盛事。

为了维持现场秩序，保障"行通济"活动的安全顺利，确保良好的治安和交通秩序，市公安局、禅城区政府对"行通济"行走路线进行了规划。

（1）正常路线：岭南大道（同济东路）—同济东路—骑楼通道—通济桥—济世广场—普澜二路（同济路、同华东一路、同华东二路）。

如图 2.17 所示，人流从岭南大道、同济东路汇聚至大福加油站路口进入同济东路由东向西行进，进入骑楼通道和通济桥，最后由济世广场出口到普澜二路向北、西、南三个方向疏散。市府南小公园、厚源路（普君南路至岭南大道路段）、后龙东街、后龙西街、后龙横街、金鱼街（普澜一街至同济路路段）、同济路（普澜路至金鱼街路段）、同济东路北侧（金鱼街至岭南大道路段）等路段作为紧急疏散区，活动路线中的主要环境参数如表 2.7 所示。

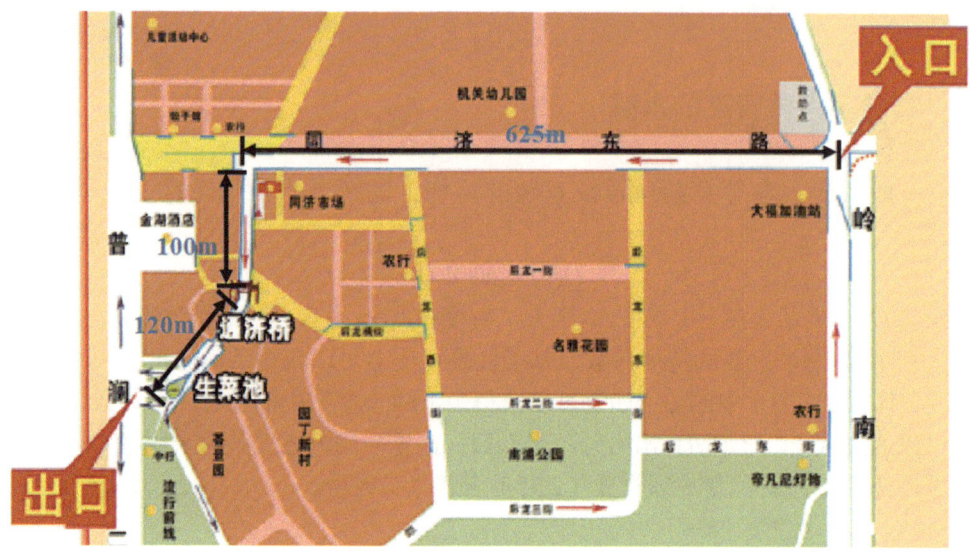

图2.17 "行通济":活动路线图

表 2.7 主要环境参数

序号	名称	参数
1	同济东路入口段	长度 600 m,宽度 15 m,水马限制宽度 10 m
2	金鱼街入口段	长度 100 m,宽度 8.9 m,水马限制宽度 8.5 m
3	通济桥牌坊入口	宽度 15 m
4	通济桥	长度 32 m,宽度 10 m

（2）应急路线：如"行通济"人流出现拥挤状况，警方将启用应急路线，用水马封闭岭南大道季华路入口处，引导群众由季华隧道电视塔广场，经文华路进入同济东路"行通济"。

2. 人流量宏观规律

分析活动路线可知，在金鱼街入口处，由于两侧有建筑物，人员的行进宽度较为固定，方便测量，而且两侧的建筑也提供了电源及可靠的固定点，方便设备的布置。因此，最终将人流量的测量位置定在金鱼街入口处，红外探测器的总长度为 7.2 m，需要横跨整条街道，采用吊装方式将红外探测器安装于人流上方，距地面高度为 2.7 m 左右的位置。通过前期的测试工作，并结合往年"行通济"活动录像中反映出的人流特点，在正式进行现场测量时，我们将设备的采集时间间隔设为 15 s，即每次输出该 15 s 内通过监测点的人数。通过该数据可以近似求得该时间段内的平均"人流率"，即游客通过的速率，从而可以了解到目前入口处的压力，及时对现场做出调整，缓解人流压力，使得游客可以较为顺畅地通行。

在数据处理时，可以认为在数据输出时间间隔内（本次测量输出时间间隔为15 s），人流量基本是稳定的，变化不显著，所以可以通过对该时间段内通过的人员数量取平均，来获得流量。为了更清晰直观地表示人流量情况，这里对15 s 内的人流进行了平均计算，如式（2.34）所示。

$$\bar{Q}(t) = \frac{N_{\Delta T}(t)}{\Delta T} \tag{2.34}$$

其中，$\bar{Q}(t)$ 表示测量15 s 内的平均人流量；$N_{\Delta T}(t)$ 表示15 s 内通过的测量点的人数；ΔT 表示数据输出间隔，这里为15 s。

从图2.18 中可以看出，依据参与活动的人流量情况，本次"行通济"活动情况可分为四个阶段，这里将其分别称为准备期、增长期、稳定期、衰减期。

为了合理地划分各个区间段，这里使用了时间序列分段方法，即累计和（cumulative sum, CUSUM）控制图方法，该方法的理论基础是序贯分析原理中的序贯概率比检验（sequential probability ratio test, SPRT），基本思想是通过对数据信息的累积，将过程中的偏移量放大，提高检测小偏移量的灵敏度。

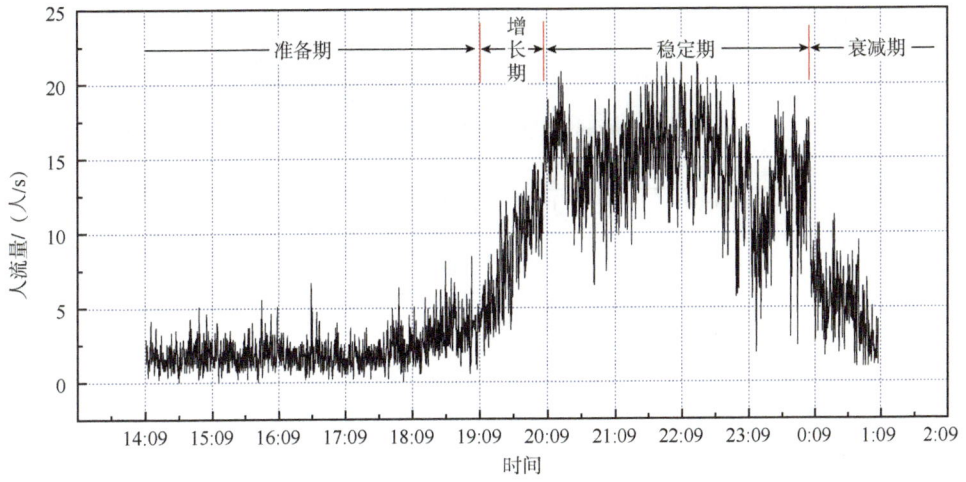

图2.18 "行通济"人流量变化情况

算法简介如下。

（1）求序列均值 $\bar{x} = \sum_{i=1}^{n} x_i / n$。

（2）设定累计和初值 $s_0 = 0$。

（3）计算各点累积和 $s_i = s_{i-1} + (x_i - \bar{x})$，$i = 1, 2, \cdots, n$。

（4）令 $|s_C| = \max\{|s_i|, i = 1, 2, \cdots, n\}$，输出拐点 x_C。

以准备期与增长期之间的划分为例进行说明，首先确定两个时期所包含的近似区间，这里选取测量开始 14:09～20:30 这个区间进行分割，如图 2.19（a）所示。可以看出，该区间应该由两段组成，这里使用上面介绍的 CUSUM 控制图方法来确定分割点的位置。按照上述算法，求取各点的累积和，如图 2.19（b）所示，该图的极值点位于 19:09 处，这样就确定了准备期、增长期的划分，余下各阶段划分方法相同。

1）准备期

该阶段人员密度低，现场情况如图 2.20 所示。监测数据也表明，本阶段内人流量长时间维持在比较低的水平，从图 2.21 中可以看到，从测试开始时刻 14:10～18:10 人流量一直在 2 人/s 上下波动，从 18:10 开始，出现小幅度的增长，到 19:10 这一期间，平均人流量未超过 5 人/s，总体处于比较低的水平。

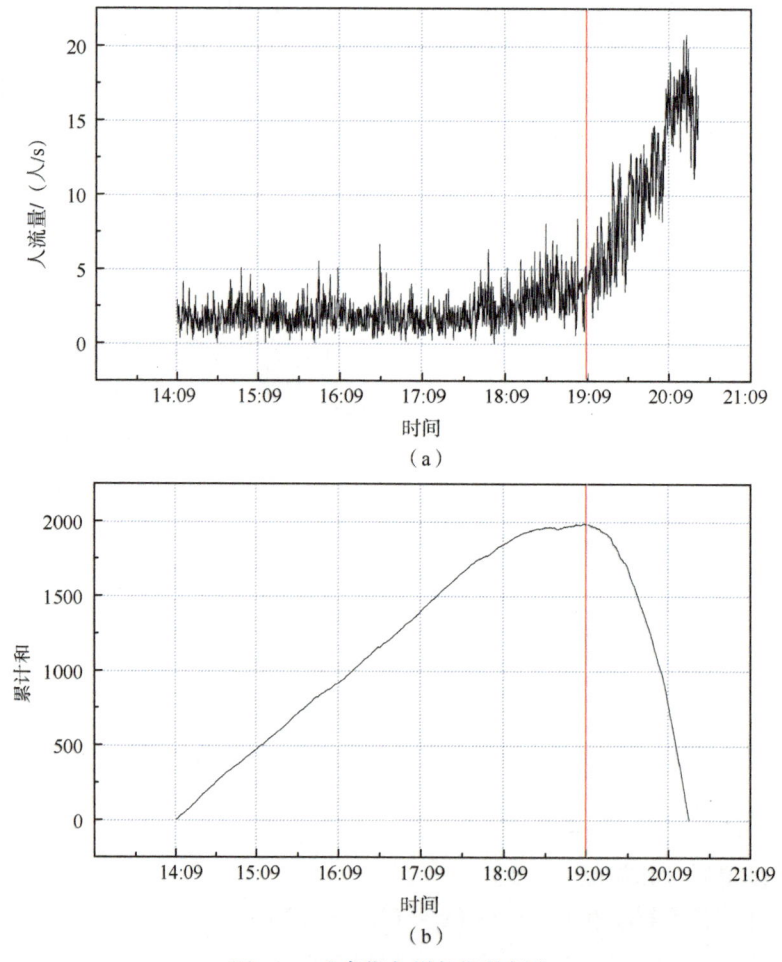

图2.19　准备期与增长期的划分

图2.20　准备期现场图像

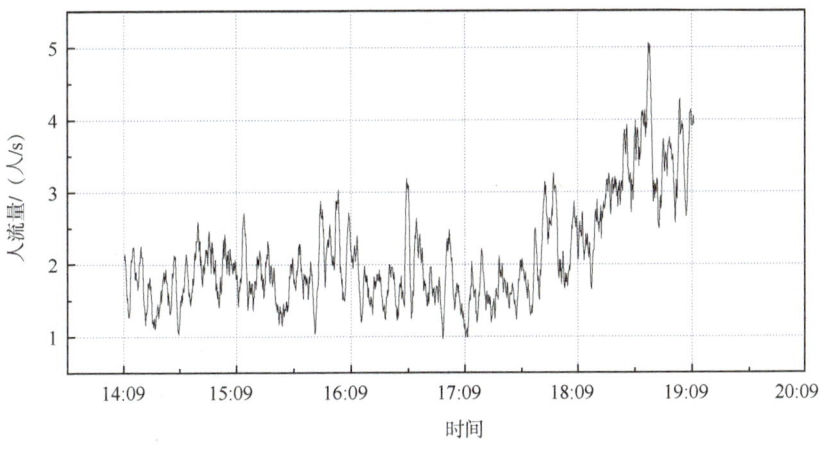

图2.21　准备期人流量变化情况

经过现场测算，从入口处行至监测点 2 的时间为 15 min 左右，所以这里将 15 min 作为特征时间，统计在此期间通过的人流量，该数据可以反映出同济东路上游客的密集程度。图 2.22 反映了 15 min 内通过的人数，以及准备期内累积通过的总人数，人流量的变化趋势也可以更为明显地反映出来。

为了分析该阶段人流量的具体分布情况，对采集的数据进行了统计处理，结果如图 2.23 所示。可以看出该阶段人流量的分布比较集中，主要集中在 1~3 人/s 区间内，人流量非常小，仅是零星游客通过，并没有出现集中游览的情况。

具体归纳本阶段的主要特点如下。

（1）人流量非常小，该阶段人流量均值为 2.11 人/s，在 5 h 内，总计通过游客 4.2 万人。

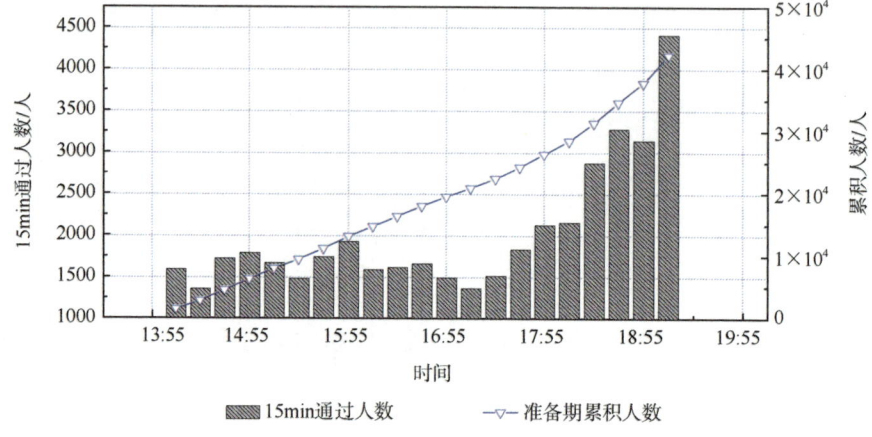

图2.22 准备期15 min通行量与累积通行量

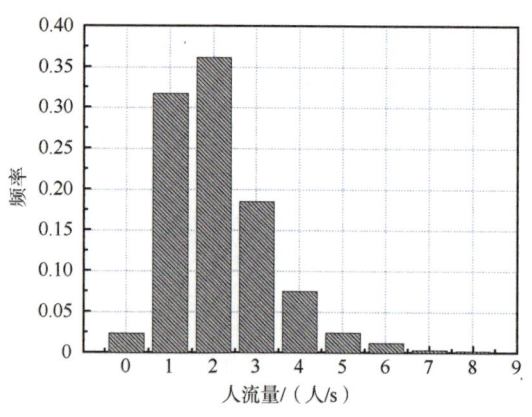

图2.23 准备期人流量分布情况

（2）波动不大，该阶段人流量标准差为1.16人/s，人流量在1～3人/s所占比例为86%，人流量分布（图2.23）接近正态分布。

（3）出现小幅上升，在准备期的结束阶段，人流量出现了上升，在18:00至19:00这1 h内的平均人流量为3.21人/s。

2）增长期

增长期的现场情况如图2.24所示，本阶段的主要特点是人流量不断增长，从图2.25中可以看出，从19:10开始，人流量从4人/s，经过1 h的增长，最终在20:10左右接近18人/s的水平，由于道路宽度有限，监测点处的有效道路通行宽度为8.2 m，我国国民的平均肩宽约为45 cm，可以一次并行通过18.2人，通过上述分析可知，18人/s的人流量基本已经达到道路通行能力的极限，即已经基本达到了饱和状态。

图2.24 增长期现场图像

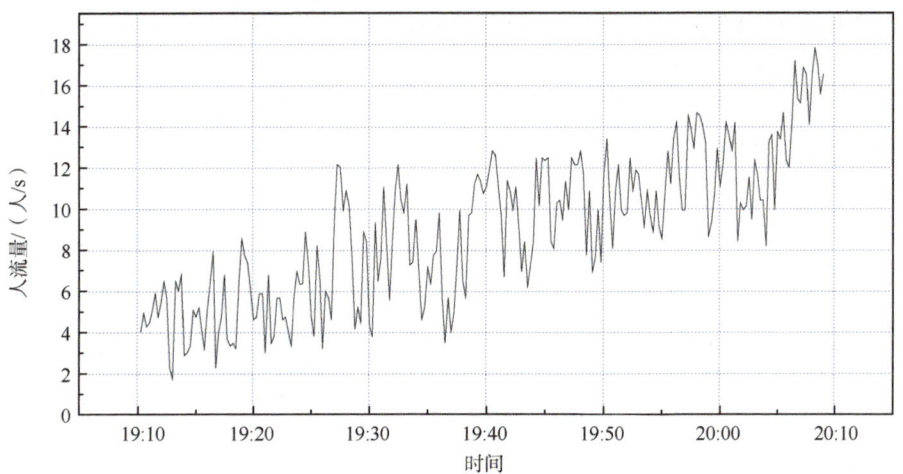

图2.25 增长期人流量变化情况

为了分析该阶段人流量的具体分布情况，对采集数据进行了统计处理，结果如图 2.26 所示。可以看出，该阶段人流量分布的范围较广，呈现出在 2 人/s 到 18 人/s 区间内较为均匀的分布，这是该阶段人流量不断增长的必然结果。同时，可以看到 4 人/s 至 14 人/s 区间内的分布较为集中，并且 10~14 人/s 所占的比重较大，整体上看，该阶段大部分时间的人流量并没有达到饱和状态。

具体归纳本阶段的主要特点如下：

（1）人流量增长速率大，在 19:10 本阶段开始时，15 min 内共通过 0.68 万人，15 min 通过人数随时间的变化而增加且增长速度保持在 3000 人左右，最后的 15 min 内共通过 1.5 万人，1 h 内，累积通过游客 4.3 万人。

（2）平均人流量比较高，该时间段内的平均人流量为 8.93 人/s。

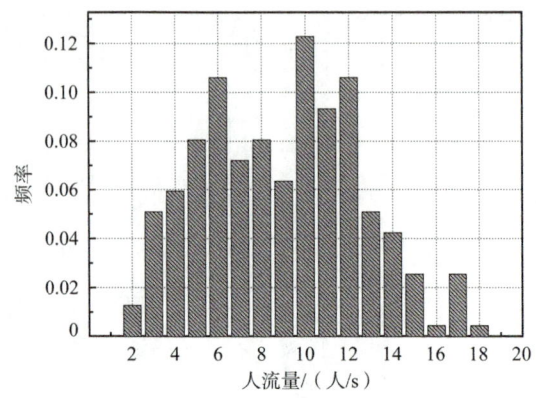

图2.26 增长期人流量分布情况

（3）达到道路通行的极限，最终在 20:10 左右接近 18 人/s 的水平。

（4）人流量波动比较大，该阶段人流量标准差为 3.58 人/s，但是在大部分时间内，人流量处于较为稀疏的状态，从图 2.27 可以得到，人流量低于 10 人/s 的时间占整个增长期的 65%。

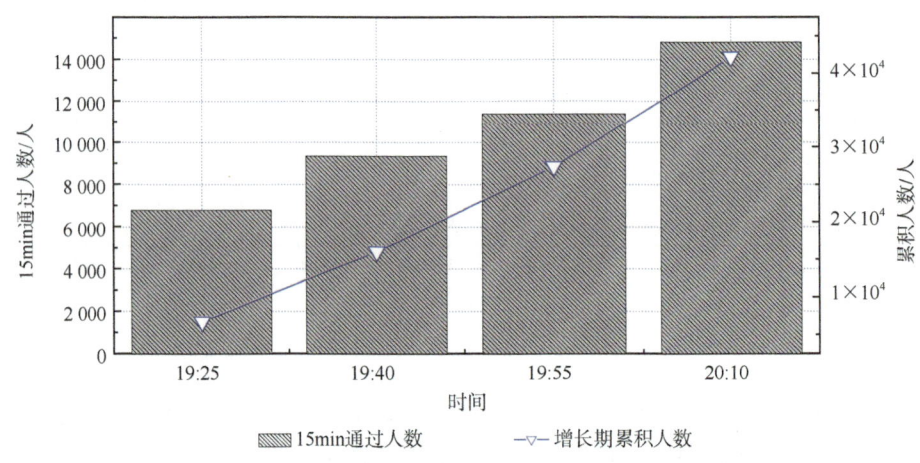

图2.27 增长期15 min通行量与累积通行量

3）稳定期

稳定期从 20:00 持续至 0:00，该阶段持续时间长度为 4 h。本阶段的主要特点是人流量一直维持在较高水平，从图 2.28 可以看出，在该时间段内，人流量在 15 人/s 的水平上下波动，平均流量为 14.4 人/s，流量最大时曾达到 22 人/s。由于 18 人/s 的通行速度已经基本达到了道路的通行极限，该阶段中活动现场的游客始终处于比较密集的状态，从图 2.29 可以较为清楚地看到现场的密集状况。图 2.30 表明，该阶段内，15 min 的累积通行量一般维持在 1 万人以上，4 h 内累积通过约 20 万游客。

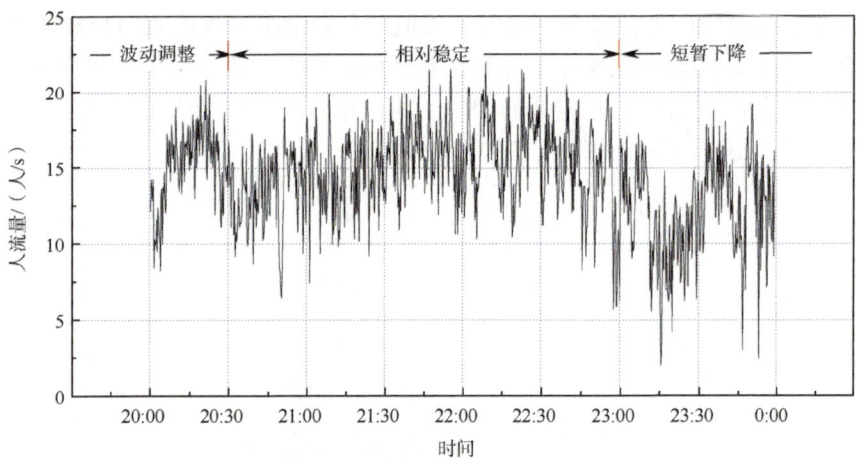

图2.28 稳定期人流量变化情况

图2.29 稳定期现场图像

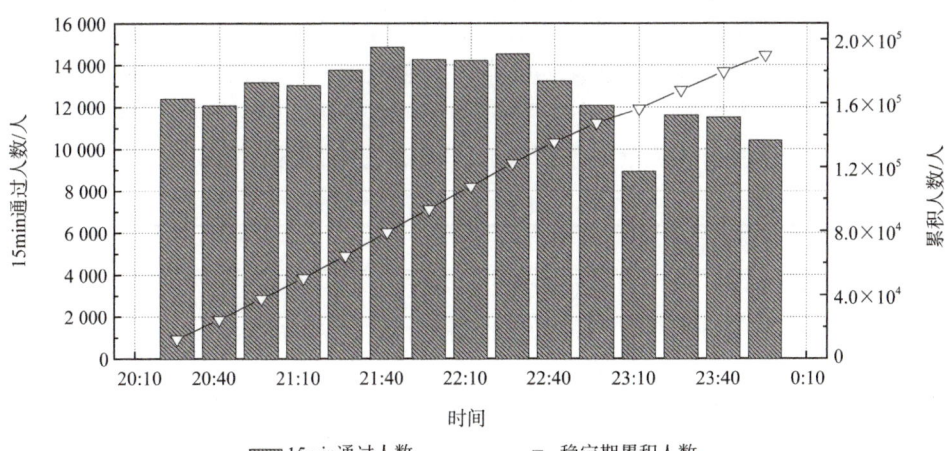

图2.30 稳定期15 min通行量与累积通行量

由于本阶段内的人流量相对稳定，人流的分布情况呈现出正态分布的特点，如图 2.31 所示，游客流量集中分布在比较高的水平上，统计结果表明人员流量为 13～19 人/s 的时间占整个稳定期的 79%，所以稳定期为整个活动期间人流量压力最大的时期，相应的安全保障任务加重。

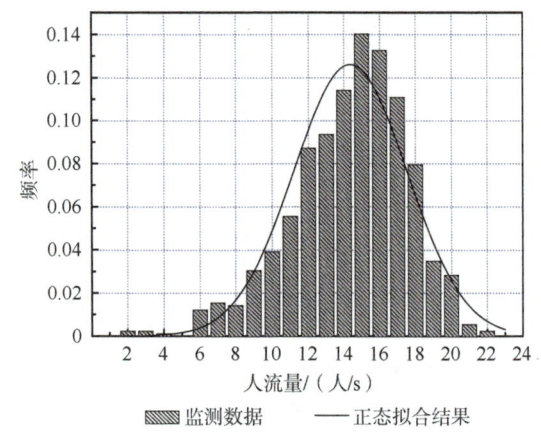

图2.31　稳定期人流量分布情况

稳定期的人流量也并不是完全保持不变，实际上，该阶段内还可以再分割为若干个子过程，子过程的人员通行情况均有所变化，见表 2.8。从图 2.28 中可以看到，从 20:00 到 20:30，人员密度非常大，迎来了第一个人流高峰期，这段时间内的人流量平均为 15 人/s；随后，从 20:30～21:00 人流量出现了下降的情况，人员密度有所降低，通行的压力得到一定的缓解，这段时间内，人流量平均为 13.5 人/s；从 21:00 至 23:00 这两个小时内，人流量的波动比较小，稳定在比较高的通行量水平，这段时间的人流量平均为 15.4 人/s；从 23:00 开始，人流量出现了较为明显的下降现象，临近零点时，游人再一次增多，在稳定期结束时，人流量又恢复到相对较高的水平，该时间段内，人流量平均为 12.1 人/s。虽然在稳定期内人流量出现了波动现象，但从总体来看，这段时期的通行量依然非常高，道路通行压力大，需要引起足够的重视，尤其在 21:00 至 23:00 这两个小时内，人流量出现持续的高峰期，成为活动期间需要重点关注的时期。

表 2.8　稳定期内人流量波动情况

时间	平均人流量/(人/s)	特点
20:00～20:30	15	人员密度非常大，迎来了第一个人流高峰期
20:30～21:00	13.5	人流量出现了下降的情况，人员密度有所降低，通行的压力得到一定的缓解
21:00～23:00	15.4	人流量的波动比较小，稳定在比较高的通行量水平
23:00～0:00	12.1	人流量出现了较为明显的下降，临近零点时，游人再一次增多，在稳定期结束时，人流量又恢复到相对较高的水平

具体归纳本阶段的主要特点如下。

（1）人流量维持在较高水平，平均流量为14.4人/s，流量最大时曾达到22人/s，15 min 的累积通行量一般维持在1万人以上，最高时15 min内通过游客1.5万人，4 h 内累积通过约20万名游客。

（2）人流量长时间处于道路通行的极限，通行压力较大，人员密集程度高，人员流量为13～19人/s的时间占整个稳定期的79%。

（3）人流量波动相对比较小，该阶段人流量标准差为3.16人/s，人流量的分布情况呈现出正态分布的特点。

（4）整体高流量的状态下，也会出现人流量有所下降的时期，如本次活动的23:00～0:00 就出现了明显的下降现象。

4）衰减期

本阶段的主要特点是人流量不断减少，随着0:00游人高峰的到来，"行通济"活动也接近了尾声，凌晨的客流量高峰接近18人/s，如图2.32所示，15 min 内的通过量仍然在1万人以上（图2.33），此时的人流量高达12.54人/s，但随后游客数量迅速降低，直到1:00左右，人流量已经降低到2.5人/s的水平，现场游人密度已经非常低，从图2.34可以比较清楚地看到当时的现场状况。在衰减期开始的1 h中，平均的人流量为5.8人/s，共通过3.2万名游客。

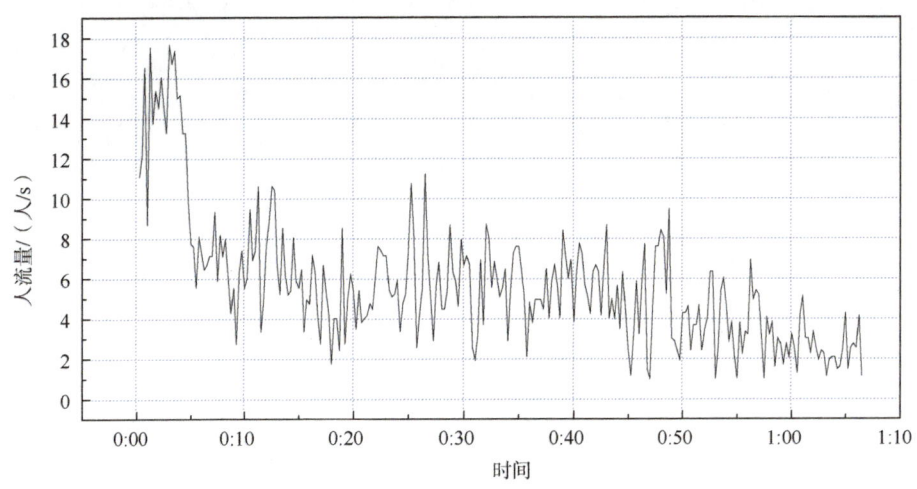

图2.32　衰减期人流量变化情况

从图2.35可以看到，该时间段内客流量主要集中在10人/s以下的区间内，1～8人/s的时间段共占衰减期的86%，同时也可以看到，这段时期人流量呈现出较为均匀的分布特点。

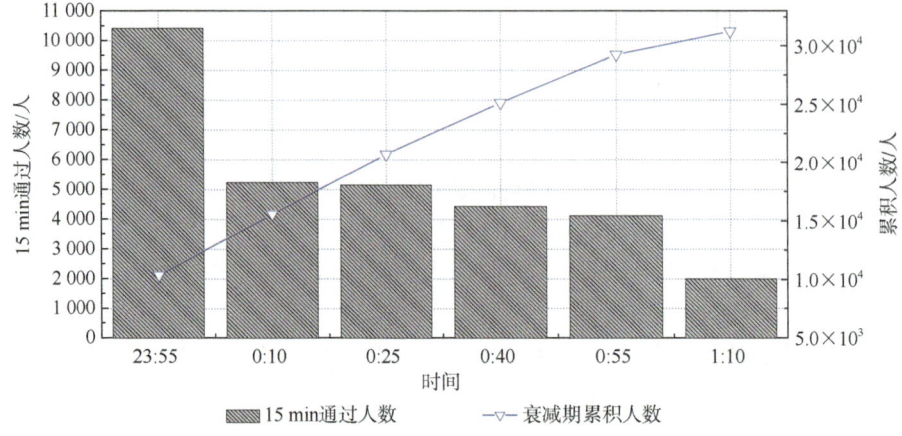

图2.33 衰减期15 min通行量与累积通行量

图2.34 衰减期现场图像

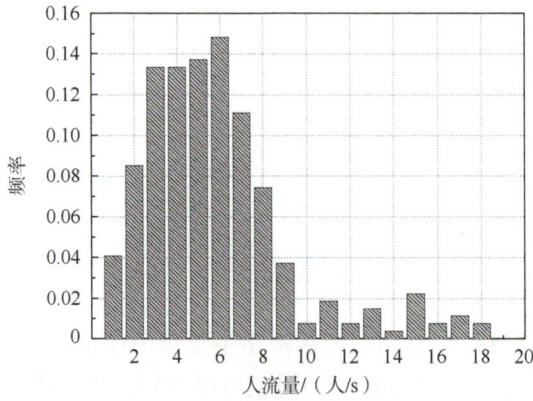

图2.35 衰减期人流量分布情况

具体归纳本阶段的主要特点如下。

（1）人流量持续下降，人流量高峰接近 18 人/s，1:00 左右人流量已经降低到 2.5 人/s 的水平，平均的人流量为 5.8 人/s，共通过 3.2 万游客。

（2）人员密度较低，随着人流量的降低，活动现场的人员密度也显著下降。

（3）人流量波动相对比较小，该阶段人流量标准差为 3.38 人/s，人流量呈现出在低流量区间均匀分布的特点。

3. 人群运动微观特征

对人群运动速度的计算区域如图 2.36 所示，可以看到该区域与人流量监测点的位置基本重合。

图2.36　通济市场入口处

活动开始阶段及结束阶段，由于对通济桥处进行了限制，这一期间有短暂的拥堵现象，具有人群运动波动较大、人员密度大等特点，容易引发突发情况。这里将对这两个时间段的人群运动微观特征进行分析，获得人群运动的部分重要参数。

从前面的分析中可以看到，除在活动开始和结束阶段人群运动波动较大之外，在活动中间相当长的一段时间里，人群的运动情况较为稳定，这一时期人群运动非常顺畅，所以人员通过量非常大，这里也将对这一时期人群的微观特征进行分析，除获得人群运动的重要参数外，还要通过与波动期间人群运动特征的对比，探究这一时期运动顺畅、人员通过量大的原因。

活动开始阶段主要对 20:15～20:45 这一时间段进行分析。从图 2.28 可以看到，20:00 到 20:30 这段时间内，人流量出现了较为剧烈的波动现象，尤其是在 20:15 至 20:30 这 15 min 内，人流量保持在较高水平波动。在活动开始阶段，人群的运动速度经历了快速上升过程，如图 2.37（a）所示，20:15 至 20:25 这段时间内的平均速度为 0.43 m/s，经过 5 min 左右的时间，人群的运动速度上升至 0.75 m/s 左右。这一阶段内基本包含了活动过程中所出现的各种密度情况，如图 2.38（a）所示。同时由于处在转变区间，发生突发事件的可能性较大，使得该时间段内人群的运动状态成为整个活动过程中的典型代表。

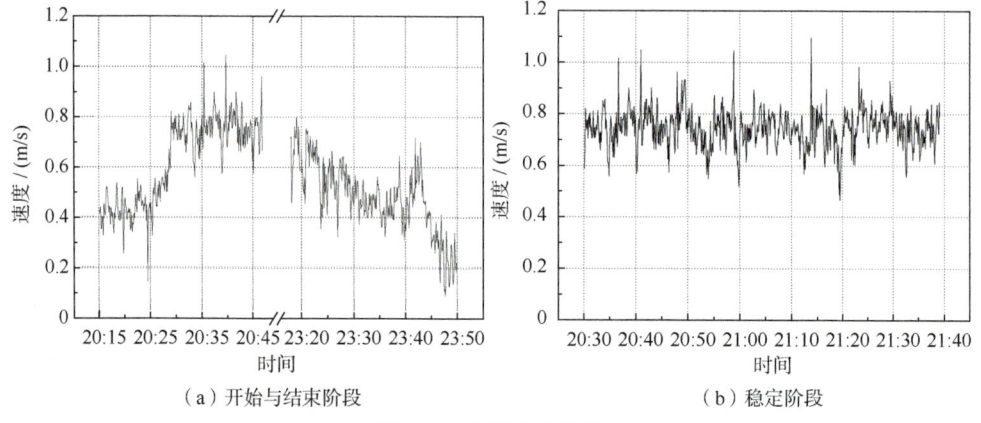

图2.37　人群运动速度

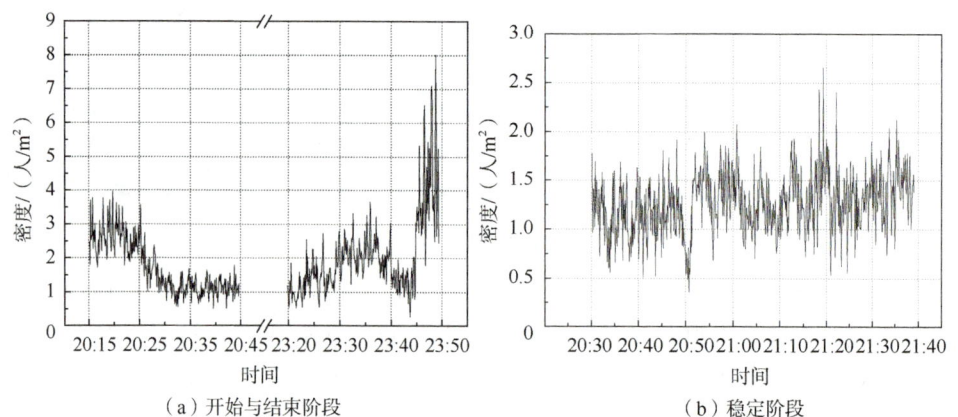

图2.38　人群密度变化

活动结束阶段主要对 23:20～23:50 这个时间段进行分析。从图 2.28 中可以看到，从 23:00 开始，人群运动出现了较大的波动，这种波动与开始时的波动调整阶段比较相似，同样由于运动的波动较大，并且通过的人流量也处于比较高的水平，该阶段也是整个活动过程中的一个典型阶段，发生突发事件的可能性也相对较大，所以需要对这一过程进行分析。

活动期间的稳定阶段主要对 20:30～21:40 这个时间段进行分析。从图 2.28 中可以看到，在相对稳定阶段内，人流量波动不大，一直维持在较高的水平上，这一阶段人群运动的微观特征如速度、密度等，变化不大，如图 2.37（b）、图 2.38（b）所示。

由图 2.39 可知，在人员密度较低时（小于 1.5 人/m^2），稳定期和波动期的人员通过量非常接近，当人员密度达到 2 人/m² 时，人员通过量已经不再增加，进入了一个较为混乱的时期。

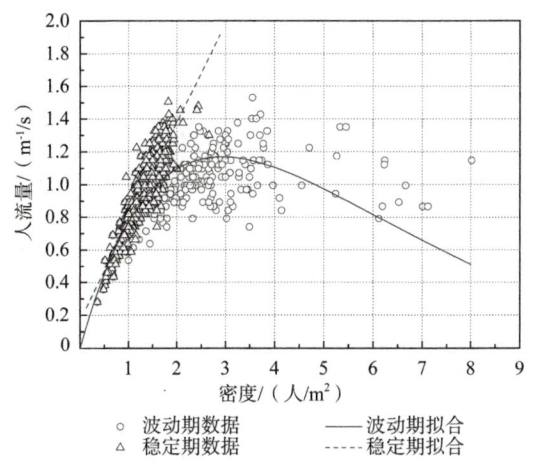

图2.39　人流量与人群密度关系

通过数据分析，认为存在以下规律。

（1）人员密度在 0～1.5 人/m² 时，人员通过量较高，处于较为理想的稳定状态。

（2）人员密度在 1.5～2 人/m² 时，处于过渡阶段，不同场景情况下，通过量有可能出现不同的结果，本章认为在密度为 2 人/m² 左右时，已经处在不稳定的状态，如果通行顺畅，通过量会很大，随着人员间距的减小，"缓冲距离"变小，极容易造成拥堵，使得通行量下降。

（3）人员密度大于 2 人/m² 时，人员密度较大，但是由于拥堵导致人群运动速度减缓，通行量已经不能再提高，反而随着密度的不断增大，速度急剧下降，导致通行量下降。

综上所述，对于我们研究的场景，或者其他类似的狭长通道单向行进的场景，应该尽量使人员密度维持在 1.5 人/m²，这样可以保持较大的通行量，使得活动得以顺畅进行。

图 2.40 反映了稳定阶段人群运动速度与密度的分布情况，可以看到，稳定期人群的运动速度主要集中在 0.8m/s 左右的较高水平，说明人群运动较为自由，并没有出现较为明显的人群间相互作用，运动比较流畅。从密度分布中可以看到导致这一结果的主要原因是这一阶段的人群密度较低，一般小于 1.5 人/m²，人均所占有的活动空间比较大，所以人与人的相互影响比较弱，使得人群能够以相对较高的速度水平行进。

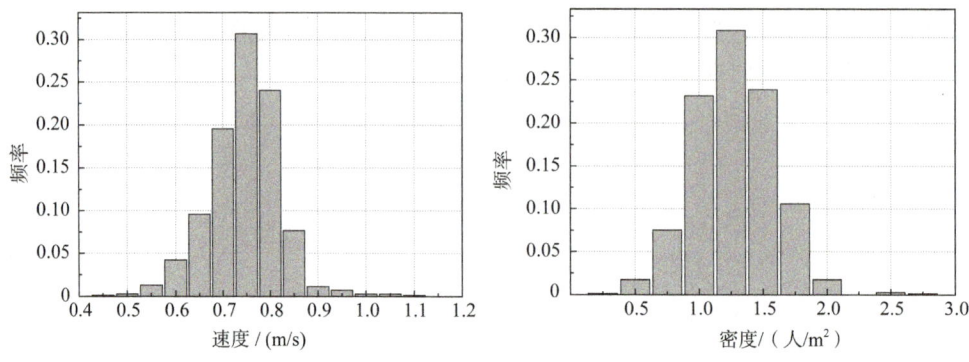

图2.40　稳定阶段人群速度与密度分布情况

2.4　行人动力学模型

2.4.1　元胞自动机模型

元胞自动机模型（cellular automaton，CA）是最常用的微观模型之一，其基本思想最早是由 John von Neumann 和 Stanislaw M. Ulam 于 20 世纪 50 年代提出的。1970 年，英国科学家 John Horton Conway 开发了一款游戏"Game of Live"，游戏中运用了元胞自动机的思想，每个元胞按照网格结构均匀分布，元胞有生、死两种状态，元胞的状态会随时间变化，下一时刻元胞的状态取决于元胞现在的状态和周围 8 个元胞的状态。自此，元胞自动机被广泛应用在多个领域，如社会学、生物学、生态学、信息科学、计算机科学、数学、物理学、材料学、化学、地理、环境、军事学等。1998 年，Blue 和 Adler[33]运用元胞自动机模型模拟行人运动，将运动空间离散为网格，元胞有 2 种状态——被行人占用和空闲，用元胞状态的转变代表行人移动的过程，模型中每一步的迭代包括是否换道和前进速度两个阶段，并通过 5 条规则来完成。

元胞自动机是定义在一个由有限状态的元胞组成的离散元胞空间上，按照一定的局部规则，在离散的时间上进行演化的动力学系统[34]。由 5 个基本部分组成，分别为元胞、元胞空间、状态集、邻域和规则。元胞是元胞自动机最基本的组成部分，分布在离散的一维、二维或多维欧几里得空间的网格点上，构成了元胞空间。元胞可以拥有多个状态变量，如表示元胞是被行人、障碍物、出口、墙壁占用或是空闲的状态变量，被行人占用的元胞的移动速度、运动方向等状态变量。元胞自动机是在离散的时间上进行演化的动力学系统，元胞的状态会随时间变化，元胞在下一时刻的状态由元胞在本时刻的状态和周围邻域内元胞的状态按照一定的规则决定。

一维元胞自动机中元胞均匀分布在同一直线上，如图 2.41 所示。在一维元胞自动机中，通常以邻域半径l来确定邻域范围，任意元胞i的邻域$N \in (i-l, i) \bigcup (i, i+l)$，即与元胞$i$相距在半径范围$l$内的所有元胞均是元胞$i$的邻域，图 2.41 中灰色区域表示元胞$i$的邻域。邻域半径$l$根据具体问题而定，通常取 1 或 2。

图2.41　一维元胞自动机模型

元胞的状态可以是两种，分别为被行人占用和空闲，所以任意元胞i在t时刻的状态为

$$G_i^t = \begin{cases} 0, & 元胞空闲 \\ 1, & 元胞被占用 \end{cases} \quad (i = 1, 2, \cdots, n) \tag{2.35}$$

当元胞有m种状态时，元胞i在t时刻的状态为$G_i^t \in \{s_1, s_2, \cdots, s_m\}$ $(i = 1, 2, \cdots, n)$。元胞的状态会随时间而变化，元胞i在$t+1$时刻的状态由元胞i在t时刻的状态和邻域内元胞的状态决定，则

$$G_i^{t+1} = f\left(G_{i-l}^t, \cdots, G_{i-1}^t, G_i^t, G_{i+1}^t, \cdots, G_{i+l}^t\right) \quad (i = 1, 2, \cdots, n) \tag{2.36}$$

若邻域半径$l = 1$，则

$$G_i^{t+1} = f\left(G_{i-1}^t, G_i^t, G_{i+1}^t\right) \quad (i = 1, 2, \cdots, n) \tag{2.37}$$

二维元胞自动机中元胞分布在离散的二维欧几里得空间的网格点上。网格的形状有多种，包括三角形、正方形、菱形、六边形等，如图 2.42 所示。

（a）三角形

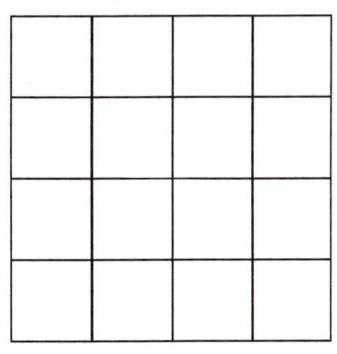

（b）正方形

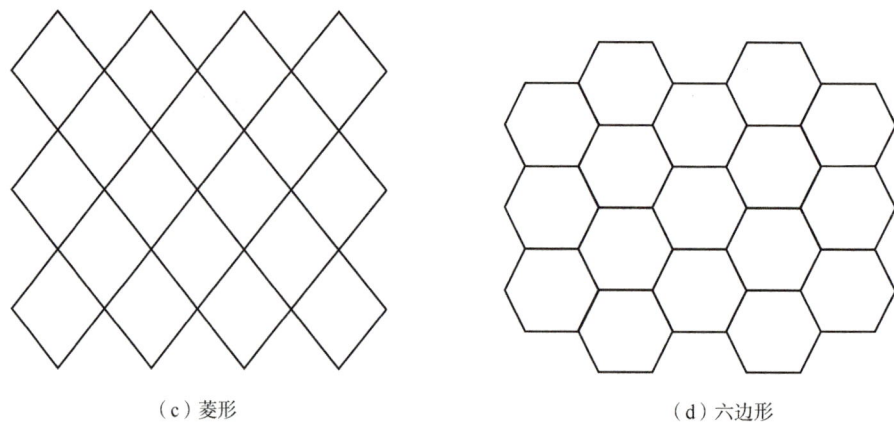

(c)菱形　　　　　　　　　　　　　（d）六边形

图2.42　二维元胞自动机网格形状

二维元胞自动机的邻域通常有三种模型，如图 2.43 所示。

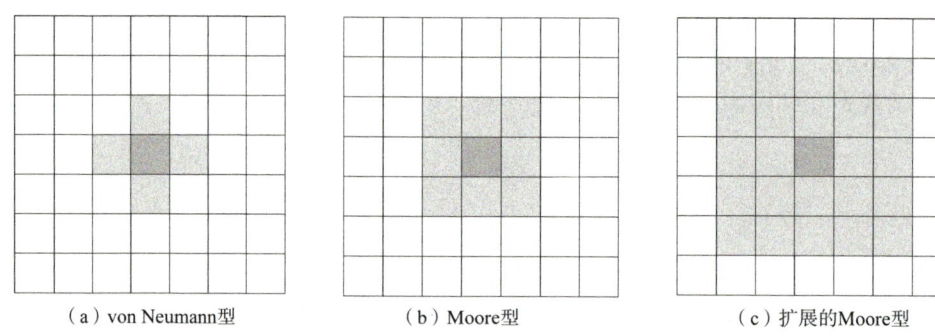

（a）von Neumann型　　　　（b）Moore型　　　　（c）扩展的Moore型

图2.43　二维元胞自动机的邻域类型

（1）von Neumann 型。当邻域半径为 1 时，元胞(i,j)上、下、左、右相邻的 4 个元胞$(i-1,j)$、$(i+1,j)$、$(i,j-1)$、$(i,j+1)$为元胞(i,j)的邻居，如图 2.43（a）所示，图中灰色元胞代表元胞(i,j)，浅蓝色元胞代表元胞(i,j)的邻域N_{Neumann}。

$$N_{\text{Neumann}} = \{(i-1,j),(i+1,j),(i,j-1),(i,j+1)\} \quad (2.38)$$

（2）Moore 型。当邻域半径为 1 时，元胞(i,j)上、下、左、右、左上、左下、右上、右下相邻的8个元胞$(i-1,j)$、$(i+1,j)$、$(i,j-1)$、$(i,j+1)$、$(i-1,j-1)$、$(i+1,j-1)$、$(i-1,j+1)$、$(i+1,j+1)$为该元胞的邻居，如图 2.43（b）所示。

$$N_{\text{Moore}} = \{(i-1,j),(i+1,j),(i,j-1),(i,j+1),(i-1,j-1),(i+1,j-1),\\ (i-1,j+1),(i+1,j+1)\} \quad (2.39)$$

（3）扩展的 Moore 型。将 Moore 型的邻域半径 r 扩展为 2 或者更大，即扩展的 Moore 型邻域，图 2.43（c）中浅蓝色区域代表邻域半径为 2 时的扩展 Moore 型邻域。

$$N_{\text{Moore}} = \{(x,y) | |x-i| \leqslant r, |y-j| \leqslant r\} \quad (2.40)$$

在一个 $m \times n$ 的元胞空间中，元胞的状态有 k 种，元胞 (i,j) 在 t 时刻的状态为 $G_{i,j}^t \in \{s_1, s_2, \cdots, s_k\}$ $(i=1,2,\cdots,m$，$j=1,2,\cdots,n)$。元胞的状态会随时间而变化，元胞 (i,j) 在 $t+1$ 时刻的状态 $G_{i,j}^{t+1}$ 由元胞 (i,j) 在 t 时刻的状态 $G_{i,j}^t$ 和邻域内元胞的状态 G_N^t 决定，则

$$G_{i,j}^{t+1} = f\left(G_{i,j}^t, G_N^t\right) \quad (i=1,2,\cdots,m, \quad j=1,2,\cdots,n) \quad (2.41)$$

其中，G_N^t 表示 t 时刻元胞 (i,j) 的邻域 N 内元胞的状态，当邻域取 von Neumann 型、邻域半径为 r 时，N 内有 $4r$ 个元胞；当邻域取 Moore 型、邻域半径为 r 时，N 内有 $(2r+1)^2 - 1$ 个元胞。

将元胞自动机模型应用于行人运动仿真领域中，运动空间被划分为离散的均匀网格，每个网格容纳一个行人，每个时间步行人根据一定的规则进行移动。

Blue 和 Adler[33] 提出的行人元胞自动机模型中元胞的状态有两种——空闲和被行人占用，每个时间步行人的移动需要确定是否换道以及向前运动的速度。若行人左右两侧的元胞超出边界或者被其他行人占用，则行人不换道，在本通道中向前运动；若行人两侧元胞至少有一侧空闲，则通过计算空闲元胞前面空闲元胞的数量确定行人运动的通道。若空闲元胞数量不等，则选择空闲元胞数量最多的通道；若空闲元胞数量相等，则通过一定的概率选择运动的通道。行人运动通道确定之后，需要确定行人移动的速度，当空闲元胞的数量小于或等于行人的最大运动速度时，行人在下一时间步的移动速度与空闲元胞的数量相同；当空闲元胞的数量大于行人的最大运动速度时，行人以最大运动速度向前运动。

Burstedde 等[35] 提出的行人元胞自动机模型中行人向邻域内其他元胞移动的概率由偏好矩阵、静态场域矩阵和动态场域矩阵决定，静态场域矩阵不随时间而变化，只与空间中不同位置的特征相关，如应急出口具有更大的吸引力；动态场域矩阵用于模拟行人间的相互作用。以 Moore 型邻域为例，行人可能的移动方向和偏好矩阵如图 2.44 所示。行人向元胞 (i,j) 方向转移的概率为

$$p_{ij} = \varepsilon M_{ij} D_{ij} S_{ij} (1 - G_{ij}) \quad (2.42)$$

其中，G_{ij} 表示元胞 (i,j) 的状态，$G_{ij}=0$ 时表示元胞 (i,j) 空闲，$G_{ij}=1$ 时表示元胞 (i,j) 被占用，即行人不能向该元胞移动；ε 表示归一化因子，保证所有邻域内元胞转移概率之和为 1，即 $\sum_{(i,j)} p_{ij} = 1$；S_{ij} 和 D_{ij} 分别表示元胞 (i,j) 处的静态场值和动态场值。

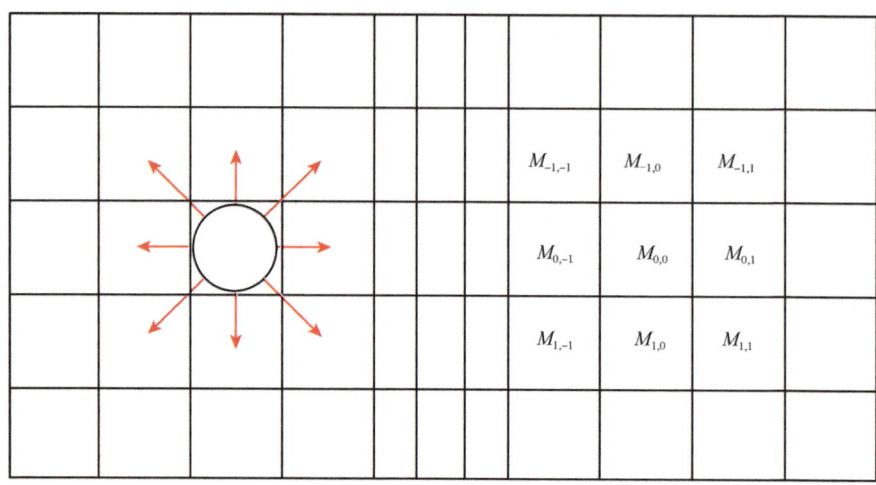

图2.44　行人的可能移动方向和偏好矩阵

随后，Kirchner 和 Schadschneider[36]对其进行了修正，行人向元胞(i,j)方向转移的概率为

$$p_{ij} = \varepsilon \exp(k_D D_{ij}) \exp(k_S S_{ij})(1-G_{ij})\xi_{ij} \qquad (2.43)$$

其中，$\xi_{ij}=0$时表示元胞被禁止使用，如墙壁等；$\xi_{ij}=1$时表示其他元胞；k_S和k_D分别表示静态场域矩阵和动态场域矩阵的敏感系数；ε表示归一化系数，公式如下：

$$\varepsilon = \left[\sum_{(i,j)} \exp(k_D D_{ij}) \exp(k_S S_{ij})(1-G_{ij})\xi_{ij}\right]^{-1} \qquad (2.44)$$

此后，考虑到各种因素对行人行为的影响，学者从不同角度修正了元胞自动机模型，使模型能够复现行人的运动。从元胞空间角度出发，薛鹏[37]建立了六方网格行人疏散元胞自动机模型，魏娟[38]建立了三维元胞自动机模型，永贵等[34]建立的元胞自动机模型中将空间离散成菱形网格，解决了正方形或正六边形元胞中有一边与建筑物墙壁或障碍物重合进而导致行人紧贴墙壁或障碍物移动的问题。从转移概率角度出发，陈长坤等[39]考虑了多出口吸引、人员从众行为和火源威胁等因素，在转移概率中引入出口场、火源场、行人趋众场模拟了火源威胁下人员的疏散情况。宋英华[40]建立了考虑环境熟悉度及引导作用的行人元胞自动机模型，将行人分为熟悉环境行人与不熟悉环境行人两类，对环境熟悉的行人对应的转移概率中k_D取0；不熟悉环境的行人有3种移动方式，分别为随机移动、跟随其他行人移动、跟随引导移动。随机移动行人任意选择1个空元胞移动或静止，跟随其他行人移动的行人转移概率中k_S取0，跟随引导移动的行人的转移概率由引导标志构成的引导场决定。郑营[41]考虑了火灾蔓延对人员运动的影响，从而在行人的转移概率中引入火灾场强,并考虑了火灾发生后对行人视线的影响和对行人出口选择的影响。魏晓鸽[42]考虑行人的群组行为,在转移概率中引入群组场。从行人占用空间的角度,周金旺[43]将结伴行人看作一个整体,分别考虑了单个行人、并排成对行人、前后成对行人的运动方向。Kim 等[44]考虑到轮椅使用者、双拐使用者、使用单拐的老人、小孩等4类弱势群体的行为改进了元胞自动机模型,其中每个轮椅使用者占用 4 个元胞,每个双拐使用者占用 3 个元胞,每个使用单拐的老人占用 2 个元胞,小孩占用 1 个元胞。Zou 等[45]基于元胞自动机模型模拟了医院中正常人、普通病人和轮椅使用者等 3 类行人的运动,其中前两类行人每个行人占用 1 个元胞,而轮椅使用者占用 4 个元胞,元胞的状态有空闲、被行人占用、被轮椅占用、被障碍物占用等 4 种。

2.4.2 社会力模型

1995 年,德国科学家 Dirk Helbing 将美国社会心理学家 Kurt Lewin 的心理场论应用于描述行人的行为中,提出了社会力模型。行人运动会受到其他行人、障碍物、墙体、环境等因素的影响,这些因素对行人行为的作用称为社会力。社会力模型中行人的行为受到三种作用力,分别为期望以舒适方式到达目的地的作用力,行人与其他行人或与建筑物、墙壁、街道、障碍物等之间的排斥力,行人与其他行人(如朋友、艺人等)或与其他实体(如展窗)之间的吸引力。

1. 期望以舒适方式到达目的地的作用力

通常行人期望以尽可能舒适的方式到达目的地,尽可能少地绕行,选择最短路径,在这种情况下行人到达目标的路径可以抽象为沿多边形的边缘前进。

$$r_\alpha^1, r_\alpha^2, \cdots, r_\alpha^n = r_\alpha^0 \tag{2.45}$$

其中,r_α^0 表示行人 α 的目的地。因此可以根据式(2.46)计算出行人的目标方向 $e_\alpha(t)$:

$$e_\alpha(t) = \frac{r_\alpha^k - r_\alpha(t)}{r_\alpha^k - r_\alpha(t)} \tag{2.46}$$

其中,$r_\alpha(t)$ 表示行人 α 在时间 t 时的实际位置;r_α^k 表示多边形的下一个边缘。如果行人 α 的行为没有受到干扰,则行人 α 将按照目标方向 $e_\alpha(t)$ 以一定的期望速度 v_α^0 前进。但是,由于行人会减速或者避障,行人 α 的实际速度 v_α 会与期望速度 $v_\alpha^0(t) = v_\alpha^0 e(t)$ 存在一定的偏差,这种情况下行人会通过内部驱动力 F_α^0 调整自己的速度,使其重新接近期望速度,则

$$F_\alpha^0\left(v_\alpha, v_\alpha^0 e_\alpha\right) = \frac{1}{\tau_\alpha}\left(v_\alpha^0 e_\alpha - v_\alpha\right) \tag{2.47}$$

其中，τ_α 表示使行人 α 由实际速度 v_α 重新调整为期望速度的弛豫时间。

2. 排斥力

行人会与其他行人保持一定的距离，该距离与行人的密度和期望速度 v_α^0 有关，即行人有一定的私密范围，称为地域效应。当行人 α 与陌生人 β 之间的距离太近时，行人会感到不适，产生排斥效应，则排斥力 $f_{\alpha\beta}$ 为

$$f_{\alpha\beta}(r_{\alpha\beta}) = -\nabla_{r_{\alpha\beta}} V_{\alpha\beta}\left[b(r_{\alpha\beta})\right] \tag{2.48}$$

其中，排斥势 $V_{\alpha\beta}(b)$ 表示 b 的单调递减函数，等势线是指向运动方向上的椭圆，b 表示椭圆的短半径。

$$2b = \sqrt{\left(r_{\alpha\beta} + r_{\alpha\beta} - v_\beta \Delta t e_\beta\right)^2 - \left(v_\beta \Delta t\right)^2} \tag{2.49}$$

其中，$r_{\alpha\beta} = r_\alpha - r_\beta$，$r_\alpha$ 和 r_β 分别表示行人 α 与陌生人 β 的位置矢量；$s_\beta = v_\beta \Delta t$ 表示行人 β 的步长。

此外，行人还与建筑物、墙壁、街道、障碍物等的边界保持一定的距离，则行人与这些边界 B 之间的排斥力为

$$F_{\alpha B}(r_{\alpha B}) = -\nabla_{r_{\alpha B}} U_{\alpha B}(r_{\alpha B}) \tag{2.50}$$

其中，$U_{\alpha B}(r_{\alpha B})$ 表示单调递减势能；$r_{\alpha B} = r_\alpha - r_B^\alpha$，$r_B^\alpha$ 表示离行人 α 最近的边界 B 的位置。

3. 吸引力

行人与其他行人（如朋友、艺人等）或与其他实体（如展窗）之间相互吸引，吸引力 $f_{\alpha i}$ 为

$$f_{\alpha i}(r_{\alpha i}, t) = -\nabla_{r_{\alpha i}} W_{\alpha i}(r_{\alpha i}, t) \tag{2.51}$$

其中，$W_{\alpha i}(r_{\alpha i}, t)$ 表示单调递增势能；$r_{\alpha i} = r_\alpha - r_i$。

需要注意的是，上述公式适用于计算行人 α 在目标方向上感受到的排斥力和吸引力，行人 α 背后的排斥力和吸引力要相对弱一些，则需要引入方向因子为

$$\omega(e, f) = \begin{cases} 1, & e \cdot f \geq f\cos\varphi \\ c, & \text{其他} \end{cases} \tag{2.52}$$

其中，$0 < c < 1$。则引入方向因子的排斥力和吸引力为

$$F_{\alpha\beta}(e_\alpha, r_\alpha - r_\beta) = \omega(e_\alpha, -f_{\alpha\beta}) f_{\alpha\beta}(r_\alpha - r_\beta) \tag{2.53}$$

$$F_{\alpha i}(e_\alpha, r_\alpha - r_i, t) = \omega(e_\alpha, -f_{\alpha i}) f_{\alpha i}(r_\alpha - r_i, t) \tag{2.54}$$

上述三种作用力会同时影响行人的行为，则总作用力为

$$F_\alpha(t) = F_\alpha^0\left(v_\alpha, v_\alpha^0 e_\alpha\right) + \sum_\beta F_{\alpha\beta}\left(e_\alpha, r_\alpha - r_\beta\right) + \sum_B F_{\alpha B}\left(e_\alpha, r_\alpha - r_B^\alpha\right) + \sum_i F_{\alpha i}\left(e_\alpha, r_\alpha - r_i, t\right)$$
(2.55)

$$\frac{d w_\alpha}{dt} = F_\alpha(t) + \varepsilon \tag{2.56}$$

其中，w_α 表示行人 α 的优选速度；ε 表示波动变量。波动一方面由将两个或多个行为等同引起（如绕行行为中，从障碍物右侧绕行和从左侧绕行等同），另一方面来源于行人偶然或故意偏离常规的运动规律。行人的实际运动速度为

$$\frac{d r_\alpha}{dt} = v_\alpha(t) = w_\alpha(t) g\left(\frac{v_\alpha^{\max}}{w_\alpha}\right) \tag{2.57}$$

$$g\left(\frac{v_\alpha^{\max}}{w_\alpha}\right) = \begin{cases} 1, & w_\alpha \leqslant v_\alpha^{\max} \\ v_\alpha^{\max}/w_\alpha, & \text{其他} \end{cases} \tag{2.58}$$

其中，$v_\alpha^{\max}$ 表示行人 α 的最大运动速度。

基于社会力模型，Helbing 和 Molnár[46]模拟了通道中双向运动行人的成行现象、振荡流等自组织现象，不同行人的期望速度 v^0 服从平均值为 1.34 m/s、标准差为 0.26 m/s 的高斯分布，$v_\alpha^{\max} = 1.3 v_\alpha^0$，不考虑吸引力和波动变量。式（2.48）和式（2.50）中的排斥势分别为

$$V_{\alpha\beta}(b) = V_{\alpha\beta}^0 e^{-b/\sigma} \tag{2.59}$$

$$U_{\alpha B}(r_{\alpha B}) = U_{\alpha B}^0 e^{-r_{\alpha B}/R} \tag{2.60}$$

其中，$V_{\alpha\beta}^0 = 2.1\ \text{m}^2/\text{s}^2$；$\sigma = 0.3\ \text{m}$；$U_{\alpha B}^0 = 10\ \text{m}^2/\text{s}^2$；$R = 0.2\ \text{m}$。

为了模拟人群的恐慌行为，Helbing 等[47]进一步修正了社会力模型，在行人之间以及行人与障碍物之间的相互作用力中加入挤压力和滑动摩擦力，则修正后的社会力模型为

$$m_i \frac{d v_i}{dt} = m_i \frac{v_i^0(t) e_i^0(t) - v_i(t)}{\tau_i} + \sum_{j(\neq i)} f_{ij} + \sum_W f_{iW} \tag{2.61}$$

当行人相互接触时，行人之间的作用力 f_{ij} 包括行人 i 和行人 j 保持一定距离的排斥力 $A_i e^{r_{ij} - d_{ij}/B_i}$、行人之间存在的挤压力 $kg(r_{ij} - d_{ij}) \boldsymbol{n}_{ij}$ 和滑动摩擦力 $\kappa g(r_{ij} - d_{ij}) \Delta v_{ji}^t \boldsymbol{t}_{ij}$，即

$$f_{ij} = \left\{ A_i e^{r_{ij} - d_{ij}/B_i} + kg(r_{ij} - d_{ij}) \right\} \boldsymbol{n}_{ij} + \kappa g(r_{ij} - d_{ij}) \Delta v_{ji}^t \boldsymbol{t}_{ij} \tag{2.62}$$

类似地，行人与障碍物之间的作用力也包括 3 部分，即

$$f_{iW} = \left\{ A_i e^{r_i - d_{iW}/B_i} + kg(r_i - d_{iW}) \right\} \boldsymbol{n}_{iW} - \kappa g(r_i - d_{iW})(v_i \boldsymbol{t}_{iW}) \boldsymbol{t}_{iW} \tag{2.63}$$

其中，m_i 表示行人 i 的质量；v_i 表示行人 i 的实际运动速度；$v_i(t) = \mathrm{d}r_i/\mathrm{d}t$；$r_i$ 表示行人 i 在某个时间的位置；$d_{ij} = r_i - r_j$ 表示行人 i 和行人 j 质心之间的距离；$n_{ij} = (n_{ij}^1, n_{ij}^2) = (r_i - r_j)/d_{ij}$ 表示行人 j 指向行人 i 的单位向量；行人被简化为半径为 r 的圆形，$r_{ij} = r_i + r_j$ 表示行人 i 的半径 r_i 和行人 j 的半径 r_j 之和，当行人 i 和行人 j 相互接触时，d_{ij} 小于两个行人之间的半径之和，行人之间存在挤压力和滑动摩擦力；$t_{ij} = (-n_{ij}^2, n_{ij}^1)$ 表示两个行人之间的切线方向；$\Delta v_{ji}^t = (v_j - v_i) t_{ij}$ 表示在切线方向的速度差；当行人没有接触时，$g(x)$ 为 0，反之，$g(x) = x$；A_i、B_i、k、κ 表示常数。

为了模拟行人的群组行为，Moussaïd 等[48]在传统社会力模型的基础上引入了群组成员之间的作用力 f_i^{group}。群组内的行人会调整自己的位置使其便于与群组其他成员沟通交流，还要避免与群组内的成员和群组外的其他行人碰撞，因此 f_i^{group} 包括群组内成员交流需求的作用力 f_i^{vis}、群组内成员之间的吸引力 f_i^{att} 和群组内成员避免重叠的排斥力 f_i^{rep}，则修正之后的社会力模型为

$$\frac{\mathrm{d}v_i}{\mathrm{d}t} = f_i^0 + f_i^{\mathrm{wall}} + \sum_{j(\neq i)} f_{ij} + f_i^{\mathrm{group}} \quad (2.64)$$

$$f_i^0 = \frac{v_i^0 e_i^0 - v_i(t)}{\tau_i} \quad (2.65)$$

$$f_i^{\mathrm{wall}}(d_w) = a \mathrm{e}^{-d_w/b} \quad (2.66)$$

其中，d_w 表示行人到墙之间的垂直距离；a、b 表示常数。

$$f_{ij} = -A \mathrm{e}^{-d_{ij}/B} \left[\mathrm{e}^{-(n'B\theta_{ij})^2} t + \mathrm{e}^{-(nB\theta_{ij})^2} n \right] \quad (2.67)$$

其中，行人 i 和行人 j 之间相互作用方向 $t_{ij} = D_{ij}/\|D_{ij}\|$，$D_{ij} = \lambda(v_i - v_j) + e_{ij}$，$e_{ij} = (x_j - x_i)/(x_j - x_i)$；$d_{ij}$ 表示行人 i 和行人 j 之间的距离；θ_{ij} 表示行人 i 指向行人 j 的方向矢量与 t_{ij} 之间的夹角；$B = \gamma D_{ij}$；A、n'、n 表示常数。

$$f_i^{\mathrm{group}} = f_i^{\mathrm{vis}} + f_i^{\mathrm{att}} + f_i^{\mathrm{rep}} \quad (2.68)$$

$$f_i^{\mathrm{vis}} = -\beta_1 \partial_i V_i \quad (2.69)$$

群组成员希望其他成员保持在自己的视线范围内，会通过转动一定的角度 ∂_i 使群组质心在群组成员 i 的视线范围内，如图 2.45 所示。∂_i 越大，行人 i 越不舒服，这种情况下行人会通过调整自己的位置减小 ∂_i，因此模拟群组行为的模型中需要加入群组成员希望保持在互相视线范围内从而便于沟通交流的作用力 f_i^{vis}。β_1 表示群组成员相互作用力强度因子，当 $\beta_1 = 0$ 时，代表群组成员没有沟通交流的需求，群组成员间的空间分布是"Λ"形，反之，群组成员间的空间分布是"V"形，如图

2.46 所示。V_i 表示行人 i 的速度矢量。

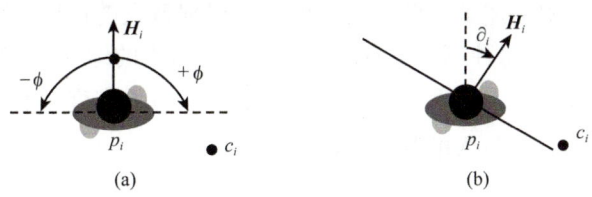

图2.45　模型参数示意图

H_i 是行人 i 的视线方向变量，虚线表示行人 i 的视野范围；c_i 是群组的质心，群组成员 i 会扭头使 c_i 保持在视野范围内；∂_i 是行人 i 转头的角度

图2.46　不考虑交流需求和考虑交流需求的群组空间分布

$$f_i^{\text{att}} = q_A \beta_2 U_i \quad (2.70)$$

其中，β_2 表示群组成员之间吸引力的强度因子；U_i 表示方向为行人 i 指向群组质心的单位矢量。群组成员希望与群组质心保持一定的距离，该距离与群组规模 N 相关，为 $(N-1)/2$ m。当群组行人 i 与质心之间的距离大于 $(N-1)/2$ m 时，$q_A=1$，反之，$q_A=0$。

$$f_i^{\text{rep}} = \sum_k q_R \beta_3 W_{ik} \quad (2.71)$$

其中，W_{ik} 表示群组成员 i 指向群组另一成员 k 的单位向量；β_3 表示群组成员避免重叠的排斥力强度因子；当群组成员 i 与群组另一成员 k 之间的距离 d_{ik} 小于临界值 d_0（行人的投影直径和安全距离之和）时，$q_R=1$，反之，$q_R=0$。

2.4.3　流体力学模型

流体力学模型将密集人群的运动比作流体，应用流体力学的理论和方法描述行人流，此类模型将人群整体看作研究对象，着眼于密集人群的运动特征，如速度、密度、流量等，不考虑个体差异，不关注个体的运动速度、占用空间等信息。

20 世纪 70 年代，Henderson[49]提出行人在低密度下的运动与气体分子的运动相似，在拥堵状态下行人的运动与液体的运动相似。可以采用 Maxwell-Boltzmann

理论描述低密度状态下行人的运动特征。Helbing[50]于20世纪90年代基于类玻尔兹曼气体动力学模型描述了人群运动，模型中根据行人的运动方向将行人的运动划分为不同的模式μ，每种模式下有3种变量描述行人的运动，包括行人的位置x、行人的实际运动速度v_μ、行人的期望运动速度v_μ^0。行人密度$\hat{\rho}_\mu(x,v_\mu,v_\mu^0,t)$为特定面积A上的模式为$\mu$的行人的数量，即

$$\hat{\rho}_\mu(x,v_\mu,v_\mu^0,t) = \frac{N_\mu(U(x)\times\mathcal{V}(u_\mu),t)}{A\cdot V} \qquad (2.72)$$

其中，$N_\mu(U(x)\times\mathcal{V}(u_\mu),t)$表示$t$时刻模式为$\mu$，运动状态为$U(x)\times\mathcal{V}(u_\mu)$的行人的数量；$U(x)$表示行人位置$x$的邻域；$\mathcal{V}(u_\mu)$表示$u_\mu$的邻域。

$$u_\mu = (v_\mu, v_\mu^0) \qquad (2.73)$$

$$\frac{\mathrm{d}\hat{\rho}_\mu}{\mathrm{d}t} = \frac{\partial\hat{\rho}_\mu}{\partial t} + \nabla_x\left(\hat{\rho}_\mu v_\mu\right) + \nabla_{v_\mu}\left(\hat{\rho}_\mu \frac{f_\mu}{m_\mu}\right) + \nabla_{v_\mu^0}\left(\hat{\rho}_\mu v_\mu^0\right)$$

$$= \frac{\hat{\rho}_\mu^0 - \hat{\rho}_\mu}{\tau_\mu} + \sum_\nu \hat{S}_{\mu\nu} + \sum_\nu \hat{C}_{\mu\nu} + \hat{q}_\mu \qquad (2.74)$$

其中，m_μ表示模式为μ的行人的平均质量；$f_\mu = m_\mu v_\mu$；v_μ^0表示x和t的函数，v_μ^0通常非常小，$v_\mu^0 \approx 0$，反之，行人的运动模式改变。行人会趋向于以理想速度运动，这一现象使$\hat{\rho}_\mu$趋向于$\hat{\rho}_\mu^0$，即

$$\hat{\rho}_\mu^0(x,v_\mu,v_\mu^0,t) = \delta(v_\mu - v_\mu^0)\rho_\mu^0(x,v_\mu^0,t) \qquad (2.75)$$

其中，$\hat{\rho}_\mu^0$表示期望速度为v_μ^0、实际速度为v_μ下的行人密度；$\delta(.)$表示狄拉克函数。

$$\hat{S}_{\mu\nu} = \iiint \hat{\sigma}_{\mu\nu}(u_\mu^*,u_\nu^*;u_\mu,u_\nu;x,t)\hat{\rho}_\mu(x,u_\mu^*,t)\hat{\rho}_\nu(x,u_\nu^*,t)\mathrm{d}^4u_\nu\mathrm{d}^4u_\mu^*\mathrm{d}^4u_\nu^*$$
$$- \iiint \hat{\sigma}_{\mu\nu}(u_\mu,u_\nu;u_\mu^*,u_\nu^*;x,t)\hat{\rho}_\mu(x,u_\mu,t)\hat{\rho}_\nu(x,u_\nu,t)\mathrm{d}^4u_\nu\mathrm{d}^4u_\mu^*\mathrm{d}^4u_\nu^* \qquad (2.76)$$

其中，$\hat{S}_{\mu\nu}$表示运动模式为μ的行人与运动模式为ν的行人之间的相互作用。$\hat{\sigma}_{\mu\nu}(u_\mu,u_\nu;u_\mu^*,u_\nu^*;x,t)$的作用运动模式分别为$\mu$和$\nu$的行人的状态由$(x,u_\mu)$，$(x,u_\nu)$变为$(x,u_\mu^*)$，$(x,u_\nu^*)$，但是$\hat{\sigma}_{\mu\nu}(u_\mu,u_\nu;u_\mu^*,u_\nu^*;x,t)$只对实际运动速度产生影响，对期望运动速度没有影响，即

$$\hat{\sigma}_{\mu\nu}(u_\mu^1,u_\nu^1;u_\mu^2,u_\nu^2;x,t) = \sigma_{\mu\nu}(v_\mu^1,v_\nu^1;v_\mu^2,v_\nu^2)\delta(v_\mu^{0,2}-v_\mu^{0,1})\delta(v_\nu^{0,2}-v_\nu^{0,1}) \qquad (2.77)$$

则

$$\hat{S}_{\mu\nu}(x,v_{\mu},t) = \int \hat{S}_{\mu\nu}(x,v_{\mu},v_{\mu}^{0},t)\mathrm{d}^{2}v_{\mu}^{0}$$

$$= \iint \sigma_{\mu\nu}(v_{\mu}^{*},v_{\nu}^{*};v_{\mu},v_{\nu})\rho_{\mu}(x,v_{\mu}^{*},t)\rho_{\nu}(x,v_{\nu}^{*},t)\mathrm{d}^{2}v_{\nu}\mathrm{d}^{2}v_{\mu}^{*}\mathrm{d}^{2}v_{\nu}^{*}$$

$$- \iint \sigma_{\mu\nu}(v_{\mu},v_{\nu};v_{\mu}^{*},v_{\nu}^{*})\rho_{\mu}(x,v_{\mu},t)\rho_{\nu}(x,v_{\nu},t)\mathrm{d}^{2}v_{\nu}\mathrm{d}^{2}v_{\mu}^{*}\mathrm{d}^{2}v_{\nu}^{*}$$

$$= \iint \sigma_{\mu\nu}^{*}(v_{\mu}^{*},v_{\nu}^{*};v_{\mu})\rho_{\mu}(x,v_{\mu}^{*},t)\rho_{\nu}(x,v_{\nu}^{*},t)\mathrm{d}^{2}v_{\mu}^{*}\mathrm{d}^{2}v_{\nu}^{*}$$

$$- \iint \sigma_{\mu\nu}^{*}(v_{\mu},v_{\nu};v_{\mu}^{*})\rho_{\mu}(x,v_{\mu},t)\rho_{\nu}(x,v_{\nu},t)\mathrm{d}^{2}v_{\nu}\mathrm{d}^{2}v_{\mu}^{*} \quad (2.78)$$

$$\sigma_{\mu\nu}^{*}(\cdot;\cdot;\cdot) = \int \sigma_{\mu\nu}(\cdot;\cdot;\cdot,v)\mathrm{d}^{2}v \quad (2.79)$$

行人运动模式由 μ 改变成 ν 可被描述为

$$\hat{C}_{\mu\nu}(x,u_{\mu},t) = \int \hat{\sigma}_{\mu}^{\nu\mu}(u_{\nu},u_{\mu};x,t)\hat{\rho}_{\nu}(x,u_{\nu},t)\mathrm{d}^{4}u_{\nu}$$

$$- \int \hat{\sigma}_{\mu}^{\mu\nu}(u_{\mu},u_{\nu};x,t)\hat{\rho}_{\mu}(x,u_{\mu},t)\mathrm{d}^{4}u_{\nu} \quad (2.80)$$

单位时间内区域密度 $\hat{q}_{\mu}$ 为

$$\hat{q}_{\mu}(x,v_{\mu},v_{\mu}^{0},t) = \hat{q}_{\mu}^{+}(x,v_{\mu},v_{\mu}^{0},t) - \hat{q}_{\mu}^{-}(x,v_{\mu},v_{\mu}^{0},t) \quad (2.81)$$

其中,$\hat{q}_{\mu}^{+}(x,v_{\mu},v_{\mu}^{0},t)$ 表示单位时间内区域密度增加;$\hat{q}_{\mu}^{-}(x,v_{\mu},v_{\mu}^{0},t)$ 表示单位时间内区域密度减少。

Hughes[51]于 2002 年提出了流体力学模型,模型中同质行人流涉及两个参数,一个是密度,即某时刻 t 某位置 (x,y) 单位面积内行人的数量;另一个是速度 (u,v),即某时刻 t 某位置 (x,y) 上行人的速度。行人流的连续性方程为

$$\frac{\partial \rho}{\partial t} + \frac{\partial}{\partial x}(\rho u) + \frac{\partial}{\partial y}(\rho v) = 0 \quad (2.82)$$

假设 1:行人的运动速度只与行人密度和行人行为特征有关,即

$$u = f(\rho)\hat{\phi}_{x}, \quad v = f(\rho)\hat{\phi}_{y} \quad (2.83)$$

其中,$f(\rho)$ 表示速度大小;$\hat{\phi}_{x}$、$\hat{\phi}_{y}$ 分别表示速度在 x、y 方向上的余璇。

假设 2:当行人具有相同的任务,即相同的目的地时,不同位置的任意两个行人的势能相等,行人的运动方向垂直于等势能线,沿着势能减小的方向前进。

$$\hat{\phi}_{x} = \frac{-\frac{\partial \phi}{\partial x}}{\sqrt{\left(\frac{\partial \phi}{\partial x}\right)^{2} + \left(\frac{\partial \phi}{\partial y}\right)^{2}}}, \quad \hat{\phi}_{y} = \frac{-\frac{\partial \phi}{\partial y}}{\sqrt{\left(\frac{\partial \phi}{\partial x}\right)^{2} + \left(\frac{\partial \phi}{\partial y}\right)^{2}}} \quad (2.84)$$

其中,ϕ 表示势能。

假设3:行人会选择时间最短的路径,但是会避开高密度区域。在等势线上的行人经过一定时间后会同时出现在另一条等势线上,等势线间的距离与速度成正比,即

$$\frac{1}{\sqrt{\left(\frac{\partial \phi}{\partial x}\right)^2 + \left(\frac{\partial \phi}{\partial y}\right)^2}} = g(\rho)\sqrt{u^2 + v^2} \quad (2.85)$$

其中，$g(\rho)$ 表示修正高密度情况下行人不适的因子。

$$\begin{cases} \dfrac{\partial \rho}{\partial t} + \dfrac{\partial}{\partial x}\left(\rho g(\rho) f^2(\rho)\dfrac{\partial \phi}{\partial x}\right) + \dfrac{\partial}{\partial y}\left(\rho g(\rho) f^2(\rho)\dfrac{\partial \phi}{\partial y}\right) = 0 \\ g(\rho)f(\rho) = \dfrac{1}{\sqrt{\left(\dfrac{\partial \phi}{\partial x}\right)^2 + \left(\dfrac{\partial \phi}{\partial y}\right)^2}} \end{cases} \quad (2.86)$$

其中，$f(\rho)$ 表示速度大小，具有如下性质。

（1）$f(0)$ 取值是有上限的，即人群密度为 0 时，行人的运动速度可以取到最大值。

（2）$f(\rho_{\max}) = 0$，即人群密度为 $\rho_{\max}$ 时，行人的运动速度为 0。

（3）$\dfrac{\mathrm{d}f(\rho)}{\mathrm{d}\rho} \leqslant 0$，即随着人群密度 ρ 的增大，运动速度 $f(\rho)$ 减小。

目前运动速度与密度的关系式还没有统一，其中 Greenshields 提出了关于速度与密度之间的线性关系式 $f(\rho) = A - B\rho$，其中 A、B 是正常数。

$g(\rho)$ 是高密度情况下的修正系数，具有如下性质。

（1）$g(\rho) \geqslant 1$。$g(\rho) = 1$ 时表示人群密度不是很大，行人沿着垂直于等势线的方向前进，也是最短路径；但是当人群密度大时，行人无法直接垂直于等势线的方向前进，需要绕行，此时 $g(\rho) > 1$。

（2）$\dfrac{\mathrm{d}g(\rho)}{\mathrm{d}\rho} \geqslant 0$，即 $g(\rho)$ 随着密度的增大而增大。

参 考 文 献

[1] Daamen W. Modelling passenger flows in public transport facilities[D]. Delft：Delft University of Technology，2004.

[2] 曹淑超. 视野受限条件下的行人运动实验与模型研究[D]. 合肥：中国科学技术大学，2017.

[3] 曾光. 背景音乐对单列行人流影响的实验研究[D]. 合肥：中国科学技术大学，2019.

[4] 傅丽碧. 考虑人员行为特征的行人与疏散动力学研究[D]. 合肥：中国科学技术大学，2017.

[5] Boltes M, Seyfried A. Collecting pedestrian trajectories[J]. Neurocomputing，2012，100：127-133.

[6] Hoogendoorn S P, Daamen W. Pedestrian behavior at bottlenecks[J]. Transportation Science, 2005, 39（2）: 147-159.

[7] Versluis D. Microscopic interaction behavior between individual pedestrians[D]. Delft: Delft University of Technology, 2010.

[8] Jelić A, Appert-Rolland C, Lemercier S, et al. Properties of pedestrians walking in line: stepping behavior[J]. Physical Review E, 2012, 86（4）: 046111.

[9] Liu X, Song W G, Zhang J. Extraction and quantitative analysis of microscopic evacuation characteristics based on digital image processing[J]. Physica A: Statistical Mechanics and Its Applications, 2009, 388: 2717-2726.

[10] Hoogendoorn S P, Daamen W, Bovy P H L. Extracting microscopic pedestrian characteristics from video data [C]//Transportation Research Board annual meeting 2003. National Academy Press, 2003: 1-15.

[11] 刘轩. 基于图像处理的行人运动微观行为特征实验研究[D]. 合肥: 中国科学技术大学, 2009.

[12] Savitzky A, Golay M J E. Smoothing and differentiation of data by simplified least squares procedures[J]. Analytical Chemistry, 1964, 36: 1627-1639.

[13] Ziemer V, Seyfried A, Schadschneider A. Congestion dynamics in pedestrian single-file motion[C]// Knoop V L, Daamen W. Traffic and Granular Flow'15. Cham: Springer International Publishing, 2016: 89-96.

[14] Dean G A. An analysis of the energy expenditure in level and grade walking[J]. Ergonomics, 1965, 8（1）: 31-47.

[15] Seitz M J, Köster G. Natural discretization of pedestrian movement in continuous space[J]. Physical Review E, 2012, 86（4）: 046108.

[16] Seitz M J, Dietrich F, Köster G. A study of pedestrian stepping behaviour for crowd simulation[J]. Transportation Research Procedia, 2014, 2: 282-290.

[17] Kirtley C, Whittle M W, Jefferson R J. Influence of walking speed on gait parameters[J]. Journal of Biomedical Engineering, 1985, 7（4）: 282-288.

[18] Weidmann U. Transporttechnik der Fussgänger[J]. IVT Schriftenreihe, 1992, 90: 19.

[19] Curtis S , Manocha D. Pedestrian simulation using geometric reasoning in velocity space[C]//Pedestrian and Evacuation Dynamics 2012. Cham: Springer, 2014: 875-890.

[20] Hall E T. The Hidden Dimension[M]. New York: Doubleday, 1966.

[21] von Sivers I, Köster G. Dynamic stride length adaptation according to utility and personal space[J]. Transportation Research Part B: Methodological, 2015, 74: 104-117.

[22] Boltes M, Seyfried A, Steffen B, et al. Automatic extraction of pedestrian trajectories from video recordings[C]//Pedestrian and Evacuation Dynamics 2008. Berlin: Springer, 2010: 43-54.

[23] Zhang J. Pedestrian fundamental diagrams: comparative analysis of experiments in different

geometries[D]. Wuppertal: University of Wuppertal, 2012.

[24] Sulman N, Sanocki T, Goldgof D, et al. How effective is human video surveillance performance?[C]//2008 19th International Conference on Pattern Recognition, 2008: 1-3.

[25] Dalal N, Triggs B. Histograms of oriented gradients for human detection[C]//2005 IEEE Computer Society Conference on Computer Vision and Pattern Recognition (CVPR'05), 2005: 886-893.

[26] Freund Y, Schapire R E. A decision-theoretic generalization of on-line learning and an application to boosting[J]. Journal of Computer and System Sciences, 1997, 55 (1): 119-139.

[27] 翁文国, 廖光煊, 王喜世, 等. DPIV 图象的诊断方法研究[J]. 火灾科学, 1999, (4): 3-9.

[28] Zhang X L, Weng W G, Yuan H Y. Empirical study of crowd behavior during a real mass event[J]. Journal of Statistical Mechanics: Theory and Experiment, 2012, 2012 (8): P08012.

[29] Zhang X L, Weng W G, Yuan H Y, et al. Empirical study of a unidirectional dense crowd during a real mass event[J]. Physica A: Statistical Mechanics and Its Applications, 2013, 392 (12): 2781-2791.

[30] Helbing D, Mukerji P. Crowd disasters as systemic failures: analysis of the Love Parade disaster[J]. EPJ Data Science, 2012, 1 (1): 1-40.

[31] Krausz B, Bauckhage C. Loveparade 2010: automatic video analysis of a crowd disaster[J]. Computer Vision and Image Understanding, 2012, 116 (3): 307-319.

[32] Huang L D, Chen T, Wang Y, et al. Congestion detection of pedestrians using the velocity entropy: a case study of Love Parade 2010 disaster[J]. Physica A: Statistical Mechanics and Its Applications, 2015, 440: 200-209.

[33] Blue V J, Adler J L. Emergent fundamental pedestrian flows from cellular automata microsimulation[J]. Transportation Research Record: Journal of the Transportation Research Board, 1998, 1644 (1): 29-36.

[34] 永贵, 黄海军, 许岩. 菱形网格的行人疏散元胞自动机模型[J]. 物理学报, 2013, 62 (1): 010506.

[35] Burstedde C, Klauck K, Schadschneider A, et al. Simulation of pedestrian dynamics using a two-dimensional cellular automaton[J]. Physica A: Statistical Mechanics and Its Applications, 2001, 295 (3/4): 507-525.

[36] Kirchner A, Schadschneider A. Simulation of evacuation processes using a bionics-inspired cellular automaton model for pedestrian dynamics[J]. Physica A: Statistical Mechanics and Its Applications, 2002, 312 (1/2): 260-276.

[37] 薛鹏. 用元胞自动机模型模拟人员紧急疏散过程[D]. 桂林: 广西师范大学, 2009.

[38] 魏娟. 基于元胞自动机的人群疏散系统建模与分析[M]. 成都: 四川大学出版社, 2017.

[39] 陈长坤, 孙华锴, 童蕴贺, 等. 基于元胞自动机的火源威胁下人员疏散模型[J]. 中国安全生

产科学技术，2020，16（10）：47-52.

[40] 宋英华，涂文豪，霍非舟，等. 考虑环境熟悉度与引导的人员疏散元胞自动机模型研究[J]. 中国安全生产科学技术，2020，16（12）：56-60.

[41] 郑营. 基于元胞自动机模型的火灾环境下人员疏散研究[D]. 北京：北京交通大学，2011.

[42] 魏晓鸽. 考虑群组行为的人员运动实验与模型研究[D]. 合肥：中国科学技术大学，2015.

[43] 周金旺. 行人流安全运动元胞自动机模拟研究[D]. 桂林：广西师范大学，2009.

[44] Kim J, Ahn C, Lee S. Modeling handicapped pedestrians considering physical characteristics using cellular automaton[J]. Physica A：Statistical Mechanics and Its Applications，2018，510：507-517.

[45] Zou B B, Lu C X, Li Y. Simulation of a hospital evacuation including wheelchairs based on modified cellular automata[J]. Simulation Modelling Practice and Theory，2020，99：102018.

[46] Helbing D, Molnár P. Social force model for pedestrian dynamics[J]. Physical Review E，Statistical Physics, Plasmas, Fluids, and Related Interdisciplinary Topics，1995，51（5）：4282-4286.

[47] Helbing D, Farkas I, Vicsek T. Simulating dynamical features of escape panic[J]. Nature，2000，407（6803）：487-490.

[48] Moussaïd M, Perozo N, Garnier S, et al. The walking behaviour of pedestrian social groups and its impact on crowd dynamics[J]. PLoS One，2010，5（4）：e10047.

[49] Henderson L F. The statistics of crowd fluids[J]. Nature，1971，229（5284）：381-383.

[50] Helbing D. A fluid dynamic model for the movement of pedestrians[J]. Complex System，1998，6（5）：391-415.

[51] Hughes R L. A continuum theory for the flow of pedestrians[J]. Transportation Research Part B：Methodological，2002，36（6）：507-535.

第 3 章 人体碰撞过程

3.1 概　　述

一般而言，在发生人群拥挤踩踏事故前夕，宏观人群极有可能已经处于危险的湍流运动状态，且通常会伴随出现人群涌动、震荡波及多米诺现象[1,2]，这些都是潜在人群事故的预兆，此时人体可能会突然失去平衡发生跌倒，随即导致踩踏事故的发生[3]。究其原因，密集人群中的个体可能会非理性地做出自我保护动作而对他人和周围环境漠不关心，不合理的个体行为将扰乱人群的运动状态并可能最终导致人群湍流的出现[4]。同时，事故调查表明个体之间频繁且剧烈的相互作用可能就是导致上述过程的根源，尤其是个体之间身体接触时产生的局部相互作用力可能会在人群内部传播，从而造成个体运动状态发生不规律变化并导致人群湍流现象[5,6]。模拟研究也逐渐揭示出个体之间的相互作用对人群整体运动状态的演变起到了至关重要的作用[7-9]。因此，深入研究个体之间发生身体接触时的相互作用过程，具有非常重要的理论意义和实用价值。

在现有动力学模型中，对于个体之间发生身体接触时相互作用过程的相关描述可以归纳为两种形式：自定义形式[10]和弹性力形式[11-13]。但这些描述都较为粗糙，一方面相互作用过程仍然局限于二维交互模式，没有考虑到身体姿态变化所造成的影响；另一方面个体之间发生接触时的局部相互作用力缺乏经验数据进行直接验证。目前，行人动力学经验数据大多旨在量化人群疏散的影响因素或基础图[14-18]，即针对行人的运动学参数（速度、位置、密度）进行测量，鲜有个体之间发生身体接触时的局部相互作用力的完整测量数据。因此，现有动力学模型尚无法真实反映个体间发生身体接触时的相互作用过程，间接导致其模拟的宏观人群状态存在不合理的可能。

综上所述，研究真实个体间发生身体接触时的相互作用过程，既是揭示宏观人群运动状态转变机理和人群事故发生原因的关键，也是优化改进动力学模型的重要基础。因而，本章将组织开展人体队列中的连续碰撞实验，测量个体之间发生身体接触时产生的法向碰撞作用力，重点研究个体之间碰撞过程的基本特征，为动力学模型校准提供数据支撑。另外，人体队列中的连续碰撞过程类似于多米诺效应，本章将深入研究局部相互作用在人体队列中的持续传递现象，针对个体在连续两次碰撞之间的运动过程建立动力学方程，并基于实验数据定量地描述局部相互作用在人体队列中的传递规律，同时对比楼梯台阶与平地上传递规律的差异，分析手部动作的影响效果。

3.2 人体队列碰撞实验

3.2.1 实验准备

本实验的目的是研究个体之间发生的局部碰撞过程及其在人体纵队中引发连续碰撞从而持续传递的过程。一方面聚焦于个体之间发生身体接触时产生的法向碰撞作用力的基本特征和数值关系，另一方面重点分析局部相互作用在人体纵向队列中的传递规律。

实验于 2017 年 11 月在清华大学开展，实验中邀请了 6 名男性志愿者参与，其年龄均在 20~30 岁，为来自北京市内高等院校的在校学生。所有志愿者事前详尽地阅读了本实验的目的及方案，并同意参与这项实验研究，实验过程也完全得到了他们的知情同意。

实验主要在两种场地条件下进行，如图 3.1 所示。在每种场地条件下分别开展了不同的实验内容。①第一个实验场地是室内走廊通道内的平地，空间足够大，不会对实验中的人体造成身体和心理上的限制；②第二个实验场地是室内楼梯间的楼梯台阶，台阶踏步的宽度为 27.3 cm，高度为 15.2 cm，楼梯的总体坡度约为 29.1°，如图 3.1（b）所示。楼梯的横向宽度（>1 m）足够容纳一个人，不会对人体造成身体和心理上的限制，同时楼梯间的台阶数（>6 个）可以满足所有志愿者同时站立于台阶之上。楼梯的一侧为固定墙壁，另一侧为铁质护栏，但实验过程中并未允许志愿者触碰两侧的防护装置，其仅在突发情况下对志愿者起到充分的保护作用。

实验要求 6 名志愿者由队列的起始端朝向队列的末尾端成纵队站立，并始终保持一致的朝向，为了便于描述，由起始端开始依次对志愿者从 1~6 编号，如图 3.1 所示。志愿者的编号与身高直接相关，这是因为实验中采用柔性薄膜压力分布传感器附于 2~6 号志愿者的背部，为了保证全部法向碰撞作用力都可以被完整地采集下来，必须保证靠近起始端的志愿者胸部撞击到正前方志愿者背部的中心区域，也就是说，1~6 号志愿者的身高最好保持不断增大，实验中各志愿者的身体参数如表 3.1 所示。

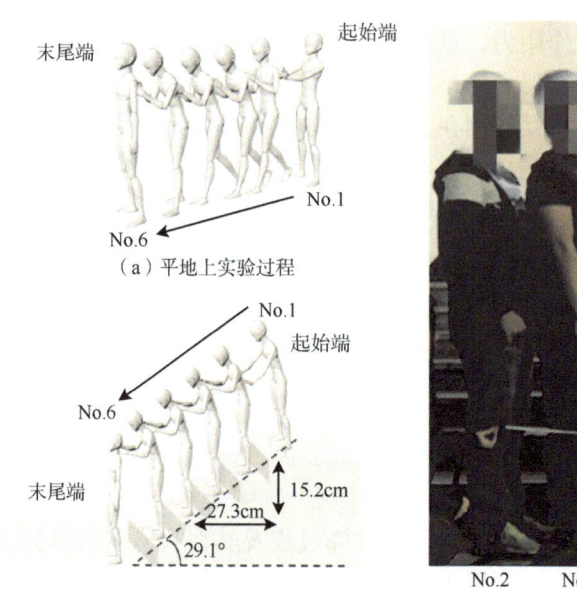

图3.1 实验过程示意图及实验过程场景图

表 3.1 志愿者身体参数

志愿者编号	身高/cm	体重/kg	胸腔厚度/cm
1	168.0	68.0	26.0
2	168.0	62.0	24.0
3	170.0	70.0	23.0
4	175.0	65.0	23.0
5	175.0	77.5	27.0
6	178.0	71.0	28.0
平均值	172.3	68.9	25.2

实验前，6 名志愿者将按照同一朝向排成一列纵队站立并保持静止，然后依次利用固定标尺调整所有志愿者之间的间隔，使之保持一致，在后续实验中，志愿者之间的固定间隔将作为控制变量。在此之后，还需要组织志愿者进行训练，并反复强调实验中的注意事项。如果实验场地及控制变量等发生变化，需要根据新的实验情景，在正式实验开始前预先进行至少 3 次预实验过程，让志愿者充分适应实验步骤并遵守实验要求，避免在正式实验过程中因心理因素出现不必要的行为，对实验结果产生干扰[19]。

3.2.2 实验仪器

实验过程中，主要采用柔性薄膜压力分布传感器[①]采集个体间发生碰撞时志愿者背部受到的碰撞作用力。该压力分布传感器的可测量区域为 32 cm×32 cm，其中均匀分布了 1024 个感测点，传感器具有 120%的可延展性，能够完全覆盖并贴合人体的背部，在穿戴后既不会对人体造成不适，也不会对传感器造成破坏。传感器的采样频率被设定为 50 Hz，因此能够完整地测量到碰撞过程中瞬时的法向作用力。传感器单个感测点的量程设定为 0~5 PSI（0~34.475 kPa），该量程范围既能够满足测量的客观需要，还能尽量地降低测量误差。另外，柔性薄膜压力分布传感器的其他各项性能指标还包括测量精度（±10%），可重复性（±2%），磁滞现象（±5%），非线性度（±1.5%）。该传感器的校准程序得到了美国国家标准与技术研究院（National Institute of Standards and Technology，NIST）的认证。每个志愿者穿戴的传感器均可以独立地测量压力分布信号，并实时传输到数据采集器中进行运算处理，同时在软件中将处理结果予以呈现。因此，实验过程中 2~6 号志愿者背部受到的碰撞作用力的分布数据都将被完整、快速、准确地记录下来。

3.2.3 实验实施过程

在本实验中共设定了三种实验场景，分别是①平地上无手部动作的人体连续碰撞实验；②平地上有手部动作的人体连续碰撞实验；③楼梯台阶上无手部动作的人体连续碰撞实验。各实验场景的详细实施过程如下。

（1）实验场景一：平地上无手部动作的人体连续碰撞实验。选定实验场地为室内走廊通道内的平地，所有志愿者沿着室内走廊通道的中轴线保持一列纵队站立，每个人距离四周的墙壁都足够远（>1 m），周围墙壁等障碍物对人体心理或肢体造成的影响均可以忽略。一旦所有志愿者处于正常姿态下的静止直立状态，位于队列起始端的 1 号志愿者将对正前方的志愿者施加初始推搡作用，作为引发人体队列中连续碰撞过程的局部相互作用，从而使得 2~6 号志愿者依次向前倾倒并与前方的个体发生碰撞。从宏观的角度来看，个体之间的局部碰撞就会像多米诺骨牌效应一样持续不断地传递下去，直至发展到队列的末尾端。需要强调的是，实验中明确规定，除 1 号志愿者之外，其他志愿者不可以用手做出额外的保护、推搡、拉扯或者攀附动作，避免手部动作对人体连续碰撞过程造成干扰。实验中，依次调整志愿者之间的固定间隔为 0 cm、5 cm、10 cm、15 cm、20 cm、25 cm 及 30 cm，且在每种固定间隔下重复实验至少十次。

---

① 柔性薄膜压力分布传感器由美国传感器设备有限公司（Sensor Products Inc.）生产，产品型号为 Tactilus。

（2）实验场景二：平地上有手部动作的人体连续碰撞实验。仍然选定实验场地为室内走廊通道内的平地，所有志愿者的站位与实验的实施过程和前述实验场景一基本一致。但仅有一点显著区别，就是允许2~6号志愿者用手在胸前完成适当的主动保护动作，换言之，志愿者可以用手主动对外施加作用力，从而为自己争取更大的缓冲空间，或者在前倾过程中更快地制动并恢复直立姿态等。需要注意的是，志愿者的手部只能接触前方志愿者背部的可测量区域，以保证人体之间发生碰撞时产生的法向作用力都可以被完整地记录下来。实验中，依次调整志愿者之间的固定间隔为 0 cm、5 cm、10 cm、20 cm 及 30 cm，且在每种固定间隔下重复实验至少五次。

（3）实验场景三：楼梯台阶上无手部动作的人体连续碰撞实验。选定实验场地为室内楼梯间的楼梯台阶，处于队列起始端的 1 号志愿者站立于楼梯台阶的最上方，所有志愿者朝向楼梯下方沿着楼梯台阶的中轴线保持一列纵队站立，相邻志愿者站立于相邻台阶踏步之上，每个人距离楼梯两侧足够远（>0.3 m），且楼梯下方依然为开放空间，周围墙壁等障碍物对人体心理或肢体造成的影响依然可以忽略。一旦所有志愿者处于静止直立状态，位于台阶最上方的 1 号志愿者将对正前方的志愿者施加初始推操作用力，作为引发人体队列中连续碰撞过程的局部相互作用，从而使得2~6号志愿者依次向台阶下方倾倒并与前方的个体发生碰撞。实验中允许2~6号志愿者用手在胸前完成适当的被动保护动作，这意味着志愿者可以将手放于胸前并接触前方志愿者背部的可测量区域进行保护，但不可以像实验场景二中一样主动地对外施加作用力。这样主要是为了保证将碰撞过程中产生的法向作用力完整地记录下来，以避免由于楼梯台阶上发生碰撞时个体之间躯干的接触部位发生变化导致部分碰撞作用力出现漏测。实验中，依次调整起始端站立于台阶之上的志愿者人数为 2 人、3 人、4 人及 5 人，且在每种情况下重复实验至少五次。

对于整个实验，分别在实验场景一、实验场景二及实验场景三中观察并记录到了 70 次、25 次及 20 次由局部相互作用引发的人体连续碰撞过程。每次实验过程中，2~6号志愿者穿戴的柔性薄膜压力分布传感器都记录下了随时间连续变化的碰撞作用力分布数据。不同传感器记录到的数据将根据一致的时间轴相互关联，利用同一时间点记录到的所有数据就可以还原每一次完整的实验过程。

3.3　平地上无手部动作的人体连续碰撞

个体间的局部相互作用可以在密集的人体队列中通过连续碰撞而持续传递，类似于多米诺骨牌现象。个体在首次受到来自后方人体的碰撞或推操后会因失去平衡而发生身体前倾，同时，如果队列中间隔非常狭小，个体无法及时做出主动的应激反应，便会与前方的人体发生再次碰撞，此时个体将呈现倾斜的身体姿态，这与传统二维平面内的碰撞过程完全不同。因此，本实验将对失衡状态下真实个体间发生身体接触时产生的法向碰撞作用力的基本特征和数值关系进行详细分析。

3.3.1 碰撞作用力

根据在实验场景一中得到的实验数据，可以绘制出所有个体间隔条件下，每次由局部相互作用引发的人体连续碰撞过程中，2～6号志愿者受到的来自后方人体的碰撞作用力，如图3.2所示。可以观察到，碰撞作用力大多数呈现明显的脉冲峰形状，这说明真实人体间的碰撞过程基本符合从接触、挤压、反弹至脱离的大致经过，从人体接触开始，碰撞作用力不断增大，当达到峰值之后开始下降，直至人体完全脱离。这与目前动力学模型[11-13]中当个体间发生碰撞时产生二维弹性力的实现过程基本吻合，模型中人体接触后发生挤压生成的弹性力一般呈现单峰脉冲形式。

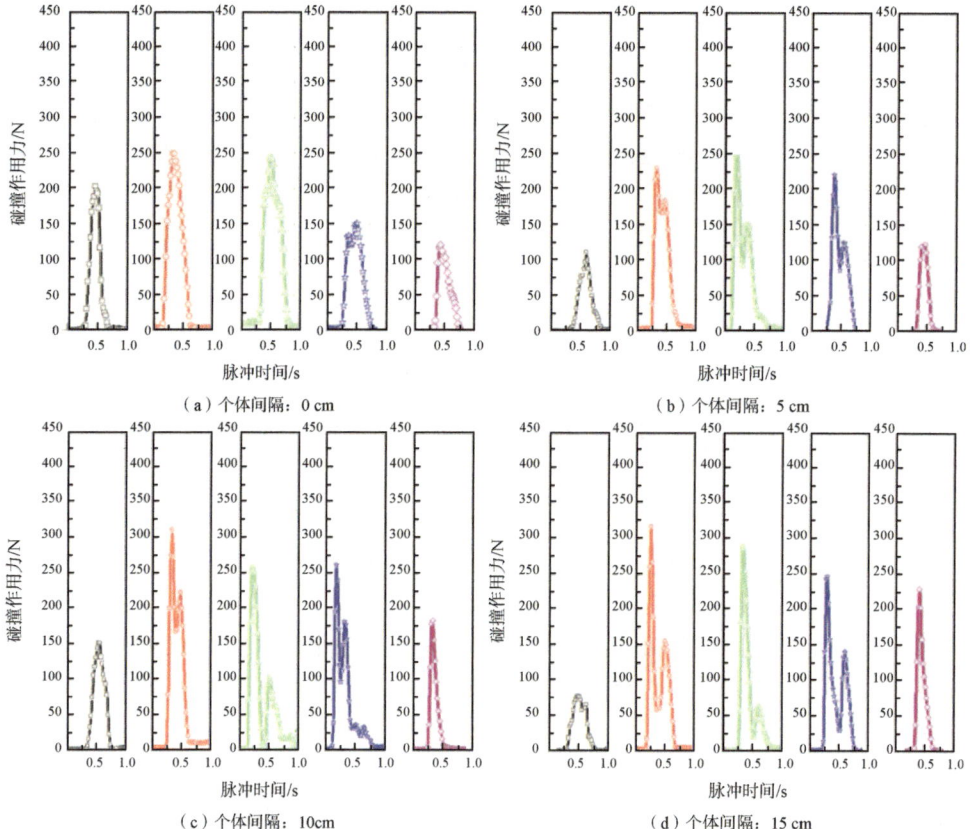

（a）个体间隔：0 cm　　　　　　　（b）个体间隔：5 cm

（c）个体间隔：10 cm　　　　　　　（d）个体间隔：15 cm

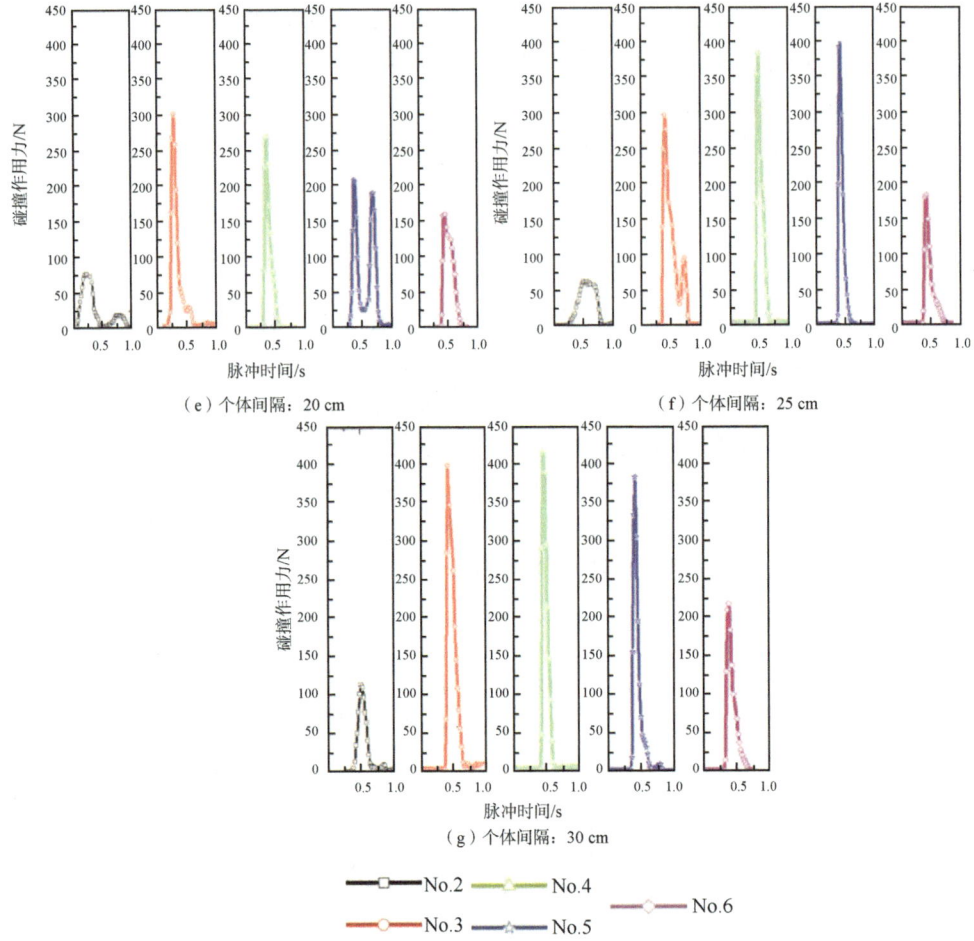

图3.2 在所有个体间隔条件下2～6号志愿者受到的来自后方人体的碰撞作用力

然而，实验中得到的碰撞作用力脉冲并非均是单峰脉冲，如图3.2所示，几乎在所有个体间隔条件下，3～5号志愿者受到的碰撞作用力中都至少存在一个双峰脉冲曲线，尤其在个体间隔为5 cm、10 cm及15 cm的情况下，3～5号志愿者受到的碰撞作用力均是双峰脉冲曲线，但是当个体间隔增大至30 cm时，3～5号志愿者受到的碰撞作用力都变成了高且窄的单峰脉冲曲线。碰撞作用力呈现为双峰脉冲曲线的主要原因可以概括为在密集的人体队列中个体间距离非常狭小，两个人体若发生碰撞，通常还未及时分离就将作为一个整体再次碰撞到前方的个体，从而在宏观上可以观察到多个人体同时挤压到一起的形式。当某个体受到来自后方的碰撞时，将形成第一个明显的脉冲峰，随后两个人体并不会立刻完全脱离而是作为一个整体同时向前倾倒，倘若还未分离便再次碰撞到更前方的个体，那么位于后方的个体还会继续施加突然的挤压作用，从而形成第二个明显的脉冲峰。另外，第二个碰撞作用力脉冲峰的峰值绝大部分要明显小于第一个脉冲峰的峰值。对于个体间隔为 0 cm 的情况，个体几乎完全紧靠在一起，靠近队列起始端的若干个体同时被 1 号志愿者的初始推操作用驱动，因此队列起始端的若干个体自发生首次接触后将长时间挤压在一起，直至获得足够的空间才会逐步相互脱离，因而这些志愿者受到的碰撞作用力呈现为单峰脉冲曲线，且脉冲宽度也相对较长，直至连续碰撞过程发展到队列的末尾端，才会在志愿者受到的碰撞作用力中再次观察到双峰脉冲曲线。随着个体间隔的增大，双峰脉冲曲线的两个脉冲峰值呈现逐渐远离的趋势，这是因为个体间隔增大后个体受到首次碰撞与再次碰撞前方人体之间相隔的时间也将随之增加，因而两个脉冲峰值之间的间隔时间也会有所增长。当个体间隔增大到 30 cm 时，两个人体发生首次碰撞后有充分的空间和时间恢复自身平衡并相互脱离，不会作为一个整体再次碰撞到前方的个体，所以个体受到的碰撞作用力不会呈现为双峰脉冲曲线，而只会表现为一个又窄又高的单峰脉冲曲线。

在所有的实验中，1 号志愿者仅负责施加初始推操作用，作为引发人体队列中连续碰撞过程的局部相互作用，因而 2 号志愿者受到的作用力只能反映初始局部相互作用的情况，并不能用于研究人体之间发生碰撞时所形成的碰撞作用力。另外，6 号志愿者处于人体队列的末尾端且正前方为开放空间，因而其在受到来自后方人体的碰撞之后可以尽可能地向前运动以便缓冲受到的碰撞作用力，随后也不会与其他人发生再次碰撞，所以其受到的碰撞作用力只呈现为单峰脉冲曲线。

根据实验中测量得到的若干碰撞作用力脉冲数据，我们可以分析每个脉冲的峰值与其积分之间的数值关系，也就是碰撞作用力脉冲的极大值 F_{max} 与碰撞过程传递的冲量 L 之间的数值关系，这两者都是作用力脉冲的典型特征参数。即使在碰撞过程之后仍然存在其他形式的接触动作造成干扰，这两个特征参数也非常易于识别和提取。通常而言，碰撞作用力脉冲的极大值 F_{max} 代表个体之间相互作用的强度，其与人群事故中对受害者造成的伤害程度息息相关，而碰撞过程传递的冲量 L 间接代表个体受到来自后方的碰撞之后自身动量的改变量，其还会伴随着人体队列中的连续碰撞过程而不断地传递。同时也需要注意到，个体间隔也会在某种程度上影响碰撞作用力的脉冲宽度，因而需要将人体之间的质心距离 d 考虑在内，该质心距离 d 等于人体胸腔厚度与个体间隔之和。此外，前文也已经指出，2 号志愿者受到的作用力并不能用于反映人体之间发生碰撞时形成的碰撞作用力，因而，此部分暂时不考虑 2 号志愿者受到的作用力。

在实验场景一中，各志愿者受到的碰撞作用力脉冲基本满足数值关系：$\sqrt{F_{max}} \propto L \times d^2$，如图 3.3 所示。该正比关系并不难理解，也可以从碰撞作用力脉冲的基本特征中得到一些初步的印证。一方面，若碰撞作用力的脉冲宽度大致相当,那么碰撞作用力脉冲的积分数值越大必然意味着该脉冲的极大值也越大;另一方面,随着个体间隔的不断增大,能够观察到在队列的相同位置处个体受到的碰撞作用力脉冲的极大值也变大,如图 3.2 所示。个体间隔越大就意味着个体在受到首次碰撞后直至再次碰撞前方人体时的前倾角度也越大,这就导致个体会将更多的重力势能转化为动能并最终表现为更加强烈的碰撞过程,碰撞作用力脉冲的极大值也就会相应增大。可以利用拟合公式 $F_{max} = [10.368\,14 + 0.784\,79(L \times d^2)]^2$ 近似描述在该场景中碰撞作用力脉冲的数值关系。

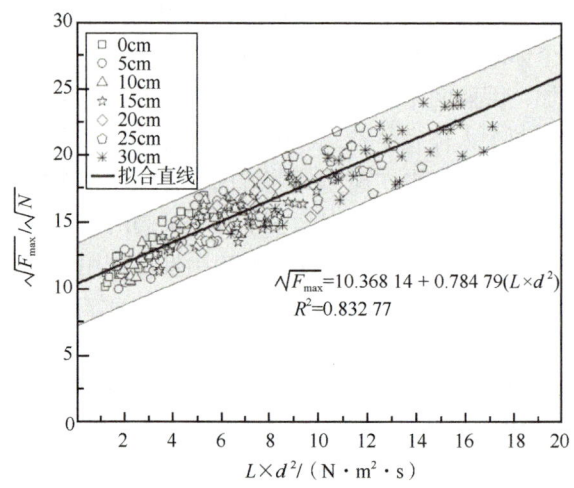

图3.3 在实验场景一中碰撞作用力脉冲的极大值F_{max}与碰撞过程传递冲量L及人体间质心距离d之间的数值关系

实验中碰撞作用力脉冲的数值关系将有助于修正现有动力学模型中个体之间发生碰撞等身体接触时的相互作用过程。对于某个被撞击的个体而言,利用上述数值关系,如果已知其承受的相互作用冲量及该个体所处位置的平均质心距离,那么就能够估计其受到的碰撞作用力的强度。事实上,在已知个体承受的相互作用冲量时,准确地评估个体受到的碰撞作用力强度是非常重要且有意义的。因为大多数情况下,可以根据动量守恒方程较为准确地推导出在二维平面内发生碰撞时转移的冲量值,但是却较难从理论上得到在碰撞过程中实际产生的碰撞作用力的强度。因此,图 3.3 中揭示出来的数值关系就显得更加重要,相较于现有动力学模型,它能够更加准确地估计个体之间碰撞作用力的强度。

例如,在 Langston 等[11]提出的模型中,采用三个基于物理规则的实体圆形和一个基于心理预期的虚拟圆形来共同描述模型中的个体,个体间发生相互作用时法向接触作用力可以表示为 $F_N = k_N(r_{ikjk} - d_{ikjk})$ 且 $k_N = 1.2 \times 10^5 \mathrm{kg \cdot s^{-2}}$,身体的阻尼力可以表示为 $F_D = c_{DP} v_{RN_{ikjk}}$,这两个作用力将在有实际身体接触的相互作用中占据主导地位。事实上，这种定义与 Helbing 等[20]在社会力模型中提出的想法也非常类似，尽管存在略微的差异。Helbing 等将个体之间发生碰撞等身体接触时的"身体挤压力"定义为

$$F_N = k(r_{ij} - d_{ij}) \tag{3.1}$$

其中，$k = 1.2 \times 10^5 \text{kg} \cdot \text{s}^{-2}$；$r_{ij}$ 表示两个相互接触的人体半径之和；d_{ij} 表示两个相互接触的人体之间的质心距离。利用"身体挤压力"的表达式可以估计两个人体发生碰撞时产生的接触作用力。另外，Lin 等[12,13]还采用赫兹接触模型来描述个体间发生碰撞等身体接触时的相互作用力，可以表示为

$$F_N = \alpha \left(k_n \delta_n - m_{ij} \gamma_n \Delta v_n \right) \tag{3.2}$$

其中，$\alpha = \sqrt{\delta(r_i r_j)/(r_j + r_i)}$；$\delta_n$ 表示两个人体发生身体接触时的重叠距离 $\delta = r_{ij} - d_{ij}$；k_n 表示身体接触时的法向弹性常量；m_{ij} 表示两个人体的约化质量，$m_{ij} = m_i m_j / (m_i + m_j)$；$\gamma_n$ 表示身体接触时的法向阻尼常量；v_n 表示两个发生接触的个体之间的法向速度差，其他更加详尽的物理描述和参数取值可以参见具体文献。

我们可以利用相对简单的情景来检验上述模型对个体间碰撞作用力的计算结果。首先，假定 6 名质量 $m = 70$ kg 的个体参照实验场景一按照同一朝向排成一列纵队站立于平地上，个体之间的质心距离设定为 $d = 0.4$ m，且在初始时刻所有个体均保持静止。其次，位于队列起始端的个体突然开始以速度 v_1 向前运动，并以直立的身体姿态与前方的个体发生碰撞，初次碰撞中将冲量 L_1 传递给前方人体，同时该局部相互作用将引发人体队列中出现类似多米诺骨牌效应的连续碰撞过程。如果分别采用 Helbing 等[20]和 Lin 等[12,13]提出的模型来模拟上述过程，那么可以分别计算出个体之间发生身体接触时产生的碰撞作用力。考虑到所有个体在受到来自后方的碰撞前都被要求保持静止状态，因而模型中原有的自主驱动力和心理排斥力都可以忽略不计，换言之，本情景下只考虑模型中定义的身体接触时产生的作用力，即式（3.1）与式（3.2），人体在任意时间步内的位置和速度可以按照如下方式计算：

$$\begin{aligned} x(t + \Delta t) &= x(t) + v(t)\Delta t + \sum F_N(t)/(2m) \times \Delta t^2, \\ v(t + \Delta t) &= v(t) + \sum \left[F_N(t) + F_N(t + \Delta t) \right]/(2m) \times \Delta t \end{aligned} \tag{3.3}$$

同时，利用碰撞作用力脉冲的数值关系同样可以估算在本情景中个体在发生身体接触时产生的碰撞作用力。本情景与实验场景一中发生的连续碰撞过程基本一致，如果位于队列起始端的个体将全部动量完全转化为相互作用冲量，并在发生身体接触时全部传递给前方个体，那么利用图 3.3 中的数值关系就可以计算出所有个体受到的碰撞作用力。但需要注意的是，随着人体连续碰撞过程的发展，局部碰撞过程所产生的冲量并非一成不变，后续 3~6 号个体受到的冲量并不与 2 号

个体受到的冲量完全一致，后续个体受到的冲量可以依次利用式（3.18）计算得出，其推导过程将在后文详述，其中的参数选取可以参考式（3.19）。

利用上述两种动力学模型及碰撞作用力脉冲的数值关系，可以分别得到在上述情景中，2～6号个体在局部碰撞过程中受到的碰撞作用力脉冲的极大值 $F_{\max}$，如表 3.2 所示。在动力学模型中主要是基于二维平面的经典牛顿力学来求解个体之间发生的局部碰撞过程，因此所有个体受到的碰撞作用力脉冲的极大值 $F_{\max}$ 几乎是相同的。并且，由动力学模型计算出的碰撞作用力脉冲的极大值全部远远高于利用碰撞作用力脉冲的数值关系估算得到的结果，造成这种差异的主要原因在于碰撞过程中个体之间的身体接触时间差异显著。在实验中，个体之间真实发生的碰撞过程的持续时间要比模型中计算得到的结果大得多，动力学模型为了避免个体出现过度重叠而不切实际地压缩了个体之间的接触时间，这是基于作用力的模型框架所带来的局限性。因此，现有动力学模型难以真实反映密集人群中个体间发生身体接触时的相互作用过程，具体而言，其均过高地估计了个体之间发生身体接触时所能够产生的相互作用力。现有基于作用力的动力学模型如果能够利用本实验中得到的碰撞作用力脉冲的数值关系修正个体间发生身体接触时的相互作用过程，那么就能够更加准确地评估密集人群中个体实际受到的接触作用力，为计算个体伤亡风险奠定重要基础，从而为人群聚集活动的风险评估提供有效的科学支撑。

表 3.2　利用动力学模型及碰撞作用力脉冲的数值关系得到的个体所受碰撞作用力

模型	d /m	v_1 /(m/s)	L_1 /(N·s)	$F_{\max}$ /N				
				No.2	No.3	No.4	No.5	No.6
Helbing 模型	0.4	1.0	70	2050.2	2049.6	2049.4	2049.8	2049.8
Helbing 模型	0.4	0.4	28	820.1	819.8	819.8	819.9	820.0
Lin 模型	0.4	1.0	70	2197.0	2196.8	2197.6	2197.4	2196.6
Lin 模型	0.4	0.4	28	731.7	731.5	731.6	731.7	731.8
数值关系	0.4	1.0	70	367.0	273.6	218.2	200.2	198.8
数值关系	0.4	0.4	28	192.8	199.5	198.9	198.9	198.9

3.3.2　个体连续碰撞动力学方程

针对个体在连续两次碰撞之间的运动过程可以从理论上建立动力学方程进行描述，该方程主要考虑个体在队列中的纵向运动过程，忽略了个体间碰撞时产生的切向摩擦力。动力学方程涉及的运动过程是从个体受到后方人体的碰撞时开始至再次撞击到前方人体时结束，如果考虑若干假设条件，动力学方程的求解结果将可以表示个体在连续两次碰撞过程中产生的相互作用冲量之间的函数关系，从而在个体层面揭示局部相互作用在人体队列中的传递规律。

其中，第一个假设就是该动力学方程描述的个体运动过程是从个体受到后方人体的首次碰撞时开始至再次撞击到前方人体时结束，这两次碰撞过程均假定为瞬时发生的。那么，个体在受到首次碰撞后将失去平衡而开始前倾，由于队列中个体间隔过于狭小，个体没有足够的空间和时间来恢复平衡，只能持续前倾直到再次碰撞到前方的人体。因此，个体在连续两次碰撞之间的动力学过程中只需要考虑个体可能受到的三种作用力。

第一种作用力是对于人体的阻滞力：

$$f_1 = -mr\frac{\mathrm{d}x}{\mathrm{d}t} \quad (3.4)$$

阻滞力 f_1 主要表示由人体的身体姿态调整引起的阻滞作用，并且被假定为与人体的质量和运动速度成正比，阻滞系数 r 为常量。

第二种作用力是人体前倾过程中的驱动力：

$$f_2 = mg\sin\theta\cos\theta \quad (3.5)$$

驱动力 f_2 主要是由人体的身体姿态前倾时重力的分量造成的，θ 表示人体躯干的前倾角度。

第三种作用力是由后方人体主动的手部动作引起的干扰力：

$$f_3 = kL_1 \quad (3.6)$$

干扰力 f_3 主要是由碰撞过程中后方个体主动的手部动作产生的，其中 L_1 表示人体在首次碰撞过程中受到的来自后方人体的相互作用冲量，干扰力假定为与该冲量 L_1 成正比，干扰系数 k 同样为一个常量。如果在碰撞过程中不涉及个体主动的手部动作，那么 $f_3 = 0$。

在上述动力学过程中，个体的受力情况如图 3.4 所示。其中，θ 表示个体躯干的前倾角度，m 表示人体的质量，g 表示重力加速度，L_2 表示人体再次与前方人体发生碰撞时传递给前方人体的相互作用冲量，d 表示初始状态下相邻两个人体之间的质心距离，x 表示人体质心在纵向上的位移。那么，动力学方程可以表示为

$$m\frac{\mathrm{d}^2 x}{\mathrm{d}t^2} = -mr\frac{\mathrm{d}x}{\mathrm{d}t} + mg\sin\theta\cos\theta + f_3 \quad (3.7)$$

由于队列中个体间隔非常狭小，人体受到首次碰撞之后向前倾斜的过程中，身体躯干的前倾角度近似满足 $\theta \to 0$。因此，$\sin\theta \to \theta \approx x/h_c$，$\cos\theta \to 1$，这里 h_c 表示人体质心的高度，在计算时其近似与人体身高的一半相当。式（3.5）可以改写为 $f_2 = mg\beta x/h_c$，其中 β 表示身体躯干前倾角度的修正系数。那么，动力学方程可以被改写为二阶线性微分方程：

$$m\frac{\mathrm{d}^2 x}{\mathrm{d}t^2} = -mr\frac{\mathrm{d}x}{\mathrm{d}t} + mg\beta\frac{x}{h_c} + f_3 \quad (3.8)$$

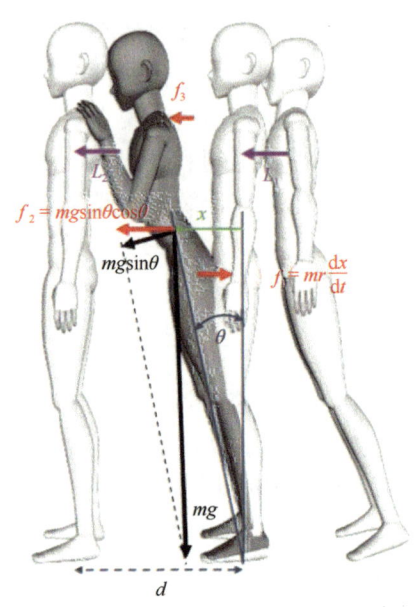

图3.4 平地上个体在连续两次碰撞之间的动力学过程示意图

式（3.8）的求解过程可以分为两种情况：其一，$f_3 = 0$，也就是说在人体连续碰撞过程中没有主动的手部动作干扰；其二，$f_3 = kL_1$，即个体可以主动地用手部动作保护自己并对外施加作用力，从而为自己争取更大的缓冲空间或者在前倾过程中更快地制动并恢复直立姿态。动力学方程中的相关系数定义如表3.3所示。

表 3.3 动力学方程中相关系数

参数	单位	取值范围	物理意义
r	s^{-1}	$[0, \infty)$	阻滞系数
β	1	$[0, \infty)$	前倾角度修正系数
k	s^{-1}	$[0, \infty)$	干扰系数
τ	1	$[0, \infty)$	运动时间修正系数
α	1	$[0, \infty)$	冲量放大系数

如果在人体连续碰撞过程中没有主动的手部动作，即$f_3 = 0$，那么式（3.8）可以改写为二阶常系数齐次线性微分方程：

$$m\frac{d^2 x}{dt^2} + mr\frac{dx}{dt} - mg\beta \frac{x}{h_c} = 0 \tag{3.9}$$

其特征根可以表示为

$$\begin{cases} a_1 = \dfrac{-r + \sqrt{r^2 + 4g\beta/h_c}}{2} \\ a_2 = \dfrac{-r - \sqrt{r^2 + 4g\beta/h_c}}{2} \end{cases} \qquad (3.10)$$

由表 3.3 可以得知，$r \geqslant 0$ 且 $\beta \geqslant 0$，那么该动力学方程的特征根必然是实数。因此，人体位移的通解可以表示为 $x = C_1 \exp^{a_1 t} + C_2 \exp^{a_2 t}$，且人体运动速度的通解可以表示为 $v = C_1 a_1 \exp^{a_1 t} + C_2 a_2 \exp^{a_2 t}$。

根据前文所述的第一个假设，个体所涉及的两次碰撞过程均假定为瞬时发生的。此时，可以引入第二个假设：处于静止状态的个体在受到首次来自后方人体的碰撞时，受到的相互作用冲量 L_1 将全部被转化为该个体的初始动量。因此，个体运动的初始状态可以表示为 $t_0 = 0$，$x_0 = 0$ 且 $v_0 = L_1/m$。那么，人体位移与运动速度的通解中，未知系数就可以表示为

$$C_1 = -C_2 = \dfrac{L_1}{m\sqrt{r^2 + 4g\beta/h_c}} \qquad (3.11)$$

基于此，个体在连续两次碰撞之间的动力学过程中，其位移与运动速度的通解可以表示为

$$\begin{aligned} x &= \dfrac{L_1}{m\sqrt{r^2 + 4g\beta/h_c}} \left(\exp^{a_1 t} - \exp^{a_2 t} \right) \\ v &= \dfrac{L_1}{m\sqrt{r^2 + 4g\beta/h_c}} \left(a_1 \exp^{a_1 t} - a_2 \exp^{a_2 t} \right) \end{aligned} \qquad (3.12)$$

上述动力学过程在个体与前方人体发生再次碰撞时结束，故引入第三个假设：在个体与前方人体发生再次碰撞时，该个体会将其自身的全部动量以相互作用冲量 L_2 的形式传递给前方人体，与此同时，个体将向前跨步并占据前方个体的空间位置，恢复身体的直立状态并保持静止。因此，个体运动的终止状态可以表示为 $t_e = t_{\text{end}}$，$x_e = d$ 且 $v_e = v_{\text{end}}$，其中，d 表示初始状态下相邻两个人体的质心距离。

根据初始状态和终止状态，可以得到如下关系：

$$d = \dfrac{L_1}{m\sqrt{r^2 + 4g\beta/h_c}} \left(\exp^{a_1 t_{\text{end}}} - \exp^{a_2 t_{\text{end}}} \right) \approx \dfrac{L_1}{m} \times t_{\text{end}} \qquad (3.13)$$

$$v_{\text{end}} = \dfrac{L_1}{m\sqrt{r^2 + 4g\beta/h_c}} \left(a_1 \exp^{a_1 t_{\text{end}}} - a_2 \exp^{a_2 t_{\text{end}}} \right) \qquad (3.14)$$

其中，考虑到个体在连续两次碰撞之间的动力学过程的持续时间非常短，故近似满足 $t_{\text{end}} \to 0$。因此，可以利用一阶泰勒展开得到式（3.13）中简化的关系式，其可以重写为

$$t_{end} = \tau \times md/L_1 \tag{3.15}$$

其中，τ 表示运动时间修正系数。因此将式（3.15）代入到式（3.14）中，可以改写为

$$v_{end} = \frac{L_1}{m\sqrt{r^2 + 4g\beta/h_c}} \left(a_1 \exp^{\frac{\tau a_1 md}{L_1}} - a_2 \exp^{\frac{\tau a_2 md}{L_1}} \right) \tag{3.16}$$

考虑到前文所述的第三个假设，个体会将其自身的全部动量以相互作用冲量的形式传递给前方人体，该冲量可以表示为

$$L_2 = \alpha \times mv_{end} \tag{3.17}$$

其中，α 表示冲量放大系数；L_2 表示个体再次与前方人体发生碰撞时传递给前方人体的冲量值。

式（3.16）与式（3.17）相结合，能够得到个体在连续两次碰撞过程中产生的相互作用冲量之间的函数关系，即个体在首次碰撞中受到的来自后方个体施加的相互作用冲量 L_1 和个体再次与前方人体发生碰撞时传递给前方人体的相互作用冲量 L_2 之间的函数关系，可以表示为

$$L_2 = \frac{\alpha L_1}{\sqrt{r^2 + 4g\beta/h_c}} \left(a_1 \exp^{\frac{\tau a_1 md}{L_1}} - a_2 \exp^{\frac{\tau a_2 md}{L_1}} \right) \tag{3.18}$$

其中，特征根 a_1 与 a_2 已经由式（3.10）给出，式（3.18）中相关系数的定义见表3.3。

人体在连续两次碰撞之间的动力学方程可以从理论上求解个体在连续两次碰撞过程中产生的相互作用冲量之间的函数关系。如果个体在队列中与其他人发生相互作用时受到的冲量是已知的，那么个体在随之而来的第二次碰撞过程中传递给其他人体的冲量值是能够利用式（3.18）定量计算的。因此，该函数关系可以从个体层面定量地描述和预测局部相互作用在人体队列中的传递过程。

3.3.3 碰撞作用力传递规律

如前文所述，个体之间发生的碰撞等局部相互作用可以在人体队列中通过连续碰撞过程而不断地传递。同时，在传递过程中，个体在连续两次碰撞之间的动力学过程也已经得到了理论求解，其可以表示为个体在连续两次碰撞过程中产生的相互作用冲量之间的函数关系，并用于定量地从个体层面揭示局部相互作用在人体队列中的传递规律。该函数关系可以通过实验数据进行拟合，并应用于不同场景中对人体连续碰撞过程中个体所受的冲量进行预测和估算。

在实验场景一中，式（3.18）已经通过人体在连续两次碰撞之间的动力学过程

推导得出，可以用于描述个体在连续两次碰撞过程中产生的相互作用冲量之间的函数关系。需要注意的是，个体之间的质心距离 d 在实验中会随着个体间隔取值不同而发生变化。因此，可以定义 $X = L_1/d$ 与 $Y = L_2/L_1$，那么式（3.18）将被改写为如下关系式：

$$Y = \frac{\alpha}{\sqrt{r^2 + 4g\beta/h_c}} \left(a_1 \exp^{\frac{\tau a_1 m}{X}} - a_2 \exp^{\frac{\tau a_2 m}{X}} \right) \quad (3.19)$$

利用实验场景一中的实验数据，按照式（3.19）进行曲线拟合，获得最优系数分别为 $r = 2.59$，$\beta = 0.25$，$\tau = 1.46$ 及 $\alpha = 1.6467 \times 100\%$，那么 L_2/L_1 与 L_1/d 之间的函数关系如图 3.5 所示，其中 L_1 代表人体在首次碰撞过程中受到的来自后方人体的冲量，L_2 代表人体再次与前方人体发生碰撞时传递给前方人体的冲量，d 代表初始状态下相邻两个人体之间的质心距离。

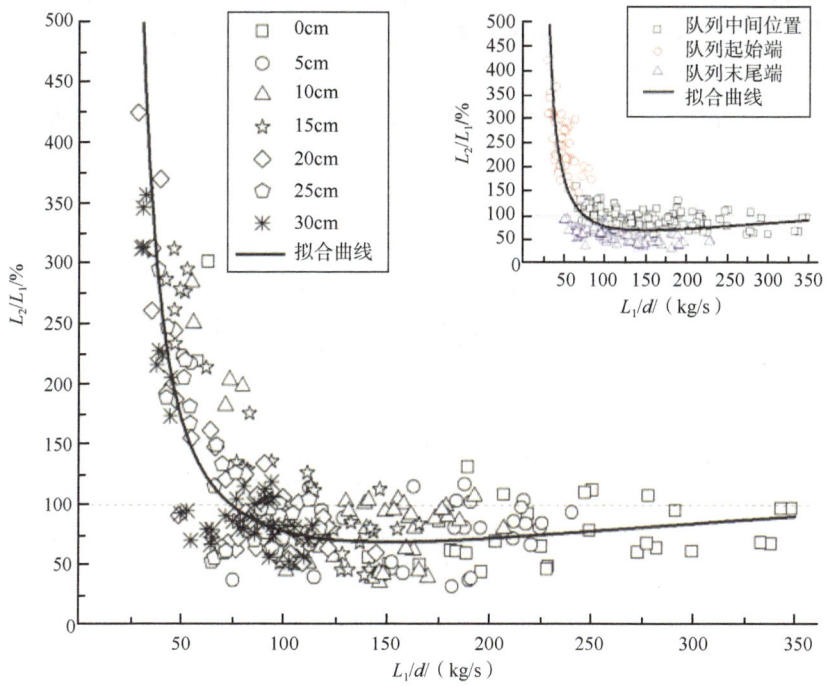

图3.5 在实验场景一中所有个体间隔条件下 L_2/L_1 与 L_1/d 之间的函数关系
右上角的窗口表示队列中不同位置处 L_2/L_1 与 L_1/d 之间的函数关系

在图 3.5 中，当横坐标 L_1/d 比较小时，冲量放大倍数 L_2/L_1 是会超过 100% 的，如果质心距离 d 是恒定的，那就意味着在人体连续碰撞过程中，人体传递给前方的冲量 L_2 相较于该人体在首次碰撞过程中受到的冲量 L_1 将会"凭空"增大。而实际上，这部分额外的冲量值来源于驱动力 f_2 的贡献，也就是个体在身体前倾过程中重力的分量带来的附加效果。本质上，当个体在首次碰撞过程中受到的冲量值 L_1 较小时，个体的驱动力将在人体的运动过程中占据主导作用，使得 $L_2 > L_1$；若个体在首次碰撞过程中受到的冲量值 L_1 逐步增大，那么阻滞力的效果将逐渐超越驱动力并占据主导作用，从而导致 $L_2 < L_1$。这也再一次说明，在密集人群中由于个体间的空间非常狭小，身体姿态的变化对个体之间发生的碰撞等具有身体接触的相互作用过程具有非常显著的影响，具体而言，因为个体在失去平衡之后会出现身体前倾，个体在碰撞过程中仅有上躯干部分会与他人发生接触，从实际效果来看，个体前倾时发生的碰撞过程相较于二维平面内的碰撞过程而言，可能会放大局部相互作用过程的实际效果并加剧局部相互作用对人群整体所带来的干扰，从而使得个体之间的相互作用会产生类似多米诺骨牌效应的传递现象。

另外，当个体在首次碰撞中受到的冲量值 L_1 较小且保持一致时，质心距离 d 越大，就会导致更大的冲量放大倍数 L_2/L_1。然而，这也存在着上限，如果质心距离 d 足够大，个体将有足够的空间通过跨步等形式恢复自身的身体平衡，那么传递给前方个体的相互作用冲量反而将有所衰减。这种衰减现象并没有在实验中观察到，但不可否认的是，在个体间隔大于 20 cm 时，已经有部分志愿者试图通过这种跨步行为来恢复自身平衡。

在图 3.5 右上角的窗口中，主要考虑了冲量放大倍数 L_2/L_1 随着人体队列中位置改变而发生变化的情况。在队列的起始端，冲量放大倍数 L_2/L_1 将超过 100%，这是因为 1 号志愿者在施加初始推搡作用后，2 号志愿者将会因受到推搡而发生身体前倾并与前方的 3 号志愿者发生碰撞，连续两次相互作用过程中产生的冲量将由于 2 号志愿者首次出现身体姿态变化而得到快速放大。此后，冲量放大倍数 L_2/L_1 将围绕在 100%附近波动，这意味着在人体队列中传递的相互作用冲量也将保持在一个较高的水平上下波动，也表明在人体连续碰撞过程中相互作用冲量在没有其他因素干扰的情况下可能不会无限地增大或者持续地衰减。然而，在队列末尾端的个体可以尽可能地向前移动来躲避来自后方的冲击，导致相互作用冲量并不会完整地传递到该个体，因此在队列末尾端冲量放大倍数 L_2/L_1 小于 100%。

3.4 平地上有手部动作的人体连续碰撞

3.4.1 碰撞作用力

对于平地上有手部动作的人体连续碰撞实验，各志愿者受到的碰撞作用力脉冲依然基本满足 $\sqrt{F_{max}} \propto L \times d^2$，如图 3.6 所示。相对于实验场景一而言，最主要的差异在于人体可以在碰撞过程中用手在胸前完成主动的保护动作并对外施加作用力，其间产生的碰撞作用力脉冲的数值关系可以利用拟合公式 F_{max} = [13.768 56 + 0.1953($L \times d^2$)]^2 来近似描述。

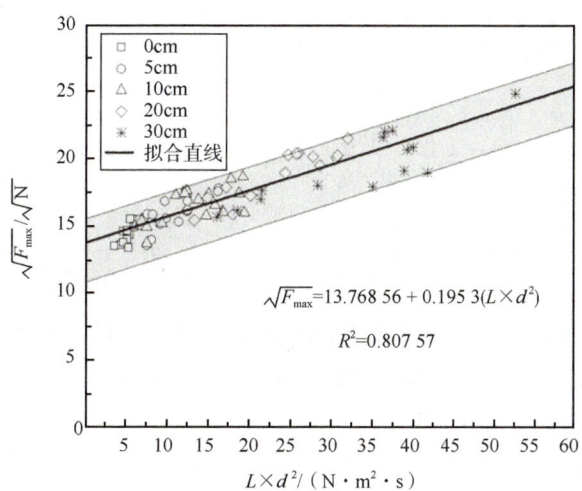

图3.6　碰撞作用力脉冲的极大值F_{max}与碰撞过程传递冲量L及人体间质心距离d之间的数值关系

3.4.2　个体连续碰撞动力学方程

如果个体可以在人体连续碰撞过程中主动地用手部动作保护自己并对外施加作用力，即 $f_3 = kL_1$，那么式（3.8）可以改写为二阶常系数非齐次线性微分方程：

$$m\frac{d^2x}{dt^2} + mr\frac{dx}{dt} - mg\beta\frac{x}{h_c} = kL_1 \quad (3.20)$$

首先仍要求解齐次线性微分方程，其特征根依然满足式（3.10），因此，齐次线性微分方程的通解中，人体位移的通解可以表示为 $x = C_1 \exp^{a_1 t} + C_2 \exp^{a_2 t}$，人体运动速度的通解可以表示为 $v = C_1 a_1 \exp^{a_1 t} + C_2 a_2 \exp^{a_2 t}$。与此同时，非齐次线性微分方程（3.20）存在一个特解：$x = -kL_1 h_c / (mg\beta)$。

因此，该二阶常系数非齐次线性微分方程的通解可以表示为

$$x = C_1 \exp^{a_1 t} + C_2 \exp^{a_2 t} - kL_1 h_c / (mg\beta) \quad (3.21)$$

$$v = C_1 a_1 \exp^{a_1 t} + C_2 a_2 \exp^{a_2 t} \quad (3.22)$$

其中，式（3.21）表示人体位移的通解；式（3.22）表示人体运动速度的通解。基于前文所述的第二个假设，初始状态可以表示为 $t_0 = 0$，$x_0 = 0$ 且 $v_0 = L_1/m$，那么式（3.21）与式（3.22）中的未知系数可以求解为

$$C_1 = \frac{\frac{kL_1h_c}{mg\beta}a_2 - \frac{L_1}{m}}{a_2 - a_1}, \quad C_2 = \frac{\frac{L_1}{m} - \frac{kL_1h_c}{mg\beta}a_1}{a_2 - a_1} \quad (3.23)$$

同时，终止状态可以表示为 $t_e = t_{end}$，$x_e = d$ 且 $v_e = v_{end}$。那么根据初始状态与终止状态，可以得到如下关系：

$$d = \frac{\frac{kL_1h_c}{mg\beta}a_2 - \frac{L_1}{m}}{a_2 - a_1}\exp^{a_1 t_{end}} + \frac{\frac{L_1}{m} - \frac{kL_1h_c}{mg\beta}a_1}{a_2 - a_1}\exp^{a_2 t_{end}} - kL_1h_c/(mg\beta) \approx \frac{L_1}{m} \times t_{end} \quad (3.24)$$

$$v_{end} = \frac{\frac{kL_1h_c}{mg\beta}a_2 - \frac{L_1}{m}}{a_2 - a_1}a_1\exp^{a_1 t_{end}} + \frac{\frac{L_1}{m} - \frac{kL_1h_c}{mg\beta}a_1}{a_2 - a_1}a_2\exp^{a_2 t_{end}} \quad (3.25)$$

其中，考虑到个体在连续两次碰撞之间的动力学过程同样是在非常短的时间内完成的，故仍然近似满足 $t_{end} \to 0$。因此，可以利用一阶泰勒展开得到式（3.24）中简化的关系式，重写后与式（3.15）一致。

因此将式（3.15）代入到式（3.25）中，式（3.25）可以改写为

$$v_{end} = \frac{\frac{kL_1h_c}{mg\beta}a_2 - \frac{L_1}{m}}{a_2 - a_1}a_1\exp^{\frac{\tau a_1 md}{L_1}} + \frac{\frac{L_1}{m} - \frac{kL_1h_c}{mg\beta}a_1}{a_2 - a_1}a_2\exp^{\frac{\tau a_2 md}{L_1}} \quad (3.26)$$

考虑到前文所述的第三个假设，个体会将其自身的全部动量以相互作用冲量的形式传递给前方的人体，该冲量仍然满足式（3.17）。那么式（3.26）与式（3.17）相结合，就能够得到在手部动作存在的情况下，个体在连续两次碰撞过程中产生的相互作用冲量之间的函数关系，表示如下：

$$L_2 = \frac{\alpha L_1}{\sqrt{r^2 + 4g\beta/h_c}}\left[\left(a_1\exp^{\frac{\tau a_1 md}{L_1}} - a_2\exp^{\frac{\tau a_2 md}{L_1}}\right) + k\left(\exp^{\frac{\tau a_1 md}{L_1}} - \exp^{\frac{\tau a_2 md}{L_1}}\right)\right] \quad (3.27)$$

其中，特征根 a_1 与 a_2 已经由式（3.10）给出，式（3.27）中相关系数的定义见表3.3。

如果个体可以在人体连续碰撞过程中主动地用手部动作保护自己并对外施加作用力，那么个体在首次碰撞中受到的来自后方个体施加的相互作用冲量 L_1 与个体再次碰撞前方人体时传递给前方人体的相互作用冲量 L_2 之间的函数关系可以从理论上由式（3.27）描述。因此，同样可以定量地描述和预测在存在手部动作的情况下局部相互作用在人体队列中的传递过程。

3.4.3 碰撞作用力传递规律

在实验场景二中，个体可以使用手部动作进行主动的自我保护并对外施加作用力，式（3.27）已经通过人体在连续两次碰撞之间的动力学过程推导得出，可以用于描述个体在连续两次碰撞过程中产生的相互作用冲量之间的函数关系。个体之间的质心距离 d 在实验中同样会随着个体间隔取值不同而发生变化，因此仍然可以定义：$X = L_1/d$ 与 $Y = L_2/L_1$，式（3.27）将被改写为如下关系式：

$$Y = \frac{\alpha}{\sqrt{r^2 + 4g\beta/h_c}} \left[\left(a_1 \exp^{\frac{\tau a_1 m}{X}} - a_2 \exp^{\frac{\tau a_2 m}{X}} \right) + k \left(\exp^{\frac{\tau a_1 m}{X}} - \exp^{\frac{\tau a_2 m}{X}} \right) \right] \quad (3.28)$$

相比于式（3.19），手部动作对碰撞过程中相互作用冲量传递规律的影响可以由式（3.28）中的附加项来表示，利用实验场景二中的实验数据，按照式（3.28）进行曲线拟合，选定最优系数分别为 $r = 1.26$，$\beta = 0.07$，$\tau = 2.8$，$k = 12.38$ 及 $\alpha = 0.1785 \times 100\%$，那么 L_2/L_1 与 L_1/d 之间的函数关系如图 3.7 所示。

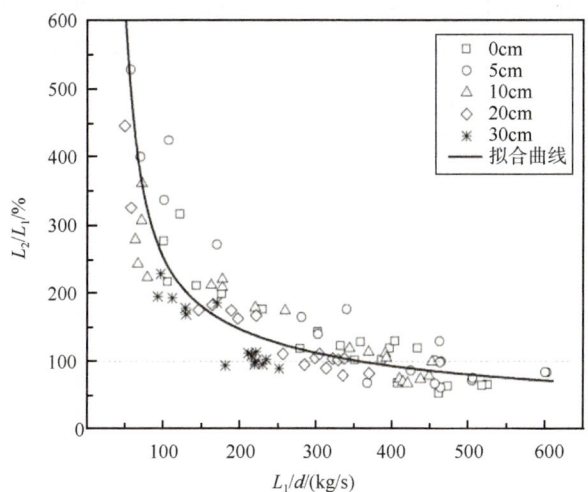

图3.7 在实验场景二中所有个体间隔条件下 L_2/L_1 与 L_1/d 之间的函数关系

由上述最优系数可知，人体在连续两次碰撞之间的运动过程中主要受到三种外界作用力约束，分别可以近似求解为 $f_1 = -mr \times dx/dt = -1.26 \times mv$，$f_2 = mg\beta x/h_c = 0.686mx/h_c$，$f_3 = kL_1 = 12.38L_1$。基于前文所述的第二个假设，个体在首次碰撞过程中受到的相互作用冲量将全部转化为个体的初始动量，即 $L_1 = mv$，那么可以发现 $|f_3| > |f_1|$，$|f_3| > |f_2|$。这表明，手部动作带来的干扰力相较于阻滞力和驱动力而言，在实验场景二中将占据主导作用，换言之，主动的手部动作将进一步强化在个体间相互作用过程中传递的冲量。然而，在现实中，个体在失去平衡或者受

到来自其他人的碰撞后，通常都会不自觉地用手进行自我保护，这已是非常常见的个体行为之一。因此，在现实的人群聚集活动中，如果个体之间的碰撞等局部相互作用在人群中持续传递，将很有可能产生过大的相互作用冲量并最终导致某些个体跌倒，甚至引发踩踏等极端事故。

3.5 楼梯台阶上无手部动作的人体连续碰撞

3.5.1 碰撞作用力

同样地，对于楼梯台阶上无手部动作的人体连续碰撞实验，各志愿者受到的碰撞作用力脉冲依然基本满足 $\sqrt{F_{\max}} \propto L \times d^2$，如图 3.8 所示。在实验中，靠近队列起始端的人体站立于楼梯台阶之上，此时仅分析处于不同台阶踏步上的前后两个人体之间发生的碰撞过程，人体之间的质心距离可以认为是楼梯台阶踏步的宽度，即 $d = 0.273$ m。利用拟合公式 $F_{\max} = [10.271\,64 + 0.543\,88(L \times d^2)]^2$ 可以近似描述该场景下碰撞作用力脉冲的数值关系。

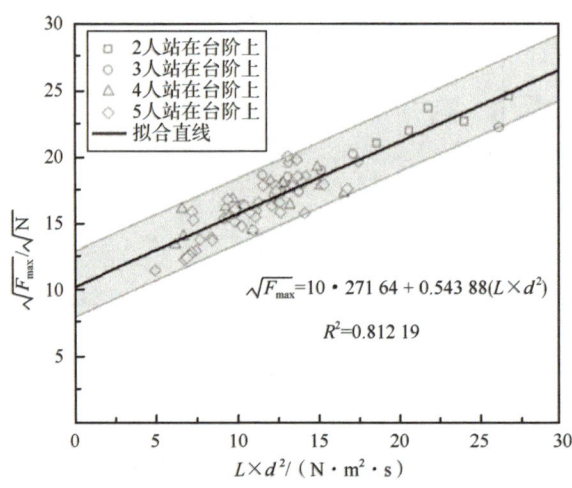

图3.8　碰撞作用力脉冲的极大值 $F_{\max}$ 与碰撞过程传递冲量 L 及人体间质心距离 d 之间的数值关系

3.5.2 个体连续碰撞动力学方程

如果人体站立于楼梯台阶之上并朝向楼梯台阶下方排成一列纵队，那么个体在受到来自后方人体的首次碰撞后会失去平衡并向前倾倒，从而再次与位于台阶下方的人体发生碰撞。从宏观角度来看，人体之间的局部相互作用会沿着楼梯台阶上站立的人体连续不断地向台阶下方传递。尽管人体同样受到前文所述的三个主要作用力（阻滞力、驱动力和干扰力）的影响，但是由于楼梯坡度的影响，个体在连续两次碰撞之间的动力学过程将发生改变，个体的受力情况如图3.9所示。其中，φ 代表楼梯坡度，D 代表楼梯踏步的宽度，ψ 代表人体与楼梯坡面垂直方向（Y 轴方向）的夹角，x 代表人体质心在沿楼梯坡面方向（X 轴方向）上的位移。

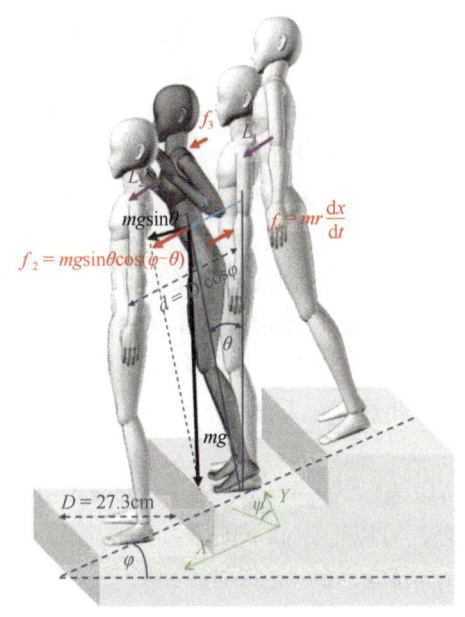

图3.9　楼梯台阶上个体在连续两次碰撞之间的动力学过程示意图

首先，阻滞力 f_1 没有发生变化；其次，由于不考虑个体使用手部动作，干扰力 $f_3 = 0$；最后，只需要重点关注驱动力 f_2 的变化情况。由于楼梯坡度的影响，驱动力将被改写为 $f_2 = mg\sin\theta\cos(\varphi-\theta)$，该作用力会使得人体沿着楼梯的坡面向下不断加速。如果定义 $\psi = \theta - \varphi$ 代表人体与楼梯坡面垂直方向（Y 轴方向）的夹角，那么驱动力 f_2 可以被重写为 $f_2 = mg\sin\psi\cos\psi\cos\varphi + mg\sin\varphi\cos^2\psi$。考虑到队列中位于相邻台阶踏步上的个体间隔非常狭小，所以在人体受到首次碰撞后向前倾斜的过程中，人体与楼梯坡面垂直方向（Y 轴方向）的夹角近似满足 $\psi \to 0$，那么，$\sin\psi \to \psi \approx x/h_c$ 且 $\cos\psi \to 1$，驱动力 f_2 可以进一步简化为 $f_2 = mg\beta\cos\varphi\, x/h_c + mg\beta\sin\varphi$。

因此，对于站立在楼梯台阶之上的人体队列，如果不考虑主动的手部动作，式（3.8）可以改写为二阶常系数非齐次线性微分方程：

$$m\frac{d^2x}{dt^2} + mr\frac{dx}{dt} - mg\beta\cos\varphi\frac{x}{h_c} = mg\beta\sin\varphi \quad (3.29)$$

由表 3.3 可知，$r \geqslant 0$ 且 $\beta \geqslant 0$，同时 $\varphi \leqslant \pi/2$，那么式（3.29）的特征根必定为实数：

$$\begin{cases} a_1 = \dfrac{-r + \sqrt{r^2 + 4g\beta\cos\varphi/h_c}}{2} \\ a_2 = \dfrac{-r - \sqrt{r^2 + 4g\beta\cos\varphi/h_c}}{2} \end{cases} \quad (3.30)$$

与此同时，式（3.29）存在一组特解：$x = -h_c\tan\varphi$，因此该二阶常系数非齐次线性微分方程的通解可以表示为

$$x = C_1\exp^{a_1t} + C_2\exp^{a_2t} - h_c\tan\varphi \quad (3.31)$$

$$v = C_1a_1\exp^{a_1t} + C_2a_2\exp^{a_2t} \quad (3.32)$$

其中，式（3.31）表示人体位移的通解；式（3.32）表示人体运动速度的通解。基于前文所述的第二个假设，初始状态可以表示为 $t_0 = 0$，$x_0 = -h_c\sin\varphi$ 且 $v_0 = L_1/m$，那么可以得到式（3.31）与式（3.32）中的未知系数为

$$C_1 = \frac{h_c(\tan\varphi - \sin\varphi)a_2 - L_1/m}{a_2 - a_1}, \quad C_2 = \frac{L_1/m - h_c(\tan\varphi - \sin\varphi)a_1}{a_2 - a_1} \quad (3.33)$$

同时，终止状态可以表示为 $t_e = t_{end}$，$x_e = D/\cos\varphi - h_c\sin\varphi$ 且 $v_e = v_{end}$。那么根据初始状态与终止状态，可以得到如下关系：

$$\begin{aligned} x_e &= D/\cos\varphi - h_c\sin\varphi \\ &= \frac{h_c(\tan\varphi - \sin\varphi)}{a_2 - a_1}\left(a_2\exp^{a_1t_{end}} - a_1\exp^{a_2t_{end}}\right) \\ &\quad + \frac{L_1/m}{a_2 - a_1}\left(\exp^{a_2t_{end}} - \exp^{a_1t_{end}}\right) - h_c\tan\varphi \\ &\approx t_{end} \times L_1/m - h_c\sin\varphi \end{aligned} \quad (3.34)$$

$$\begin{aligned} v_{end} &= \frac{h_c(\tan\varphi - \sin\varphi)a_2 - L_1/m}{a_2 - a_1}a_1\exp^{a_1t_{end}} \\ &\quad + \frac{L_1/m - h_c(\tan\varphi - \sin\varphi)a_1}{a_2 - a_1}a_2\exp^{a_2t_{end}} \end{aligned} \quad (3.35)$$

个体在连续两次碰撞之间的动力学过程的持续时间同样非常短，故仍然近似 $t_{end} \to 0$。因此，可以利用一阶泰勒展开得到式（3.34）中简化的关系式，可以重写为

$$t_{end} = \tau \times mD/(L_1\cos\varphi) \quad (3.36)$$

其中，τ 表示运动时间修正系数。因此，将式（3.36）代入到式（3.35）中，可以将式（3.35）改写为

$$v_{\text{end}} = \frac{h_c(\tan\varphi - \sin\varphi)a_2 - L_1/m}{a_2 - a_1} a_1 \exp^{\frac{\tau a_1 mD}{L_1 \cos\varphi}}$$

$$+ \frac{L_1/m - h_c(\tan\varphi - \sin\varphi)a_1}{a_2 - a_1} a_2 \exp^{\frac{\tau a_2 mD}{L_1 \cos\varphi}} \quad (3.37)$$

再考虑到前文所述的第三个假设，个体会将其自身的全部动量以相互作用冲量的形式传递给前方的人体，该冲量仍然满足式（3.17）。那么式（3.37）与式（3.17）相结合，就能够得到楼梯台阶上个体在连续两次碰撞过程中产生的相互作用冲量之间的函数关系，表示如下：

$$L_2 = \frac{\alpha}{\sqrt{r^2 + 4g\beta\cos\varphi/h_c}} \left[\begin{array}{l} L_1\left(a_1\exp^{\frac{\tau a_1 mD}{L_1\cos\varphi}} - a_2\exp^{\frac{\tau a_2 mD}{L_1\cos\varphi}}\right) + \\ mg\beta\cos\varphi(\tan\varphi - \sin\varphi)\left(\exp^{\frac{\tau a_1 mD}{L_1\cos\varphi}} - \exp^{\frac{\tau a_2 mD}{L_1\cos\varphi}}\right) \end{array} \right] \quad (3.38)$$

其中，特征根 a_1 与 a_2 已经由式（3.30）给出，式（3.38）中相关系数的定义见表3.3。

如果人体站立于楼梯台阶之上并朝向楼梯台阶下方排成一列纵队，个体在首次碰撞中受到的来自后方个体施加的相互作用冲量 L_1 与个体再次碰撞前方人体时传递给前方人体的相互作用冲量 L_2 之间的函数关系可以从理论上由式（3.38）描述。因此，同样可以定量地描述和预测在楼梯台阶之上局部相互作用在人体队列中的传递过程。

3.5.3 碰撞作用力传递规律

在实验场景三中，尽管志愿者被允许使用手部在胸前完成适当的被动保护动作，但他们不能施加主动的推搡作用，因此，该场景仍然可以视为与实验场景一相类似，即没有手部动作的人体连续碰撞过程。式（3.38）已经通过人体在连续两次碰撞之间的动力学过程推导得出，可以用于描述楼梯台阶上个体在连续两次碰撞过程中产生的相互作用冲量之间的函数关系。队列起始端站立在楼梯台阶上的个体数目将发生变化，本章仅分析站立于楼梯台阶上的个体所涉及连续两次碰撞过程中产生的相互作用冲量。为了便于比较，仍然可以定义：$X = L_1/d$ 与 $Y = L_2/L_1$，式（3.38）将被改写为如下关系式：

$$Y = \frac{\alpha}{\sqrt{r^2 + \dfrac{4g\beta\cos^2\varphi}{h_c}}} \left[\left(a_1\exp^{\frac{\tau a_1 m}{X}} - a_2\exp^{\frac{\tau a_2 m}{X}}\right) \right.$$

$$\left. + \frac{mg\beta\cos^2\varphi(\tan\varphi - \sin\varphi)}{X \times D}\left(\exp^{\frac{\tau a_1 m}{X}} - \exp^{\frac{\tau a_2 m}{X}}\right) \right] \quad (3.39)$$

利用实验场景三中的实验数据，按照式（3.39）进行曲线拟合，选定最优系数分别为 $r = 0.3$，$\beta = 0.26$，$\tau = 2.16$ 及 $\alpha = 1.0467 \times 100\%$，那么 L_2/L_1 与 L_1/d 之间的函数关系如图 3.10 所示。

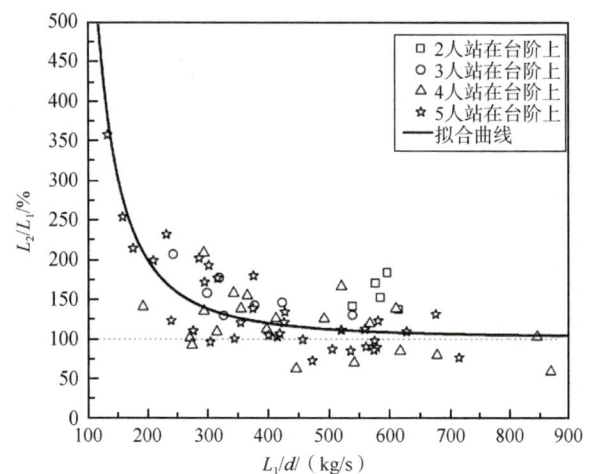

图3.10　在实验场景三中所有台阶上个体数目情况下 L_2/L_1 与 L_1/d 之间的函数关系
d 代表初始状态下相邻两个人体之间的质心距离，$d = D/\cos\varphi$，φ 代表楼梯坡度，D 代表楼梯踏步的宽度

由图 3.10 可以发现，在横坐标的可见范围内，拟合曲线得出的冲量放大倍数 L_2/L_1 始终高于 100%，这表明，对于楼梯台阶上发生的人体连续碰撞过程，自楼梯顶部逐渐向楼梯底部发展时，个体间碰撞过程中产生的相互作用冲量可能将持续增大。如果很多个体在楼梯台阶上依次失去平衡而向前倾倒，并与他人发生碰撞等相互作用，那将是极其危险的现象，因为楼梯底部的个体可能无法承受如此巨大的冲击而发生跌倒，并最终造成人群事故。

3.6　三种实验场景对比讨论

如图 3.11 所示，对比了以上各实验场景下的碰撞作用力脉冲的数值关系。如果碰撞过程传递的冲量 L 和人体间的质心距离 d 均相等，那么在实验场景二中产生的碰撞作用力脉冲的极大值 F_{max} 最小。换句话说，使用手部动作能够显著地降低碰撞作用力脉冲的极大值，减小人体躯干部分在相互作用过程中的受力强度，这是因为手部动作能够延长个体之间的接触时间，对人体形成一定的缓冲作用。而如果碰撞作用力脉冲的极大值 F_{max} 和人体之间的质心距离 d 均相等，那么在实验场景三中碰撞过程传递的冲量 L 要比在实验场景一中的更大，也就是说，在楼梯台阶上发生的碰撞过程中传递的冲量要比在平地上发生的碰撞过程中传递的冲量更高，这是因为楼梯台阶上发生接触的个体很难快速分离，导致其接触时间相对更长，实际上，站立在楼梯台阶上的个体发生失稳后倾斜角度也更大，相对而言也更难在较短的时间内恢复平衡。

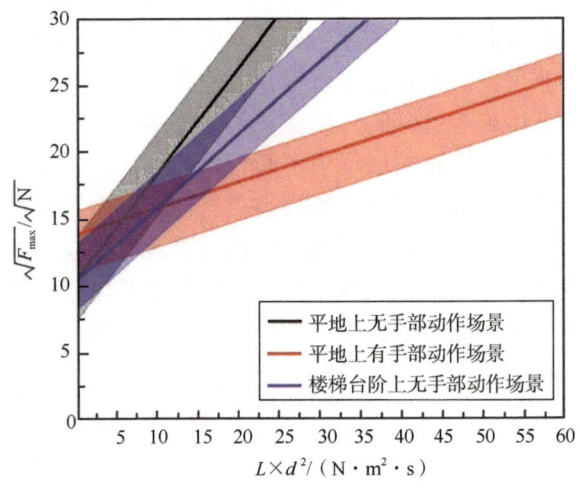

图3.11　各实验场景中碰撞作用力脉冲的数值关系对比

三种实验场景中，局部碰撞等相互作用在人体队列中的传递规律可以通过 L_2/L_1 与 L_1/d 之间的函数关系定量地描述，该函数关系可以在已知某个体所受的相互作用冲量时，定量估算其在人体连续碰撞过程中传递给前方个体的相互作用冲量。三种实验场景中得到的函数拟合曲线对比如图 3.12 所示。对于相同的横坐

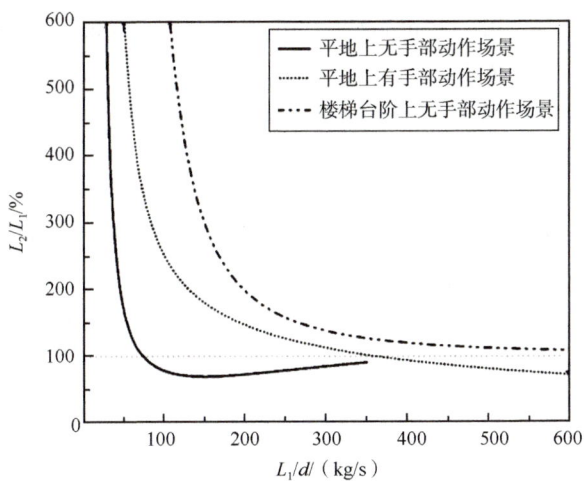

图3.12　实验场景一、场景二及场景三中 L_2/L_1 与 L_1/d 之间函数关系对比

标 L_1/d，在楼梯台阶上发生的人体连续碰撞过程中冲量放大倍数 L_2/L_1 要比在平地上的冲量放大倍数更大，这意味着楼梯台阶上局部相互作用引发的连续碰撞过程更加剧烈，而对于同样发生在平地上的人体连续碰撞过程，如果个体可以主动地使用手部动作，那么冲量放大倍数 L_2/L_1 也要比没有手部动作时大，说明主动的手部保护动作能够显著提升人体连续碰撞过程中传递的相互作用冲量水平。

因此，在密集的人群中，个体应当尽量避免主动的手部动作，包括推搡、拉拽、击打等，减少非理性的相互作用过程，即使在某些时刻失去平衡，也没有必要用手部对前方的个体施加过分的力量。在某些极端的情况下，这些额外的相互作用过程可能会在人体连续碰撞过程中不断积累与放大，并最终导致人群事故的发生。另外，对于楼梯台阶和斜坡等场景也应当在人群聚集场所引起高度重视，楼梯和斜坡的长度应当限制在安全范围内，场馆看台等也应当按照特定间隔距离增设拦阻护栏，否则，一旦发生推搡、碰撞等局部相互作用，很有可能会引发人体连续碰撞过程并不断向楼梯或斜坡下方传递，过多个体参与的连续碰撞过程会迅速积累过高的相互作用冲量，并极有可能超出底部个体的承受极限，造成人员伤亡事故。此外，由 L_2/L_1 与 L_1/d 之间函数关系所描述的局部相互作用在人体队列中的传递规律，也可以用于修正动力学模型中个体间发生身体接触时的相互作用过程，因为现有动力学模型中大多将个体间的相互作用过程视为二维的弹性碰撞过程，而这难以如实反映人群中微观个体之间发生身体接触时的相互作用过程。

参 考 文 献

[1] Still G K. Progressive crowd collapse[EB/OL]. http://www.gkstill.com/CV/Modelling/Crowd Collapse.html [2019-03-26].

[2] Still G K. Introduction to crowd science[M]. Los Angeles：CRC Press，2014.

[3] Helbing D，Johansson A，Al-Abideen H Z. Dynamics of crowd disasters：an empirical study[J]. Physical Review E，2007，75（4）：046109.

[4] Illiyas F T，Mani S K，Pradeepkumar A P，et al. Human stampedes during religious festivals：a comparative review of mass gathering emergencies in India[J]. International Journal of Disaster Risk Reduction，2013，5：10-18.

[5] Helbing D，Mukerji P. Crowd disasters as systemic failures：analysis of the Love Parade disaster[J]. EPJ Data Science，2012，1（1）：7.

[6] Ma J，Song W G，Lo S M，et al. New insights into turbulent pedestrian movement pattern in crowd-quakes[J]. Journal of Statistical Mechanics：Theory and Experiment，2013，2013（2）：

P02028.

[7] Yu W J, Johansson A. Modeling crowd turbulence by many-particle simulations[J]. Physical Review E, 2007, 76 (4): 046105.

[8] Kim S, Guy S J, Hillesland K, et al. Velocity-based modeling of physical interactions in dense crowds[J]. The Visual Computer, 2015, 31 (5): 541-555.

[9] Golas A, Narain R, Lin M C. Continuum modeling of crowd turbulence[J]. Physical Review E, 2014, 90 (4): 042816.

[10] Kim S, Guy S J, Manocha D. 2013. Velocity-based modeling of physical interactions in multi-agent simulations[C]//Proceedings of the 12th ACM SIGGRAPH/Eurographics Symposium on Computer Animation-SCA'13, 2013: 125-133.

[11] Langston P A, Masling R, Asmar B N. Crowd dynamics discrete element multi-circle model[J]. Safety Science, 2006, 44 (5): 395-417.

[12] Lin P, Ma J, Lo S. Discrete element crowd model for pedestrian evacuation through an exit[J]. Chinese Physics B, 2016, 25 (3): 034501.

[13] Lin P, Ma J, Si Y L, et al. A numerical study of contact force in competitive evacuation[J]. Chinese Physics B, 2017, 26 (10): 104501.

[14] Seyfried A, Steffen B, Klingsch W, et al. The Fundamental Diagram of Pedestrian Movement Revisited[J]. Journal of Statistical Mechanics, 2005, 10 (2005): P10002.

[15] Kretz T, Grünebohm A, Schreckenberg M. Experimental study of pedestrian flow through a bottleneck[J]. Journal of Statistical Mechanics: Theory and Experiment, 2006, 2006 (10): P10014.

[16] Kretz T, Grünebohm A, Kaufman M, et al. Experimental study of pedestrian counterflow in a corridor[J]. Journal of Statistical Mechanics: Theory and Experiment, 2006, 2006(10): P10001.

[17] Moussaïd M, Helbing D, Garnier S, et al. Experimental study of the behavioural mechanisms underlying self-organization in human crowds[J]. Proceedings of the Royal Society B: Biological Sciences, 2009, 276 (1668): 2755-2762.

[18] Ma J, Song W G, Fang Z M, et al. Experimental study on microscopic moving characteristics of pedestrians in built corridor based on digital image processing[J]. Building and Environment, 2010, 45 (10): 2160-2169.

[19] Smith R A, Lim L B. Experiments to investigate the level of "comfortable" loads for people against crush barriers[J]. Safety Science, 1995, 18 (4): 329-335.

[20] Helbing D, Farkas I, Vicsek T. Simulating dynamical features of escape panic[J]. Nature, 2000, 407 (6803): 487-490.

第 4 章　人体连续碰撞过程模拟

4.1　概　　述

目前大部分动力学模型中仍然将人体定义为弹性的圆形、椭圆或者两种形状的组合体[1-3]，且通常只考虑人体在二维平面内的运动行为及相互作用过程，即便部分模型能够模拟人体在三维空间内的运动过程，模型考虑的人体自由度仍然是有限的，并且没有涉及人体在三维空间内的姿态变化。在生物力学领域，行人的运动过程伴随着身体姿态及重心的变化，最简单的人体步行运动过程可以利用倒钟摆模型等进行描述[4,5]，其能够用于模拟人体的跨步动作并计算与地面的接触作用力，但此类模型往往并不涉及个体之间的相互作用过程。然而，这明确表明人体的运动是三维动作的结果而不仅仅局限于二维动作，尤其在高密度人群中，身体姿态变化将改变个体之间相互作用的动力学过程，且显著区别于传统二维平面内的相互作用模式。因此，需要在三维空间内重新描述个体的动力学行为，重建个体在失稳状态下发生相互作用的动力学过程。

事故调查表明个体之间频繁且剧烈的相互作用可能会在人群内部传播从而产生级联效应或多米诺现象[6-9]。但现有动力学模型中，个体之间的二维相互作用过程是以动量守恒关系为基础的[10-12]，这意味着模型很难复现人群中可能出现的多米诺现象，因为个体之间的局部相互作用在人群中传播却不会被逐步放大和累积。然而，如果考虑个体间在失稳状态下的相互作用过程，身体姿态变化将会改变个体之间的相互作用模式，从而可能导致局部相互作用在人群中传递时被逐步地放大和积累。因此，有必要将人体视为三维空间内的刚性体，类比多米诺物理过程[13,14]，复现真实人体队列中可能出现的连续碰撞过程。

本章将定义个体从失稳前倾到恢复静止过程中四种运动状态内的动力学行为，并参照刚性体的多米诺物理现象描述个体间失稳状态下的碰撞和推搡过程，最终建立人体多米诺模型。利用第 3 章中的实验数据，能够通过参数敏感性分析方法获得该模型中修正系数的合理取值，从而定量地模拟人体队列中由局部相互作用引发的人体多米诺过程,同时计算出个体受到的相互作用冲量。更重要的是,该模型能够以相互作用冲量为依据从整体层面描述局部相互作用在人体队列中的传递规律,有效估算局部相互作用在不同密度的人群中传递时对任意距离处个体施加的冲量水平,并分析固定边界及手部动作对传递规律的影响。这将有助于揭示个体间局部相互作用对人群宏观运动状态的影响机理。

4.2 人体连续碰撞模型

在密集人群中,人体的身体姿态变化或者其他行为动作都可能会改变个体之间相互作用的动力学过程。这种改变可能会放大个体间相互作用强度,并导致局部相互作用在人群中传递时被持续地放大和积累。为了更加准确地描述密集人群中个体的动力学行为及发生相互作用的动力学过程,必须将现有动力学模型由二维平面扩展到三维空间,拓展人体的运动自由度,充分考虑身体姿态变化对个体之间相互作用过程的影响。因此,本章将建立人体多米诺模型,为简单起见,人体简化为有质量的刚性长方体,重新定义个体从失稳前倾到恢复静止过程中四种运动状态内的动力学行为,参照刚性体的多米诺物理过程描述个体间失稳状态下的碰撞和推搡过程,这将显著区别于传统动力学模型中二维平面内的个体动力学行为及相互作用过程。该模型将主要模拟并重点研究人体队列中可能出现的人体多米诺过程,分析失稳状态下个体间局部相互作用在人体队列中的传递规律,因此只需考虑在人体队列的纵向可能发生的个体动力学行为及相互作用过程,忽略侧向的运动。模型中的个体具有完全一致的身体参数,如表 4.1 所示。

表 4.1 人体多米诺模型中个体身体参数表

参数名称	符号	数值	单位	数据来源
身高	H	172.3	cm	数据来源 1
肩宽	W	44.9	cm	数据来源 1
身体厚度	T	25.2	cm	数据来源 1
质量	m	68.9	kg	数据来源 1
重力加速度	g	9.8	m·s^{-2}	数据来源 2
地面的摩擦系数	μ	0.3	1	数据来源 2
弹性恢复系数	e	0.4	1	数据来源 2
反应弛豫时间	t_r	0.45	s	数据来源 2
单跨步时长	t_s	0.3	s	数据来源 2
质心与身体前缘的距离	T_c	10.08	cm	数据来源 2

续表

参数名称	符号	数值	单位	数据来源
质心高度	h_c	97.3	cm	数据来源3
绕质心前倾的转动惯量	I_c	9.83	$kg \cdot m^2$	数据来源3

注：数据来源1为第2章中参与实验的志愿者身体参数的平均值；数据来源2为基于经验给出的估计值；数据来源3为参考中国成年人人体尺寸国家标准GB 10 000—1988与成年人人体惯性参数国家标准GB/T 17245—2004，结合参与实验的志愿者身体参数计算得出

4.2.1 个体动力学行为

该模型不考虑个体侧向的动力学过程，旨在充分展现个体在运动过程中的身体姿态变化，因而可以将个体在整个人体连续碰撞过程中的动力学行为划分为四种运动状态：直立静止状态，受迫前倾状态，应激反应状态和直立平动状态。同时，假定个体始终期望保持或者恢复到初始的直立静止状态。一般而言，开放空间中的独立个体自直立静止状态受到外界的相互作用后开始运动，到最终再次恢复直立静止状态为止，将依次经历以上四种运动状态。

但对于密集人群或队列而言，人体间隔较小时极有可能形成由多个人体组成的运动系统，那么此时个体的运动状态可能会发生改变或者以一种完全不同的形式继续保持原有的运动状态。尽管如此，对于每个人体而言，都可以用上述四种运动状态来描述其完整的动力学过程，但不同的运动状态或者同一种运动状态下的不同动力学行为方式，将根据人体所处的外部环境（个体间隔、身体姿态、是否与其他人存在身体接触等）采用不同的动力学方程进行描述。在人体多米诺过程中，受迫前倾状态与应激反应状态是两种最为重要的运动状态，它们将直接影响局部相互作用在人体队列中的传递规律。

1. 受迫前倾状态

若相互作用来自个体的后方，个体无法提前观察到身后的情况，因而没有预判能力，在受到来自后方的相互作用一段时间之后，个体才能够做出主动应激反应，这段时间假定取值为 $t_r = 0.45\ s$，换言之，个体在受到撞击或推搡之后直到能够主动地做出应激反应，这一时间段内将一直保持受迫前倾状态，如图4.1所示，其中个体被假想为黄色边框、灰色填充的具有质量的刚性长方体。

（1）独立受迫前倾运动。个体在受迫前倾的过程中，始终没有接触到前方的个体，并以独立个体的形式向前倾倒，如图 4.1（a）所示。在前倾过程中，人体将以双脚前缘的连线作为转动轴进行定轴转动，该转动轴的中点即转动中心 R_o，由于人体的左右对称性，人体质心 M_c 与转动中心 R_o 处于相同的垂直平面内，且人体质心相对于转动中心的位置已经在表4.1与图4.1中给出了明确定义，根据

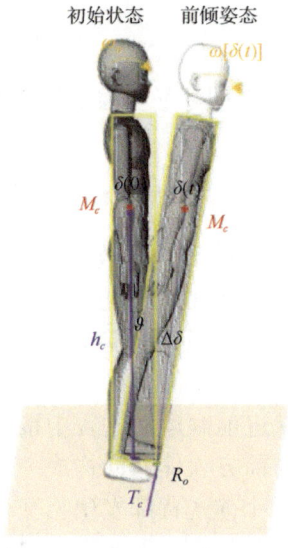
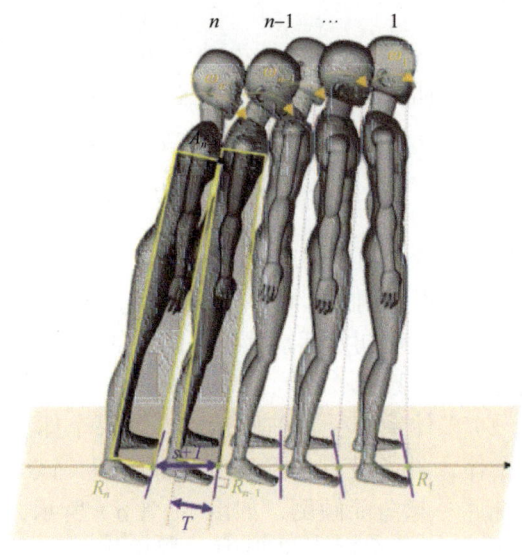

（a）独立受迫前倾运动　　　　　　　　　（b）多体系统受迫前倾运动

图4.1　受迫前倾状态示意图

前文所述，可以将人体前倾过程简化为绕转动中心 R_o 的定点转动过程。在整个独立受迫前倾运动状态中，主要考虑人体质心相对于转动中心的定点转动过程，δ 代表人体质心相对于转动中心的倾斜角度，其可以表示为运动时间 t 的函数，人体在任意时刻躯干的前倾角度可以表示为 $\Delta\delta = \delta(t) - \delta(0)$，人体质心旋转的角速度 ω 则可以表示为倾斜角度 δ 的函数。这里，定义垂直方向为 $\delta = 0°$，所以人体独立受迫前倾运动状态的初始条件可以表示为 $t=0$，$\delta = -\vartheta$，$\omega = \omega_0$ 且 $\vartheta = \arctan(T_c/h_c)$，$\vartheta$ 表示在人体直立姿态下人体质心相对转动中心的初始倾斜角度，ω_0 表示受迫前倾运动状态的初始角速度，其与人体受到的外部相互作用冲量密切相关。在受迫前倾运动过程中，假定人体从已知状态 $\varPsi(t_f, \delta_f, \omega_f)$ 运动到未知状态 $\varPsi(t_e, \delta_e, \omega_e)$，由能量守恒方程可以得到如下关系：

$$E = \frac{1}{2}I_o\omega_f^2 + mgr_{oc}\cos(\delta_f) = \frac{1}{2}I_o\omega_e^2 + mgr_{oc}\cos(\delta_e) \qquad (4.1)$$

其中，I_o 表示人体绕转动中心 R_o 定点转动时的转动惯量，$I_o = I_c + mr_{oc}^2$；r_{oc} 表示个体质心位置与转动中心之间的距离，$r_{oc} = \sqrt{h_c^2 + T_c^2}$。那么，基于式（4.1）可以计算得到角速度 ω 关于倾斜角度 δ 的函数：

$$\omega_e(\delta_e) = \sqrt{\omega_f^2 + \frac{2mgr_{oc}}{I_o}\bigl(\cos(\delta_f) - \cos(\delta_e)\bigr)} \qquad (4.2)$$

同时，倾斜角度 δ 对于运动时间 t 的微分关系满足：

$$\frac{\mathrm{d}\delta(t)}{\mathrm{d}t} = \omega(\delta(t)) \tag{4.3}$$

如果人体从上述已知状态 $\Psi(t_f, \delta_f, \omega_f)$ 恰好在一个时间步 Δt 之后运动到未知状态 $\Psi(t_e, \delta_e, \omega_e)$，那么可以得到如下定积分关系：

$$\int_{t_f}^{t_e} \mathrm{d}t = \Delta t = \int_{\delta_f}^{\delta_e} \frac{\mathrm{d}\delta}{\omega(\delta)} \tag{4.4}$$

这里，特定倾斜角度时的角速度 $\omega(\delta)$ 已经由式（4.2）给出，故可以求解得到 δ_e，并继而利用式（4.2）求解得到 ω_e。也就是说，在人体独立受迫前倾运动状态下，只要人体初始运动状态是已知的，即可依次求解得到后续任意时间步人体的运动状态参数。

（2）多体系统受迫前倾运动。如果个体在独立受迫前倾运动过程中接触到前方个体，且尚没有达到反应弛豫时间，该个体将与前方人体共同构成一个多体系统并一起向前倾倒，如图 4.1（b）所示，A_i 表示个体 i 背部发生相互作用的接触位置。在这个过程中，假定由 n 个人体组成的多体系统从已知状态 $\Phi(\Psi_1(t_{f,1}, \delta_{f,1}, \omega_{f,1}), \Psi_2(t_{f,2}, \delta_{f,2}, \omega_{f,2}), \cdots, \Psi_n(t_{f,n}, \delta_{f,n}, \omega_{f,n}))$ 运动到某一未知状态 $\Phi(\Psi_1(t_{e,1}, \delta_{e,1}, \omega_{e,1}), \Psi_2(t_{e,2}, \delta_{e,2}, \omega_{e,2}), \cdots, \Psi_n(t_{e,n}, \delta_{e,n}, \omega_{e,n}))$。其中，将多体系统中最前方个体编号为 $i=1$，最后方个体编号为 $i=n$。同样依据能量守恒关系，可以获得由 n 个人体组成的多体系统的总能量：

$$E = \sum_{1}^{n}\left(\frac{1}{2}I_o\omega_{f,i}^2 + mgr_{oc}\cos(\delta_{f,i})\right) = \sum_{1}^{n}\left(\frac{1}{2}I_o\omega_{e,i}^2 + mgr_{oc}\cos(\delta_{e,i})\right) \tag{4.5}$$

同时，相互接触的人体的倾斜角度及角速度也会存在特定的函数关系[13]：

$$\delta_{i+1} = \delta_i + \arcsin\left[\frac{(s+T)\cos(\delta_i+\vartheta)-T}{H}\right], \quad i=1,2,\cdots,n-1 \tag{4.6}$$

$$\omega_{i+1} = \omega_i\left[1 - \frac{(s+T)\sin(\delta_i+\vartheta)}{\sqrt{H^2-\left[(s+T)\cos(\delta_i+\vartheta)-s\right]^2}}\right], \quad i=1,2,\cdots,n-1 \tag{4.7}$$

其中，T 表示人的身体厚度；H 表示人的身高；s 表示个体之间的间隔距离。因此，通过式（4.5）、式（4.6）与式（4.7），可以得到任意时刻最前方人体的角速度 ω_1，并表示为 δ_1 的函数。同时，倾斜角度对于运动时间的微分关系仍然存在，$\mathrm{d}\delta_1(t)/\mathrm{d}t = \omega_1(\delta_1(t))$，如果由 n 个人体组成的多体系统从已知状态 $\Phi(\Psi_1(t_{f,1}, \delta_{f,1}, \omega_{f,1}), \Psi_2(t_{f,2}, \delta_{f,2}, \omega_{f,2}), \cdots, \Psi_n(t_{f,n}, \delta_{f,n}, \omega_{f,n}))$ 恰好在一个时间步 Δt 之后运动到未知状态 $\Phi(\Psi_1(t_{e,1}, \delta_{e,1}, \omega_{e,1}), \Psi_2(t_{e,2}, \delta_{e,2}, \omega_{e,2}), \cdots, \Psi_n(t_{e,n}, \delta_{e,n}, \omega_{e,n}))$，那么编号 $i=1$ 个体的倾斜角度和角速度满足如下定积分关系：

$$\int_{t_{f,1}}^{t_{e,1}} \mathrm{d}t = \Delta t = \int_{\delta_{f,1}}^{\delta_{e,1}} \frac{\mathrm{d}\delta_1}{\omega_1(\delta_1)} \quad (4.8)$$

$\omega_1(\delta_1)$已经可以表示为δ_1的函数，所以式（4.8）可以求解得到$\delta_{e,1}$及$\omega_{e,1}$，并最终利用式（4.6）与式（4.7）逐次求解得到$\delta_{e,i}$和$\omega_{e,i}$（$i = 2, 3, \cdots, n$）。所以说，在多体系统受迫前倾运动状态下，如果由n个人体组成的多体系统的初始运动状态参数是已知的，只要多体系统不发生结构性变化，那么即可依次求解得到后续任意时间步所有人体的运动状态参数。

2. 应激反应状态

人体在受到来自后方个体的相互作用后，将不由自主地前倾，直到到达反应弛豫时间之后，才能够做出主动的应激反应。应激反应的主要目的就是恢复身体平衡，尽管恢复身体平衡的方式可能不完全一样，这取决于是否有后方人体倚靠在其背部、是否与前方的人体有身体接触或者是否有足够的空间采取必要的应激反应动作。

（1）跨步反应动作。人体在达到反应弛豫时间后，如果没有与前方人体发生身体接触，无论是否有后方人体倚靠在其背部，人体都可以通过跨步反应动作恢复身体的直立姿态。在应激反应的初始时刻，个体会将质心视为新的转动中心，同时与地面的接触位置将发生改变。假定人体能够在一个跨步内恢复直立姿态[15]，且跨步时长$t_s = 0.3$ s，在这一过程中，个体将依靠脚与地面的摩擦力带来的瞬时冲量获得恢复身体平衡的反向角速度。假定该角速度与应激反应初始时刻人体质心的倾斜角度成正比，且在人体恢复身体平衡的过程中不再发生变化，直到人体恢复直立后完全消失。尽管大量对于人体步态的研究显示，在人体脚步蹬地离开地面并向前运动的过程中，在前后向与垂直向的地面接触作用力均会发生变化，且垂直向的地面支撑力与个体重力并不完全相等[16]。但为了简化这一过程，仍然假设蹬地瞬间只有沿着前后向的地面摩擦力产生的冲量才会对人体恢复平衡的角速度产生实质影响，而垂直向的地面支撑力始终与重力相等。因此，如果人体在达到反应弛豫时间并进入应激反应的初始状态为$\Psi(t, \delta, \omega, v_c)$，且在做出跨步反应动作之后的状态为$\Psi(t, \delta, \omega', v_c')$，那么质心角速度和线速度在做出该动作的瞬间发生了变化，其满足关系：

$$I_c \omega' = I_c \omega - L_f r_{oc} \cos(\delta) \quad (4.9)$$

$$m v_c' = m v_c + L_f \quad (4.10)$$

其中，ω与ω'分别表示人体在做出跨步反应动作前后的质心角速度，且$\omega' = -(\delta+\vartheta)/t_s$，其方向与$\omega$相反；$v_c$与$v_c'$分别表示人体在做出跨步反应动作前后的质心线速度，且$v_c = \omega r_{oc} \cos(\delta)$；$I_c$表示个体绕质心前倾的转动惯量；$L_f$表示人体进入应激反应的初始时刻时，前后向地面静摩擦力产生的瞬时冲量，其可以由式（4.9）计算得出。在该瞬时冲量的作用下，人体获得了恢复身体平衡姿态的反向角速度，同时也使得质心线速度得到提升，向前运动的倾向进一步增强。在跨步反应动作之后，人体将进入到恢复平衡阶段，并以恒定的角速度 ω' 绕质心逆向转动以恢复平衡姿态，同时保持恒定的质心线速度 v_c' 向前运动。如果没有受到其他外界干扰，人体将最终恢复到直立姿态，进入到直立平动状态。

（2）倚靠分离动作。人体在达到反应弛豫时间后，如果与前方人体存在身体接触且没有足够的空间来完成跨步反应动作，那么个体将只有继续倚靠在前方人体的背部，直至特定情况下与前方个体分离。人体在达到反应弛豫时间并进入应激反应状态时，将开始主动地倚靠在前方人体的背部，其质心角速度 ω 会立即消失。同时，个体还将以质心线速度 $v_c = \omega r_{oc} \cos(\delta)$ 逐步贴近前方人体，以期缓慢恢复身体的平衡姿态。此后，在某些特定的条件下，个体便能够与前方人体脱离，并且获得持续恒定的反向质心角速度 ω' 以恢复身体平衡，此时个体会将质心视为新的转动中心。故而，此时整个应激反应状态可以划分为三个阶段。

首先，第一个阶段是持续倚靠阶段。个体在达到反应弛豫时间并进入应激反应状态时，将开始主动地倚靠在前方人体的背部并进入到持续倚靠阶段，此时，个体质心角速度快速衰减为零，但质心线速度仍未发生变化。但在持续倚靠阶段中，个体可以根据与前方个体的距离来实时调整自身的质心线速度，以满足在一个跨步时长 t_s 内靠近前方个体。倚靠在前方人体背部时，还会对前方人体施加持续的冲量，该冲量主要源于平衡重力的支持力随时间积累所造成的效果。其次，个体将进入第二个阶段，也就是分离阶段，其可以通过两种不同的动作完成分离过程，如图 4.2 所示。

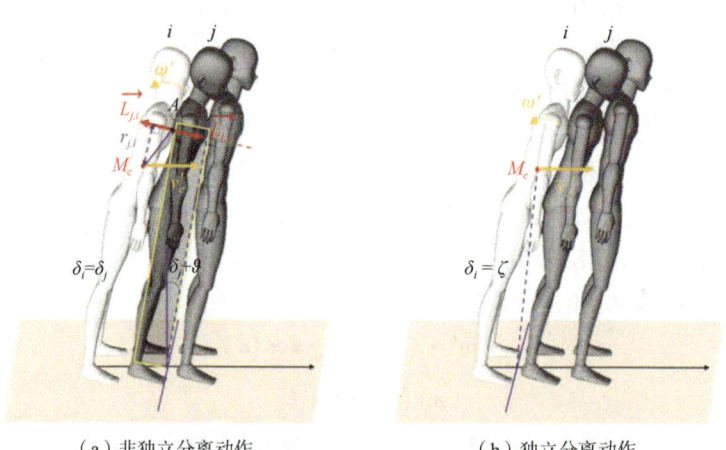

（a）非独立分离动作　　　　　　（b）独立分离动作

图4.2　倚靠分离动作中分离阶段示意图

第一种是非独立分离动作，如图 4.2（a）所示，其中 δ_j 表示个体 j 质心的倾斜角度，$\delta_j + \vartheta$ 表示个体 j 身体躯干相较于垂直方向的倾斜角度。如果个体 i 已经与前方个体 j 完全紧靠，此时 $\delta_i = \delta_j$，个体 i 就将通过身体躯干施加给前方个体 j 特

定的瞬时冲量 $L_{i,j}$ 并与其完全脱离，反作用冲量 $L_{j,i}$ 将使个体 i 获得持续恒定的逆向质心角速度，该角速度保证个体 i 能够在一个跨步时长 t_s 内恢复身体的平衡姿态。如果个体 i 在非独立分离动作之前的初始状态为 $\Psi(t,\delta,\omega,v_c)$，且分离后的状态为 $\Psi(t,\delta,\omega',v_c')$，那么其质心角速度和线速度满足如下关系：

$$I_c\omega' = I_c\omega - L_{j,i}r_{j,i} \tag{4.11}$$

$$mv_c' = mv_c - L_{j,i}\cos(\delta+\vartheta) \tag{4.12}$$

其中，v_c 与 v_c' 分别表示分离动作发生前后人体的质心线速度；ω 与 ω' 分别表示分离动作发生前后人体的质心角速度，且 $\omega = 0$，$\omega' = -(\delta_i+\vartheta)/t_s$；$r_{j,i}$ 表示瞬时冲量 $L_{j,i}$ 相对于个体 i 质心的力臂；$L_{j,i}$ 表示前方个体 j 施加给个体 i 的反作用冲量。

第二种是独立分离动作，如图 4.2（b）所示。一旦在持续倚靠阶段中个体 i 质心的倾斜角度恢复到临界角度 ζ，即 $\delta_i \leqslant \zeta$，该个体便能够自主地调整身体姿态并与前方个体 j 分离，这里假设 $\zeta = 2\vartheta$。个体在独立分离动作之后，能够获得逆向的质心角速度 $\omega' = -(\delta_i+\vartheta)/t_s$ 和质心线速度 $v_c' = v_c$。

上述两种分离动作都能够使人体与前方个体完全分离，然而，如果个体 i 的后方个体仍然与之存在身体接触，那么其将继续保持在持续倚靠阶段而无法与前方个体 j 分离。最后，若个体与前方人体实现分离，将进入到第三个阶段，也就是恢复平衡阶段，个体将保持质心角速度 ω' 绕质心反向转动直到恢复平衡姿态，同时保持恒定的质心线速度 v_c' 向前运动，如果没有发生其他外界干扰，人体将最终恢复到直立姿态，进入到直立平动状态。

4.2.2 个体间相互作用过程

在本模型中，个体之间相互作用的动力学过程是最为重要的部分，其对局部相互作用在人体队列中的传递规律会起到显著影响。所有的个体间相互作用都可以大致归纳为两种类型：碰撞和推搡。碰撞意味着尚没有身体接触的人体在发生身体接触的瞬间产生的强烈相互作用，而推搡意味着两个已经有身体接触的个体之间瞬时产生的强烈相互作用。此外，个体之间的相互作用过程都被假定在一个时间步 Δt 内完成。同时，本模型引入了 4 个修正系数用于校准个体间的相互作用过程。其中，修正系数 ε 与 ξ 被用于校准在碰撞过程中相互作用冲量所造成的实际效果，而修正系数 γ 与 λ 被用于校准在推搡过程中产生的类似效果。

1. 个体之间的碰撞过程

在本模型中，主要关注的是个体之间在失稳状态下发生的碰撞过程，这种碰撞形式的存在是导致人体多米诺现象的关键。在碰撞过程中，参与碰撞的人体自身的线动量或角动量均会发生瞬时变化。值得注意的是，在这种碰撞形式中，既不遵守动量守恒也不遵守角动量守恒关系，因为碰撞产生的相互作用力相对于前后两个人体转动中心的力臂是不相等的。

（1）失稳状态下的碰撞过程。考虑人体在受迫前倾运动过程中与前方处于直立静止状态的人体发生碰撞，这是最常见的失稳状态下发生的碰撞过程。事实上，只需要考虑由 n 个人体组成的多体系统在受迫前倾运动过程中与前方处于直立静止状态的人体发生碰撞的情况，因为单个人体的独立受迫前倾运动可以被认为是 $n=1$ 时的多体系统受迫前倾运动。现在，假定由 n 个人体组成的多体系统与前方处于直立静止状态的个体发生碰撞，定义最前方被碰撞的个体编号为 1，后面的个体依次顺序编号为 $2\sim n+1$，直到队列的尾部。在碰撞之前，多体系统中只有 $2\sim n+1$ 号人体参与受迫前倾运动过程，其运动状态为 $\Phi(\Psi_2(t_2,\delta_2,\omega_2),\Psi_3(t_3,\delta_3,\omega_3),\cdots,\Psi_{n+1}(t_{n+1},\delta_{n+1},\omega_{n+1}))$，在碰撞之后，$1\sim n+1$ 号人体将构成一个新的多体系统，以运动状态 $\Phi(\Psi_1(t_1,\delta_1,\omega_1'),\Psi_2(t_2,\delta_2,\omega_2'),\cdots,\Psi_{n+1}(t_{n+1},\delta_{n+1},\omega_{n+1}'))$ 共同进行受迫前倾运动。尽管所有个体的倾斜角度在碰撞的瞬间不会发生改变，但是多体系统中最前方的个体将由 2 号个体瞬间变化成 1 号个体。因此，多体系统中个体倾斜角度的依存关系函数将在碰撞发生的瞬间由 $\delta_i(\delta_2)$ 变成 $\delta_i(\delta_1)$，其计算方式可以参考式（4.6）。并且，碰撞发生前后，多体系统中角速度的依存关系函数可以表示如下：

$$\omega_i = \frac{d\delta_i(t)}{dt} = \frac{d\delta_i(\delta_2)}{d\delta_2}\frac{d\delta_2}{dt} = \frac{d\delta_i(\delta_2)}{d\delta_2}\omega_2 = \omega_i(\delta_2,\omega_2), \quad i=3,4,\cdots,n+1 \quad (4.13)$$

$$\omega_i' = \frac{d\delta_i(t)}{dt} = \frac{d\delta_i(\delta_1)}{d\delta_1}\frac{d\delta_1}{dt} = \frac{d\delta_i(\delta_1)}{d\delta_1}\omega_1' = \omega_i'(\delta_1,\omega_1'), \quad i=2,3,\cdots,n+1 \quad (4.14)$$

这表明，在发生碰撞之前多体系统中后续个体的角速度可以表示为 2 号个体角速度和质心倾斜角度的函数，且发生碰撞时 2 号个体身体躯干相较于垂直方向的倾斜角度满足临界角度，即 $\delta_2+\vartheta=\phi=\arcsin(s/H)$。同样地，在发生碰撞之后新的多体系统中后续个体的角速度可以表示为 1 号个体的角速度与质心倾斜角度的函数，此时 $\delta_1=-\vartheta$。实际上，尽管在碰撞发生的瞬间，只有人体的角速度发生了瞬时改变，但是这种变化并不满足动量守恒或者角动量守恒关系，因为碰撞产生的相互作用力相对于前后两个人体转动中心的力臂是不相等的，如图 4.3 所示，由 n 个人体（黑色）组成的多体系统与前方处于直立静止状态的个体（白色）发生碰撞，A_n 表示个体 n 和个体 $n+1$ 之间的接触位置，R_n 表示个体 n 的转动中心。

例如，考虑个体 $i(1\leqslant i\leqslant n)$ 与个体 $i+1$，两者之间产生的碰撞作用力相对于两个人体转动中心的力臂分别可以表示为

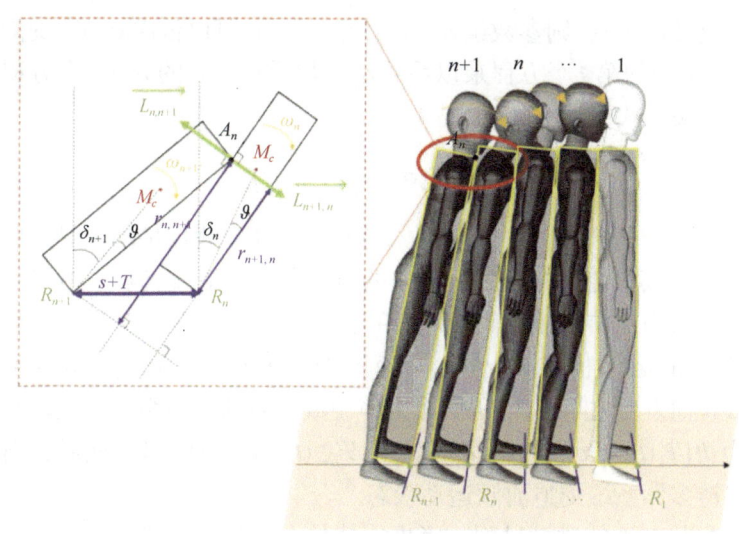

图4.3 失稳状态下的碰撞过程示意图

编号为 n 和 $n+1$ 的个体之间的局部接触区域显示在左侧的虚线方框内

$$r_{i,i+1} = H\cos(\delta_{i+1} - \delta_i) \quad (4.15)$$

$$r_{i+1,i} = r_{i,i+1} - (s+T)\sin(\delta_i + \vartheta) \quad (4.16)$$

其中，H 表示个体的身高；T 表示个体的身体厚度；s 表示个体之间的间隔距离；$r_{i+1,i}$ 表示由个体 $i+1$ 施加到个体 i 身体上的瞬时冲量 $L_{i+1,i}$ 相对于个体 i 转动中心的力臂；$r_{i,i+1}$ 表示施加到个体 $i+1$ 身体上的反作用冲量 $L_{i,i+1}$ 相对于个体 $i+1$ 转动中心的力臂。那么，所有个体在碰撞瞬间角动量的变化情况可以表示如下：

$$\begin{cases} I_o \Delta \omega_1 = I_o \omega_1' = L_{2,1} r_{2,1} \\ I_o \Delta \omega_i = I_o(\omega_i' - \omega_i) = L_{i+1,i} r_{i+1,i} - L_{i-1,i} r_{i-1,i} \,(i=2,3,\cdots,n) \\ I_o \Delta \omega_{n+1} = I_o(\omega_{n+1}' - \omega_{n+1}) = -L_{n,n+1} r_{n,n+1} \end{cases} \quad (4.17)$$

此时，引入一组参数 $\sigma_i (i=1,2,\cdots,n+1)$，使其满足：

$$\begin{cases} r_{1,2} \times \sigma_2 = \sigma_1 \times r_{2,1} \\ \quad\vdots \\ r_{i,i+1} \times \sigma_{i+1} = \sigma_i \times r_{i+1,i} \quad (i=2,3,\cdots,n) \\ \quad\vdots \\ r_{n,n+1} \times \sigma_{n+1} = \sigma_n \times r_{n+1,n} \end{cases} \quad (4.18)$$

其中，预先定义 $\sigma_1 = 1$，则参数组 $\sigma_i (i = 2, 3, \cdots, n+1)$ 可以依次被唯一地计算出来。如果式（4.17）中的第 i 个方程乘以系数 σ_i，然后将所有的 $n+1$ 个方程累加，则能够得到新的关系式：

$$\varepsilon \sum_{i=2}^{n+1}(\omega_i \sigma_i) = \sum_{i=1}^{n+1}(\omega_i' \sigma_i) \qquad (4.19)$$

此处，ε 作为一个无量纲修正系数，修正了人体自我保护动作对碰撞过程所造成的实际效果，其只会对碰撞之后人体的瞬时角速度造成影响，但并不会改变人体碰撞时产生的相互作用冲量。式（4.19）表明，如果碰撞发生前，由 n 个人体组成的多体系统的运动状态 $\Phi(\Psi_2(t_2, \delta_2, \omega_2), \Psi_3(t_3, \delta_3, \omega_3), \cdots, \Psi_{n+1}(t_{n+1}, \delta_{n+1}, \omega_{n+1}))$ 是已知的，那么碰撞发生之后，由 $n+1$ 个人体组成的新的多体系统的运动状态就可以完全求解为 $\Phi(\Psi_1(t_1, \delta_1, \omega_1'), \Psi_2(t_2, \delta_2, \omega_2'), \cdots, \Psi_{n+1}(t_{n+1}, \delta_{n+1}, \omega_{n+1}'))$。此后，新的多体系统将继续保持多体系统受迫前倾运动状态。

（2）自主状态下的碰撞过程。考虑人体处在应激反应状态的恢复平衡阶段或者处在直立平动状态，此时与前方同样处于这两种状态之一的个体发生碰撞，可将其视为刚性体之间的非弹性碰撞，其与传统二维平面内的非弹性碰撞基本一致。如果假定个体 i 处于运动状态 $\Psi_i(t, x_i, v_{c,i})$，与前方处于运动状态 $\Psi_j(t, x_j, v_{c,j})$ 的个体 j 在 t 时刻发生碰撞，此时，两者已经存在身体接触，故而满足 $|x_j - x_i| \leqslant 0$ 且 $v_{c,j} - v_{c,i} \leqslant 0$。发生碰撞之后，若两者的运动状态分别可以表示为 $\Psi_i(t, x_i, v_{c,i}')$ 和 $\Psi_j(t, x_j, v_{c,j}')$，则根据动量守恒关系，其传递的冲量满足如下关系：

$$L_{j,i} = \Delta L = mv_{c,i} - mv_{c,i}' \qquad (4.20)$$

$$L_{i,j} = \xi \Delta L = mv_{c,j}' - mv_{c,j} \qquad (4.21)$$

其中，$\Delta L = (v_{c,i} - v_{c,j})m(1+e)/2$，$e$ 表示人体的弹性恢复系数；$L_{j,i}$ 表示碰撞过程中个体 j 传递给个体 i 的冲量；$L_{i,j}$ 表示碰撞过程中个体 i 传递给个体 j 的冲量；ξ 作为一个无量纲修正系数，表示人体的自我保护动作导致的对传递给前方人体 j 的相互作用冲量的修正系数。基于式（4.20）与式（4.21），如果已知发生相互碰撞的两个人体在碰撞前的运动状态，就能够求解两者在发生碰撞之后的运动状态参数。此后，处于直立平动状态的个体将会保持这种运动状态直至其减速至零并恢复到初始的直立静止状态；而处于应激反应状态恢复平衡阶段的个体也将保持原有的运动状态，依靠自身的反向质心角速度恢复身体的平衡姿态，且其恢复身体平衡的速率将有所提升，因为后方人体 i 受到的相互作用冲量将提升其原有的反向质心角速度，而前方人体 j 的质心线速度增大也将相对地加快其恢复身体直立姿态的速率。

另外，如果位于前方的人体 j 处于直立静止状态、受迫前倾状态甚至处于应激反应状态的持续倚靠阶段中，那么碰撞过程对于人体 j 的运动状态改变情况将与上述碰撞过程有所差异，但是后方个体 i 传递给前方人体 j 的冲量依然满足：

$$L_{i,j} = \xi \Delta L \tag{4.22}$$

但此时，考虑到人体 j 将无法立即对碰撞做出主动的应激反应动作（$t \leqslant t_r$）或者无法有效地做出主动反应（处于持续倚靠阶段），因而通过碰撞过程传递给人体 j 的冲量对于人体 j 造成的效果，与通过推搡过程传递相同的冲量给人体 j 所造成的效果并没有本质差别，有关推搡过程的求解将在下文中详述。此后，碰撞前处于直立静止状态的前方人体将进入受迫前倾运动状态，否则，其将继续保持在原有的运动状态。而后方人体将自此倚靠在前方人体背部，其运动状态可以参照应激反应状态下的持续倚靠阶段的状态。

2. 个体之间的推搡过程

在个体之间发生推搡的过程中，无论个体是否可以使用手部动作，处于后方的个体都能够施加给前方个体瞬时的强烈相互作用，因为在人体的上躯干部分存在身体接触时，个体依然可以通过身体姿态调整来达到这样的效果。对于位于后方的人体而言，假定其主动地施加推搡作用仅仅是为了获得与前方人体分离时恢复身体平衡的反向质心角速度，那么其后续的运动过程已经在前文中给予了明确的阐述。因此，只需要明确位于前方的被推搡个体在受到推搡冲量 L_p 时瞬间的运动状态变化情况。同时，本模型中主要关注的仍是个体在失稳状态下受到后方推搡的瞬时过程，其对于最终形成人体多米诺过程具有重要意义。

（1）失稳状态下的推搡过程。考虑处于受迫前倾运动状态的个体受到来自后方的推搡作用，事实上，该个体既可能处于独立受迫前倾运动状态，也可能处于多体系统受迫前倾运动状态，但只需要考虑该个体处于由 n 个人体组成的多体系统尾部的情况，因为单个人体的独立受迫前倾运动可以被认为是 $n=1$ 时的多体系统受迫前倾运动。同样定义多体系统中最前方人体的编号为 $i=1$，直到多体系统的最末尾依次顺序编号至 $i=n$，来自后方的推搡冲量将直接施加在处于多体系统末尾的个体 $i=n$ 的背部，如图 4.4 所示，由 n 个人体组成的多体系统受到来自后方的推搡冲量 L_p。在发生推搡的过程中，处于多体系统内部的个体将被视作一个整体来分析推搡冲量的传递过程。

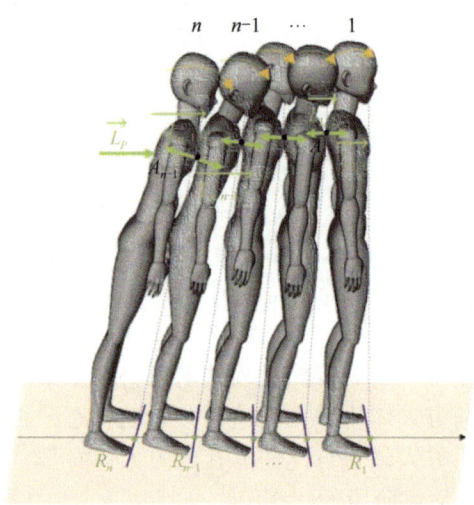

图4.4 失稳状态下的推操过程示意图

在受到后方的推操作用之前，多体系统的运动状态可以表示为 $\Phi(\Psi_1(t_1,\delta_1,\omega_1), \Psi_2(t_2,\delta_2,\omega_2),\cdots,\Psi_n(t_n,\delta_n,\omega_n))$，发生推操作用之后，其运动状态为 $\Phi(\Psi_1(t_1,\delta_1,\omega_1'), \Psi_2(t_2,\delta_2,\omega_2'),\cdots,\Psi_n(t_n,\delta_n,\omega_n'))$。因此，多体系统中所有个体的角动量变化可以表示为

$$\begin{cases} I_o\Delta\omega_1 = I_o\left(\omega_1' - \omega_1\right) = L_{2,1}r_{2,1} \\ I_o\Delta\omega_i = I_o\left(\omega_i' - \omega_i\right) = L_{i+1,i}r_{i+1,i} - L_{i-1,i}r_{i-1,i} \ (i=2,3,\cdots,n-1) \\ I_o\Delta\omega_n = I_o\left(\omega_n' - \omega_n\right) = L_p r_p - L_{n-1,n}r_{n-1,n} \end{cases} \quad (4.23)$$

其中，L_p 表示施加在多体系统最末尾个体背部的初始推操冲量；r_p 表示初始推操冲量 L_p 相对于最末尾个体转动中心的力臂。如果引入参数组 $\sigma_i(i=1,2,\cdots,n)$ 且依然满足式（4.18），其中 $\sigma_1=1$，那么，多体系统中所有个体的角速度在发生推操前后存在如下关系：

$$\gamma L_p r_p \sigma_n = I_o \sum_{i=1}^n \left[\sigma_i\left(\omega_i' - \omega_i\right) \right] \quad (4.24)$$

其中，γ 作为一个无量纲修正系数，修正了人体自我保护动作对推操过程所造成的实际效果，只会对推操之后人体的瞬时角速度造成影响，不会影响多体系统中所有个体受到的冲量。该修正系数 γ 并不是恒定常数，其与推操冲量的数值密切相关，可以表示为

$$\gamma = \gamma_0 - \gamma_\Delta \sin\left[\pi\left(L_p - \overline{L}_0\right)/\Delta L_0\right] \quad (4.25)$$

其中，γ_0 表示该修正系数的基准值；γ_Δ 表示该修正系数的波动范围；$\bar{L}_0$ 表示相同场景的实验中所有初始推搡冲量的中位数；ΔL_0 表示相同场景的实验中所有初始推搡冲量的取值跨度。这表明，在初始推搡作用较强时，该系数所代表的人体自我保护动作的影响效果相对变小；当初始推搡作用较弱时，人体自我保护动作反而能够充分地影响推搡所造成的实际效果，这与人体对于外界干扰的应激反应习惯密切相关。通常而言，修正系数 γ 的影响也可以被视为参数 γ_0 的影响，因为式（4.25）中的其他参数一般会根据实验中的初始推搡冲量进行标定。

那么，基于式（4.24）与式（4.7），只要发生推搡之前多体系统的运动状态 $\Phi(\Psi_1(t_1,\delta_1,\omega_1),\Psi_2(t_2,\delta_2,\omega_2),\cdots,\Psi_n(t_n,\delta_n,\omega_n))$ 是已知的，那么在发生推搡之后多体系统中所有个体的运动状态可以求解为 $\Phi(\Psi_1(t_1,\delta_1,\omega_1'),\Psi_2(t_2,\delta_2,\omega_2'),\cdots,\Psi_n(t_n,\delta_n,\omega_n'))$。此后，多体系统将继续保持受迫前倾运动状态向前倾倒。

另外，如果设定多体系统中的个体数目为 $n=1$，也就是说，受到推搡的是处于独立受迫前倾运动状态的单独个体，甚至也可以是处于直立静止状态的单独个体，式（4.24）同样是适用的。受到推搡的个体将保持或者进入到独立受迫前倾运动状态，并继续向前倾倒。

（2）自主状态下的推搡过程。考虑处于应激反应状态的持续倚靠阶段的个体受到来自后方个体的推搡，由于尚未与前方人体脱离，该个体将无法有效地对来自后方的推搡冲量做出主动的应激反应，只能被动地将该推搡冲量向前传递。这种推搡过程与失稳状态下的推搡过程的主要差异在于，虽然两种推搡过程中该个体可能都与前方人体存在身体接触，但处于自主状态的个体已经不再与其他人构成一个整体，其能够独立地对外界干扰做出反应，尽管其可能无法采取适当的动作来有效应对这种推搡效果，但可以将该推搡冲量继续向前传递。假定推搡冲量 L_p 直接作用到个体 i 背部，且个体 i 倚靠在前方个体 j 背部，那么个体 i 传递给个体 j 的冲量满足：

$$L_{i,j} = \lambda L_p r_p / r_{i,j} \tag{4.26}$$

其中，L_p 表示在推搡过程中施加在个体 i 背部的初始推搡冲量；r_p 表示初始推搡冲量 L_p 相对于个体 i 转动中心的力臂。同时，λ 作为一个无量纲修正系数，表示由于人体自我保护动作导致的对传递给前方个体 j 的冲量 $L_{i,j}$ 的修正系数，该系数不会对推搡过程中个体 i 受到的冲量 L_p 造成影响。此后，个体 i 的运动状态并未产生实质改变，整个推搡过程相当于对前方个体 j 施加了推搡冲量 $L_{i,j}$ 的效果。

另外，如果考虑处于应激反应状态的恢复平衡阶段或者处于直立平动状态的个体受到来自后方人体的推搡，那么其在受到推搡后仍能够保持原有的运动状态。假定推搡冲量 L_p 直接作用到个体 i 背部，个体 i 的运动状态将由 $\Psi_i(t,x_i,v_{c,i})$ 变化

为 $\Psi_i(t, x_i, v'_{c,i})$，并满足：

$$L_p = m(v'_{c,i} - v_{c,i}) \quad (4.27)$$

发生推搡之后，个体 i 将继续在原有的运动状态下向前运动直至最后恢复直立并减速到静止状态。

4.2.3 手部动作

如果允许个体使用手部动作进行自我保护，并主动地拓展个人活动空间，整个人体连续碰撞过程将发生显著的变化，因此必须对模型中的个体行为及动力学过程做出修正。首先，所有个体的反应弛豫时间将明显缩短，因为人体的手部反应动作要比躯干和脚部的反应动作更快。但是，位于人体队列最前方的个体将具有相对于其他个体更长的反应弛豫时间，因为其前方为开放空间时，缺少必要的手部支撑物，仍然只能依靠脚部和躯干的反应动作，所以该个体的反应弛豫时间设定为 0.35 s，其他个体的反应弛豫时间设定为 0.25 s；其次，处于应激反应状态下的个体 i 会优先利用手部的推搡动作与前方个体 j 分离，从而进入到恢复平衡阶段，个体的反向质心角速度仍然可以表示为 $\omega' = -(\delta_i(t) - \delta_i(0))/t_s$，质心线速度可以表示为 $v'_c = v_c - L_{j,i} \cos(\delta_j(t) - \delta_j(0))/m$，其中，$L_{j,i} = I_c(\omega - \omega')/r_{j,i}$ 表示在分离动作中手部施加的推搡冲量，此时个体的转动中心也就是个体的质心；最后，个体在恢复平衡阶段或者直立平动状态时，仍然可能会利用手部动作推搡前方个体，以期获得更大的活动空间或者更快地恢复直立姿态。同时，手部动作通常只有在人体躯干部分的间距不超过人体臂长时才会起到作用，本模型中假设人体的臂长为 50 cm。

一般而言，当个体之间的间距较小时个体之间的手部推搡作用将非常强烈，但是当个体之间排列得非常紧密时，也十分不利于个体手部动作施展，因此手部推搡的作用效果与个体之间的间距可以利用非线性洛伦兹函数描述，那么在单个时间步内通过手部动作传递给前方个体的推搡冲量可以假定满足如下关系式：

$$L_h = 30 \times (1.10 + 2 \times 23.19/\pi) \times \left\{ 4.89 \Big/ \left[4 \times (s \times 100 - 3.76)^2 + 4.89^2 \right] \right\} \quad (4.28)$$

通常而言，即使个体没有与其他人发生身体接触，仍然可以通过手部动作主动地将其受到的来自后方个体的推搡冲量传递给前方的个体，正如自主状态下的推搡过程一样。因此，个体的手部动作将对个体保持和恢复平衡起到重要作用，但是会加剧传递给其他个体的冲量水平。

4.3 模型的适用性分析

4.3.1 模拟场景

本节将利用与第 3 章中人体连续碰撞实验相同的场景定量地检验人体多米诺模型的适用性。在该场景中,共有 5 个人体按照统一的朝向排成等间距的一列纵队并保持静止,从队列的最前端至最末端依次按照 1 至 5 编号。在模拟开始时,位于队列最末端的个体受到初始推搡冲量 L_0 作用之后将开始运动,并与其前方的个体发生碰撞继而引发人体多米诺过程,初始推搡冲量的作用位置距地面高度 h_0 = 170 cm,其方向与队列的朝向一致且与地面平行,如图 4.5 所示。其中,个体被假想为具有质量的黄色边框灰色填充的刚性长方体,M_c 表示人体的质心位置,R_o 表示最前端个体前倾过程中的转动中心,r_{oc} 表示个体质心位置与转动中心之间的距离,ϑ 表示在个体直立姿态下个体质心相对于转动中心的初始倾斜角度,s 表示个体间隔,其他身体参数的详细定义可以参见表 4.1。实际的模拟中,所有模拟场景的单个时间步均设定为 0.001s,每个时间步内个体背部受到的相互作用冲量都将被计算并记录下来。

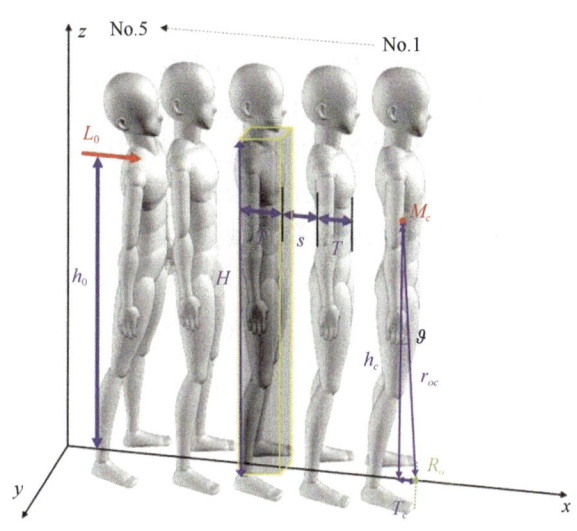

图4.5 模拟场景示意图

需要注意的是,保持直立姿态的个体之间发生的初次相互作用过程可以被视为独立的,即并没有受到周围的其他局部相互作用的影响。但如果个体没有事先预计到来自后方个体的相互作用,将可能在短时间内失去身体平衡并向前倾倒,那么该个体与密集人群中的其他个体随后发生的相互作用将呈现为完全不同的动力学过程，可以被视为非独立的相互作用过程。如果假设个体不主动使用手部动作，那么上述相互作用过程将完全产生于人体躯干之间的身体接触。但如果个体能够主动地使用手部动作来保护自己并积极地扩展自身的可利用空间，那么最终引发的人体多米诺过程也将会有所不同。

如前文所述，共有 4 个修正系数将对个体之间的相互作用产生实质影响，并最终决定人体多米诺过程的发展规律。因此，人体多米诺模型的应用必须建立在合理修正系数取值的基础上，这就要求充分研究所有修正系数对人体多米诺过程的影响效果，并利用参数敏感性分析方法获得修正系数的合理取值。在研究修正系数的实际效果时，假定场景中个体之间的固定间隔设定为 10 cm，初始推搡冲量设定为 20 N·s，人体队列的前方为开放空间，且个体在连续碰撞过程中不允许使用手部动作，模拟中将计算并记录所有个体受到的来自后方个体的相互作用冲量，以此分析初始局部相互作用在人体队列中的传递规律，对比每个修正系数对传递规律的影响效果。

4.3.2 修正系数

首先设定修正系数的基准值为 $\varepsilon = 1.25$，$\xi = 0.8$，$\lambda = 1.55$，$\gamma_0 = 2.4$。同时，式（4.25）中的其他参数假定是保持不变的，分别为 $\overline{L}_0 = 21\text{N}\cdot\text{s}$，$\Delta L_0 = 10\text{N}\cdot\text{s}$，$\gamma_\Delta = 0.6$，其取值是根据第 3 章相关实验中所有初始推搡冲量计算得出的，因此原修正系数 γ 的影响完全可以视作参数 γ_0 的影响。在模拟中，将分别逐次改变修正系数 ε、ξ、γ_0 与 λ 的数值，计算并记录每次模拟中所有个体受到的来自后方个体的相互作用冲量，各修正系数对初始推搡冲量在人体队列中传递规律的影响效果如图 4.6 所示。

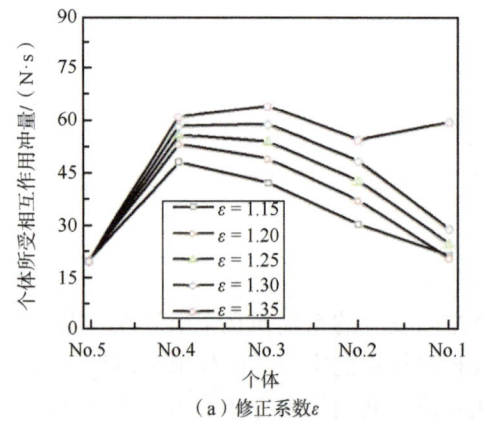

（a）修正系数 ε

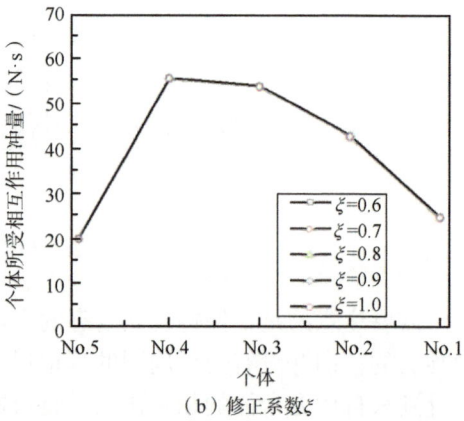

（b）修正系数 ξ

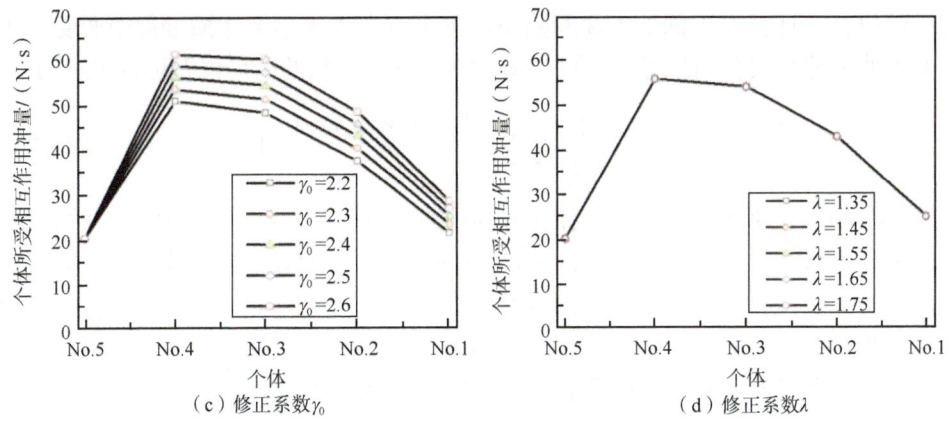

图4.6 修正系数对相互作用冲量在人体队列中传递规律的影响效果

可以发现，ε 和 γ_0 对人体在多米诺过程中所受相互作用冲量的影响较大，而 ξ 和 λ 几乎不会造成影响，这说明修正系数 ξ 和 λ 所影响的自主状态下的相互作用过程并没有在人体多米诺过程中普遍出现，反而是失稳状态下的相互作用过程占据了主导地位。具体来看，对于修正系数 γ_0，当其增大后，人体所受冲量皆随之增大，但是初始相互作用冲量在人体队列中传递时的变化趋势仍然基本一致。对于修正系数 ε，当其增大后，人体所受相互作用冲量同样皆随之增大，且当 ε 足够大时，初始相互作用冲量传递到队列最前端个体时将不再衰减反而出现激增。一般情况下，如果修正系数的变化恰好能够导致某个或某几个人体的运动模式发生根本改变，那么相互作用冲量在人体队列中传递时的变化趋势就将发生突变。当 ε 足够大时，会恰好导致多体系统中涉及的个体数目有所增加，这就是导致最前端个体所受相互作用冲量激增的主要原因。同时，初步表明，身体姿态变化可能是导致个体间局部相互作用能够累积和放大的重要原因。

4.3.3 敏感性分析

鉴于修正系数 ε 和 γ_0 对人体在多米诺过程中所受相互作用冲量的影响较大，敏感性分析将主要聚焦于这两个修正系数，以期得到最理想的修正系数取值，重现实验中的人体连续碰撞过程。为了便于利用实验数据进行误差计算，模拟中将重新设定个体间隔分别为 0 cm、5 cm、10 cm、15 cm、20 cm、25 cm 和 30 cm，且选取实验中真实的初始推搡冲量值作为模拟研究中不同间隔情况下的初始推搡冲量，其他修正系数、参数与环境设定仍保持不变。

实际模拟中，修正系数 ε 按照跨度 0.05 在范围[1.0, 1.5]内线性地依次取值，参数 γ_0 按照跨度 0.1 在范围[2.0, 2.8]内线性地依次取值，选取所有由修正系数 ε 和 γ_0

构成的组合，计算在不同的人体间隔条件下个体在人体连续碰撞过程中所受的相互作用冲量并与实验结果进行对比。最小均方分析得到的全局误差可以表示为

$$\kappa(\varepsilon,\gamma_0)=\frac{1}{n_s n_p}\sum_{j=1}^{n_s}\sum_{i=1}^{n_p}\left[\frac{L_{\text{sim}}(\varepsilon,\gamma_0,s_j,p_i)}{L_{\text{exp}}(s_j,p_i)}-1\right]^2 \quad (4.29)$$

其中，s 表示个体间隔；p 表示个体在队列中所处的位置；n_s 表示个体间隔的数目；n_p 表示人体队列中个体位置的数目（$n_p=n$）；$L_{\text{exp}}(s_j,p_i)$ 表示在实验中当人体间隔为 s_j 时处于位置 p_i 处的个体背部测量得到的冲量值，如表 4.2 所示；$L_{\text{sim}}(\varepsilon,\gamma_0,s_j,p_i)$ 表示在修正系数取值为 ε 和 γ_0 时，模拟计算得到的该个体所受的相互作用冲量。通过最小化全局误差 κ 可以得到最理想的修正系数组合 $\tilde{\varepsilon}$ 和 $\tilde{\gamma}_0$：

$$(\tilde{\varepsilon},\tilde{\gamma}_0)=\arg\min\kappa(\varepsilon,\gamma_0) \quad (4.30)$$

这里，κ 可以表示为 ε 和 γ_0 的函数，如图 4.7 所示。最理想的修正系数组合为 $\tilde{\varepsilon}=1.25$ 与 $\tilde{\gamma}_0=2.4$。此后，人体多米诺模型便可以用于模拟实际在人体队列中发生的连续碰撞过程，并计算不同情景条件下个体所受的相互作用冲量，研究局部相互作用在人体队列中的传递规律。

表 4.2　在开放边界且无手部动作的多米诺过程中所有个体所受冲量的实验测量值 L_{exp}

个体间隔/cm	5号个体/(N·s)	4号个体/(N·s)	3号个体/(N·s)	2号个体/(N·s)	1号个体/(N·s)
0	31.87	62.00	66.71	44.44	24.27
5	27.33	59.29	59.10	47.02	20.11
10	25.70	58.83	54.75	48.21	22.13
15	20.21	53.08	40.66	46.86	22.86
20	19.24	46.74	37.49	42.25	25.98
25	21.08	49.73	44.11	40.21	26.03
30	19.13	51.51	48.01	37.96	30.11

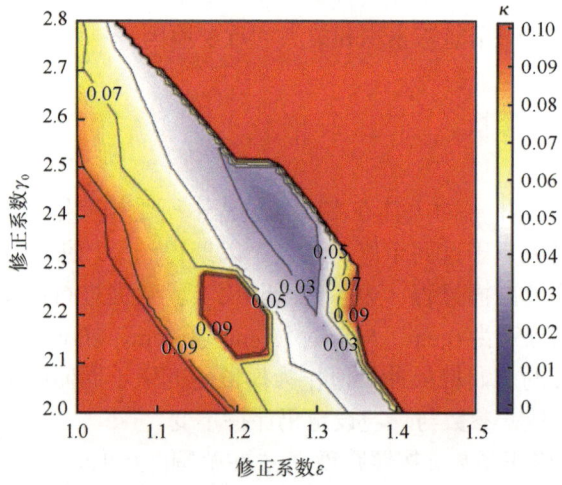

图4.7　全局误差分布图

4.4 实验中的人体连续碰撞过程模拟

根据理想的修正系数组合，人体多米诺模型可以重现实验中的人体连续碰撞过程，但是前文中得到的修正系数值是在开放边界且不允许个体使用手部动作的条件下获得的，如果模拟中人体队列的前方边界变为固定障碍物，或者个体在人体连续碰撞过程中使用手部动作，那么相应的理想修正系数取值也将发生变化，但是获得理想修正系数的敏感性分析方法仍然不变，可以重复上述过程，得到相应的理想修正系数。所以，本章将模拟以下三种情景下的人体多米诺过程，分别是开放边界且无手部动作情景、开放边界且有手部动作情景以及固定边界且无手部动作情景。然后，分别将在每种情景下得到的模拟计算结果与相应的实验测量结果相比较，进一步验证人体多米诺模型的适用性。

4.4.1 开放边界且无手部动作的多米诺过程

在第 3 章中已经对平地上人体队列中的人体连续碰撞过程进行了实验研究，在开放边界且无手部动作的情景下，已经测量得到了所有个体受到的冲量值，如表 4.2 所示。为了利用人体多米诺模型复现相同的实验场景，将模拟场景设定为与实验场景完全一致，模拟中总人数为 $n=5$（无须额外个体提供初始推搡冲量），且理想的修正系数组合为 $\varepsilon=1.25$ 与 $\gamma_0=2.4$，其他修正系数与参数分别取值为 $\xi=0.8$，$\lambda=1.55$，$\bar{L}_0=21\mathrm{N}\cdot\mathrm{s}$，$\Delta L_0=10\mathrm{N}\cdot\mathrm{s}$，$\gamma_\Delta=0.6$。个体间隔依然设定为 0 cm、5 cm、10 cm、15 cm、20 cm、25 cm 和 30 cm，每种间隔下，模拟中的初始推搡冲量值与实验中的初始推搡冲量值保持一致，分别进行一次模拟过程，计算所有个体在多米诺过程中受到的相互作用冲量并与实验测量值进行对比，如图 4.8 所示。

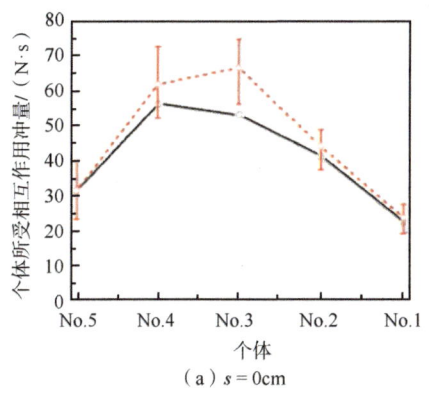
（a）$s=0\mathrm{cm}$

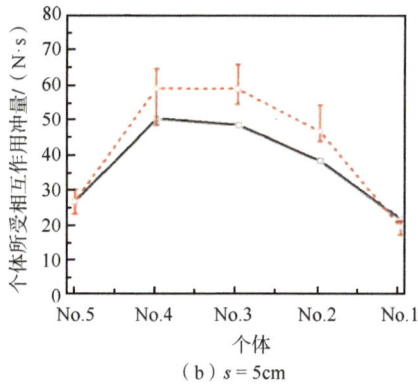
（b）$s=5\mathrm{cm}$

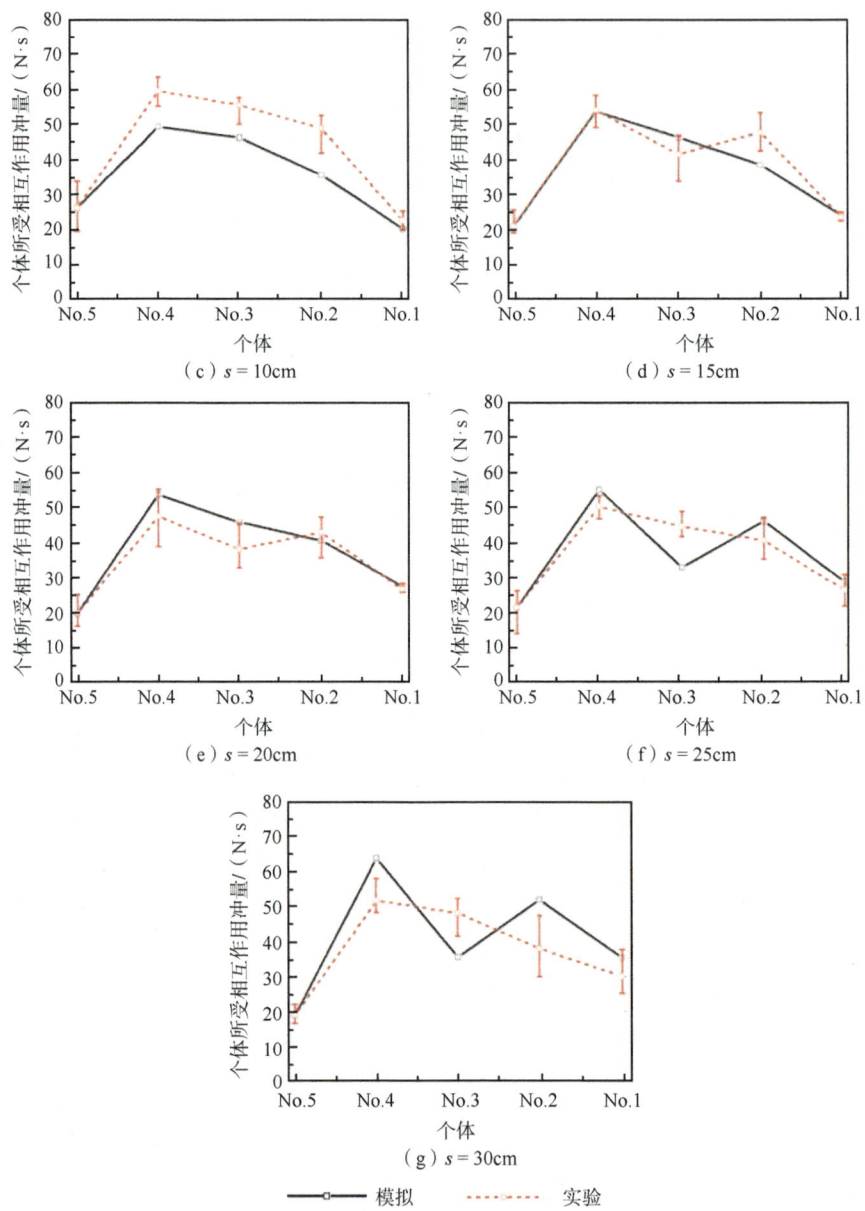

图4.8 在开放边界且无手部动作的多米诺过程模拟与实验中个体受到的相互作用冲量

总体来看,模拟中个体在多米诺过程中受到的相互作用冲量与实验测量值基本吻合。在个体间隔较小时,模拟中所有个体所受冲量相比于实验测量值均要略微偏小,这是因为人体在这种条件下心理期望获得更多的活动空间而倾向于更剧烈的相互作用。另外,在个体间隔为 15 cm 与 20 cm 时,实验中测量的冲量值会出现波动,类似的现象在个体间隔为 25 cm 与 30 cm 的模拟结果中同样可以被观察到。这说明在个体间隔逐渐增大的过程中,人体连续碰撞过程中个体的运动模式会发生突变,根本原因在于人体连续碰撞过程中形成的多体系统内包含的个体数目发生了变化,导致相互作用冲量在人体队列中传递时出现波动。但是,实验和模拟中出现相互作用冲量波动的个体间隔取值还不完全一致,这与人体倾倒过程中身体姿态调整导致的重心无规律变化有关,若重心靠前将加剧前倾,而重心靠后将有效缓解前倾过程,从而影响相互作用时传递的冲量值。但本模型仍然能够满足研究相互作用冲量传递规律的需求。

另外,不难发现初始推搡冲量及个体间隔都会对人体连续碰撞过程产生影响。对人体队列中某个固定位置的个体而言,其在连续碰撞过程中所受的相互作用冲量会发生较显著的变化,同时相互作用冲量在人体队列中传递时的演化趋势也会有所不同。为了深入分析和研究人体连续碰撞过程的影响因素,需要利用人体多米诺模型定量地分析上述两个因素对人体连续碰撞过程的影响效果。

此时,依然将模拟场景设定为与实验场景完全一致,且除初始推搡冲量与个体间隔以外的修正系数与相关参数的取值仍然不变。在研究初始推搡冲量的影响效果时,取个体间隔恒定为 $s=10$ cm,依次将初始推搡冲量 L_0 设定为 18 N·s、20 N·s、22 N·s、24 N·s、26 N·s、28 N·s 和 30 N·s;而在研究个体间隔的影响效果时,取初始推搡冲量恒定为 $L_0=20$ N·s,依次将个体间隔 s 设定为 0 cm、5 cm、10 cm、15 cm、20 cm、25 cm 和 30 cm。每种设定情况下,分别进行模拟计算,得到所有位置处个体所受的相互作用冲量值,其结果如图 4.9 所示。

由图 4.9(a)可知,当个体间隔恒定为 10 cm 时,初始推搡冲量的差异仅会对人体队列中相同位置处个体所受的相互作用冲量产生影响,不会改变相互作用冲量沿着人体队列传递的演化趋势。同时,$\Delta L_{sim,5th}=12\text{N}\cdot\text{s}$,$\Delta L_{sim,4th}=10.71\text{N}\cdot\text{s}$,$\Delta L_{sim,3rd}=12.41\text{N}\cdot\text{s}$,$\Delta L_{sim,2nd}=11.49\text{N}\cdot\text{s}$,$\Delta L_{sim,1st}=7.52\text{N}\cdot\text{s}$,这说明人体所受相互作用冲量的波动幅度基本与初始推搡冲量的波动幅度相一致。另外,如图 4.9(b)所示,当初始推搡冲量恒定为 20 N·s 时,个体间隔的差异对人体连续碰撞过程的影响十分显著,随着个体间隔的不断增大,相互作用冲量沿着人体队列传递的演化趋势可能发生突变。在个体间隔为 0 cm、5 cm 和 10 cm 时,相互作用冲量沿着人体队列传递时的演化趋势是基本一致的,但在个体间隔由 10 cm 增大到 15 cm 时,相互作用冲量传递的演化趋势已经发生了微弱改变,后续人体受到的相互作用冲量衰减幅度增大,当个体间隔由 20 cm 增大到 25 cm 时,相互作用冲量传递的演化趋势发生了显著的改变,人体受到的相互作用冲量出现波动,并未单调一致地下降,其主要原因在于个体间隔的变化将引发人体连续碰撞过程中个体运动

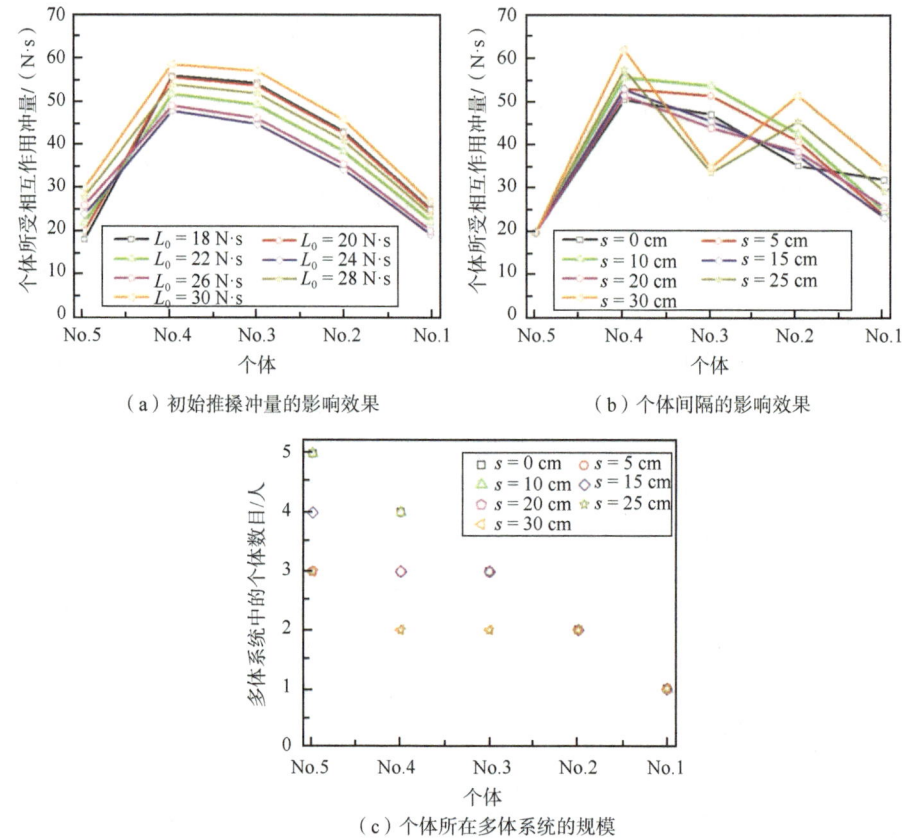

(a) 初始推搡冲量的影响效果　　(b) 个体间隔的影响效果

(c) 个体所在多体系统的规模

图4.9　初始推搡冲量与个体间隔对人体多米诺过程的影响效果

模式出现突变,最主要的变化发生在人体受迫前倾运动过程中可能形成的多体系统内。当个体间隔较大时,多体系统中的个体数目可能会相对减少,当个体间隔较小时,多体系统中的个体数目反而较多。当个体间隔不断增大时,将会导致多体系统中的个体数目发生突变,此时,就可能导致相互作用冲量沿着人体队列传递的演化趋势随之产生突变。如图4.9(c)所示,在个体间隔为0 cm、5 cm和10 cm时,人体在达到反应弛豫时间脱离多体系统时,该多体系统中个体数目也是完全一致的,因而相互作用冲量的演化趋势几乎相同。但在个体间隔为15 cm和20 cm时,处于5th与4th位置处的人体脱离多体系统时,该多体系统中个体数目发生了变化,这导致了相互作用冲量的演化趋势有所改变,但此时这两种个体间隔条件下的演化趋势较为相近,因为除了处于5th位置处的人体以外,其他人体所在的多体系统中个体数目仍然相同。在个体间隔为25 cm和30 cm时,处于5th、4th与3rd位置处的人体所在的多体系统中个体数目均发生了变化,尤其是处于4th与3rd位置处的人体所在的多体系统均仅包含两个人体,这也是导致处于3rd位置处人体受到的相互作用冲量值出现骤减的根本原因，在这两种个体间隔条件下，所有位置处人体所在的多体系统中个体数目相同，因而相互作用冲量呈现出相近的演化趋势。

综上所述，初始推搡冲量的波动不会显著改变相互作用冲量沿着人体队列传递时的演化趋势，但这种波动会造成人体队列中各个位置处个体所受相互作用冲量出现近乎同等程度的波动。个体间隔的差异会显著地影响相互作用冲量在人体队列中的传递规律，其根本原因在于个体间隔的变化会使得人体在受迫前倾运动过程中形成的多体系统内的个体数目发生突变，从而显著影响个体在连续碰撞过程中受到的相互作用冲量。但上述规律也会因人体在运动过程中重心偏移、姿态变化或心理状态等因素而发生稍许改变。

4.4.2 开放边界且有手部动作的多米诺过程

在第 3 章中同样针对开放边界且有手部动作的情景在平地上的人体队列中开展了人体连续碰撞实验，测量得到了所有个体受到的相互作用冲量，如表 4.3 所示。为了利用人体多米诺模型复现相同的情景，将模拟场景设定为与实验场景完全一致，模拟中总人数为 $n = 5$（无须额外个体提供初始推搡冲量）。基于表 4.3 中的实验数据，将式（4.25）中的相关参数设定为 $\bar{L}_0 = 24.5 \text{N} \cdot \text{s}$，$\Delta L_0 = 10 \text{N} \cdot \text{s}$ 及 $\gamma_\Delta = 0.6$，修正系数 $\xi = 0.8$ 和 $\lambda = 1.55$ 仍然取值不变，那么利用参数敏感性分析方法，可以得到在此种情况下，理想的修正系数组合为 $\varepsilon = 1.4$ 和 $\gamma_0 = 2.4$。个体间隔设定为 0cm、5 cm、10 cm、20 cm 和 30 cm，每种个体间隔下，模拟中的初始推搡冲量值与实验中的初始推搡冲量值保持一致，分别进行一次模拟过程，计算所有个体在连续碰撞过程中受到的相互作用冲量并与实验测量值进行对比，如图 4.10 所示。

表 4.3 在开放边界且有手部动作的多米诺过程中所有个体所受冲量的实验测量值 L_{exp}

个体间隔/cm	5 号个体/（N·s）	4 号个体/（N·s）	3 号个体/（N·s）	2 号个体/（N·s）	1 号个体/（N·s）
0	30.90	77.81	96.72	121.06	76.30
5	27.82	109.95	152.75	142.48	95.61
10	24.47	66.95	134.65	148.50	107.24
20	21.45	82.48	142.66	143.17	133.81
30	18.79	61.78	120.38	121.96	128.82

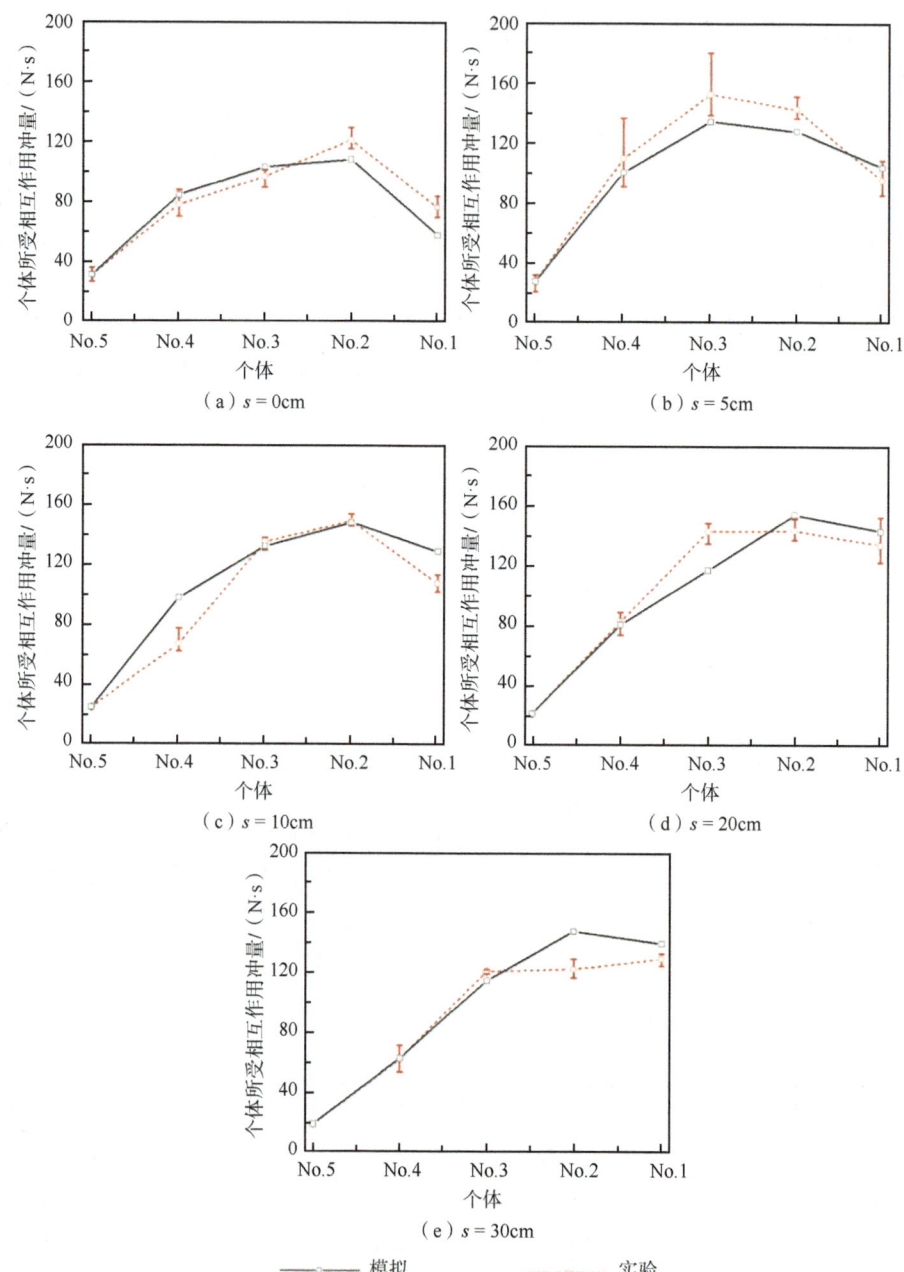

图4.10 在开放边界且有手部动作的多米诺过程模拟与实验中个体受到的相互作用冲量

由图 4.10 可知，模拟中个体在连续碰撞过程中受到的相互作用冲量与实验测量值基本吻合，仅有部分位置处个体所受的相互作用冲量存在稍许差异。伴随着个体间隔的逐渐增大，冲量在人体队列中传递时不断累积和放大的效果越来越明显，当局部相互作用发展到队列的边界时，冲量才会出现衰减。本模型仍然能够满足定量研究存在手部动作时相互作用冲量沿着人体队列传递时演化规律的客观需求，并且适用于分析手部动作对个体间相互作用过程的影响效果。

4.4.3 固定边界且无手部动作的多米诺过程

在第 3 章开展的实验中人体队列所处的环境没有障碍物的存在，队列的前方为开放空间。然而，在现实中的人群聚集场所，一般均会设定固定障碍物作为活动场地的边界，如墙壁、栅栏、栏杆等，这些固定边界的存在会显著改变局部相互作用在人群边界的传递规律，对靠近人群边界的个体造成明显的影响。因此，本章在第 3 章实验的基础上，补充进行了存在固定边界的人体连续碰撞实验，实验的准备步骤、仪器设备和实施过程均与第 3 章中平地上开展的无手部动作的实验完全一致，唯一的区别在于人体纵队的前方并不是开放空间而是固定墙壁，实验中选取个体间隔分别为 0 cm、5 cm、10 cm、20 cm 和 30 cm，且每种个体间隔条件下重复至少 5 次实验过程，并测量所有个体在背部受到的碰撞作用力冲量数据，如表 4.4 所示。

表 4.4 在固定边界且无手部动作的多米诺过程中所有个体所受冲量的实验测量值 L_{exp}

个体间隔/cm	5 号个体/(N·s)	4 号个体/(N·s)	3 号个体/(N·s)	2 号个体/(N·s)	1 号个体/(N·s)
0	19.55	58.76	151.00	179.99	142.47
5	20.87	50.23	84.66	145.14	184.46
10	31.39	54.39	146.01	172.25	232.51
20	11.13	38.53	49.45	102.24	144.35
30	20.17	44.14	39.55	126.02	227.23

为了利用人体多米诺模型复现相同的情景，将模拟场景设定为与实验场景完全一致，模拟中总人数为 $n=5$（无须额外个体提供初始推搡冲量）。基于表 4.4 中的实验数据，将式（4.25）中的相关参数设定为 $\overline{L}_0 = 20\text{N}\cdot\text{s}$，$\Delta L_0 = 10\text{N}\cdot\text{s}$ 及 $\gamma_\Delta = 1.0$，修正系数取值为 $\xi = 0.8$ 和 $\lambda = 1.65$。利用参数敏感性分析方法，可以得到在此种情况下，理想的修正系数组合为 $\varepsilon = 1.3$ 和 $\gamma_0 = 2.4$。此时，修正系数 λ 对存在固定边界的人体连续碰撞过程的影响逐渐显现，因为个体之间的相互作用传递至固定边界时会戛然而止，此时个体自身的动量将瞬间转化为相互作用冲量并通过个体之间的推搡作用向前传递，但此时的前方个体均被挤压在固定边界周边狭小的空间内而无法做出有效应对，只能被动地向前方个体转移自身受到的相互作用冲量，这种情形与自主状态下的推搡过程相符合，故而修正系数 λ 的影响效果开始逐渐显现。个体间隔依然设定为 0 cm、5 cm、10 cm、20 cm 和 30 cm，每

种个体间隔下，模拟中的初始推搡冲量值与实验中的初始推搡冲量值保持一致，分别进行一次模拟过程，计算所有个体在连续碰撞过程中受到的相互作用冲量并与实验测量值进行对比，如图 4.11 所示。

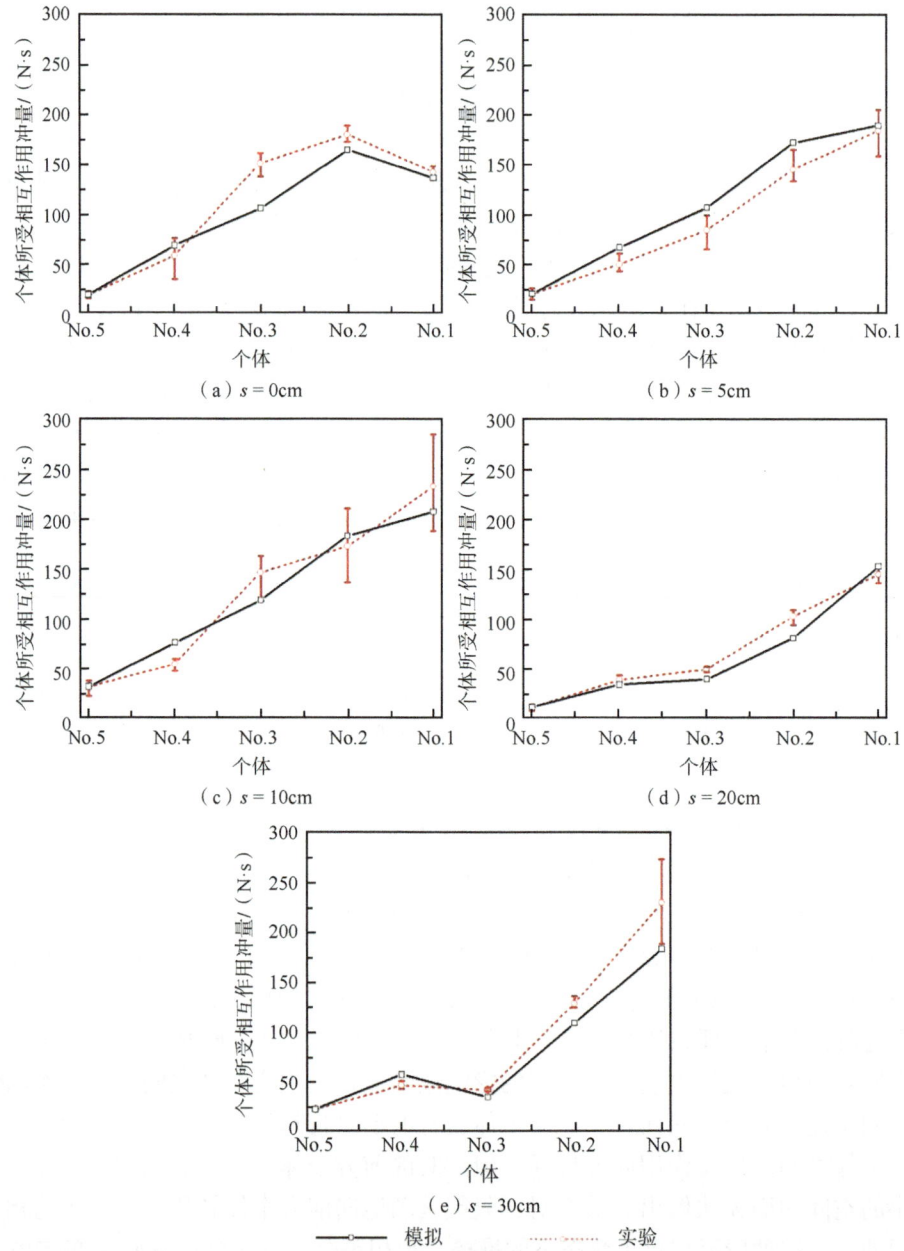

图4.11　在固定边界且无手部动作的多米诺过程模拟与实验中个体受到的相互作用冲量

由图 4.11 可知，模拟中个体在连续碰撞过程中受到的相互作用冲量与实验测量值基本吻合，仅有部分位置处个体所受的冲量值存在稍许差异。在个体间隔为 0 cm 时，冲量沿着人体队列传递到固定边界时，还会出现明显的衰减。但是当个体间隔大于 0 cm 时，冲量沿着人体队列传递的过程中将不断增大，即使整个连续碰撞过程已经发展到队列的固定边界，冲量值仍然没有衰减，这是固定边界与开放边界最显著的差异。这也初步表明，对存在固定边界的情况而言，冲量沿着人体队列传递时将持续累积并最终施加到靠近固定边界的个体身上，导致固定边界附近的个体承受了相比开放边界情况下更加剧烈的冲击效果。本模型仍然能够满足研究存在固定边界时冲量沿着人体队列传递时的演化规律的客观需求，并且适用于分析固定边界对个体之间相互作用过程的影响。

4.5　长人体队列中连续碰撞过程模拟

基于上述模拟和实验结果，可以做出这样的猜想，对于更多个体参与的稳定且可持续的人体连续碰撞过程，势必会存在独立于起始阶段和终止阶段之外的过渡阶段。然而，由于场景中个体数目有限，现有研究结果都很难确认人体连续碰撞过程中是否存在不同于起始阶段和终止阶段的过渡阶段。如果就个体在连续碰撞过程中所受的冲量而言，在过渡阶段中个体所受的冲量应该保持相对稳定，才能够使得人体连续碰撞过程稳定且可持续地进行下去，直至发展到人体队列的边界。因此，需要建立更多个体参与的人体连续碰撞场景，通过模拟计算，研究人体连续碰撞过程中是否存在过渡阶段，并利用相互作用冲量沿着人体队列传递的演化趋势来描述各个阶段的基本特征和相互转化机制。这将有助于深入揭示人体多米诺过程的传递规律和机理，从而为揭示局部相互作用在人体队列中的传递规律奠定基础，并最终为诠释微观个体动力学行为及相互作用过程与宏观人群动力学状态之间的内在关联提供理论支持。

本章重新建立了新的模拟场景，旨在模拟人体纵队中发生的多米诺过程，参与的个体数目分别设定为 $n = 10$ 和 $n = 20$。个体的动力学行为和个体之间的相互作用过程都没有发生实质性变化，因而模型中的修正系数及相应参数的取值仍然不变。同时设定模拟中的初始推搡冲量恒定为 20 N·s，但个体间隔分别设定为 5 cm、10 cm、20 cm 和 30 cm。然后，将分别开展三种情景下的模拟研究，分别是开放边界且无手部动作情景、开放边界且有手部动作情景以及固定边界且无手部动作情景。在每种情景下，将分别模拟在不同个体间隔条件下的人体连续碰撞过程，并计算所有个体所受的相互作用冲量，重点分析冲量沿着人体队列传递时呈现的演化规律。

4.5.1 局部相互作用冲量的传递规律

本章首先重点针对开放边界且无手部动作情景，模拟了在 $n=10$ 和 $n=20$ 两种情况下的人体多米诺过程，计算得到了相互作用冲量沿着人体队列传递时的演化趋势，如图 4.12 所示，其中相互作用冲量沿着人体队列传递的起始阶段可以由多项式进行拟合，拟合曲线如橙色曲线所示，该多项式函数及适用区间已详细列出，相互作用冲量的稳定阶段可以由红色直线进行拟合。

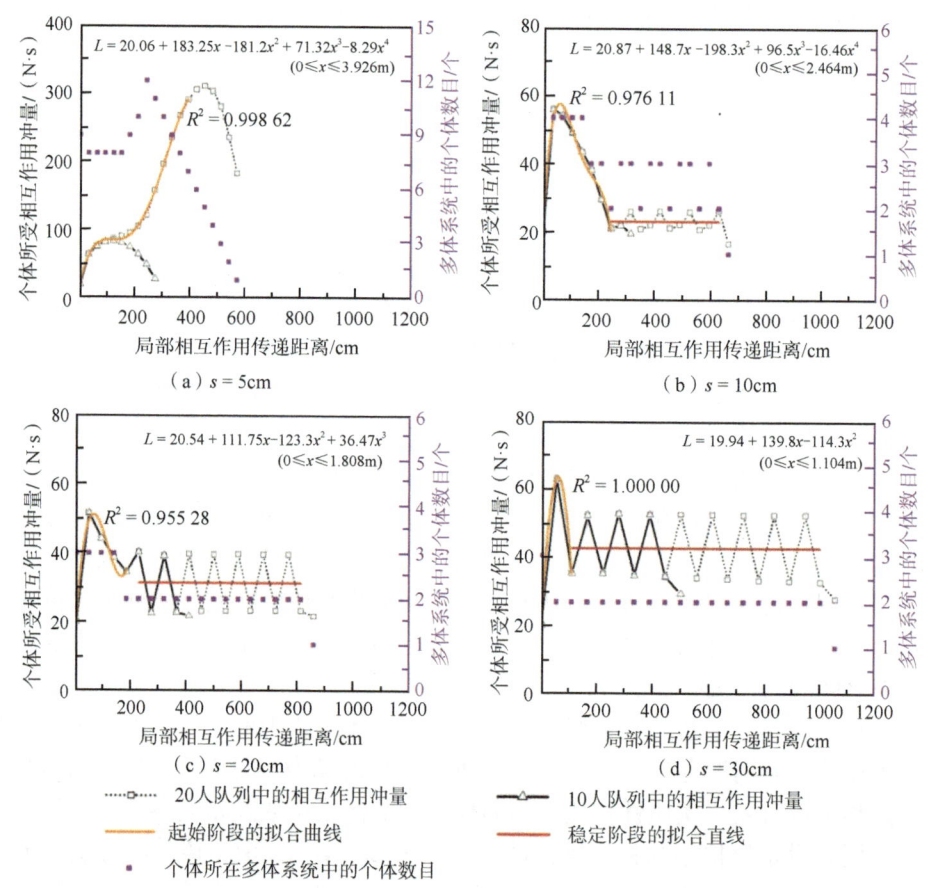

图4.12 在开放边界且无手部动作的多米诺过程中相互作用冲量沿着人体队列的演化趋势

由图 4.12（b）～图 4.12（d）不难发现，在人体多米诺过程中相互作用冲量沿着人体队列传递的演化趋势基本可以归纳为三个阶段。①第一个阶段是起始阶段，个体所受的相互作用冲量会在发生第一次以身体前倾姿态形成的碰撞过程中迅速激增到极大值，随后相互作用冲量将伴随着人体多米诺过程的发展而逐步下降并达到一种相对稳定的状态，这也就预示着冲量的演化趋势进入到了第二个阶段。②第二个阶段可以称为稳定阶段，伴随着人体多米诺过程的发展，个体所受的相互作用冲量将围绕某一固定值出现周期性的上下波动，其既不会无限制地增大也不会持续衰减，而是保持在相对稳定的状态。当局部相互作用过程发展到队列的边界时（也就是队列边界处的个体开始出现受迫前倾运动时），相互作用冲量沿着人体队列传递的演化趋势将进入到第三个阶段。③第三个阶段就是终止阶段，该阶段内冲量的演化趋势将受到人体队列边界的影响。在开放边界的情况下，由于边界处的个体前方有足够的空间，人体能够通过向前移动来摆脱来自后方的强烈相互作用，因而该阶段内个体所受的相互作用冲量将逐渐衰减。

相互作用冲量沿着人体队列传递的演化趋势出现明显的三阶段特征，其根本原因在于人体多米诺过程中形成的多体系统内个体数目的变化。本质上，多体系统内的个体数目意味着对该系统内最前端个体的冲击程度，也就是作用在其背部的冲量水平。图 4.12 中将每个位置处的个体在达到反应弛豫时间准备脱离多体系统时所在多体系统内的个体数目进行了统计，其变化趋势与相互作用冲量沿人体队列传递的演化趋势具有明显的关联性。如图 4.12（b）～图 4.12（d）所示，在起始阶段，多体系统内的个体数目较多，此后，伴随着多米诺过程的发展，多体系统内的个体数目逐渐减少。相应地，相互作用冲量恰好也是在发生首次前倾姿态下的碰撞过程时出现激增而后逐渐衰减。在稳定阶段，多体系统内的个体数目将保持相对恒定或者有规律地周期性波动。同样地，相互作用冲量也恰好将围绕某一固定值出现周期性的上下波动。在终止阶段，当局部相互作用过程发展到队列的边界时，多体系统开始逐渐解体，这也直接导致了相互作用冲量在终止阶段内出现逐渐衰减的过程。

但对于密集人群或队列，也就是个体间隔非常小的情况，相互作用冲量沿人体队列传递的演化趋势可能并不会出现上述的三阶段特征，相互作用冲量将会伴随着人体多米诺过程的发展而持续不断地增长，直至局部相互作用过程发展到队列的边界，其演化趋势中不会出现稳定阶段，如图 4.12（a）所示，其原因同样在于多体系统内的个体数目并没有伴随着人体多米诺过程的发展而逐渐达到稳定，反而出现逐渐增多的现象。这也导致相互作用冲量在发生首次前倾姿态下的碰撞过程时出现激增之后，再次出现显著的增长。只有当局部相互作用过程发展到队列的边界时，多体系统内的个体数目才会随着多体系统的瓦解而逐渐减少，相互作用冲量也相应地开始出现衰减。因此，可以想象，假如人体队列中的个体数目足够多，那么个体所受相互作用冲量可能将持续增大，个体之间的局部相互作用将不断累积和放大，并最终超出个体的承受极限，这可能就是导致密集人群中出现人体伤亡等极端事故的重要原因之一。

综上，相互作用冲量沿着人体队列传递的演化规律已经基本明确，在个体间隔非常小的情况下，相互作用冲量可能将持续不断增大，直至局部相互作用过程发展至人体队列的边界时，个体所受相互作用冲量才会出现衰减；在个体间隔较为明显的情况下，相互作用冲量沿着人体队列的演化趋势将呈现明显的三阶段特征。然而，这只能从整体层面描述相互作用冲量在人体队列中的演化规律，针对微观个体层面而言，仍然需要利用式（3.18）定量描述个体在连续两次碰撞过程中产生的冲量之间的函数关系。模拟中个体之间的质心距离仍然会随着个体间隔取值不同而发生变化，所以可以利用式（3.19）进行求解，式中相关系数的取值不变，模拟结果如图 4.13 所示，其中 L_1 代表人体在首次碰撞过程中受到的来自后方人体的冲量，L_2 代表人体再次与前方人体发生碰撞时传递给前方人体的冲量，d 代表初始状态下相邻两个人体之间的质心距离。不难发现，模拟结果与实验测量结果基本吻合，仍然满足式（3.19）所表示的拟合曲线。

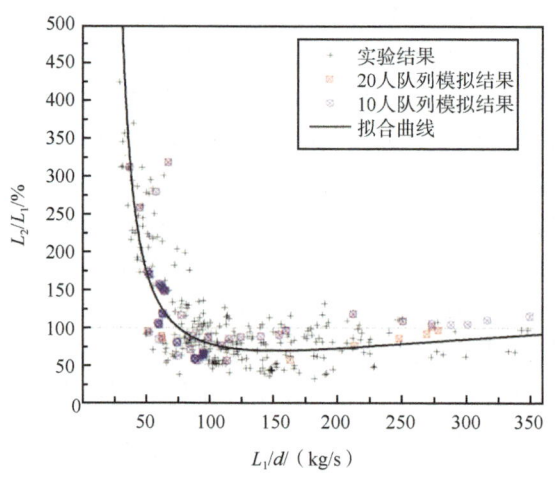

图4.13 在开放边界且无手部动作情景下的实验与模拟中L_2/L_1与L_1/d之间的函数关系

4.5.2 冲量传递过程的定量估计

事实上，相互作用冲量在人体队列中的演化规律也可以从整体层面进行定量的估计。一般而言，只要个体之间的局部相互作用过程没有发展到队列的边界，那么发展至某一相同位置的人体多米诺过程是基本一致的，不受后续未参与多米诺过程的个体影响。这种可重复性能够被用来预测在其他场景条件下人体多米诺过程中起始阶段和稳定阶段内个体所受的相互作用冲量。

针对起始阶段，由图 4.12（b）～图 4.12（d）可以发现，在由 10 个人体和 20 个人体组成的队列中，尽管总人数是不同的，但是在个体间隔相同的情况下，由相同初始推搡冲量引发的人体多米诺过程的起始阶段是基本一致的，这就为预测处于该阶段内个体所受的相互作用冲量奠定了基础。若个体间隔非常小时，如图 4.12（a）所示，在由 10 个人体和 20 个人体组成的队列中，起始阶段都显得并不完整，也就是说，起始阶段并没有明显的结束迹象，因为在整个人体多米诺过程中并没有出现稳定阶段，当个体之间的局部相互作用过程发展到队列的边界时，将由起始阶段直接进入到终止阶段。但需要注意的是，在 10 个人体和 20 个人体组成的队列中，多米诺过程中处于起始端的若干个体所受相互作用冲量基本一致，尽管此时起始阶段并不完整，但处于起始阶段之初的特定传递距离内的个体所受相互作用冲量仍然是大致相同的。这表明，即使在个体间隔非常小时，人体多米诺过程起始阶段内的已知部分仍然具有可重复性，这就为预测起始阶段内特定传递距离内的个体所受相互作用冲量奠定了基础。综合来看，在不同个体间隔条件下，人体多米诺过程的起始阶段（$s \geqslant 10$ cm）或者起始阶段内的已知部分（$s = 5$ cm）可以用于预测在其他场景条件下人体多米诺过程中起始阶段内个体所受的相互作用冲量。利用多项式拟合，可以得到不同个体间隔条件下起始阶段或者起始阶段内的已知部分的拟合方程。在 s=5 cm 时，采用四阶的多项式拟合来描述起始阶段内的已知部分中个体所受的冲量值，$L = 20.06 + 183.25x - 181.2x^2 + 71.32x^3 - 8.29x^4$（$0 \leqslant x \leqslant 3.926$ m）；在 s=10 cm 时，采用四阶的多项式拟合来描述起始阶段内个体所受的冲量值，$L= 20.87 + 148.7x - 198.3x^2 + 96.5x^3 - 16.46x^4$（$0 \leqslant x \leqslant 2.464$ m）；在 s=20 cm 时，采用三阶的多项式拟合来描述起始阶段内个体所受的冲量值，$L = 20.54 + 111.75x - 123.3x^2 + 36.47x^3$（$0 \leqslant x \leqslant 1.808$ m）；在 $s = 30$ cm 时，采用二阶的多项式拟合来描述起始阶段内个体所受的冲量值，$L = 19.94 + 139.8x - 114.3x^2$（$0 \leqslant x \leqslant 1.104$ m）。另外，还需要注意到，不同个体间隔条件下，起始阶段的长度或者起始阶段内的已知部分的长度均是完全不同的，因而上述拟合方程的适用区间并不一致。

针对不同的个体间隔，如果将个体视作内角均为 120° 的六边形并按照蜂巢式紧密排列[17]，同时考虑个体之间的前后间隔但忽略人体侧向的空隙，那么可以将微观的个体间隔 s 与宏观的人群密度 ρ 关联起来，其数值对应关系如表 4.5 所示。那么，利用上述多项式拟合方程，可以得到相互作用冲量的拟合曲面，该曲面分别以人群密度和传递距离为自变量，以在多米诺过程中的起始阶段或者起始阶段的已知部分内个体所受相互作用冲量为因变量，如图 4.14 所示。该拟合曲面即可用于预测发生在不同人群密度下的人体多米诺过程中，位于起始阶段（30 cm $\geqslant s \geqslant$ 10 cm）或者起始阶段的已知部分（$s<10$ cm）内的个体所受的相互作用冲量。当然，对于曲面考虑范围之外的低人群密度，个体在前倾过程中碰撞到前方个体的概率大幅下降，碰撞过程将逐渐过渡到二维平面碰撞形式，故而不在本拟合曲面的考虑范围之内。同时，由图 4.9（a）可知，初始推搡冲量变化时不会对冲量

沿着人体队列传递的演化趋势造成明显的改变，且后续个体所受冲量的波动幅度将与初始推搡冲量的波动幅度相近。因此，如果初始冲量不为 $L_0 = 20 \text{ N} \cdot \text{s}$，那么由图 4.14 中预测的相互作用冲量的偏差可能基本与初始推搡冲量的偏差相接近。另外，起始阶段或起始阶段的已知部分的覆盖范围与相应的人群密度线性相关，可以表示为 $\rho = 5.2 + 1.05x$，此线性关系同样预示着拟合曲面的适用范围。在任意人群密度下，超出该线性关系给出的传递距离就不再适用于本拟合曲面。因为此时可能已经超出了起始阶段或者起始阶段的已知部分，所以该线性关系也可以称作起始阶段的截断直线。当传递距离超出截断直线的范围时，将根据稳定阶段内的数值拟合关系定量估计个体所受的相互作用冲量。

表 4.5　微观个体间隔与宏观人群密度之间的数值对应关系

个体间隔 s/cm	人群密度 ρ/（人/m²）
5	9.15
10	8.18
20	6.95
30	6.25

注：六边形的宽度为人体的肩宽，六边形的长度为人的身体厚度与个体间隔之和，人群密度为个体所占面积的倒数

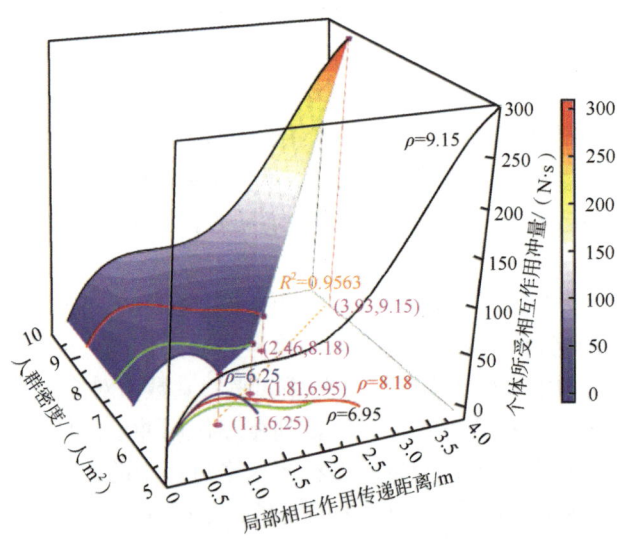

图4.14　起始阶段内个体所受相互作用冲量的拟合曲面

对于稳定阶段，由图 4.12（b）～图 4.12（d）可知，此阶段内相互作用冲量将围绕某一固定值呈现周期性波动，且在图中显示的波长一般为 $2s$ 或者 $3s$，一般来看，个体间隔越大，在稳定阶段内相互作用冲量的平均值越高，同时其周期性

波动的幅度也越大。更为重要的是，稳定阶段内相互作用冲量的平均值与人群密度也呈线性相关，即 $\overline{I} = 96.99 - 9.09\rho$（$6.25 \leq \rho \leq 8.18$ 人/m²），如图 4.15 所示。为了简化求解的过程，可以利用稳定阶段内相互作用冲量的平均值近似估计人体多米诺过程中处于稳定阶段内的个体所受的实际冲量。因而，图 4.15 中的拟合直线可以用于近似预测在特定人群密度下处于人体多米诺过程中稳定阶段的相互作用冲量。对于人群密度更高的情况，冲量沿着人体队列传递时可能不会出现稳定阶段，因此尚无法证明此时是否满足该拟合直线；对于人群密度更低的情况，个体之间的碰撞过程将逐渐过渡到二维平面碰撞形式，因此同样可能不适用于该拟合直线。同样地，如果初始冲量不为 $L_0 = 20\ \text{N}\cdot\text{s}$，那么由图 4.15 中预测的相互作用冲量的偏差可能基本与初始推搡冲量的偏差相接近。尽管该拟合直线所适用的人群密度范围有限，但是大多数人群密集场所值得关注的人群密度水平均包含在这一范围内。这说明，该拟合直线仍然具有十分重要的意义，它能够定量预测个体之间的局部相互作用对人群内部相对"遥远"的其他位置处的个体造成的影响，这也可能将是揭示人群内部出现涌动甚至湍流现象成因的重要基础。

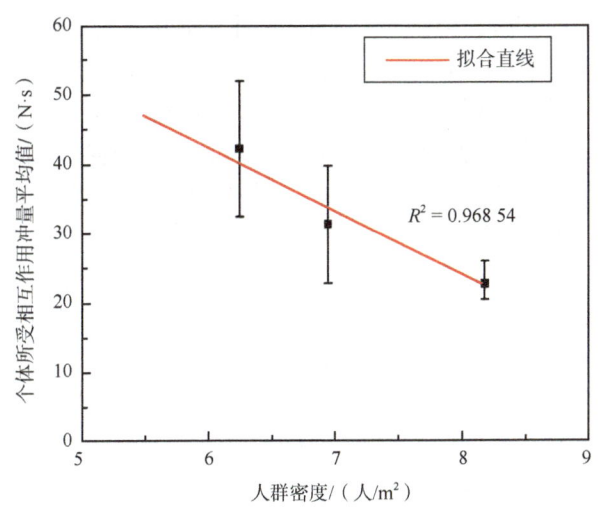

图4.15　稳定阶段内个体所受相互作用冲量平均值与人群密度的关系

综上，基于图 4.14 中的拟合曲面和图 4.15 中的拟合直线，完全能够从整体层面定量地描述在任意人群密度下发生无手部动作参与的人体多米诺过程中相互作用冲量沿着人体队列传递的基本情况，并近似评估局部相互作用对人体队列中远处个体的影响效果。例如，在较为常见的人群密度下，个体之间局部相互作用引发的人体多米诺过程中，可以近似地估计出特定传递距离处个体在相互作用中受到的冲量水平。继而，利用图 3.3 中给出的碰撞作用力脉冲的数值关系，以及表

4.5 中人群密度与个体间隔的数值对应关系，就可以近似计算得到个体在相互作用过程中受到的碰撞作用力的极大值 $F_{\max}=f(L,\rho)$，若假定碰撞作用力脉冲均值 $\bar{F}=F_{\max}/2$，那么脉冲宽度可以表示为 $L/\bar{F}$，这样就能够大致描述远处个体在相互作用过程中的动力学状态，进而定量评估局部相互作用对人体队列中远处个体的影响效果。

4.5.3 边界效应

一旦人体多米诺过程发展到人体队列的边界，相互作用冲量沿着人体队列传递的演化趋势将进入到第三个阶段，在该阶段内受到影响的个体一般仅限于靠近边界的部分个体，这个影响范围同时也与个体间隔存在关联。如果靠近边界的个体不会受到障碍物的影响，那么这种情况就可以称作开放边界。如前文所述，对于有限个体参与的开放边界情景下的人体多米诺过程，相互作用冲量在终止阶段内将持续衰减，其根本原因在于多体系统在开始逐渐瓦解，这种现象可以称作开放边界效应。由图 4.12 所示，当 $s \geq 10$ cm 时，只有最靠近边界的唯一个体所受的冲量呈现出明显的衰减，但是当 $s = 5$ cm 时，将共有六个靠近边界的个体受到开放边界效应的影响，相互作用冲量将逐次衰减。但也需要注意到，只有在有限个体参与的人体多米诺过程中才需要考虑边界效应的影响。

然而，如果靠近边界的个体受到前方固定墙壁等障碍物的限制，那么此时的边界效应将呈现出与开放边界效应完全不一样的效果。本章同样针对固定边界且无手部动作情景，模拟了在队列中人数 $n = 10$ 且初始推搡冲量为 20 N·s 情况下的人体多米诺过程，计算得到了相互作用冲量沿着人体队列传递时的演化趋势，其与开放边界情景下的演化趋势对比情况如图 4.16 所示。可以发现，相互作用冲量沿着人体队列传递的演化趋势仍然大致存在三阶段特征，且第三个阶段呈现出显著的差异，可以称之为固定边界效应。靠近固定边界的个体将承受更加强烈的冲击效果，而且冲量在该阶段内并没有出现衰减，反而将快速增大。通常情况下，固定障碍物的存在会强行阻断所有个体的运动过程，且个体所具有的动量将在与固定障碍物发生相互作用的瞬间完全消失，甚至在有些情况下，能够观察到相互作用过程中个体存在微弱的反弹现象，更加剧了靠近边界处的个体所受到的冲击效果。这表明在密集人群中靠近固定边界的个体将很有可能会在人群涌动或者多米诺过程中承受异常强烈的冲击作用。

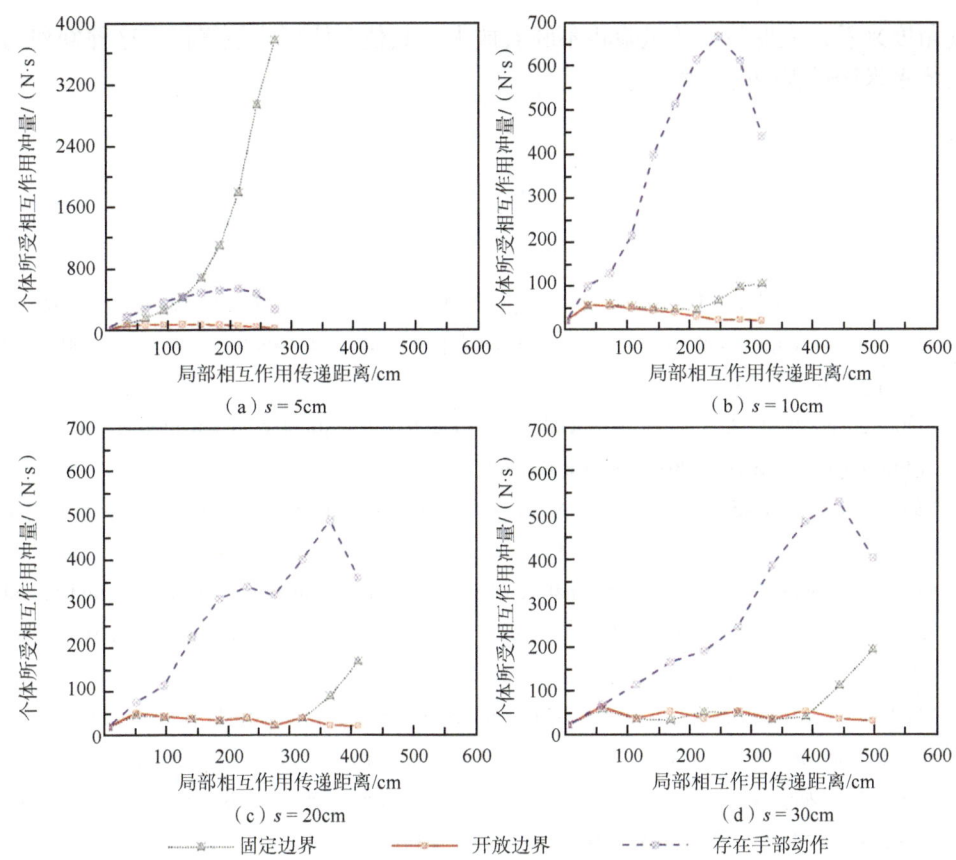

图4.16 三种情景下的人体多米诺过程中相互作用冲量沿着人体队列传递的演化趋势

4.5.4 手部动作影响

针对开放边界且有手部动作的情景,同样模拟了在队列中人数 $n = 10$ 且初始推搡冲量为 20 N·s 情况下的人体多米诺过程,计算得到了相互作用冲量沿着人体队列传递时的演化趋势,如图 4.16 所示。

可以发现,相互作用冲量沿着人体队列传递的三阶段特征将完全消失,相互作用冲量的演化趋势将不会出现相对稳定的状态。如果允许个体在人体多米诺过程中主动使用手部动作进行自我保护,那么相比于不存在手部动作的情况,整体的人体多米诺过程将更加剧烈,相互作用冲量水平显著提升。尽管个体使用手部动作可能保护了自身免于危险,但也直接加剧了在人体多米诺过程中传递的冲量,导致相互作用冲量将持续不断地增长。现实中,真实人群中的个体特别习惯于用手部动作主动地保护自己,同时,这也是个体转移外部干扰的主要方式,但从宏观角度来看，人群整体的风险将不断被放大，其他个体可能最终将在这种剧烈的人体多米诺过程中受到伤害。

参 考 文 献

[1] Johansson A, Helbing D, Shukla P K. Specification of the social force pedestrian model by evolutionary adjustment to video tracking data[J]. Advances in Complex Systems, 2007, 10（supp02）: 271-288.

[2] Zanlungo F, Ikeda T, Kanda T. Social force model with explicit collision prediction[J]. EPL（Europhysics Letters）, 2011, 93（6）: 68005.

[3] Langston P A, Masling R, Asmar B N. Crowd dynamics discrete element multi-circle model[J]. Safety Science, 2006, 44（5）: 395-417.

[4] Barker C. Some observations on the nature of the mechanism that drives the self-excited lateral response of footbridges[C]//First International Conference on the Design and Dynamic Behaviour of Footbridges（Footbridge 2002）, Paris, 2002.

[5] MacDonald J H G. Lateral excitation of bridges by balancing pedestrians[J]. Proceedings of the Royal Society A: Mathematical, Physical and Engineering Sciences, 2009, 465（2104）: 1055-1073.

[6] Wang J Y, Weng W G, Zhang X L. New insights into the crowd characteristics in Mina[J]. Journal of Statistical Mechanics: Theory and Experiment, 2014, 2014（11）: P11003.

[7] Zhen W, Mao L, Yuan Z. Analysis of trample disaster and a case study—Mihong bridge fatality in China in 2004[J]. Safety Science, 2008, 46（8）: 1255-1270.

[8] Hsu E B, Burkle F M. Cambodian bon om touk stampede highlights preventable tragedy[J]. Prehospital and Disaster Medicine, 2012, 27（5）: 481-482.

[9] Santos-reyes J, Olmos-peña S. Analysis of the "News Divine" stampede disaster[J]. Safety Science, 2017, 91: 11-23.

[10] Lin P, Ma J, Lo S. Discrete element crowd model for pedestrian evacuation through an exit[J]. Chinese Physics B, 2016, 25（3）: 034501.

[11] Kabalan B, Argoul P, Jebrane A, et al. A crowd movement model for pedestrian flow through bottlenecks[J]. Annals of Solid and Structural Mechanics, 2016, 8（1/2）: 1-15.

[12] Lin P, Ma J, Si Y L, et al. A numerical study of contact force in competitive evacuation[J]. Chinese Physics B, 2017, 26（10）: 104501.

[13] van Leeuwen J M J. The domino effect[J]. American Journal of Physics, 2010, 78（7）: 721-727.

[14] Kotelnikov E. The Domino Effect[J]. Journal of Physical Science and Application, 2012, 2（6）: 195-199.

[15] Wu M, Ji L H, Jin D W, et al. Minimal step length necessary for recovery of forward balance loss with a single step[J]. Journal of Biomechanics, 2007, 40（7）: 1559-1566.

[16] Yang Q S, Qin J W, Law S S. A three-dimensional human walking model[J]. Journal of Sound and Vibration, 2015, 357: 437-456.

[17] Zhang J, Seyfried A. Comparison of intersecting pedestrian flows based on experiments[J]. Physica A: Statistical Mechanics and Its Applications, 2014, 405: 316-325.

第5章 基于相互作用的密集人群运动模拟

5.1 概 述

模拟研究逐渐发展成为一种能够定性和定量研究个体动力学过程及人群运动特征的有效手段[1-4]。目前,大部分动力学模型仍然侧重于复现个体的运动行为或人群的流动状态,从特征参数的角度来看,主要期望获得符合基础图的运动学参数(速度、密度、流量等)[5]。然而,现有的研究表明,人群内部个体之间身体接触时的局部相互作用力可能是导致宏观人群出现湍流现象的重要原因[6,7],且个体伤亡的直接原因主要是人体承受了超越其耐受能力的外部载荷导致窒息[8-10]。因此,动力学模型还需要准确描述个体之间发生身体接触时的相互作用过程,定量地计算身体接触时产生的局部作用力。这不仅是研究微观动力学行为与宏观人群动力学状态之间内在联系的重要基础,也是准确评估密集人群中出现个体伤亡事故风险的客观需要。

尽管现有的动力学模型框架能够定量描述个体之间发生身体接触时的相互作用过程[11,12],但仍然存在着局限性。以个体之间发生碰撞为例,这类动力学模型往往简单参照刚性体的理想碰撞过程,为了避免人体出现过度重叠而不切实际地压缩了个体之间的接触时间,客观上要求人体必须经历极高的加速度,这往往也会产生高于实际的接触作用力[13]。尽管从个体的运动学参数来看,并不会与实际现象有显著的差异,但是从个体的力学参数来看,主要存在两个方面的失真现象,一是个体经历了超越生理极限的加速度,二是个体受到了过高的接触作用力。事实上,单纯基于作用力来描述个体之间的碰撞过程是一种近乎弹性碰撞的理想化假设,其遵循的动量守恒关系同样使其无法复现第4章中人体多米诺过程所产生的冲量波动现象。因此,对于现有的动力学模型而言,克服力学参数的失真现象,复现人群中个体间局部相互作用的真实传递过程,具有非常重要的理论意义,修正模型将极大地提升现有动力学模型对人群风险评估的实用价值。

本章以社会力模型框架为基础,提出以碰撞冲量与推挤力的方式来模拟个体之间身体接触时的相互作用过程,使用第 3 章中碰撞作用力脉冲的数值关系和相互作用冲量满足的经验公式,确保在考虑个体生理极限等实际情况下仍然能够合理估算个体在相互作用过程中受到的接触作用力。通过三种典型人群运动场景的模拟研究,在复现典型人群运动状态和特征的基础上,详细计算各种运动场景中个体所受的接触作用力。

5.2 密集人群动力学模型

社会力模型中个体运动状态更迭完全依赖于动力学方程。在个体之间发生碰撞等身体接触时,为了避免个体间发生过度重叠,必须强迫个体经历极高的加速度以确保个体可以在极短的时间内相互分离,此时可能需要产生较大的接触作用力,第 3 章中利用碰撞作用力脉冲的数值关系推算出的结果也佐证了这点;如果个体的加速度受到约束,那么个体间就会产生过度重叠现象,必然导致个体承受的接触作用力更加异常。因此,尽管个体的运动学特征仍然能够得到较好的诠释,但是个体的力学特征与现实存在差距。出现上述问题的根源在于现有模型框架中只能完全依靠作用力来逐渐地改变此时个体的运动状态,这种理想化的假设导致个体间的身体接触过程近乎弹性碰撞,局部相互作用在人群中传递时不会明显地放大或者衰减,因而模拟中无法复现真实人群中可能出现的人体多米诺现象。

因此,本章将基于社会力模型框架以碰撞冲量与推挤力的方式来模拟个体之间身体接触时的相互作用过程,确保在发生身体接触的瞬间更新个体的运动状态,避免过度重叠,且个体也不必经历过高的加速度,同时基于第 3 章中相互作用冲量满足的经验公式,充分考虑三维空间内人体姿态变化对相互作用产生的影响,以便能够模拟密集人群中真实个体间发生连续接触时的冲量传递现象,在特定条件下复现人体多米诺过程,进而揭示人群运动过程中可能导致事故发生的异常状态。

5.2.1 社会力模型基本原理

自从 Helbing 等[14]、Helbing 和 Molnár[15]提出社会力模型以来,该模型受到了研究人员的广泛关注,很多研究人员以此模型的基础原理为出发点,提出了多种类型的改进模型，从而极大地丰富和拓展了社会力模型的应用场景和领域。典型社会力模型将人体假想为具有一定质量和尺寸的弹性粒子，其动力学过程满足经典牛顿力学。个体在运动过程中主要受到自主驱动力 $\boldsymbol{f}_{\text{self}}$、非接触性心理排斥力 $\boldsymbol{f}_{\text{social}}$ 和接触性作用力 $\boldsymbol{f}_{\text{contact}}$ 的影响，个体的运动动力学方程可以表示为

$$m_i \frac{d\boldsymbol{v}_i}{dt} = \boldsymbol{f}_{\text{self}}^i + \boldsymbol{f}_{\text{social}}^i + \boldsymbol{f}_{\text{contact}}^i \qquad (5.1)$$

其中，个体的自主驱动力可以表示为

$$\boldsymbol{f}_{\text{self}}^i = m_i \frac{v_i^0(t)\boldsymbol{e}_i^0(t) - \boldsymbol{v}_i(t)}{\tau_i} \qquad (5.2)$$

其中，m_i 表示人体的质量；$v_i^0(t)$ 表示人体的期望速度；$\boldsymbol{e}_i^0(t)$ 表示人体期望速度方向单位矢量；$\boldsymbol{v}_i(t)$ 表示人体瞬时速度矢量；τ_i 表示人体的反应弛豫时间。

非接触性心理排斥力是一种虚构的相互作用力，用以描述个体之间或者个体与固定障碍物之间发生的没有实质性身体接触的排斥作用。因此，非接触性心理排斥力可以表示为

$$\boldsymbol{f}_{\text{social}}^i = \sum_{j(\neq i)} \boldsymbol{f}_{\text{social}}^{ij} + \sum_W \boldsymbol{f}_{\text{social}}^{iW} \qquad (5.3)$$

其中，$\boldsymbol{f}_{\text{social}}^{ij}$ 表示个体 i 与个体 j 之间的非接触性心理排斥力；$\boldsymbol{f}_{\text{social}}^{iW}$ 表示个体 i 与固定障碍物 W 之间的非接触性心理排斥力。

接触性作用力主要指个体之间或者个体与固定障碍物之间发生身体接触时产生的相互作用力，该作用力既包含身体接触过程中法向的排斥力，也包含切向的摩擦力。因此，接触性作用力可以表示为

$$\boldsymbol{f}_{\text{contact}}^i = \sum_{j(\neq i)} \boldsymbol{f}_{\text{contact}}^{ij} + \sum_W \boldsymbol{f}_{\text{contact}}^{iW} \qquad (5.4)$$

其中，$\boldsymbol{f}_{\text{contact}}^{ij}$ 表示个体 i 与个体 j 之间发生身体接触时的法向排斥力和切向摩擦力；$\boldsymbol{f}_{\text{contact}}^{iW}$ 表示个体 i 与固定障碍物 W 之间发生实质性身体接触时的法向排斥力和切向摩擦力。

社会力模型归属于连续模型，但在数值模拟过程中，往往需要划分为连续的多个时间步，利用动力学方程不断迭代、更新人体的受力情况与运动状态。实际计算中可以根据泰勒展开式及数值积分关系，更新人体在任意时间步的实时位置与瞬时速度，具体关系式可以表示如下[13]：

$$\begin{aligned} x(t+\Delta t) &= x(t) + v(t)\Delta t + \frac{\sum F(t)}{2m}\Delta t^2 \\ v(t+\Delta t) &= v(t) + \frac{\sum \left(F(t) + F(t+\Delta t)\right)}{2m}\Delta t \end{aligned} \qquad (5.5)$$

其中，$F(t)$ 表示时刻 t 人体的受力。

如此，利用社会力模型便能够完整模拟个体运动的全过程，从而复现现实中诸多常见的人群现象。但是，考虑到社会力模型的诸多改进形式能够更加合理地优化模拟中的个体运动过程，所以采纳了其中最常见的改进形式之一，对个体之间的非接触性心理排斥力做出了优化，其表达式如下[16]：

$$f_{\text{social}}^{ij} = A_i \Theta(\varphi_{ij}) e^{(r_{ij}-d_{ij})/B_i} \boldsymbol{n}_{ij} \tag{5.6}$$

其中，A_i 表示个体最大的非接触性心理排斥力；d_{ij} 表示个体 i 和个体 j 之间质心的距离；r_{ij} 表示两个相互接触的个体半径之和；B_i 表示模型的一个常数，单位为 m；$\Theta(\varphi_{ij})$ 表示基于个体的身体朝向对非接触性心理排斥力的校正系数，主要反映了个体对其正前方的个体的反应更加强烈，而对身体后方的个体的反应相对较弱，可以表示为

$$\Theta(\varphi_{ij}) = \left[\lambda + (1-\lambda) \frac{1+\cos(\varphi_{ij})}{2} \right] \tag{5.7}$$

其中，φ_{ij} 表示个体之间的法向单位向量 $\boldsymbol{n}_{ij}$ 与个体期望速度方向 $\boldsymbol{e}_i$ 之间的夹角，也就是说 $\cos(\varphi_{ij}) = \boldsymbol{n}_{ij} \cdot \boldsymbol{e}_i$，且权重系数 $\lambda = 0.25$。

5.2.2 个体间相互作用过程修正

为了更加准确地描述个体之间发生身体接触时的相互作用过程，计算得到合理的接触作用力，并避免个体之间过度重叠，防止个体经历过高的加速度，同时模拟密集人群中真实个体间发生连续接触时的冲量传递现象，本章将在社会力模型框架的基础上，以碰撞冲量和推挤力的方式模拟个体之间身体接触时的相互作用过程，用以替代原始社会力模型中接触性作用力 f_{contact} 发挥的作用。

个体之间发生身体接触时的相互作用过程可以归纳为两种类型：①个体 i 与个体 j 刚开始发生身体接触时，若满足 $(\boldsymbol{v}_i - \boldsymbol{v}_j) \cdot (\boldsymbol{p}_i - \boldsymbol{p}_j) < 0$，即两个人体在轴向上有继续靠近的趋势，两者间将产生瞬时的强烈相互作用，可以简称为碰撞过程；②只要个体 i 与个体 j 发生显著的身体接触，即满足 $(r_i + r_j) \geqslant |\boldsymbol{p}_i - \boldsymbol{p}_j|$，两者间将产生主动的相互作用，可以简称为推挤过程。这两种类型的相互作用过程需要区别对待，这样才能够更加合理地估算个体间产生的接触作用力[17]。

（1）碰撞过程。两个人体在轴向上有继续靠近的趋势，为了避免发生接触的两个人体产生过度的重叠现象，需要立即消除个体之间的相对速度 $\Delta \boldsymbol{v}_{ij}$。那么，可以在个体发生接触的瞬间在两者之间传递碰撞冲量 $\Delta \boldsymbol{L}$，从而消除两个人体相互靠近的趋势，保证个体在碰撞过程中不发生过度重叠。碰撞冲量的传递过程能够在极短的时间内完成，不会像动力学方程一样逐渐地改变个体的运动状态，因此不

会使个体经历过高的加速度或者承受过大的接触作用力。

那么，考虑到碰撞过程中个体可能存在两种不同的身体姿态，即直立姿态与倾斜姿态，其相应的碰撞过程也不尽相同，可以大致分为两种形式：①个体以直立姿态与他人发生碰撞；②个体以倾斜姿态与他人发生碰撞。这两种形式的碰撞过程在第3章与第4章中均进行过详细地阐述和分析。

（Ⅰ）考虑个体以直立姿态与他人发生碰撞的过程。如果个体 i 以速度 v_i 靠近以速度 v_j 运动的个体 j，刚发生身体接触时就会形成碰撞过程，那么在碰撞的瞬间即产生碰撞冲量 ΔL_c，根据牛顿经典力学，其满足如下表达式：

$$\Delta L_c = \frac{m_i m_j}{m_i + m_j}(1+e)\Delta v_{ij}^n \cdot n_{ij} \quad (5.8)$$

其中，m_i 与 m_j 分别表示个体 i 和 j 的质量；e 表示人体的弹性恢复系数；两个人体在轴向上的相对速度 $\Delta v_{ij}^n = \Delta v_{ij} \cdot n_{ij}$。个体之间的碰撞冲量发生传递后将彻底消除两个人体相互靠近的趋势。

若某个个体没有预先意识到侧后方即将发生的碰撞，那么极有可能因受到碰撞冲量而失去身体平衡，向侧前方倾倒。但一般而言，如果个体受到来自侧前方的碰撞冲量，由于可以提前观察并调整身体姿态来主动应对，其发生失稳倾倒的可能性要明显下降，因此该模型中尚不考虑向侧后方倾倒的情况。

（Ⅱ）考虑个体以倾斜姿态与他人发生碰撞的过程。密集人群中个体之间的距离非常狭小，如果因受到碰撞冲量而失去身体平衡的个体周围仍然有其他个体，那么个体就会以倾斜姿态与他人发生碰撞。可以概括为如果个体 j 因受到来自侧后方的相互作用冲量 ΔL 而失去平衡，那么在倾斜姿态下就会与侧前方的个体 k 发生再次碰撞，在碰撞过程中同样将产生碰撞冲量 ΔL_c。根据式（3.19）可以得到在此种碰撞形式中计算相互作用冲量 ΔL_c 的经验公式，整理后可表示为

$$\Delta L_c = \left[0.32 \cdot \exp^{\frac{1.21 \cdot m_j d_{jk}}{(\Delta L \cdot n_{jk})}} + 1.33 \cdot \exp^{\frac{-4.99 \cdot m_j d_{jk}}{(\Delta L \cdot n_{jk})}}\right](\Delta L \cdot n_{jk}) \cdot n_{jk} \quad (5.9)$$

其中，m_j 表示个体 j 的质量；d_{jk} 表示个体 j 与个体 k 在碰撞发生时的质心距离。式（5.9）是根据第3章中实验数据拟合得到的经验公式，在满足 $25 \text{ kg/s} \leqslant (\Delta L \cdot n_{jk})/d_{jk} \leqslant 350 \text{ kg/s}$ 时，计算结果能够表示在个体以倾斜姿态碰撞其他个体时传递给他人的碰撞冲量，这显著区别于原始模型中单纯基于二维平面内作用力的弹性碰撞，是能够模拟真实个体间相互作用冲量传递时发生的波动现象的重要基础。同时，第4章中的模拟结果同样符合该经验公式，如图4.13所示。个体之间的碰撞冲量发生传递后，个体 j 将能够立刻恢复身体的平衡姿态，而个体 k 若受到来自侧后方的碰撞冲量则可能会失去平衡。

（2）推挤过程。两个存在显著身体接触的个体之间仍有推挤作用力，但该作用力一般只需起到平衡受力的作用，避免个体在受力情况趋于稳定的状态下发生进一步的重叠，因而依然可以采用原有形式计算个体之间的推挤作用力：

$$f_{\text{contact}}^{ij} = k'g(r_{ij} - d_{ij})\bm{n}_{ij} + \kappa'g(r_{ij} - d_{ij})\Delta v_{ji}^t \bm{t}_{ij} \qquad (5.10)$$

其中，g 表示重力加速度；$\bm{t}_{ij}$ 表示个体之间切向单位向量；k' 与 κ' 分别表示法向排斥力与切向摩擦力的修正系数。这两个系数的取值可以不同于原始社会力模型中接触性作用力表达式中 k 与 κ 的取值，因为修正模型中的推挤作用力不需要提供过高的加速度来避免个体之间的过度重叠现象。

除了碰撞过程与推挤过程之外，人体在发生接触时还有可能主动地施加强烈的推搡作用，但该动作具有一定的发生概率，并不一定会出现在所有人体之间的接触过程中。同时，人体一般倾向于对其运动正前方的个体施加推搡作用，以期获得更大的活动空间，随着接触人体所在位置逐渐偏离其运动正前方，发生推搡作用的概率就会降低，因此，可以假定个体 i 对于个体 j 施加推搡作用的概率如下：

$$P_i = 0.5\cos(\bm{v}_i, \bm{n}_{ij}) \qquad (5.11)$$

其中，$\cos(\bm{v}_i, \bm{n}_{ij})$ 表示人体 i 的速度方向和人体 i 到人体 j 的单位方向矢量的夹角的余弦值。同时，需满足 $|\bm{v}_i, \bm{n}_{ij}| \leqslant \dfrac{\pi}{6}$。该推搡作用与人体碰撞过程相似，均在瞬间内实现冲量传递并更新两个人体的瞬时速度，推搡冲量可以定义为

$$\Delta \bm{L}_p = \eta m_i (\bm{v}_i, \bm{n}_{ij})\left(2 - \dfrac{d_{ij}}{r_i + r_j}\right) \cdot \bm{n}_{ij} \qquad (5.12)$$

其中，d_{ij} 表示人体 i 和人体 j 之间的质心距离；r_i 与 r_j 分别表示人体 i 和人体 j 的身体半径，且 $\eta = 0.1$。如果受到推搡作用的个体同时与其他人体还存在身体接触，那么仍然可能将推搡作用向其他人体传递，这一过程与第 4 章中人体多米诺模型定义的自主状态下推搡过程基本一致，可以参考式（4.26）进行计算。

综上，个体之间身体接触的相互作用过程将不再只是由原始社会力模型中的接触性作用力来调控，而是被细分为碰撞过程和推挤过程，在碰撞过程中可以利用瞬时碰撞冲量传递的方式来更新个体的运动状态，在推挤过程中需要优化修正系数以使个体趋于受力平衡，同时还应当考虑个体主动的推搡行为。上述修正形式充分考虑了个体之间发生身体接触的实际情况，结合实验研究与模拟研究中得到的经验公式，能够更加准确地描述个体之间身体接触时的相互作用过程，同时模拟密集人群中真实个体间发生连续接触时的冲量传递现象。

尽管个体之间的碰撞及推搡过程中，可以通过冲量的方式来实现个体运动状态的更迭，但是仍然需要计算出冲量传递时产生的相互作用力。一般而言，真实

个体之间的碰撞过程中，产生的相互作用力近似一个力脉冲，尽管冲量传递过程都是在极短的时间内完成的，但脉冲持续时间仍然远远大于一个时间步 Δt，这也是现实中并不会产生如原始社会力模型一样的过大相互作用力的直接原因。

考虑个体以失稳倾斜姿态与他人发生碰撞的过程，第 3 章的实验中已经得出了关于碰撞作用力脉冲的数值关系，如图 3.3 所示，可以表示为

$$f_c^{\max} = \left[10.36814 + 0.78479\left(\Delta L_c \times d^2\right)\right]^2 \quad (5.13)$$

其中，$f_c^{\max}$ 表示碰撞作用力脉冲的极大值；ΔL_c 表示碰撞过程中传递的冲量；d 表示相互接触的两个人体之间的质心距离。式（5.13）能够用于估计个体以失稳倾斜姿态与他人发生碰撞时产生的最大碰撞作用力。

同时，经过实验统计可以发现，在碰撞过程中产生的力脉冲持续时间趋近于 0.5 s。这不仅仅适用于个体以失稳倾斜姿态与他人发生碰撞的情况，也适用于个体以直立姿态与他人发生碰撞的情况，以及个体之间发生推搡作用的情况。但对于后两者，相互作用过程中产生的力脉冲近似满足如下关系：

$$f_{p,c}^{\text{ave}} = \Delta L_{p,c}/t_{p,c} = f_{p,c}^{\max}/2 \quad (5.14)$$

其中，$f_{p,c}^{\max}$ 表示碰撞或者推搡形成的作用力脉冲的极大值；$f_{p,c}^{\text{ave}}$ 表示碰撞或者推搡形成的作用力脉冲的平均值；$\Delta L_{p,c}$ 表示碰撞或者推搡过程中传递的相互作用冲量；$t_{p,c}$ 表示碰撞或者推搡过程的持续时间且假定 $t_{p,c} = 0.5$ s。

一般而言，个体在与他人发生身体接触时，包括碰撞、推挤及推搡过程中均会产生作用力，需要利用前后向或侧向累积受到的最大标量力来衡量个体在该方向上受到的外部压迫作用。因此，个体在前后两个方向上分别累积后的最大标量力与在侧向两个方向上分别累积后的最大标量力的矢量和，代表着个体在与他人发生身体接触时受到的全部外部压迫作用，可以称为接触作用力[18,19]。也就是说，即使身体前后向或侧向受到的作用力相互抵消，个体受到的外部压迫作用也并不会消失。

为了更好地描述上述接触作用力的计算过程，将以个体承受的来自两个与其存在身体接触的个体施加的推挤作用力为例进行说明。如图 5.1 所示，分别假定个体承受的推挤作用力满足 $f_1 = 500\text{N}$ 且 $\cos(f_1, e) = \sqrt{2}/2$，同时，$f_2 = 600\text{N}$ 且 $\cos(f_2, e) = -\sqrt{3}/2$，其中 e 表示个体的身体朝向正前方。考虑个体此时受到的接触作用力，那么其在前后两个方向上分别累积后的最大标量力为 $300\sqrt{3}\text{N}$，在侧向两个方向上分别累积后的最大标量力为 $250\sqrt{2}\text{N}$，因而，此时的接触作用力矢量等同于 $f_1^{\perp} + f_2^{\parallel}$，且其标量值约为 628.5 N。

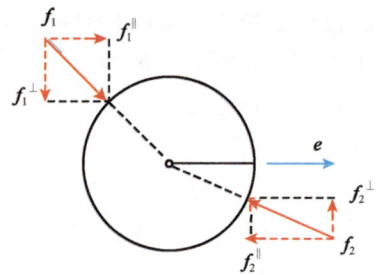

图5.1 个体的受力分析示意图

5.2.3 模型参数设定

针对社会力模型参数的讨论一直备受关注[20]，因为模型参数的选择不仅会显著影响个体在人群中的运动状态，而且会制约模型的应用场景。在计算个体之间发生身体接触的相互作用力时，参数的影响效果更加显著。可以说，准确评估个体在人群运动过程中受到的接触作用力将很大程度上取决于合理的参数取值。但也并不能仅仅从个体之间接触作用力的角度来对待参数取值问题，因为动力学模型的主要目的仍然是复现实际中的人群运动现象，这必须是首要考虑的问题。

该修正模型在模拟常规情况下的人员步行运动时采用表 5.1 中的参数设定，特殊取值情况将另作说明。参数设定中主要关注两个方面的参数情况，一是人体生理参数，二是动力学计算参数。

表 5.1 修正模型中相关参数推荐表

参数/单位	数值
人体半径/m	0.23
人体质量/kg	80
步行速度/(m·s^{-1})	$N(1.34, 0.26)$
期望速度/(m·s^{-1})	1.34
人体步行速度上限/(m·s^{-1})	1.60
人体加速度上限/(m·s^{-2})	10
A/N	2×10^3
B/m	0.08
反应弛豫时间 τ/s	0.5
k'/(kg·s^{-2})	2×10^4
κ'/(kg·m^{-1}·s^{-1})	4×10^4
模拟时间步长 Δt/s	0.01

在人体生理参数方面，该修正模型主要引用其他模拟中的参数设定[12,14]。其中，人体仍然被假想为二维平面内具有质量的圆形粒子，粒子的半径直接决定了个体在二维平面内所占的面积，某种意义上，在不考虑个体之间发生过度挤压导致相互重叠的情况下，局部密度的极限值也就被间接地确定了下来，其对应关系如表 5.2 所示。一般地，人群内开始出现拥堵时的人群局部密度可以达到 5~6 人/m²[21,22]，而发生拥挤踩踏事故时人群局部密度可能已经超过 7 人/m² [23]，甚至达到 9 人/m²[24,25]。对于本模型中的人体半径取值，达到出现拥堵的局部密度时，个体之间几乎已经没有多余的空间，并可能偶尔会出现身体接触，但此时的相互作用可能并不强烈，如果个体之间发生相互挤压导致身体出现重叠，局部密度也将随之增大，此时的个体之间接触作用力将十分显著。同时也需要注意的是，对于不同种族或国籍的人体，其身体尺寸存在差异，因而相同挤压程度下可能达到的局部密度也会有所差别[26]。本模拟中，人群局部密度可以通过泰森多边形方法[27,28]计算得出，该方法得到的局部密度能够反映个体感受到的拥挤程度[29,30]。

表 5.2　二维平面内人群局部密度的极限值与个体半径的数值对应关系

局部密度极限值/（人/m²）	六边形约束个体半径/m	圆形约束个体半径/m
3	0.31	0.33
4	0.27	0.28
5	0.24	0.25
6	0.22	0.23
7	0.20	0.21
8	0.19	0.20
9	0.18	0.19

二维平面内的临界局部密度可以由个体所占面积的倒数来表示。六边形约束意味着将个体在二维平面内所占的面积由个体的外切正六边形的面积来代表[31]。

另外，还需要考虑个体速度和加速度的生理极限约束。在原始社会力模型中个体被视作"无生命"的粒子，且在数值计算过程中人体经历的加速度最大值远超现实中可能达到的生理极限，甚至远远高于短跑运动员在百米赛跑中的最大加速度值（3.09 m/s²）[32]。如前文所述，这是为了实现个体之间快速分离以避免过度重叠现象，但这违背了人体的生理极限，并直接影响人员运动模拟结果的真实性和可靠性[33]。因此，本修正模型将对模拟过程中个体的生理参数设定上限，这既符合现实中个体的实际情况，同时也是模拟真实人员运动过程的前提。

非接触性心理排斥力的修正系数沿用了原始社会力模型中的参数值。由于在修正模型中主要改变了个体之间存在身体接触的相互作用过程，推挤过程中法向

排斥力修正系数 k' 与切向摩擦力修正系数 κ' 相比于原始社会力模型内的相应修正系数明显降低。这是因为推挤过程中个体之间的排斥力与摩擦力不再需要产生较高的加速度来保证个体快速分离，同时考虑到个体的身体尺寸及局部密度升高后个体可能出现的挤压程度综合确定了参数 k' 与 κ' 的取值。

5.2.4　修正模型应用分析

本修正模型相对于原始社会力模型，主要针对个体之间存在身体接触的相互作用过程进行了优化改进，以期能够在考虑真实人体生理极限的情况下合理模拟个体之间发生身体接触时的相互作用过程，并估算个体所受的接触作用力。因而，可以利用如图 5.2 所示的场景，初步验证修正模型相较于原始社会力模型的部分优势。模型编译过程主要参考了美国北卡罗来纳大学教堂山分校发布的开源模型——Menge 的功能框架和逻辑过程[34]。

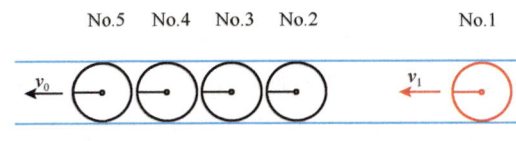

图5.2　单人通道内的人员运动场景

在图 5.2 所示的场景中，共有 5 名个体朝同一方向运动，其中，位于最后方的 1 号个体的期望速度为 1.5 m/s，而位于前方的 2~5 号个体处于缓慢移动过程中，期望速度设定为 0.2 m/s。正常情况下，1 号个体将快速达到 1.5 m/s 的瞬时速度并随后与前方的 2 号个体发生身体接触，若此时设定模型中动力学计算参数 $B=0.01$，那么 2~5 号个体的间隔将非常狭小，因而能够引发个体之间的连续碰撞过程。本章分别在个体的加速度上限为 5 m/s²、10 m/s²、50 m/s²、500 m/s² 及 5000 m/s² 时利用原始社会力模型模拟该场景中的上述过程，并与修正模型得到的模拟结果进行对比。

在连续碰撞过程中，尽管所有个体的运动过程差异并不明显，但 2~5 号个体所受接触作用力的极大值差异显著，如图 5.3 所示。在限制个体的加速度上限时，原始社会力模型会产生超乎实际的接触作用力，这说明原始社会力模型保证个体运动模拟准确性的前提是忽略个体加速度的生理限制，以防止个体在相互碰撞时发生过度重叠，一旦个体无法达到这样的加速度，那么个体之间的过度重叠将导致巨大的接触作用力。而修正模型是以冲量传递的形式描述个体之间的碰撞过程，避免了单纯依赖动力学方程所带来的局限性，从而使得修正模型能够更加适用于模拟真实人群运动过程，同时结合实验中得到的经验公式能够合理估算个体之间发生身体接触时产生的接触作用力。

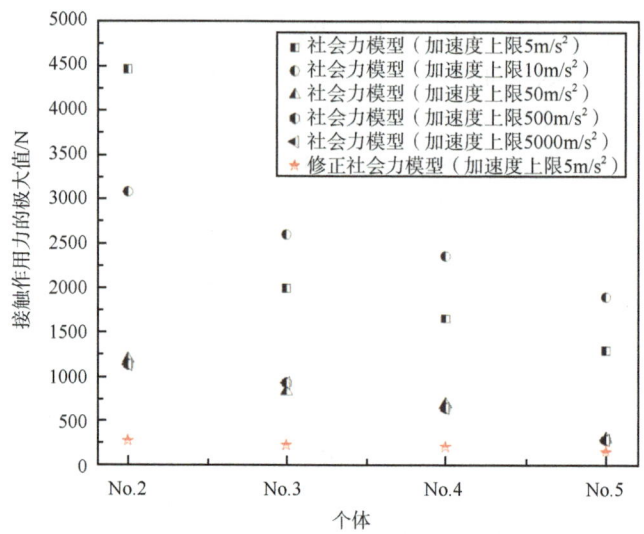

图5.3 模拟过程中所有个体所受接触作用力的极大值

若个体的加速度上限同样为 5 m/s² 时，利用原始社会力模型与修正模型分别进行模拟，所有个体在碰撞发生前后的瞬时速度变化如图 5.4 所示。利用原始社会力模型模拟时，个体的加速度受到限制后，其速度变化是较为"缓慢"的，这也导致个体在发生接触后有相对"充裕"的时间相互重叠，因而产生了巨大的接触作用力。而在修正模型中，个体之间发生碰撞时诱发冲量传递现象，个体的瞬时速度发生"突变"，保证个体不会有进一步相互靠近的意愿并立即相互分离。

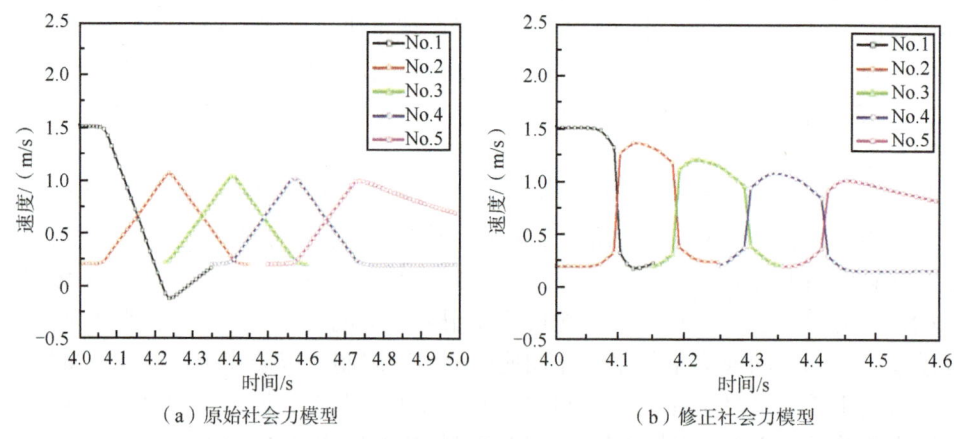

（a）原始社会力模型　　　　（b）修正社会力模型

图5.4 当个体的加速度上限为5 m/s²时所有个体在碰撞发生前后的瞬时速度变化情况

需要进一步说明的是，如果不限制个体的加速度，原始社会力模型仍然无法合理地计算个体之间碰撞时产生的作用力。如图 5.3 所示，当个体的加速度上限为

50 m/s²、500 m/s² 和 5000 m/s² 时，对于个体而言已经等同于加速度没有受到限制，表面上个体受到的接触作用力相比加速度受限时要低得多，表明个体之间没有出现过度重叠现象。但实际上，促使个体之间快速分离的加速度可能已经超过了 10 m/s²，个体所受的接触作用力的极大值仍然高达约 1000 N，几乎等同于一个成年男性的重力，并且超过了第 3 章中所有实验场景下测量到的碰撞作用力脉冲的极大值，同时，Dickie 和 Wanless[35]在实验室内测量到 92 kg 健壮成年男性的最大推力也仅为 600 N。这充分表明，原始社会力模型得到的模拟结果几乎无法在现实中的上述场景中实现。

图 5.5 显示了个体之间发生碰撞时传递的相互作用冲量，当然，个体之间也存在发生推搡作用的概率，这种偶发行为将增加额外的相互作用冲量。因此，通过对单人通道内连续碰撞过程的模拟结果分析可以看出，修正模型可以在考虑人体生理极限的前提下，模拟真实的人员运动过程，以冲量传递的方式快速更新个体在发生碰撞、推搡等相互作用时的瞬时速度，并在数值上更加合理地估算了个体受到的接触作用力，避免了单纯依赖动力学方程所带来的局限性，从而使得个体不必承受过大的加速度及接触作用力，也不会在发生身体接触时出现过度重叠。

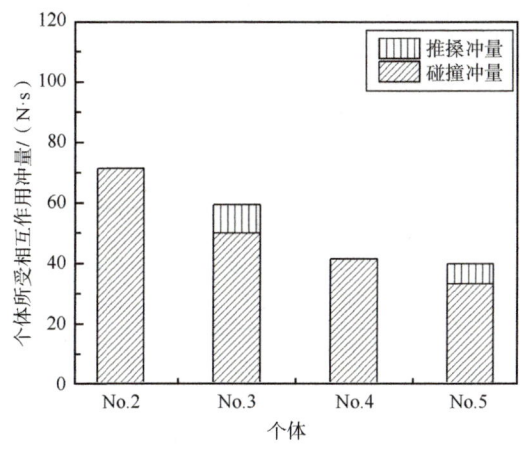

图5.5　修正模型模拟过程中所有个体所受的相互作用冲量

5.3　瓶颈处密集人群疏散模拟

利用上述建立的密集人群动力学模型对典型的人群运动场景进行模拟分析，在复现典型人群运动状态特征的基础上，详细分析运动场景中个体所受的接触作用力强度和特点，研究个体之间的相互作用特征与规律。瓶颈处疏散场景是最为常见的人员运动场景,在实验研究[36,37]和模拟研究[11-13]中均有涉及,可以利用本修正模型与原始社会力模型,分别依照 Seyfried 等[37]在实验研究中的场景条件进行模拟,结果如图 5.6 所示。可以发现,利用修正模型与原始社会力模型得到的宏观人群疏散时间和平均流量,均与实验测量值基本相近。无论是否考虑个体的生理极限,修正模型与原始社会力模型得到的结果均差别不大。这表明,修正模型也具备了进行模拟研究的条件,但通过疏散时间和平均流量等宏观人群参数的比较尚不能体现出修正模型与原始社会力模型的差异。

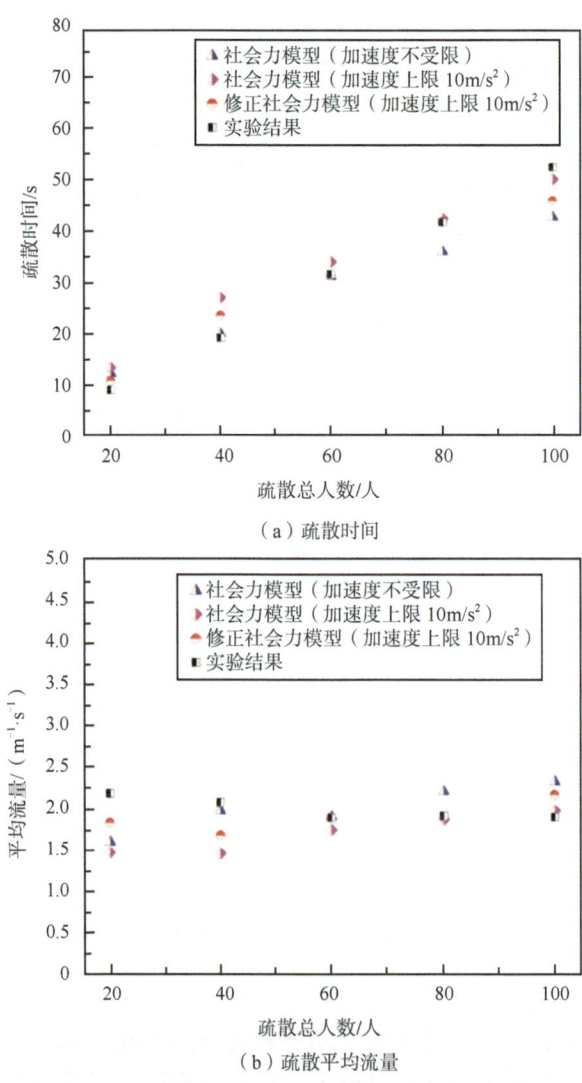

图5.6 在不同疏散总人数时模拟与实验[36,37]结果对比

因而，采用更大规模的瓶颈处疏散模拟验证修正模型的适用性，分析疏散过程中微观个体的运动学参数及在相互作用过程中受到的接触作用力。场景中的疏散总人数设定为 300 人，疏散的初始环境[13,14,19]是在 15 m×15 m 的正方形房间内，一侧墙壁的中间位置留有 1 m 宽的疏散通道，所有个体均期望通过该通道撤离房间，初始时刻，所有人均匀分布在房间内的各个位置。模拟中人体的期望速度设定为 1.5 m/s，步行速度全部设定为 1.34 m/s，分别在个体的加速度上限为 10 m/s^2 和不限制个体加速度时利用原始社会力模型模拟该场景中的上述过程，并与在个体的加速度上限为 10 m/s^2 时利用修正模型得到的模拟结果进行对比。利用修正模型模拟的疏散过程如图 5.7 所示，其中红色填充个体表示受到后方碰撞或推搡后出现身体姿态倾斜的个体。

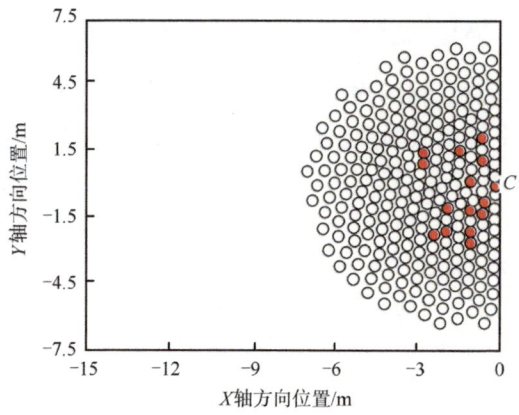

图5.7　利用修正模型模拟疏散过程时开始后第12.94 s的场景图

如图 5.8 所示，在个体的加速度上限为 10 m/s^2 时，利用修正模型得到的疏散过程中个体之间接触作用力极大值要远远小于原始社会力模型的模拟结果。即使原始社会力模型不限制个体的加速度，其模拟得到的个体之间接触作用力极大值大多数时刻也要高于修正模型得到的模拟结果。总体来看，利用修正模型模拟的疏散过程中，个体在相互作用时受到的接触作用力极大值大致满足 0～1700 N。Lee 和 Hughes[38]在英国的某场摇滚音乐会中测量到人群施加在舞台前端的压力大致在 0～1600 N，Lin 等[19]利用离散元模型模拟同样场景条件下疏散过程中个体受到的标量接触作用力大致在 0～1500 N。因而，可以大致判断出，利用修正模型得到的个体之间接触作用力与其他研究人员得出的结果非常接近，比较符合实际情况。

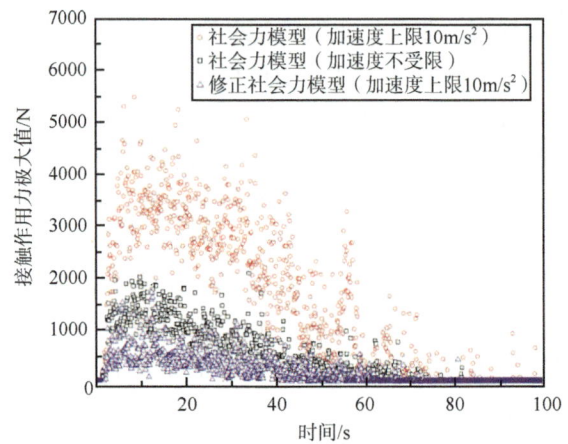

图5.8　模拟疏散过程中所有个体所受接触作用力的极大值

同时，由图 5.9 可知，利用修正模型模拟的疏散过程非常流畅，在人体的期望速度为 1.5 m/s 时，个体疏散的意愿比较适中，现实中意味着人体没有过度强烈的恐慌情绪或者懒散的懈怠态度，因而瓶颈处几乎没有出现人员拥堵，人员可以依次有序地快速通过瓶颈处。当然，在利用原始社会力模型进行上述情景的模拟时，也能够观察到同样的宏观过程。但是，如果考虑增大人体半径或者改变瓶颈处的宽度，那么可能同样会出现局部拥堵现象。通过图 5.8 与图 5.9 可以初步发现，修正模型可以在保证人员流畅运动的前提下，得到个体之间接触作用力的合理结果，从而能够应用于个体风险评估。

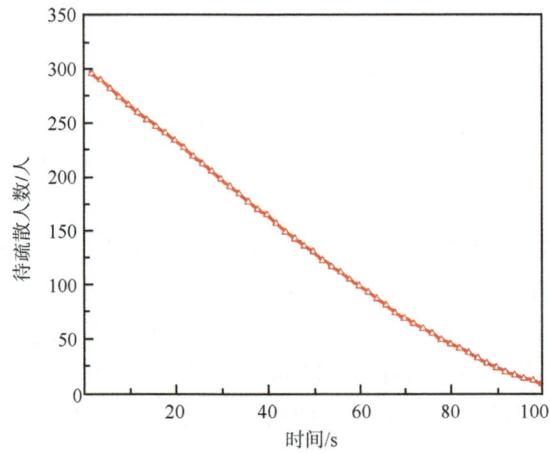

图5.9　利用修正模型模拟疏散过程时空间内待疏散人数的变化情况

为了更好地描述人员疏散过程的宏观分布特征，图 5.10 显示了疏散过程中瞬时速度和局部密度的空间分布情况，在瓶颈处的人员局部密度最大，最高时可以达到 5 人/m², 按照模型中的人体生理参数设定, 此时个体之间排列非常紧密, 而且呈现典型的拱形分布现象, 同时只有临近瓶颈处的个体才能够快速移动, 其他位置处的个体运动速度非常小。

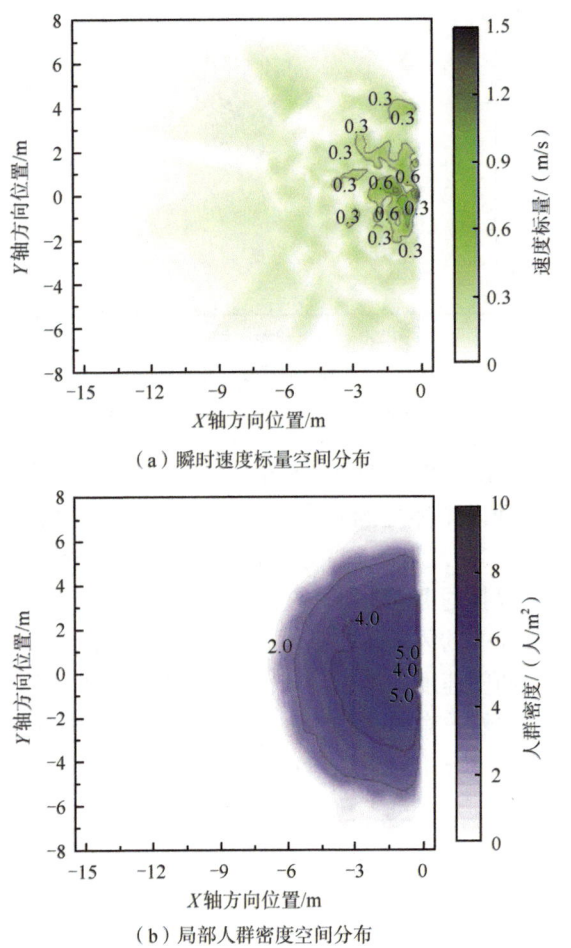

(a) 瞬时速度标量空间分布

(b) 局部人群密度空间分布

图5.10 利用修正模型模拟疏散过程时开始后第12.94 s的瞬时速度与局部密度空间分布

尽管个体在疏散过程中可能承受来自各个方向的接触作用力, 但是对个体风险影响较大的仅仅是个体所受的外部压迫作用在身体前后向上的分量造成的效果, 其对胸腔的压迫容易造成个体呼吸困难, 甚至造成窒息死亡。也就是说, 个体对于前后向作用力的耐受能力与对于侧向作用力的耐受能力的差异十分显著。由图 5.11 可知, 在瓶颈处个体之间发生侧向的推挤或碰撞作用较为强烈, 所以纵使个体受到的接触作用力能够达到约 1700 N, 但对于个体前后向的压迫作用并没有十分显著, 同时由于疏散过程中没有造成拥堵, 个体受到压迫作用的持续时间并不长。因此,在上述疏散过程中,空间内个体风险水平并不高。

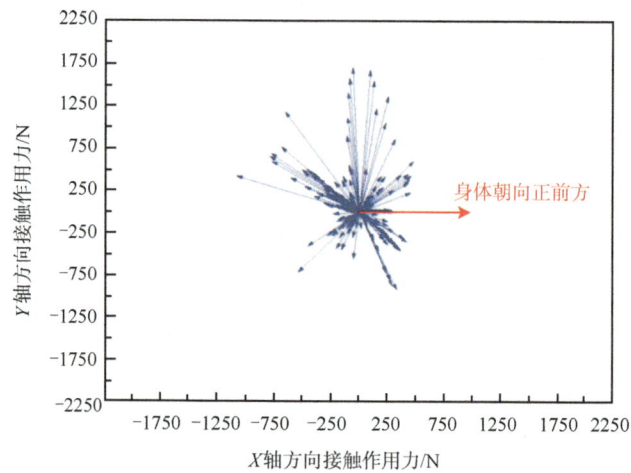

图5.11　通过瓶颈处某个体所受接触作用力的方向分布

综上,对于普通情况(期望速度 1.5 m/s)下的瓶颈处疏散场景而言,只有在靠近瓶颈处的局部空间内个体之间才会发生身体接触,形成的接触作用力短时间内会较为显著(>1500 N),但是个体承受的推挤作用力与瞬时相互作用冲量大多都是由侧向的推挤或碰撞过程产生的,且由于人员运动较为流畅,没有造成局部拥堵,个体在疏散过程中的风险水平并不高,不会引发个体主观上的不适感。

如果考虑个体的期望速度为 2.5 m/s,那么疏散过程中个体的主观意愿更加强烈,将引发个体之间剧烈的竞争行为。在个体的加速度上限为 10 m/s^2 时利用修正模型得到的模拟结果如图 5.12 所示,在个体期望速度增大后,个体在疏散过程

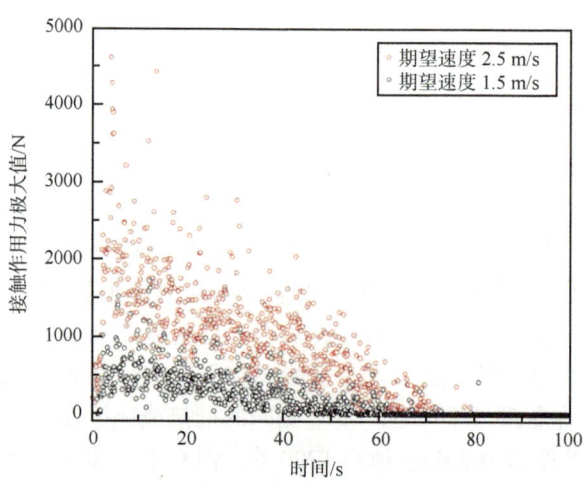

图5.12　不同期望速度下模拟疏散过程中所有个体所受接触作用力的极大值

中发生身体接触时的接触作用力可高达 4600 N，这与 Lin 等[19]利用离散元模型模拟同样场景条件下疏散过程中个体受到的标量接触作用力仍然基本吻合（0～4000 N），Langston 等[11]的研究中同样得到了上述结论。

一般而言，在人群内部发生恐慌、谣言，或者人群情绪较为亢奋和激动时，其期望速度相对更高，此时个体之间的接触作用力将显著增大，如图 5.13 所示，在靠近瓶颈处的局部空间内，个体受到的接触作用力标量值将为 4000 N 以上，如果此时个体没有处于受力平衡状态，非常容易造成个体失衡，发生跌倒，并继而诱发踩踏事故。

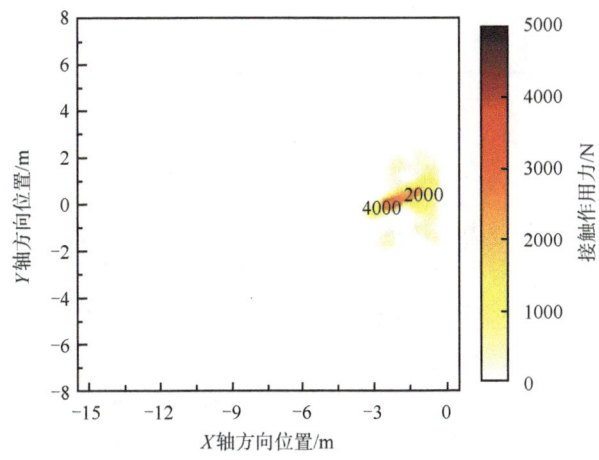

图5.13　期望速度2.5 m/s时个体所受接触作用力的空间分布

5.4　麦加朝圣活动人群汇流模拟

麦加朝圣活动人群汇流场景也是备受关注的人员运动场景之一，在大量的实证研究[24]和模拟研究[16,33]中同样有所涉及。该场景中，人群分别从两个主要方向汇入，且其中一部分人群需要经历一个转弯过程，场景结构布局如图 5.14 所示，其中红色填充个体表示受到后方碰撞或推搡后出现身体姿态前倾的个体，紫色箭头表示人流的运动方向，点划线区域为分析人群运动状态参数的目标区域。该模拟中总人数设定为 4746 人，个体循环不断地从场景中通过。模拟中人体的期望速度设定为 1.34 m/s，且步行速度的上限设定为 1.6 m/s，分别在个体的加速度上限为 10 m/s^2 和不限制个体加速度时利用原始社会力模型模拟该场景中的上述过程，并与在个体的加速度上限为 10 m/s^2 时利用修正模型得到的模拟结果进行对比。

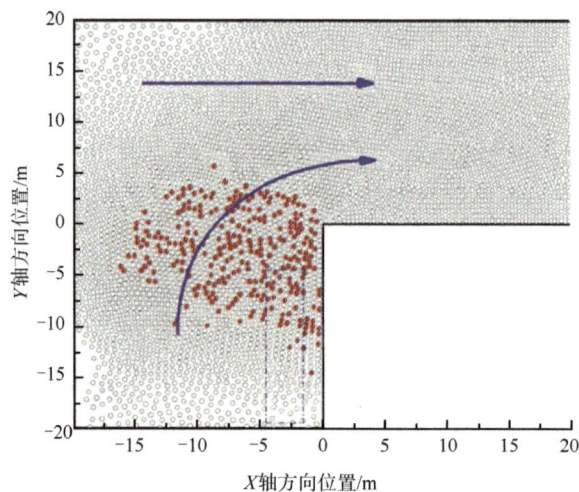

图5.14 麦加朝圣活动人群汇流模拟场景图

如图 5.15 所示，在考虑个体的加速度上限为 10 m/s² 时，利用修正模型得到的疏散过程中个体之间接触作用力要远远小于原始社会力模型的模拟结果。利用修正模型模拟的人群运动过程中，个体受到的接触作用力大致满足 0～5000 N，大部分时刻均不超过 4000 N，平均值约为 2000 N，但其随时间的波动较为明显，部分时刻高于原始社会力模型在不限制个体加速度情况下的模拟结果。这是因为在极度拥挤的状态下，个体之间的碰撞及推搡行为更加剧烈且频繁，同时产生的相互作用冲量还将通过人体连续碰撞过程不断传递和积累，造成某些个体所受接触作用力在瞬时达到较高的水平，但随后又将恢复到正常范围内。此时，修正模型仍然可以在保证人员流畅运动的前提下，得到个体之间接触作用力的合理结果。

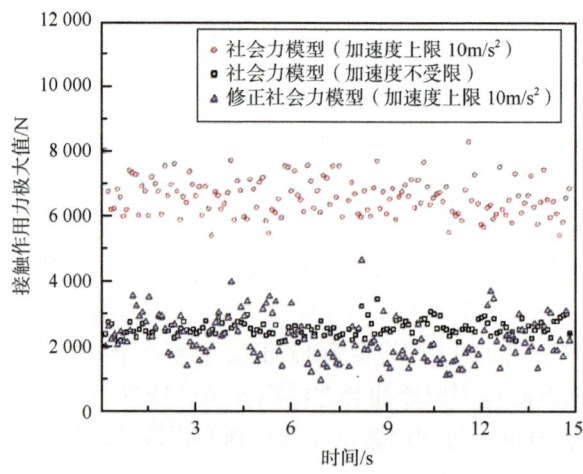

图5.15 模拟人群汇流过程中所有个体所受接触作用力的极大值

分析修正模型得到的模拟结果，首先需要揭示人群的宏观运动状态。图 5.16 中的瞬时速度场表明，在人群试图转弯汇入的时候，造成了局部的人流紊乱，在转弯处的局部速度场与其他位置处的层流速度场形成了鲜明的区别。同时，图 5.17 也表明，在转弯处的局部速度明显小于其他位置，人员在该位置形成了局部拥堵，甚至某些位置处的个体几乎处于停滞状态。同时，转弯处的局部密度也相对较高，超过 5 人/m^2，已经趋近局部密度的极限值，这表明模拟中该位置处的个体已经相互紧靠，并不可避免地发生身体接触。

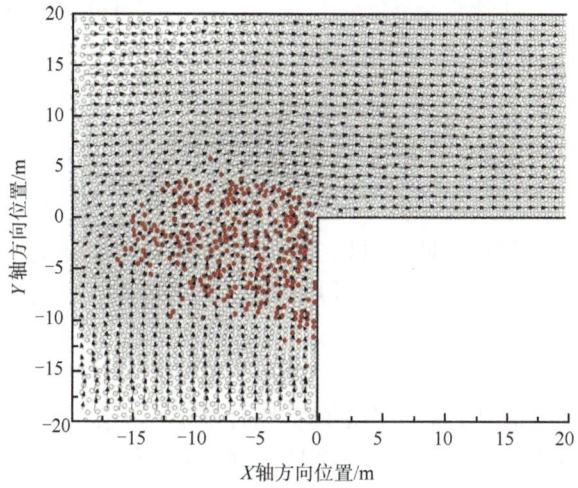

图5.16 利用修正模型模拟人群汇流过程中的瞬时速度场

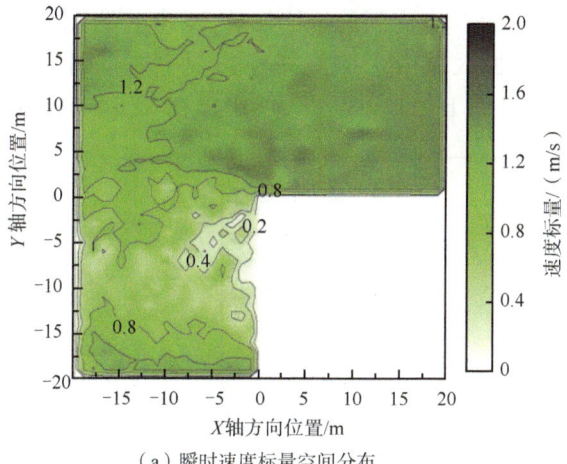

（a）瞬时速度标量空间分布

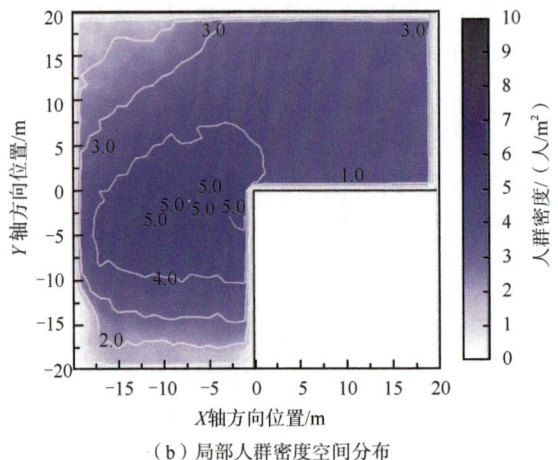

(b)局部人群密度空间分布

图5.17　利用修正模型模拟人群汇流过程中瞬时速度与局部密度的空间分布

针对图 5.14 中的目标区域，可以分析该区域内微观个体的运动参数规律和宏观人群的运动状态特征。由图 5.18 可知，该区域内可以观察到三种典型的人群运动状态，即层流状态、走-停波状态与湍流状态。同时，目标区域内人员的运动特征参数基本符合基础图中的分布规律，进一步证明了修正模型能够较好地模拟真实人员运动过程。更重要的是，修正模型同样能够模拟湍流运动状态下的人群，并呈现出如图 5.19 所示的典型特征。如图 5.19（a）所示，为了便于表述，分布曲线在纵轴方向进行了平移，在时间跨度 Δt 较小时，目标区域内速度增量概率密度分布曲线呈现出明显的尖峰，这是湍流状态的重要特征之一。同时个体空间位移表示为个体在连续两个减速点之间的位移矢量，减速点即个体速度 $v(r,t) < 0.1 \text{ m/s}$ 的位置，从而获得目标区域内个体空间位移频率分布图，拟合直线的斜率为 -2.00 ± 0.07，如图 5.19（b）所示。这表明个体在大多数时刻都只能移动非常小

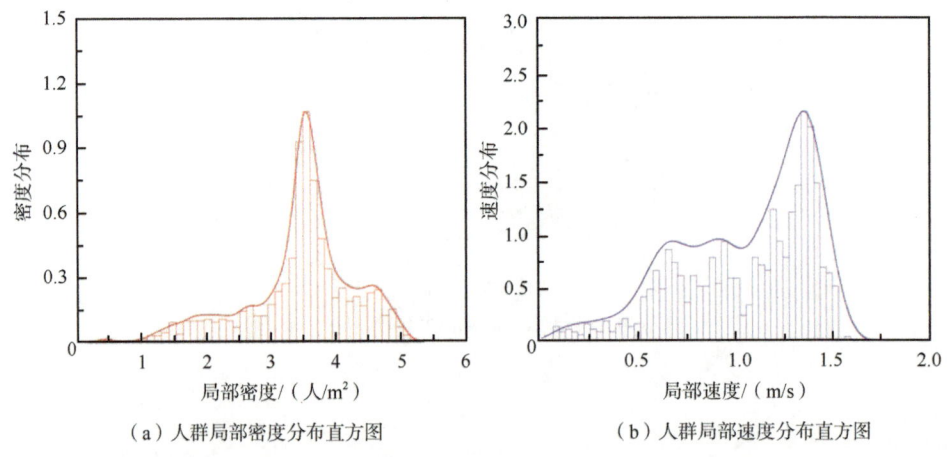

(a)人群局部密度分布直方图　　　　(b)人群局部速度分布直方图

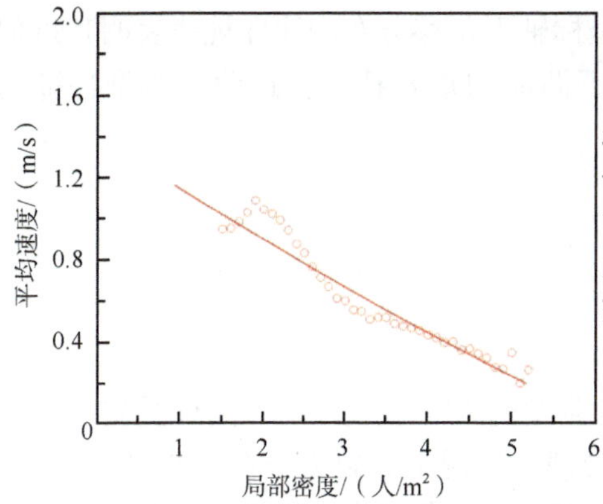

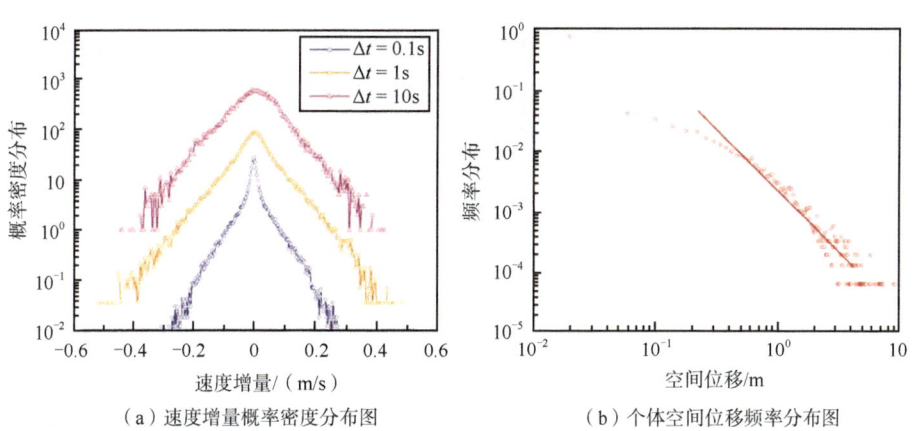

(c）局部密度与平均速度的关系图

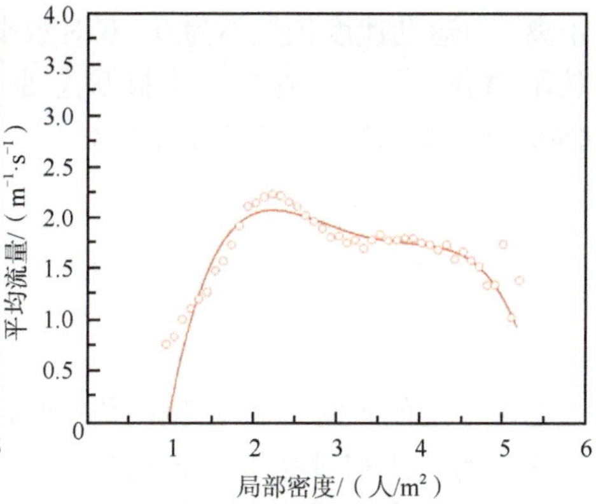

(d）局部密度与平均流量的关系图

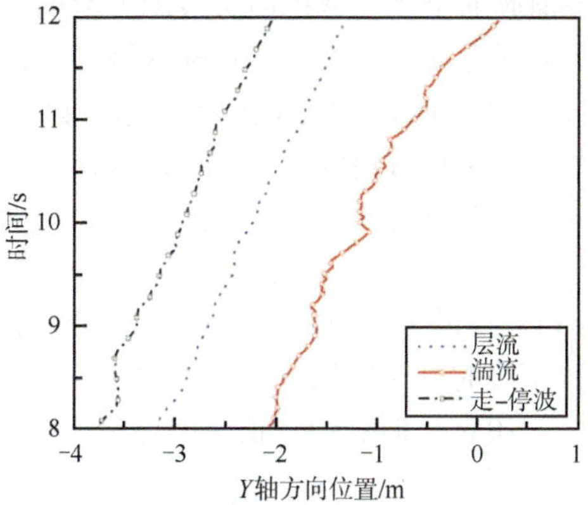

(e）典型运动状态时个体运动轨迹图

图5.18　目标区域内人员基本运动特征参数分析

(a）速度增量概率密度分布图

(b）个体空间位移频率分布图

图5.19　目标区域内湍流状态时速度增量概率密度分布图与空间位移频率分布图

的距离,但运动速度仍然不为 0。双对数坐标轴下位移分布的线性规律表明其近似服从幂律分布特征,这也是人群状态处于湍流的重要特征。这两种典型特征与 Helbing 等[24]的实证研究结果相吻合。

5.5 "爱的大游行"活动对冲人流模拟

德国"爱的大游行"踩踏事故是非常典型的人群事故之一,同样受到了众多研究人员的关注和研究[6,7]。该场景中,管理上的混乱导致人群在"T"字形隧道内形成拥堵对冲,场景结构布局如图 5.20 所示,红色填充个体表示受到后方碰撞或推搡后出现身体姿态前倾的个体,紫色箭头表示人流的运动方向。紫色点划线区域为分析湍流状态下人群运动状态参数的目标区域。粉色点划线区域为分析层流状态下人群运动状态参数的目标区域。该模拟中总人数设定为 12 200 人,划分为三个部分,并分别从"T"字形隧道的三个入口进入该场景内。从图 5.20 中下方两个入口进入该区域的人群汇流后共同向上方运动,而从上方入口进入该区域的人群始终向下方运动,最终两股人流在隧道内发生对冲。模拟中人体的期望速度设定为 1.34 m/s,且步行速度的上限设定为 1.6 m/s,分别在个体的加速度上限为 10 m/s^2 和不限制个体加速度时利用原始社会力模型模拟该场景中的上述过程,并与在个体的加速度上限为 10 m/s^2 时利用修正模型得到的模拟结果进行对比。

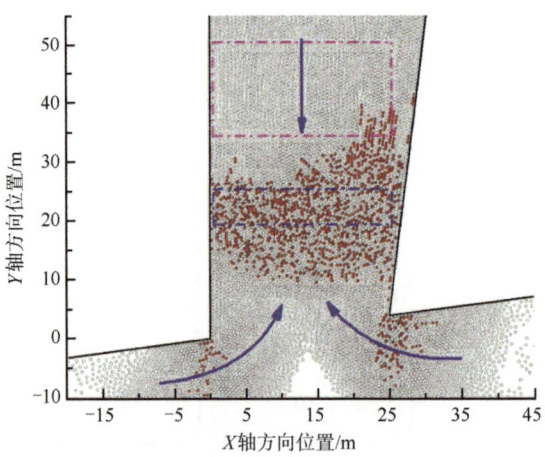

图5.20 "爱的大游行"活动对冲人流模拟场景图

利用修正模型得到的模拟结果可以分析该场景中的人群宏观运动状态。如图 5.21 所示,人群在隧道内发生对冲时形成了拥堵,此处的局部速度明显小于空间内的其他位置,且大部分处于拥堵位置的个体几乎处于停滞状态。同时,在拥堵位置处的人群局部密度超过 5 人/m²，趋近局部密度的极限值，此时个体已经相互紧靠，并将不可避免地发生身体接触。而瞬时速度场也表明，拥堵位置处的人群运动十分混乱，呈现明显的湍流运动状态，但在人群未达到拥堵位置处时仍然处于层流运动状态。

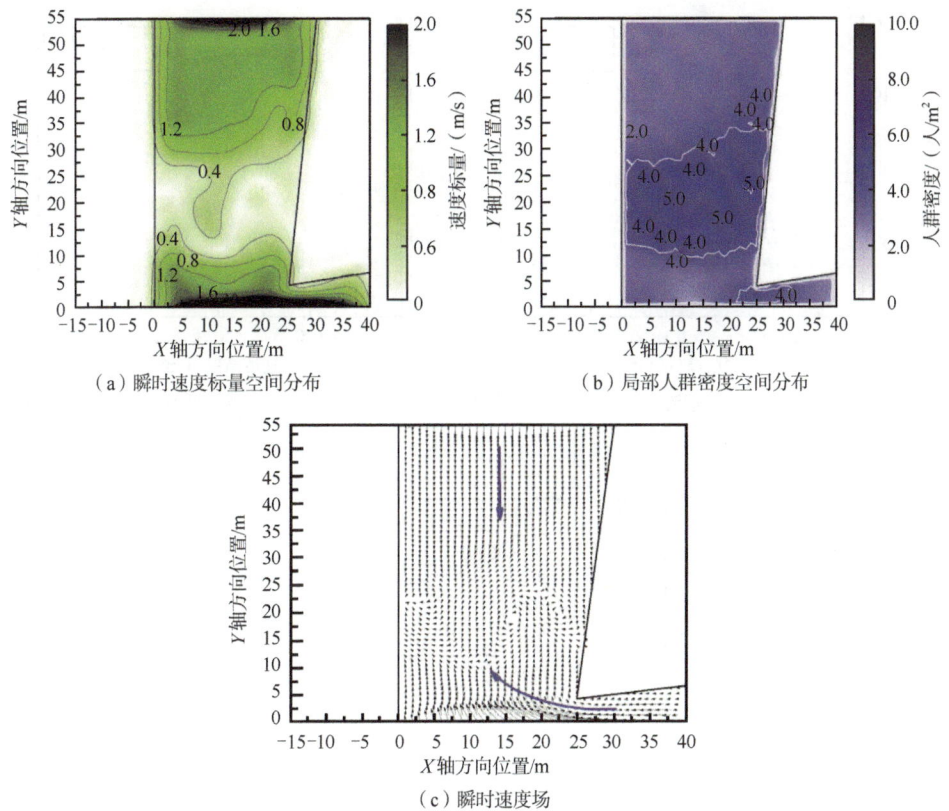

图5.21 模拟对冲人流时的瞬时速度与局部密度空间分布以及瞬时速度场

针对图 5.20 中的目标区域，可以分析微观个体的运动参数和宏观人群的状态特征。如图 5.22 所示，为了便于表述，分布曲线在纵轴方向进行了平移，时间跨度 Δt 较小时，层流状态分布曲线呈现较为平滑的曲线，而湍流状态分布曲线呈现出明显的尖峰，这是湍流状态的重要特征之一。这充分表明，人群在未到达拥堵区域时人群运动状态基本满足层流运动状态的特征，而当人群发生对冲形成局部拥堵后呈现为湍流运动状态的特征。处于拥堵区域内的个体空间位移的频率分布如图 5.23 所示，个体空间位移表示为个体在连续两个减速点之间的位移矢量，减速点即个体速度 $v(r,t) < 0.04$m/s 的位置，图中双对数坐标轴下位移分布拟合直线的斜率为 -1.88 ± 0.09，该线性规律表明位移分布近似服从幂律分布特征，这也是

人群状态处于湍流的重要特征。同时表明人群发生对冲形成局部拥堵处的个体在大多数时刻都只能移动非常小的距离，但运动速度仍然不为0。这两种典型的湍流特征与Ma等[7]的实证研究结果相吻合，进一步表明，修正模型可以模拟对冲人流场景下的湍流运动状态，能够较好地复现真实人员运动过程。

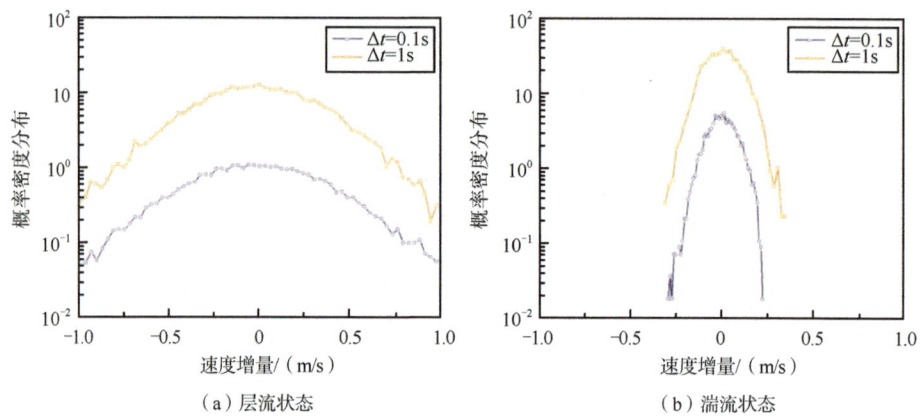

图5.22 目标区域内层流状态与湍流状态时速度增量的概率密度分布图

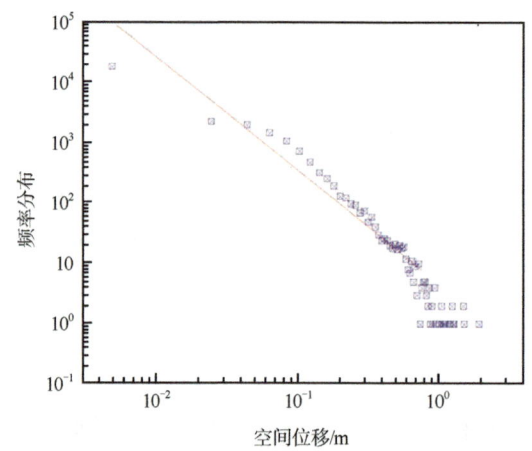

图5.23 目标区域内湍流状态下个体空间位移的频率分布图

另外，个体所受接触作用力的空间分布如图5.24（a）所示，处于拥堵位置处的个体之间均会产生明显的接触作用力，其空间范围基本与对冲人群形成的拥堵区域一致，且该时刻局部最高接触作用力超过3000 N。同时，由图5.24（b）可知，在人群发生对冲时，个体所受的接触作用力主要集中在身体的前后向，模拟过程中产生的最高接触作用力超过4000 N，几乎已经逼近个体能够承受的极限载荷。一般而言，由于封闭空间内的人员疏导难度较大，一旦人群因对冲人流造成大规模拥堵，个体之间将持续发生身体接触，包括推挤、碰撞、推搡等各种类型的相互作用会频繁发生且持续累积，从而导致个体风险水平也将持续攀升，伴随着时间的推进最终将可能超出个体的承受能力并造成人员伤亡。因此，一旦发生人流对冲等情况造成局部拥堵，必须尽早启动应急预案，疏导人群并降低人群的局部密度，缓解个体受到的外部载荷，从而降低个体发生伤亡的风险水平。

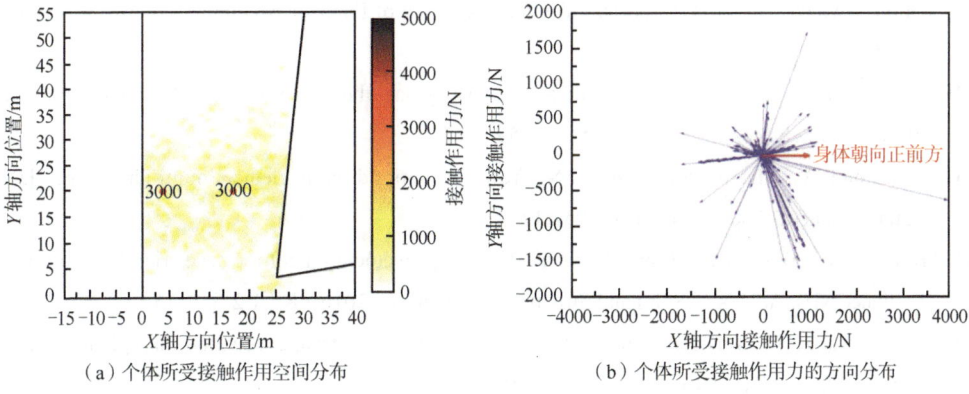

(a) 个体所受接触作用力空间分布　　　　(b) 个体所受接触作用力的方向分布

图5.24　模拟对冲人流时接触作用力空间分布及某个体所受接触作用力的方向分布

参 考 文 献

[1] Wong S C, Leung W L, Chan S H, et al. Bidirectional pedestrian stream model with oblique intersecting angle[J]. Journal of Transportation Engineering, 2010, 136 (3): 234-242.

[2] Guo R Y, Huang H J, Wong S C. Route choice in pedestrian evacuation under conditions of good and zero visibility: experimental and simulation results[J]. Transportation Research Part B: Methodological, 2012, 46 (6): 669-686.

[3] Duives D C, Daamen W, Hoogendoorn S P. State-of-the-art crowd motion simulation models[J]. Transportation Research Part C: Emerging Technologies, 2013, 37: 193-209.

[4] Davidich M, Geiss F, Mayer H G, et al. Waiting zones for realistic modelling of pedestrian dynamics: a case study using two major German railway stations as examples[J]. Transportation Research Part C: Emerging Technologies, 2013, 37: 210-222.

[5] Seyfried A, Steffen B, Lippert T. Basics of modelling the pedestrian flow[J]. Physica A: Statistical Mechanics and Its Applications, 2006, 368 (1): 232-238.

[6] Helbing D, Mukerji P. Crowd disasters as systemic failures: analysis of the Love Parade disaster[J]. EPJ Data Science, 2012, 1 (1): 7.

[7] Ma J, Song W G, Lo S M, et al. New insights into turbulent pedestrian movement pattern in

crowd-quakes[J]. Journal of Statistical Mechanics: Theory and Experiment, 2013, 2013（2）: P02028.

[8] Zhen W, Mao L, Yuan Z. Analysis of trample disaster and a case study-Mihong bridge fatality in China in 2004[J]. Safety Science, 2008, 46（8）: 1255-1270.

[9] Sharma A, Rani A, Barwa J. Traumatic asphyxial deaths due to an uncontrolled crowd at railway station: two case reports[J]. Journal of Indian Academy of Forensic Medicine, 2010, 32（3）: 254-256.

[10] Sauvageau A, Boghossian E. Classification of asphyxia: the need for standardization[J]. Journal of Forensic Sciences, 2010, 55（5）: 1259-1267.

[11] Langston P A, Masling R, Asmar B N. Crowd dynamics discrete element multi-circle model[J]. Safety Science, 2006, 44（5）: 395-417.

[12] Kabalan B, Argoul P, Jebrane A, et al. A crowd movement model for pedestrian flow through bottlenecks[J]. Annals of Solid and Structural Mechanics, 2016, 8（1/2）: 1-15.

[13] Lin P, Ma J, Lo S. Discrete element crowd model for pedestrian evacuation through an exit[J]. Chinese Physics B, 2016, 25（3）: 034501.

[14] Helbing D, Farkas I, Vicsek T. Simulating dynamical features of escape panic[J]. Nature, 2000, 407（6803）: 487-490.

[15] Helbing D, Molnár P. Social force model for pedestrian dynamics[J]. Physical Review E, 1995, 51（5）: 4282-4286.

[16] Yu W J, Johansson A. Modeling crowd turbulence by many-particle simulations[J]. Physical Review E, 2007, 76（4）: 046105.

[17] Golas A, Narain R, Lin M. A continuum model for simulating crowd turbulence[C]// ACM SIGGRAPH 2014 Talks on-SIGGRAPH'14, 2014: 20.

[18] Henein C M, White T. Macroscopic effects of microscopic forces between agents in crowd models[J]. Physica A: Statistical Mechanics and Its Applications, 2007, 373: 694-712.

[19] Lin P, Ma J, Si Y L, et al. A numerical study of contact force in competitive evacuation[J]. Chinese Physics B, 2017, 26（10）: 104501.

[20] Lakoba T I, Kaup D J, Finkelstein N M. Modifications of the Helbing-Molnár-Farkas-Vicsek social force model for pedestrian evolution[J]. SIMULATION, 2005, 81（5）: 339-352.

[21] Hughes R L. A continuum theory for the flow of pedestrians[J]. Transportation Research Part B: Methodological, 2002, 36（6）: 507-535.

[22] Pipes L A. An operational analysis of traffic dynamics[J]. Journal of Applied Physics, 1953, 24（3）: 274-281.

[23] Fruin J J. The causes and prevention of crowd disasters[J]. Engineering for Crowd Safety, 1993, 1（10）: 1-10.

[24] Helbing D, Johansson A, Al-Abideen H Z. The dynamics of crowd disasters: an empirical study[J]. Physical Review E, 2007, 75 (4): 046109.

[25] Helbing D, Johansson A, Al-Abideen H Z. Crowd turbulence: the physics of crowd disasters[C]// Chien W Z. The Fifth International Conference on Nonlinear Mechanics. Shanghai: Shanghai University Press, 2007: 967-969.

[26] Lee R S, Hughes R L. Exploring trampling and crushing in a crowd[J]. Journal of Transportation Engineering, 2005, 131 (8): 575-582.

[27] Zhang J, Klingsch W, Schadschneider A, et al. Transitions in pedestrian fundamental diagrams of straight corridors and T-junctions[J]. Journal of Statistical Mechanics: Theory and Experiment, 2011, 2011 (6): P06004.

[28] Nakamura A, Ishii M, Hiyoshi H. Uni-directional pedestrian movement model based on voronoi diagrams[C]//2011 Eighth International Symposium on Voronoi Diagrams in Science and Engineering, 2011: 123-126.

[29] Duives D C, Daamen W, Hoogendoorn S P. Quantification of the level of crowdedness for pedestrian movements[J]. Physica A: Statistical Mechanics and Its Applications, 2015, 427: 162-180.

[30] Steffen B, Seyfried A. Methods for measuring pedestrian density, flow, speed and direction with minimal scatter[J]. Physica A: Statistical Mechanics and Its Applications, 2010, 389: 1902-1910.

[31] Zhang J, Seyfried A. Comparison of intersecting pedestrian flows based on experiments[J]. Physica A: Statistical Mechanics and Its Applications, 2014, 405: 316-325.

[32] Fiorini P, Shiller Z. Motion planning in dynamic environments using velocity obstacles[J]. The International Journal of Robotics Research, 1998, 17 (7): 760-772.

[33] Golas A, Narain R, Lin M C. Continuum modeling of crowd turbulence[J]. Physical Review E, 2014, 90 (4): 042816.

[34] Curtis S, Best A, Manocha D. Menge: a modular framework for simulating crowd movement[J]. Collective Dynamics, 2016, 1: 1-40.

[35] Dickie J F, Wanless G K. Spectator terrace barriers[J]. Structural Engineer, 1993, 71: 216.

[36] Kretz T, Grünebohm A, Schreckenberg M. Experimental study of pedestrian flow through a bottleneck[J]. Journal of Statistical Mechanics: Theory and Experiment, 2006, (10): P10014.

[37] Seyfried A, Passon O, Steffen B, et al. New insights into pedestrian flow through bottlenecks[J]. Transportation Science, 2009, 43 (3): 395-406.

[38] Lee R S C, Hughes R L. Prediction of human crowd pressures[J]. Accident Analysis & Prevention, 2006, 38 (4): 712-722.

第6章 密集人群中的个体风险评估

6.1 概　　述

尽管大量的研究表明人群事故与宏观人群的湍流状态以及某些危险的人群现象息息相关，但造成微观个体伤亡的事故机理主要是跌倒踩踏和过度拥挤[1]。如果能够从个体伤亡的角度评价人群中的个体风险，显然对于事故的预测要比利用宏观人群特征参数更加直接。多起事故调查表明，最常见的个体伤亡原因就是人体承受了超越其耐受能力的载荷，前后向的外部载荷抑制了胸腔的扩张导致个体呼吸受阻，最终造成个体出现窒息死亡[2-4]。但当载荷不足以造成瞬时死亡时，其持续时间就显得格外重要，相对温和的载荷长时间压迫也容易导致挤压综合征[5,6]，这说明载荷强度与其持续时间对于个体风险来讲同等重要[7,8]。总的来说，作用于人体的载荷及其持续时间是比较合理的评估密集人群中个体风险的参数。

然而，关于人体承受载荷及其持续时间的数据仍然十分有限且缺乏系统性。大量的事故调查数据仅能够描述造成个体死亡的载荷强度，而较为缺少个体在轻伤时承受的载荷数据[9]。同时，较完整的数据大多来源于实验测量和现场测量，但关注的主要是人体与固定结构之间的作用力，固定结构对个体造成的感受和伤害与密集人群中因人体之间挤压形成的作用力是不同的。另外，载荷施加的方式和位置都会形成不同的影响。例如，动态载荷更容易使得个体产生不适感[10]；胸骨和肋骨处承受的载荷要比髋骨处小一些[11]。而且，确定衡量个体风险的指标或参数对于个体风险评估同样非常重要。伤亡个体呈现出的病理学特征可以作为判断创伤性窒息的依据[12]，但对于未出现伤亡的个体，病理学特征尚无法明确界定个体风险水平，也就是说，对于人体伤害的判定很难从临床症状上给予完备的定义。比较可行的方法就是从人体的主观感受出发，结合一些典型的病理学特征，将个体风险由轻微到致死定义为不同风险等级[13]。

为了从个体伤亡的事故机理角度评估密集人群中个体的风险水平，本章将开展四种场景中的人体挤压实验，完整测量和记录个体承受不同强度实时载荷的主观感受变化情况，并以主观感受作为预定义风险等级的参照标准，系统性地构建基于个体所受载荷强度及其持续时间的定量化个体风险评估计算方法，并针对不同类型的载荷进行详细分析和修正。通过与文献中记录的历史数据和事件后果进行对比，验证该风险评估计算方法的适用性，并详细研究个体差异性等因素对个体风险评估的影响。本方法将最终服务于密集人群场所的风险评估，为管理者的应急准备和科学决策提供合理化建议。

6.2 人体挤压实验

6.2.1 实验准备

本实验的主要目的是系统性地研究个体对于外部载荷的承受能力。实验中将测量个体在相互挤压过程中作用于胸腔的外部载荷强度及持续时间，并记录个体主观感受的变化情况，结合以个体主观感受为定义标准的风险等级体系，系统性建立定量化的个体风险评估方法，极大地丰富了现有的人群风险评价手段。

本实验于 2017 年 12 月在清华大学开展，所有实验共计邀请了 64 名男性志愿者参与，他们均为来自北京市内高等院校的在校学生。所有志愿者事前详尽地了解了本实验的目的及方案，并同意参与这项实验研究，实验过程也完全征得了他们的知情同意。所有实验志愿者的身体参数统计情况如表 6.1 所示。

表 6.1 64 名志愿者身体参数统计情况

身体参数	平均值	最大值	最小值	90 分位数	10 分位数
身高/cm	174.69	188	164	182.7	168.6
体重/kg	69.12	94	45	81.4	60.0
身体厚度/cm	25.45	32	21	29.7	22.0
肩宽/cm	44.05	46	40	46.0	42.0
年龄/岁	22.45	35	17	25.7	19.0

在每次实验中，志愿者都将被随机地划分为两种身份：待测者和辅助者。辅助者只需负责持续地推挤其他个体，确保挤压作用力近乎垂直地作用于待测者的胸腔部位；待测者只需要被动地承受挤压作用力，期间他们将穿戴柔性薄膜压力分布传感器来采集其胸腔部位受到的实时挤压作用力。柔性薄膜压力分布传感器在第 3 章的实验中也有使用，不再重复介绍，本实验中传感器的采样频率被设定为 50 Hz，传感器单个感测点的量程设定为 0~10 PSI（0~68.95 kPa），该量程范围既能够满足测量个体之间发生持续挤压过程的客观需要，还能尽量地降低测量

误差。

在实验过程中,待测者将被要求在一系列指定的时间点汇报个人的主观感受,同时在其认为主观感受发生显著变化时也应当立即报告。在实验之前,个体主观感受已经与个体风险等级相互关联,其对应的具体描述可见表 6.2,个体风险值被定义为满足区间[0,5]的定量化无量纲连续值,它将避免由离散的个体风险等级造成的缺陷,并且个体风险值还被假设近似满足以对应风险等级为均值的正态分布规律。表 6.2 中涉及的具体内容已经在实验开始前详细地向志愿者进行了描述和解释,并要求志愿者熟记。在本实验中,出于安全性的考虑,外部载荷造成的个体主观感受仅涉及风险等级 Ⅰ～Ⅳ。

表 6.2 实验中个体主观感受和个体风险等级之间对应关系的详细描述[14]

风险等级	主观感受	风险值	其他有关主观感受和病理学症状的相关描述
Ⅰ	没有不适感	$X \sim N(1,1)$	个体没有感到明显的不适
Ⅱ	轻微不适但可以通过姿态调整继续忍受至少 30s 甚至更久	$X \sim N(2,1)$	个体感到不适但仍能够忍受很长时间,此时,个体可以通过弯腰或踮起脚尖来调整姿态从而提升对于外力的容忍度,或者用手部来抵住栏杆或者墙壁[11]
Ⅲ	非常不适但仍然可以继续忍受几秒钟	$X \sim N(3,1)$	个体失去抵抗能力,由于外力作用倚靠在他人身上,只能够继续忍受很短的时间[15],可能出现头部充血伴软组织肿胀,或仅有轻微瘀伤和擦伤
Ⅳ	无法忍受且现实中很有可能导致特定的非致命外伤或内伤	$X \sim N(4,1)$	大多数个体抱怨很难呼吸并要求实验终止,在实际的人群事故中,结膜和面部可能出现瘀点,并观察到其他重大(但非致命)损伤,包括肋骨和胸骨骨折或胸部大面积瘀青[16]
Ⅴ	导致死亡并伴有不可逆的临床病理学症状	5	个体死于压迫性窒息且通常与颅颈发绀、面部水肿和瘀点、结膜下出血和神经系统症状相关联[3,17]

针对此类人体相关的实验,需要澄清几点关于实验的安全准备事项。在实验开始前,所有志愿者均对本实验的实施过程与细节进行了详细了解并同意参与实验。他们均为来自北京市内高等院校的在校本科生及研究生,且在入学体检中均未出现有关心肺功能的异常情况,志愿者也均确认自身的身体状况适合参与本实验中的全部实验过程。实验中,不允许志愿者将尖锐的饰品或物品放入衣服内或口袋中,同时实验采用的柔性薄膜压力分布传感器延展性良好,能够完全贴合志愿者的身体而不会造成不必要的不适感。多名组织者将全程监视实验的实施过程,一旦组织者发现实验过程中有志愿者报告或者表现出风险等级Ⅳ对应的主观感受或症状,那么无论实验进程如何,实验都将立即终止。

为了确保实验中所有的参与人员均以最佳的身体状态参与每次的实验过程,全部的实验日程被排布到 8 天内进行,且任何一名实验志愿者都不能够连续两天参与实验内容。每一天中进行的两次实验之间至少要保留 20min 时间供志愿者恢复体力,且每名志愿者要轮流担任待测者和辅助者的身份,以使得尽可能多的个体受力情况和主观感受能够被记录下来。对于此类人体实验的可重复性，同一个体在不同时间的测量误差大概在20%[11]。

6.2.2 实验实施过程

本实验中共设置了四种不同的实验场景，其中两种实验场景下分别涉及了不同的载荷类型——静态载荷与动态载荷，如图6.1所示，其中黑色的人体模型代表辅助者，白色的人体模型代表待测者。实验场景一、实验场景四中开展静态载荷实验，实验场景二、实验场景三中开展静态载荷和动态载荷实验。在每种实验场景下，志愿者数目、待测者与辅助者的配比情况及所处位置、每个志愿者的身份等均会发生变化，以此来改变作用于待测者胸腔部位的挤压作用力。四种实验场景的详细实施过程如下。

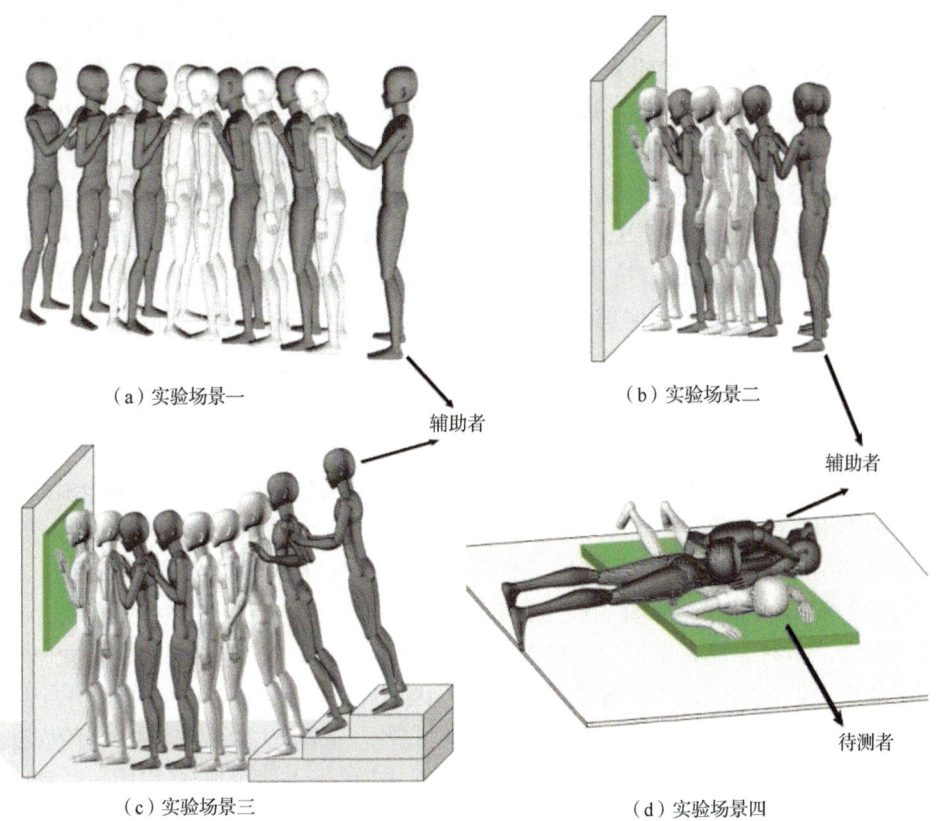

（a）实验场景一 （b）实验场景二
（c）实验场景三 （d）实验场景四

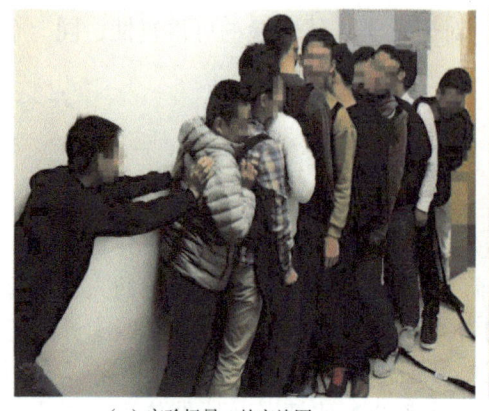

(e) 实验场景一的实施图　　　　　　　　　(f) 实验场景二的实施图

图6.1　实验过程的示意图和实施图

（1）实验场景一，如图 6.1（a）所示，每次实验中均会有 5 名待测者和 6 或 8 名辅助者，所有的志愿者被划分为两个团队，每个团队中均包含相同数目的辅助者以及 2 或 3 名待测者，两个团队中的志愿者彼此相向站立并排成一列纵队。每个团队内部的待测者均会被辅助者隔离以避免相邻站立，辅助者的主动推挤作用同时也保证了待测者持续受到垂直于胸腔的外部作用力。实验中，两个团队中的辅助者都将同时施加持续的静态载荷，通过改变团队中辅助者的人数可以制造不同的载荷强度。

（2）实验场景二，如图 6.1（b）所示，每次实验中均会有 2～4 名待测者和 2～4 名辅助者，所有的志愿者按照统一的朝向排成一列纵队站立，且队列的正前方为固定墙壁。此后，位于队列尾部的辅助者将负责持续地施加静态载荷或者动态载荷。静态载荷一般可以由辅助者持续稳定的挤压行为来制造，而动态载荷则需要辅助者反复不断地推搡和拉扯。队列尾部的 2 名辅助者可以采用平行并排站位，共同向前方个体施加外部作用力，这时产生的外部载荷强度相对较高。其他的辅助者将分散到队列中间将待测者相互隔离，以保证待测者的身体姿态可以保持直立，外部作用力能够垂直地作用于待测者的胸腔部位。实验中，队列最前端的个体将紧靠在固定墙壁上，在接触部位将安放海绵垫以避免由于直接的硬物接触造成预期之外的不适感。

（3）实验场景三，如图 6.1（c）所示，每次实验中均会有 5 名待测者和 4 或 5 名辅助者，所有志愿者按照统一的朝向排成一列纵队站立，且队列的正前方仍然为固定墙壁，但该墙壁位于楼梯台阶的底部，因而此时队列中靠近尾部的若干个体将只能站立于台阶之上。实际实验过程中将有 6 名志愿者可以站立在楼梯台阶底部的平地上，其他人将站立于台阶之上，形成沿着楼梯斜面向下的推挤作用。队列中将有 2 名辅助者站立于楼梯台阶底部的平地上将待测者隔离，以保证待测者的身体姿态可以保持直立。其他辅助者将站立在队列的尾部并且向前方施加持续的静态载荷或者动态载荷。此时，静态载荷主要由站立于台阶之上的辅助者向前倾倒时身体重力产生，而动态载荷主要产生于站立于台阶之上的辅助者反复地完成向前倾倒和起身两个动作时带来的冲击。队列最前端靠近固定墙壁的个体在接触部位将依然可以使用海绵垫来进行自我保护，以避免由于直接的硬物接触造成预期之外的不适感。

（4）实验场景四，如图 6.1（d）所示，每次实验中均会有 1 名待测者和 1 或 2 名辅助者，待测者俯卧在平放的海绵垫之上，而其他辅助者依次有序地俯卧在位于下方的志愿者身体之上，志愿者采用横纵交错的身体朝向依次堆叠，以保证位于上方的志愿者自身的重力主要集中在位于底部的待测者的胸腔部位，辅助者仅依靠自身重力对待测者施加持续的静态载荷。

每种实验场景中的实验过程是十分相似的，可以大致概括为如下内容。首先，所有志愿者按照实验中承担的身份明确具体的站位，待测者应穿戴好柔性薄膜压力分布传感器。其次，所有辅助者在实验开始之后要负责持续地施加外部作用力，以使得队列中的所有志愿者挤压在一起，且待测者的胸腔部位受到预期的外部载荷。柔性薄膜压力分布传感器将实时地记录个体所受的外部载荷数据。在实验开始之后的 10 s、20 s、60 s、300 s、600 s 和 1800 s 时，组织者将提示待测者并询问待测者的主观感受，同时立即记录下对应的风险等级。另外，如果待测者的主观感受在实验过程中发生显著的变化，其也应当及时向组织者报告并简要说明，组织者将记录下相应的时刻及新的风险等级。最后，每次实验的最长持续时间为 30 min，如果在实验过程中有志愿者的主观感受达到风险等级Ⅳ，那么无论实验进程如何，实验都将立即终止。

全部实验过程中，共使用 5 个柔性薄膜压力分布传感器测量了 64 名志愿者的持续受力情况，得到了随时间演变的挤压作用力数据。其中，在静态载荷作用下的实验中，共计有 51 名志愿者作为待测者，贡献了 83 组独立的持续挤压受力数据，分别是在实验场景一、实验场景二、实验场景三及实验场景四中得到了 20 组、18 组、15 组及 30 组持续挤压受力数据。而在动态载荷作用下的实验中，共计有 24 名志愿者作为待测者，贡献了 34 组独立的持续挤压受力数据，分别是在实验场景二和实验场景三中得到了 19 组和 15 组持续挤压受力数据。每组持续挤压受力数据中，均记录了随时间连续变化的外部载荷，同时还有个体在固定采样时间点或者个体主观感受发生显著变化时报告的个体风险等级。

6.3 个体风险评估计算方法

6.3.1 静态载荷

根据在静态载荷作用下的实验测量数据，可以初步考虑建立一种个体风险评

估计算方法，用于定量地计算密集人群中的个体风险值。个体风险值可以被认为是个体承受的平均载荷与其持续时间的函数，即

$$R_{value} = g(f_{ave}, t_d) \quad (6.1)$$

其中，R_{value}表示个体风险值；f_{ave}表示个体承受的平均载荷；t_d表示载荷的持续时间。

对于每一个风险等级而言，实验中均测量得到了很多的平均载荷与其持续时间的数据组合，尽管从平均载荷与其持续时间的数值来看是完全不同的，但是变量$\ln(f_{ave}) \cdot \ln(t_d)$大致服从正态分布$X \sim N(\mu, \sigma^2)$，如图6.2所示。同时，如表6.2所示，个体风险值R_{value}也大致服从以对应风险等级R_{level}为均值的正态分布规律$X \sim N(R_{level}, 1)$。因此，可以为每个特定风险等级下的所有平均载荷及其持续时间的数据组合匹配一个相应的个体风险值。

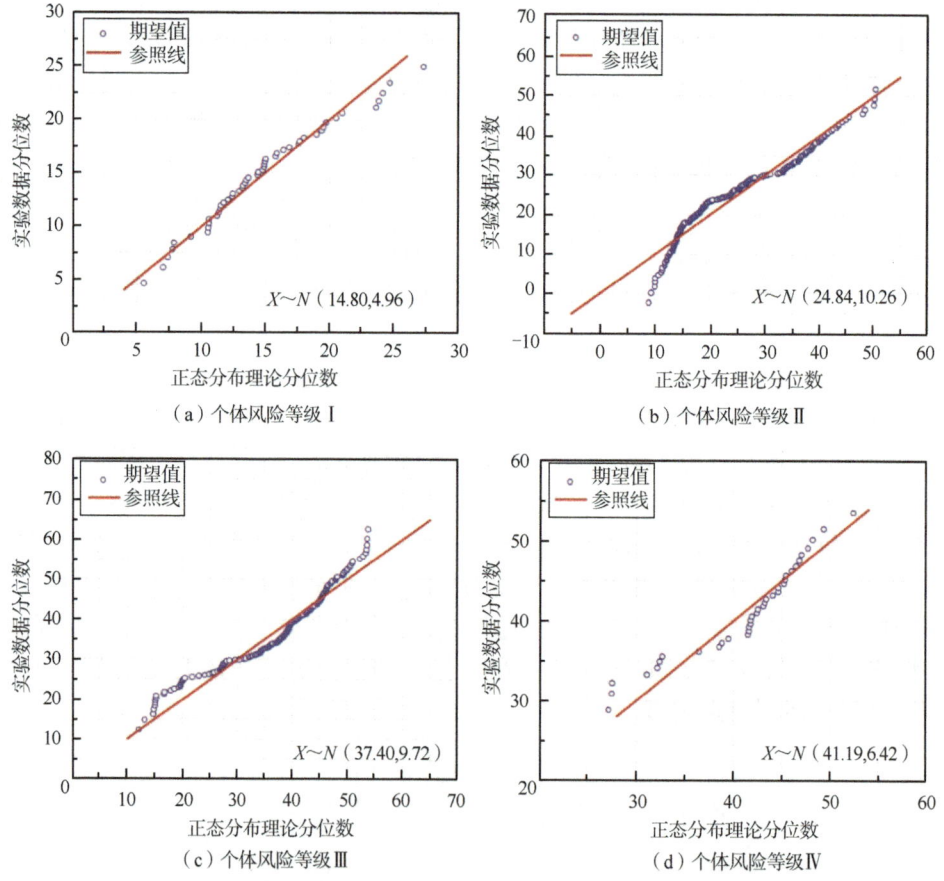

图6.2 不同个体风险等级下变量$\ln(f_{ave}) \cdot \ln(t_d)$与正态分布$X \sim N(\mu, \sigma^2)$满足的正态分布Q-Q图

考虑到在某一特定个体风险等级下，个体风险值R_{value}与变量$\ln(f_{ave}) \cdot \ln(t_d)$均

近似服从正态分布规律,那么可以假定个体风险值应大致满足如下形式:

$$R_{\text{value}} = k_1 \times \left[\ln\left(f_{\text{ave}} + A\right)\right]^a \times \left[\ln\left(t_d + B\right)\right]^b \tag{6.2}$$

其中,a 和 b 分别表示平均载荷与其持续时间的指数修正系数;A 和 B 分别表示平均载荷与其持续时间的平移修正系数;k_1 表示倍增系数。此外,还应当考虑到,非常强烈的外部作用力可能会瞬间造成连枷胸及肋骨骨折,甚至个体死亡,而十分微弱的外部作用力即使长时间作用于人体也不会造成显著的不良后果。这表明,平均载荷与持续时间两个参数对于个体风险值的贡献效果是明显不同的。因此,个体风险值的计算应当增加第二项 $k_2 \times f_{\text{ave}}$,以表示较大外部作用力对个体风险的重要影响。

那么,可以得到个体风险值与此时个体承受的平均载荷及其持续时间的关联关系,如图 6.3 所示。密集人群中个体风险的评估计算方法可以通过对实验数据进行曲面拟合而最终确立,如式(6.3)所示:

$$R_{\text{value}} = 5.85 \times 10^{-3} \times \left[\ln\left(f_{\text{ave}} + 1660.03\right)\right]^{3.17} \times \left[\ln\left(t_d + 7.28\right)\right]^{0.43}$$
$$- 0.16 \times 10^{-3} \times f_{\text{ave}} - 4.94 \tag{6.3}$$

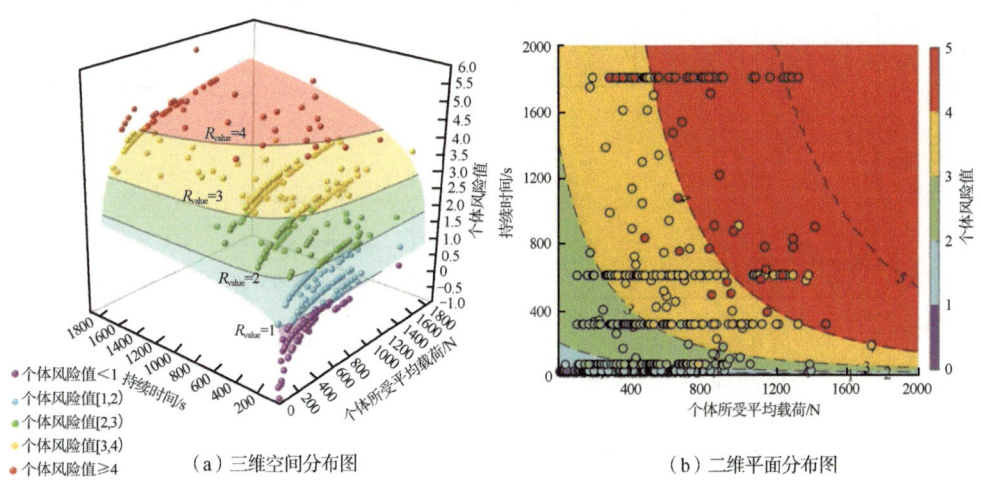

(a) 三维空间分布图　　　　　　　　(b) 二维平面分布图

图6.3 在静态载荷作用时个体风险值与个体所受平均载荷及持续时间的对应关系

如前文所述,个体风险值被定义为能够代表对应个体风险等级的无量纲连续值。由式(6.3)计算得到的个体风险值 R_{value} 被限定在区间[0,5]内,该范围涵盖了从个体感到非常舒适的安全情景到可能造成个体伤亡的危险情景,包括了所有关于个体风险等级的定义范畴。因此,$R_{\text{value}} \geq 5$ 可能意味着更容易导致个体伤亡的危险情景,而 $R_{\text{value}} \leq 0$ 可能意味着个体不适感更低的安全情景。故而,这两种情况下,个体风险值均不再必要。所以,由个体风险评估计算方法得出的个体风险值,结合表 6.2 中描述的个体主观感受与典型临床病理学症状的定义和描述,可以被用来评价密集人群中个体所处的风险状况。

6.3.2 动态载荷

在现实中的密集人群内部，个体之间产生的相互作用力可能并不完全是静态稳定的，尤其在某些可能诱发人群情绪出现波动的大型活动中，如体育赛事和音乐演唱会等，人体受到的外部载荷大多都是动态变化的，而且波动的幅度和频率可能都十分显著。因此，实验中同样复现了类似的情景，在实验场景二和实验场景三中个体受到了人为形成的波动载荷，测量了作用在个体胸腔部位的随时间动态变化的压力数据。个体在受到静态载荷与动态载荷分别作用时，所有风险等级下平均载荷及其持续时间的对比情况如图6.4所示。整体来看，在同一风险等级中，个体在受到动态载荷作用时，承受的平均载荷及其持续时间基本小于静态载荷作用时的测量结果。尤其对于个体风险等级Ⅱ与个体风险等级Ⅲ，在个体受力的持续时间大致相同的时候，个体受到动态载荷作用时承受的平均载荷要明显小于受到静态载荷作用时承受的平均载荷，这表明个体在受到动态载荷作用时更容易达到较高的个体风险水平。

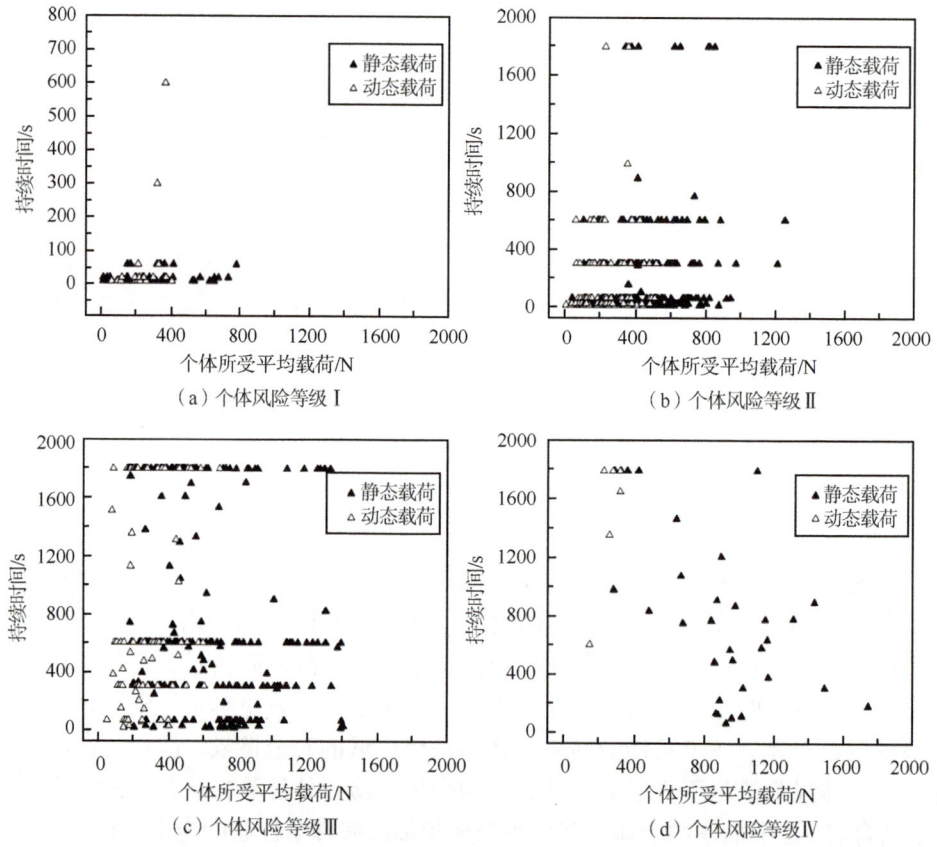

图6.4 在静态载荷和动态载荷作用时所有个体风险等级下平均载荷及持续时间数据分布

在动态载荷作用时，人群中的个体通常会反复地推搡和拉扯，并且身体出现不可控制地往复摆动，这与静态载荷作用时个体一般保持静止并且相互挤在一起形成了鲜明的对比。也就是说，在动态载荷作用时，个体会出现相比于静态载荷作用时更加显著的位移，而此时，反复冲击下的位移将导致能量转移效果显著增强，也间接加深了个体的不适感。可以利用波动强度 Q 来衡量动态载荷的这种冲击效应：

$$Q = \sum_{0.05 \leqslant w \leqslant 1} A^2 w^2 \tag{6.4}$$

其中，A 表示动态载荷的波动幅度；w 表示波动频率。波动强度主要表明频繁且剧烈变化的波动载荷可能比静态载荷造成更加严重的后果。根据实验数据的统计结果，本实验中波动幅度较为显著时，波动频率主要集中在 0.05～1 Hz。因而，式（6.4）计算得到的波动强度基本能够反映出个体之间频繁且强烈的相互作用中能量转移的影响效果。

由式（6.3）直接计算动态载荷作用下的个体风险，在每个风险等级中平均个体风险值都要比在静态载荷作用下的平均个体风险值小，如图 6.5 所示。然而，动态载荷在每个风险等级中的平均波动强度要比在静态载荷作用下的平均波动强度高得多。因此，需要采用基于波动强度的修正系数对个体风险评估计算方法进行改进。采用波动强度 Q 与平均载荷的平方 f_{ave}^2 之比作为修正系数的核心项，因为波动现象的相对影响可以由波动载荷的波动幅度与波动载荷的平均值之比来描述，此外，修正系数还应当一直 ≥1，故而，修正系数可以最终表示为

$$K = \exp^{\frac{Q}{2 f_{ave}^2}} \tag{6.5}$$

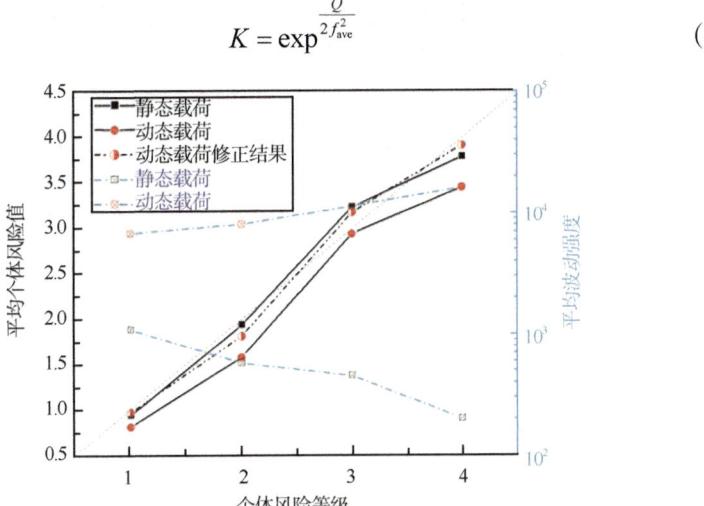

图6.5　各个风险等级中平均个体风险值及其修正结果和静态与动态载荷的平均波动强度

那么，改进的个体风险评估计算方法可以表示为

$$R_{\text{value}} = 5.85 \times 10^{-3} \times \left\{ \ln\left[K \times \left(f_{\text{ave}} + 1660.03 \right) \right] \right\}^{3.17} \times \left[\ln\left(t_d + 7.28 \right) \right]^{0.43}$$
$$- 0.16 \times 10^{-3} \times f_{\text{ave}} - 4.94 \qquad (6.6)$$

通过式（6.6）可以重新计算得到在波动载荷作用下的个体风险修正值，在每个风险等级下的平均个体风险值将与静态载荷作用下的平均个体风险值基本一致。相对于由式（6.3）计算得到的结果，由式（6.6）计算得到的个体风险修正值得到了明显的提高，如图6.5所示，其中静态载荷作用时的结果取自实验场景一、实验场景二、实验场景三和实验场景四，动态载荷作用时的结果取自实验场景二和实验场景三。这也说明，改进的个体风险评估计算方法能够更加客观地反映动态载荷作用下个体主观感受的变化情况，并合理地估算此时的个体风险水平。

6.3.3 方法的准确性

在过往的研究中，个体在真实人群中的受力数据难以测量，同时个体的受力情况也并不是动力学研究的主要对象，导致能够体现密集人群中个体受力情况的真实数据显得十分零散且有限，使本方法准确性的验证存在一定的困难。另外，目前大部分文献中描述的有关个体受力的情况可能并不能完整还原个体受力的平均值及其持续时间，这也为计算个体风险造成了困扰。尽管如此，本章依然整理了大量的关于个体受力情况的相关研究，用于验证本方法的准确性。

本章利用文献中整理得到的相关历史数据，使用如式（6.3）所示的个体风险评估计算方法得到了事件中相应的个体风险值，并与文献中记录的个体感受或事件后果进行比较。考虑到部分文献对于个体受力及其持续时间的记录并不详尽，因而在计算个体风险时尚只能按照静态载荷对待，且在个别数据缺失时，只能根据相应的文字描述进行近似赋值。为了量化个体风险评估计算方法得到的结果与文献中相应记录的差异性，仍然依据表6.2为文献中记载的个体感受或事件后果匹配了对应的风险等级，该风险等级将直接与计算得到的个体风险值进行对比，如表6.3、表6.4与表6.5所示。为了更好地与实验中得到的结果进行比较，通过女性受试者获得的相关研究结果和历史数据暂时不考虑在内。根据作用在栏杆上的线性载荷反推施加在个体身上的外部载荷时，应当将线性载荷转换为单独个体的真实受力情况，这需要考虑个体的平均肩宽，约为0.459 m[18]。

表6.3 文献中关于个体所受载荷及其持续时间的详细记录

文献来源	平均载荷/N	持续时间/s	风险等级	风险值
Smith 和 Lim[22]	1 900	3 780	V	5.00
Cosio 和 Taylor[19]	10 000	0.15	V	2.94
	20 000	0.15		3.45

续表

文献来源	平均载荷/N	持续时间/s	风险等级	风险值
Hopkins 等[10]	6 227	15	V	4.09
	1 112	240		3.59
	1 112	360		3.85
Hopkins 等[10]	275.4	2 400	Ⅲ	3.75
Hopkins 等[10]	688.5	600	Ⅳ	3.64
Hopkins 等[10]	1 928	2	Ⅰ	1.22
Wang 等[2]	400	30	Ⅱ	1.42

表 6.4 文献中关于个体所受载荷的详细记录（载荷持续时间定义为 5 min）

文献来源	平均载荷/N	风险等级	风险值
Evans 和 Hayden[11]	418	Ⅲ	2.87
	476		2.95
	533		3.02
	796		3.36
Evans 和 Hayden[11]	507	Ⅲ	2.99
	623		3.14
Fruin[23]	3600	V	5.00
	4000		5.00
Dickie 和 Wanless[15]	242	Ⅲ	2.61
	600		3.11
Smith 和 Lim[22]	116	Ⅲ	2.41
	418		2.87
	774		3.34
Smith 和 Lim[22]	175	Ⅱ	2.51
	247		2.62
McKenzie[24]	1107	Ⅳ	3.73
	1999		4.61
Michalewicz 等[25]	1000	Ⅲ	3.61
Lin 等[26]	2066	V	4.67

表 6.5 文献中关于个体所受载荷的详细记录（载荷持续时间定义为 30 s）

文献来源	平均载荷/N	风险等级	风险值
Parker[27]	8 890	V	5.00
	71 123		5.00
Kroell[28]	3 300	Ⅳ	3.60
Keating[29]	3 000	Ⅳ	3.44

续表

文献来源	平均载荷/N	风险等级	风险值
Oschatz 等[21]	644	IV	1.69
Kroll 等[20]	4 050±320	V	3.96

需要注意的是，文献中的相关历史数据涉及众多的场景和测量方法。大多数的历史数据来源于人体实验、人群活动及交通事故中的测量结果。在这些研究中，数据几乎大部分产生于人体与固定结构之间的相互作用，这些固定结构包括墙壁、栅栏及栏杆等。但本章设计的实验中，个体的受力数据产生于个体之间的相互作用，这与真实人群内部的个体受力情况更加相近。在个体与固定障碍物之间的相互作用过程中，基本只产生局部的接触作用力，而在个体之间的相互作用过程中，会产生分布式的接触作用力。两种方式中产生的作用力是不同的，这也会导致不同的后果，对于后者而言，接触面积更大，可能产生更大的接触作用力，但是接触部位局部的压强可能并不会超过前者，因而前者对于人体造成的伤害或者主观感受可能更加不利。尽管历史数据的获取方式与实验数据存在差异，但是仍然能够被用于确定个体风险评价计算方法是否适用于对各种场景下不同相互作用过程中受到多种类型载荷的个体进行风险评价，这更是该方法能够适用于真实人群活动中个体风险评价的重要前提和基础。

表 6.3 中仅包含了具有外部载荷及其持续时间明确记录的相关研究，然而，更多的文献中，关于载荷持续时间的记录并不确切，但是可以依据相应的文字描述进行推测并赋值，以便利用尽可能多的研究成果和历史数据来验证本方法的适用性。载荷持续时间不明确的情况可以大致划分成两类。第一种情况为如果个体在实验结束时感到不适，且在实验过程中外部载荷是逐渐加载的，或者个体在静态连续载荷的作用下出现胸腔压迫或者长时间供氧不足的症状，那么这时的载荷持续时间相对较长，可以定义为 5 min，如表 6.4 所示；第二种情况为如果个体在真实人群事件中遭遇了非常严重甚至可能致命的情况，且剧烈的外部载荷通常是瞬间作用于个体身上，或者个体由于强烈的胸部冲击压迫造成肋骨骨折等症状，那么这时的载荷持续时间通常非常短促，近似定义为 30 s，如表 6.5 所示。另外，在建筑设计和结构安全研究领域，人群对于建筑结构造成的负载一直都备受关注，部分文献针对特定建筑结构和安全设施的强度进行了测量和检验，也同样贡献了在实际人群活动中人群对外部结构造成的载荷情况。在人群活动中，建筑结构上受到的人群载荷同样也可以归纳为瞬时载荷与持续载荷。瞬时载荷的持续时间仍然可以假定为 30 s，而持续载荷的持续时间一般可以达到至少 5 min。尽管建筑结构承受的荷载可以反映出靠近固定结构的个体所受的载荷强度，但相关研究中并没有记载过个体的主观感受或事件中个体的伤害情况，因而难以推断出此时对应

的个体风险等级。如表 6.6 所示，这部分数据可以用于验证在建筑结构发生破坏的场景下个体的风险状况。

表 6.6 文献中关于建筑结构负载情况的详细记录

文献来源	平均载荷/N	持续时间/s	风险值
Fruin[23]	4500	300	5.00
Coutie 和 Snelson[30]	900	1	0.47
Coutie 和 Snelson[30]	4000	30	3.94
Langston 等[8]	2500	30	3.15
	1250	300	3.88
Hopkins 等[10]	2020	300	4.63
Nicholson 和 Roebuck[31]	5645.7	300	5.00
	4153.95	300	5.00
	4314.6	300	5.00
	3722.49	300	5.00
Helbing 等[32]	2043	300	4.65

在表 6.3、表 6.4 与表 6.5 中，大部分计算得到的个体风险值 R_{value} 与相对应的个体风险等级 R_{level} 是基本一致的，并且其数值范围满足 R_{level} ±1。然而，部分案例中个体风险值与对应风险等级差异较大的情况也需要得到关注。在由 Cosio 和 Taylor[19]、Kroll 等[20]提供的案例中，本方法计算得到的个体风险值相对个体风险等级而言要小一些，这是因为此时的外部载荷非常大且持续时间很小。这表明个体风险评估计算方法可能会低估由瞬时高强度载荷造成的个体伤害，主要是这种情况在本实验中并没有涉及。在由 Hopkins 等[10]提供的真实事故案例中，再一次表明了个体差异对个体风险评估计算方法的影响，本方法很有可能在评估某一独立个体风险时出现较大偏差，但是在评估人群中多数个体的风险状况时具有统计意义，可以从个体伤亡风险的角度反映人群中多数个体的主观感受和风险水平。在由 Oschatz 等[21]提供的案例中，同时印证了个体差异的存在，其中明确记录着其数据的适用对象主要是老年患者。这些发现均表明个体风险评估计算方法可能只能从统计学意义上反映人群中大多数个体的风险状况。另外，在表 6.6 中，发生建筑结构性破坏的场景中，个体风险水平几乎全部达到或接近最高等级，此时，极有可能会出现个体伤亡的情况，这也与发生建筑结构破坏或设施损毁的真实案例相吻合。

6.3.4 个体差异性分析

考虑到实际应用中，个体差异体现在对于外部载荷的耐受能力、主观感受的阈值差异，受力敏感部位不同等各个方面，本方法在考虑个体差异性的同时，将尽量反映人群中大多数个体的风险状况。

在个体风险评估中，不能否认存在较为显著的个体差异性，一方面，个体在身体外形、健康状况、发育程度和精神状态等方面迥然不同，导致个体对于载荷的耐受能力和主观感受存在较大差异；另一方面，同一个体也会在耐受能力上产生波动，因为其还受到载荷类型、作用部位和接触物材质特性等的影响。

前文已经利用式（6.3）计算得到了 51 名志愿者在静态载荷作用下的个体风险值，在每个风险等级下，个体风险值的分布情况如图 6.6 所示。可以发现，每个风险等级 R_{level} 下，大多数个体的个体风险值 R_{value} 大致分布在 $R_{level} \pm 1$ 的范围之内，这表明利用个体风险评估计算方法计算得到的个体风险值可以反映出个体在实验中的真实主观感受。因此，个体风险值可以被用于直接分析个体之间的差异性。

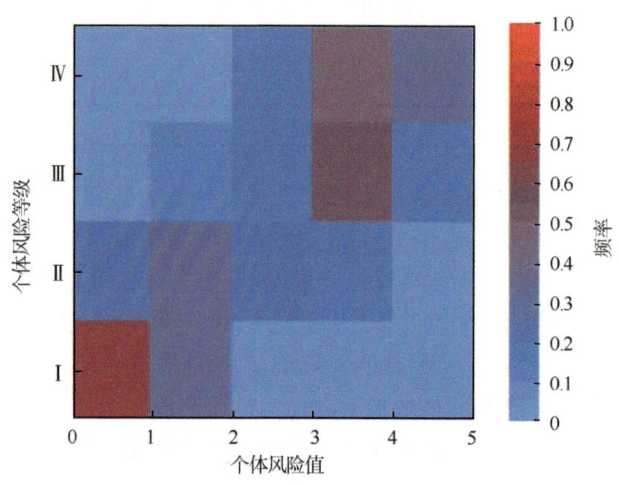

图6.6　静态载荷作用时每个风险等级中个体风险值的分布图

参与静态载荷实验的 51 名志愿者在各个风险等级下的个体风险值的详细情况如图 6.7 所示。所有 51 名志愿者可能分别参与了不止一次完整的实验过程，在每次实验中，可以得到多个由平均载荷及其持续时间构成的数据组合，个体风险值仍然可以由式（6.3）计算得出。在每个风险等级下，可能包含若干个体风险值数据，其分布区间及平均值同样在图 6.7 中被明确地表示了出来。可以发现，对于同一个体而言，不同风险等级下的个体风险值存在相互重叠的现象，也就是说，个体对于风险等级的主观判断存在偏差。同时，每个风险等级下个体风险值的分布区间跨度也不相同，这表明个体对于不同风险等级的敏感程度也不尽相同。因此，对于某一个体自身而言，判断力和敏感度出现偏差是导致显著个体差异性的根本原因。另外，对于不同的个体而言，同一风险等级下，个体风险值分布区间的位置和跨度也都差异明显，这说明即使不同个体主观感受相似，利用统一的个体风险评估计算方法得出的个体风险水平也可能并不一致。而且，个体对于相同强度和持续时间的外部载荷的耐受能力和敏感程度是不完全相同的，因而在相同个体风险值的情况下主观感受也存在差别。然而即便如此，仍然需要注意的是，尽管同一个体在不同风险等级下的个体风险值分布区间存在相互重叠的现象，但几乎绝大多数重叠现象仅发生在相邻的两个风险等级之间，因此利用个体的主观判断衡量个体的风险状况也并非不可取。

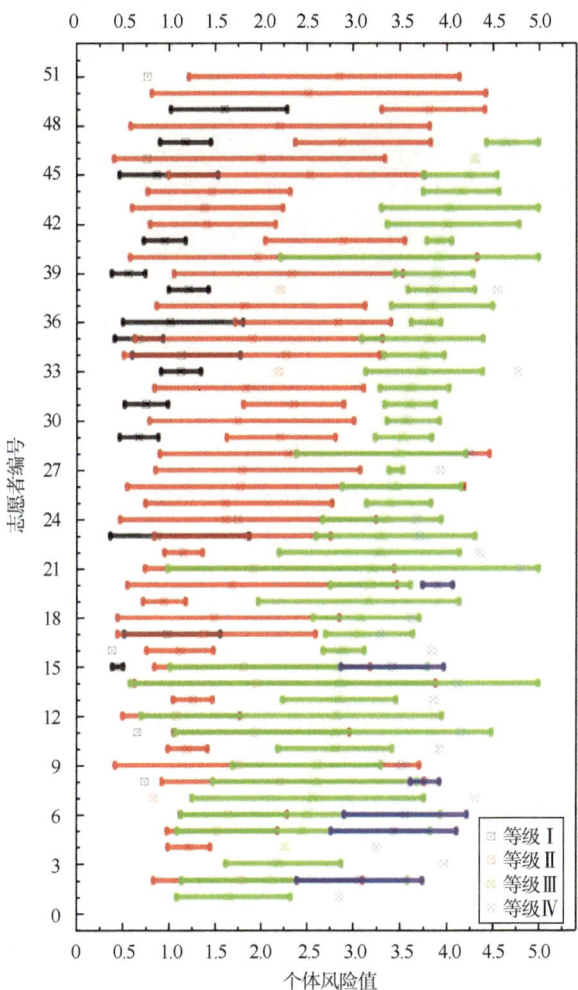

图6.7 静态载荷作用时参与实验的51名志愿者在各个风险等级下的个体风险值分布

个体风险等级Ⅰ、Ⅱ、Ⅲ和Ⅳ时，个体风险值的波动范围分别由黑色、红色、绿色和蓝色来表示，相应颜色的数据点代表各个风险等级下的平均个体风险值尽管个体差异性十分显著，但统计结果表明在个体风险等级Ⅰ、Ⅱ、Ⅲ和Ⅳ时，分别有100%、93%、85%和96%的实验志愿者，其在风险等级R_{level}下的平均个体风险值$\bar{R}_{value}$处于区间$R_{level}\pm 1$之内，如图6.8所示。这表明个体风险评估计算方法能够反映人群中多数个体的统计学特征，因此能够被用于初步评估密集人群中的个体风险水平，从而提高人群聚集场所的风险管理的效率，为快速研判和应急干预提供科学依据。

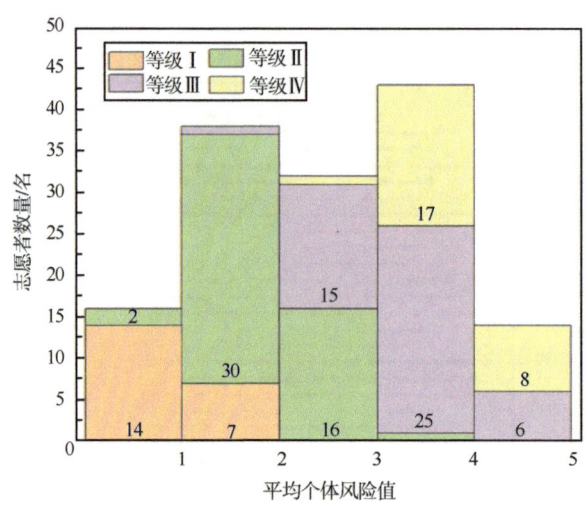

图6.8　静态载荷作用时每个风险等级中平均个体风险值的频数分布直方图

6.4　基于个体风险轴的安全管理策略

对于真实人群而言，个体风险等级并不是绝对意义上的划分，无法直接指导人群安全管理方案的制订。从人群安全管理的角度考虑，人群中个体对于相同情景呈现出的主观感受可能是参差不齐的，必须要针对耐受能力相对较弱的个体制定防护措施和预警阈值。本方法在考虑个体差异性的基础之上，以个体风险值作为划分依据，形成了基于个体风险轴的安全管理策略，能够识别出安全预警的合理区间，为人群聚集场所的安全管理提供科学依据。

考虑到个体的差异性，为了更好地使个体风险评估计算方法服务于现实中人群聚集场所的安全管理，可以基于个体风险轴制订合理的安全管理策略，以便从个体伤亡可能性的角度，利用人群中多数个体的统计学特征，帮助管理人员判断和认知人群中的个体风险水平，避免由于过度挤压等原因出现个体伤亡等极端事故。个体风险轴如图6.9所示，基于个体风险轴将个体风险值的全区间划分为三个部分：舒适区、不适区及危险区。

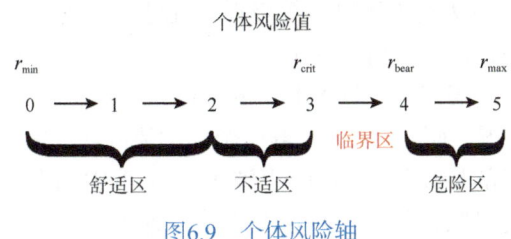

图6.9　个体风险轴

舒适区意味着个体只是经历了轻微的载荷，作用的时间也较短，不足以产生特别剧烈的不适感，或者不适感会快速消退，不会对人体产生显著的影响。这种情况不需要给予特别的干预，但是应该保持关注，随时注意其发展动态，谨防向更高风险等级过渡。在现代城市中，人群聚集场所中最为常见的就是这种状态，尽管人群密度很高，行人流较为缓慢，个体之间偶有相互作用，但这种相互作用不足以造成生理上的不适感，也就尚不具备导致个体伤亡的风险。

不适区意味着个体承受的载荷较高或者持续时间较长，或者受到强度较小的波动载荷作用时，也有可能产生这种程度的不适感。在这个阶段，个体可能会频繁调整身体姿态或者用手推挤前方以缓解外界载荷对于呼吸的抑制作用或局部疼痛，但过激的行为可能会加剧事态的严重性。在这种状态下，应该及时进行疏导、引流和限流，同时启动信息发布渠道，降低人群中蔓延的恐慌和急躁情绪，力求尽快使得人群密度降低，缓解人群由于挤压等外界载荷造成的不适感。一般而言，这时应当进行一定程度的干预，有秩序地组织和规范行人流，并尽快将拥堵区域疏通，使人群的聚集状态得到缓解。在很多大型群众性活动，如宗教活动、节日庆典和旅游胜地，这种干预已经非常常见，也是最基础且有效的手段。

危险区意味着个体承受的载荷较大且持续的时间较长，或者受到强烈且频繁的波动载荷作用，更加极端的情况是遭受到像踩踏这样突如其来的巨大外部载荷，都将可能导致个体伤亡。在这个阶段，个体遭受了超过其耐受能力的外部载荷，如果不尽快实施救援，极有可能造成大量人员伤亡。因而，假如初期的干预手段都没有起到预期的效果，导致人群达到这种状态，那么必须启动最高级别的应急响应，立即投入救援力量，无论此时是否已经发现和确认了个别伤亡案例，都应当谨慎对待。此时的个体即使没有立刻死亡，也有可能已经遭受到不可逆的伤害，导致身体机能无法恢复，并最终造成死亡。在过往的大部分拥挤踩踏事故中，因创伤性窒息而死的个体绝大多数都是遭受了远超出其耐受能力的外部载荷，并最终导致死亡。

在图 6.9 中，r_{crit} 意味着人群中个体的风险状况将进入到临界区。当个体风险值 $R_{value} \geq r_{crit}$ 时，人群整体的不适感将进一步增加，普通个体可能仍然能够继续忍受这种环境，但是少部分弱势群体可能就会开始出现受伤的状况。根据图 6.8，部分个体此时可能会开始达到个体风险等级Ⅳ，无法继续忍受并伴随着出现某些非致命性的外伤或内伤，但这种情况并不一定会发生。显然对于管理人员而言，r_{crit}是应当确保的最佳限制阈值，一旦人群中的个体风险值超过r_{crit}，那么很难保证不会发生个体伤亡的情况。而r_{bear}表示人群中个体的风险状况将完全越过临界区，这是管理人员应该确保的最高限制阈值，因为此时人群中的个体风险水平将完全超过大多数个体的承受极限，如果这种情况不能快速得到缓解，那么个体伤亡将可能最终不可避免地发生。为了防止出现群死群伤的极端人群事故，管理人员必须严格确保人群中的个体风险值不能超过r_{bear}，这也应当是启动应急救援和最高级别响应的最后时机。当然，为了尽可能确保所有人员的生命安全，一般的人群聚集活动中，应该以r_{crit}作为启动应急预案的最佳时机。

参 考 文 献

[1] Lee R S, Hughes R L. Exploring trampling and crushing in a crowd[J]. Journal of Transportation Engineering, 2005, 131（8）: 575-582.

[2] Wang Z, Liu M, Zhao Y. Analysis of trample disaster and a case study-Mihong bridge fatality in China in 2004[J]. Safety Science, 2008, 46（8）: 1255-1270.

[3] Sharma A, Rani A, Barwa J. Traumatic asphyxial deaths due to an uncontrolled crowd at railway station: two case reports[J]. Journal of Indian Academy of Forensic Medicine, 2010, 32（3）: 254-256.

[4] Sauvageau A, Boghossian E. Classification of asphyxia: the need for standardization[J]. Journal of Forensic Sciences, 2010, 55（5）: 1259-1267.

[5] Campbell-hewson G, Egleston C V, Cope A R. Traumatic asphyxia in children[J]. Journal of Accident & Emergency Medicine, 1997, 14（1）: 47-49.

[6] Delaney J S, Drummond R. Mass casualties and triage at a sporting event[J]. British Journal of Sports Medicine, 2002, 36（2）: 85-88.

[7] Sertaridou E, Papaioannou V, Kouliatsis G, et al. Traumatic asphyxia due to blunt chest trauma: a case report and literature review[J]. Journal of Medical Case Reports, 2012, 6（1）: 257.

[8] Langston P A, Masling R, Asmar B N. Crowd dynamics discrete element multi-circle model[J]. Safety Science, 2006, 44（5）: 395-417.

[9] 王振. 城市公共场所人群聚集风险理论及应用研究[D]. 天津: 南开大学, 2007.

[10] Hopkins I H G, Pountney S J, Hayes P, et al. Crowd pressure monitoring[M]//Smith R A, Dickie

J F. Engineering for Crowd Safety. London: Elsevier, 1993: 389-398.

[11] Evans E J, Hayden F. Tests on live subjects to determine the tolerable forces that may be exerted by crowd control crush barriers[J]. Report on Research in Biomechanics at the University of Surrey, 1971.

[12] Lee M C, Wong S S, Chu J J, et al. Traumatic asphyxia[J]. The Annals of Thoracic Surgery, 1991, 51（1）: 86-88.

[13] Altshuler E, Ramos O, Núñez Y, et al. Symmetry breaking in escaping ants[J]. The American Naturalist, 2005, 166（6）: 643-649.

[14] Still G K. Review of pedestrian and evacuation simulations[J]. International Journal of Critical Infrastructures, 2007, 3（3/4）: 376.

[15] Dickie J F, Wanless G K. Spectator terrace barriers[J]. Structural Engineer, 1993, 71: 216.

[16] Byard R W, Wick R, Simpson E, et al. The pathological features and circumstances of death of lethal crush/traumatic asphyxia in adults—A 25-year study[J]. Forensic Science International, 2006, 159（2/3）: 200-205.

[17] Gill J R, Landi K. Traumatic asphyxial deaths due to an uncontrolled crowd[J]. American Journal of Forensic Medicine & Pathology, 2004, 25（4）: 358-361.

[18] Pheasant S, Haslegrave C M. Bodyspace: Anthropometry, Ergonomics and the Design of Work[M]. Los Angeles: CRC Press, 2005.

[19] Cosio M Q, Taylor G W. Soda pop vending machine injuries[J]. Journal of Orthopaedic Trauma, 1992, 6（2）: 186-189.

[20] Kroll M W, Still G K, Neuman T S, et al. Acute forces required for fatal compression asphyxia: a biomechanical model and historical comparisons[J]. Medicine, Science and the Law, 2017, 57（2）: 61-68.

[21] Oschatz E, Wunderbaldinger P, Sterz F, et al. Cardiopulmonary resuscitation performed by bystanders does not increase adverse effects as assessed by chest radiography[J]. Anesthesia & Analgesia, 2001, 93（1）: 128-133.

[22] Smith R A, Lim L B. Experiments to investigate the level of "comfortable" loads for people against crush barriers[J]. Safety Science, 1995, 18（4）: 329-335.

[23] Fruin J J. The causes and prevention of crowd disasters[J]. Engineering for Crowd Safety, 1993, 1（10）: 1-10.

[24] McKenzie A. "This death some strong and stout hearted man doth choose": the practice of peine forte et dure in seventeenth- and eighteenth-century England[J]. Law and History Review, 2005, 23（2）: 279-313.

[25] Michalewicz B A, Chan T C, Vilke G M, et al. Ventilatory and metabolic demands during aggressive physical restraint in healthy adults[J]. Journal of Forensic Sciences, 2007, 52（1）:

171-175.

[26] Lin P, Ma J, Si Y L, et al. A numerical study of contact force in competitive evacuation[J]. Chinese Physics B, 2017, 26 (10): 104501.

[27] Parker F J. Optic atrophy from traumatic asphyxia with report of a case[J]. Arch Ophthalmol, 1911, 11: 159-162.

[28] Kroell C K. Thoracic response to blunt frontal loading[J]. The Human Thorax: Anatomy, Injury, and Biomechanics, 1976, 67.

[29] Keating J P. The myth of panic[J]. The Myth of Panic, 1982, 76 (3): 57-61.

[30] Coutie M G, Snelson R J. Measurement of loadings on crush barriers during football matches[C]//Smith R A, Dickie J F. Engineering for Crowd Safety. London: Elsevier, 1993: 409-419.

[31] Nicholson C E, Roebuck B. The investigation of the hillsborough disaster by the health and safety executive[J]. Safety Science, 1995, 18 (4): 249-259.

[32] Helbing D, Farkas I, Vicsek T. Simulating dynamical features of escape panic[J]. Nature, 2000, 407 (6803): 487-490.

第 7 章　人群聚集的定量风险评估

7.1　概　　述

  行人的运动状态会随着密度的增加而改变，依次为自由行走状态、拥堵状态、过度拥堵状态和极度拥堵状态[1]。低密度情况下，行人可以按期望的速度运动，此时行人的个体行为特征突出，此外由于行人之间的社会关系，行人成组运动表现出很强的凝聚性，出现成簇现象[2]，表现为行人在空间上的分布不均；在高密度条件下，人群内部存在强烈的相互作用力，个体差异性逐渐退化，体现出群体特性，Fruin[3]指出当行人的密度大于 $7\ \mathrm{m}^{-2}$ 时，可以把人群当作流体，同时 Henderson[4]和 Hughes[5]等的运动气体或流体力学理论研究了群体的运动特征，Helbing 等[6]将密集人群的不同运动状态描述为层流、走-停波、湍流。大量的研究表明人群事故与宏观人群的湍流状态以及某些危险的人群现象息息相关，但造成微观个体伤亡的事故机理主要是跌倒踩踏和过度拥挤[7]。本章一方面从微观层面出发从个体伤亡的角度评价人群中的个体风险，另一方面从宏观层面出发基于密集人群的运动特征评估人群聚集风险。

  密集人群的行为特征并不是简单的个体行为的加成[8]，密集人群运动复杂，影响因素众多，相关工作人员通过肉眼观察人群运动情况的方法效率低，工作量大，因此基于对密集人群的风险评估，发展人员密集场所的自动监测监控技术有助于提高安全管理水平，在大型群体性活动举办前识别高风险区域从而对人群疏导方案或行人设施进行改进，在活动过程中实时地监测行人运动状态，对人群聚集风险进行预警，从而及早防范踩踏事故的发生。

  踩踏事故是人员密集场所中可能发生的其中一种典型事故，按照踩踏事故的原因可将其分为两种：一种是由人群内部推搡或挤压造成的踩踏事故，另一种是外界突发事件引起的人群骚乱、奔跑等导致的踩踏事故。而目前对于踩踏事故的风险评估方法有两类，一类是基于大量的事故统计数据确定表征指标的相关量值，这种方法的缺点是统计数据难以准确、全面地获取，且不能实现实时的风险评估；另一类是基于密集人群运动特征，提出能够表征人群聚集风险的临界参数，如密度、压力等,但大多是评估宏观人群的风险,很少考虑密集人群中的个体风险,此外,该方法是否适用于第二类踩踏事故还有待验证,并且由于高密集人群中行人的密度几乎是均匀的,基于密度的风险评估方法很难提供踩踏事故的高风险区域[9]。因此本章针对上述不足,在微观层面,基于第 5 章修正后的社会力模型和第 6 章提出的个体风险评估计算方法,提出了动态评估运动过程中个体风险水平的迭代计算方法,并详细计算各种运动场景中个体所受的接触作用力,实时评估人群中的个体风险水平,讨论个体风险的时空分布态势,并对比微观个体风险与宏观"人群压力"在时空分布上的相似性;在宏观层面,收集了有外界突发事件和无外界突发事件触发的人群运动的视频数据,分析了两种情景中高密度人群的运动特征,从而确定能够表征两种不同情景下人群聚集风险的参数,提出适用于有外界突发事件和无外界突发事件发生的密集人群聚集风险实时评估方法。

7.2　事前的人群聚集风险综合研判

7.2.1　个体风险的迭代计算方法

在密集人群事故中,最常见的个体伤亡原因就是人体承受了超越其耐受能力的载荷。鉴于此,利用第 6 章中提出的个体风险评估计算方法,根据运动中个体承受的外部载荷及其持续时间,可以实时评估密集人群中出现个体伤亡的风险水平,从而帮助公共场所的管理人员在风险评估中通过模拟手段提前掌握宏观人群中个体风险的时空分布态势,合理规划活动场地和流程,避免发生恶性人群拥挤踩踏事故。

1. 载荷分析

为了评估密集人群中个体风险水平,需要明确个体承受的平均外部载荷及其持续时间,这就要求必须对个体进行全面的载荷分析。考虑到密集人群中,个体可能受到来自各个方向的推挤作用力或相互作用冲量,但人体对于前后向的外部压迫作用更加敏感,其耐受水平要远远低于侧向的外部压迫作用。因此,在评估个体风险时仅考虑将人体所受的推挤作用力或相互作用冲量在人体前后向的分量作为其对于个体风险的贡献。

人体所受的外部压迫作用必须是在人体之间发生身体接触时产生的,这主要包含了两个来源。一是起到平衡个体受力功能的推挤作用力 $f_{contact}$;二是在碰撞过程及推搡作用中传递的瞬时相互作用冲量 ΔL,代表了碰撞作用力及推搡作用力的时间积累效果。对于一个单独个体 i 而言,若其受到来自另一个单独个体 j 的推挤作用力 $f_{contact}^{ij}$ 或者受到来自另一个单独个体 j 的瞬时相互作用冲量 ΔL^{ij} 的作用,那

么该外部压迫作用对于个体风险的贡献可以表示为

$$f_r^{ij} = f_{\text{contact}}^{ij} \cos(\boldsymbol{n}_{ij}, \boldsymbol{v}_i) \quad (7.1)$$

$$\Delta L_r^{ij} = \Delta L^{ij} \cos(\boldsymbol{n}_{ij}, \boldsymbol{v}_i) \quad (7.2)$$

若假定个体瞬时运动速度方向即个体身体朝向的正前方,那么 $\cos(\boldsymbol{n}_{ij}, \boldsymbol{v}_i)$ 表示人体 i 的身体朝向和人体 i 到人体 j 的单位方向矢量之间夹角的余弦值。那么,所有与个体 i 存在身体接触的个体施加的外部压迫作用对于个体 i 的个体风险水平的贡献可以合计表示为

$$F_r^i = \frac{1}{2\Delta t}\left[\sum_{j\in\Omega}\left(\left|f_r^{ij}\Delta t\right|+\left|\Delta L_r^{ij}\right|\right)+\left|\sum_{j\in\Omega}\left(f_r^{ij}\Delta t+\Delta L_r^{ij}\right)\right|\right] \quad (7.3)$$

其中,Δt 表示模拟的时间步长;集合 Ω 由所有与个体 i 存在身体接触且施加了外部压迫作用的个体构成。式(7.3)表示个体 i 受到的所有个体施加的推挤作用力或瞬时相互作用冲量在其前后两个方向上的累积贡献效果,并利用个体 i 前后两个方向中累积贡献效果较大的值代表该时刻外部压迫作用对个体风险水平的贡献效果,其可用于更新个体在持续受力过程中受到的平均外部载荷及其持续时间,并最终评估个体的风险水平。

如果某一时刻 $F_r^i = 0$,那么意味着个体此时不再与任何其他个体发生身体接触,此时个体的风险水平将恢复到最小值,同时,平均外部载荷 $f_{\text{ave}} = 0$ 且其持续时间 $t_d = 0$。

为了详细阐述某时刻个体承受的外部压迫作用对个体风险水平贡献效果的计算流程,同样将以个体承受的来自两个与其存在身体接触的个体施加的推挤作用力为例,如图 5.1 所示,仍然分别假定个体承受的推挤作用力满足 $f_1 = 500\text{N}$ 且 $\cos(f_1, e) = \sqrt{2}/2$,同时,$f_2 = 600\text{N}$ 且 $\cos(f_1, e) = -\sqrt{3}/2$,其中 e 表示个体的身体朝向正前方。那么,可以分别得到推挤作用力对于个体风险的贡献为 $f_{1,r} = f_1^{\parallel} = 250\sqrt{2}\text{N}$,$f_{2,r} = -f_2^{\parallel} = -300\sqrt{3}\text{N}$。由于 $f_{1,r} + f_{2,r} < 0$,根据式(7.3),可以得到该时刻个体承受的推挤作用力对个体风险水平的贡献效果为 $F_r = \left(\left|f_{1,r}\right|+\left|f_{2,r}\right|-f_{1,r}-f_{2,r}\right)/2 = 300\sqrt{3}\text{N}$。

2. 迭代计算

本修正模型将利用第 6 章中提出的个体风险评估计算方法,对人员运动过程中的个体进行实时风险评估。在模拟过程中,个体承受的外部载荷及其持续时间都将伴随个体运动过程而不断变化,如果已知个体在任一时刻 t 受到的平均外部载荷 $f_{\text{ave}}(t)$ 及其持续时间 $t_d(t)$,那么在一个时间步长 Δt 之后的 $t+\Delta t$ 时刻,个体承受的外部平均载荷及其持续时间都将满足如下迭代关系:

$$f_{\text{ave}}(t+\Delta t) = \left[f_{\text{ave}}(t)t_d(t) + F_r(t+\Delta t)\Delta t\right]/(t_d(t)+\Delta t) \tag{7.4}$$

$$t_d(t+\Delta t) = t_d(t) + \Delta t \tag{7.5}$$

其中，$F_r(t+\Delta t)$ 表示个体在 $t+\Delta t$ 时刻承受的外部压迫作用对个体风险水平的贡献效果，这既包含推挤作用力也包含瞬时相互作用冲量。利用在任意时刻个体承受的平均外部载荷 f_{ave} 及其持续时间 t_d，可以参考式（6.3）得到修正模型中个体风险的计算方程：

$$\begin{aligned}R_{\text{value}} =\ & 5.85\times 10^{-3}\times\left[\ln(f_{\text{ave}}+1660.03)\right]^{3.17}\times\left[\ln(t_d+7.28)\right]^{0.43}\\ & -0.16\times 10^{-3}\times f_{\text{ave}} - 4.94\end{aligned} \tag{7.6}$$

其中，个体风险值满足区间定义 $R_{\text{value}}\in[0,5]$。

修正模型中使用了基于微观个体伤亡风险的评估方法，以个体承受的外部载荷及其持续时间作为评估的基础参数。由于个体对于外部压迫作用的耐受能力一般不会因场景条件、活动性质及管理措施等外界环境条件而发生显著变化，因此本修正模型采用的风险评估方法具备较好的可迁移性，可以作为一种较为有效且实用的风险评估手段。

7.2.2 个体风险空间分布

在瓶颈处疏散场景中个体所受接触作用力的空间分布如图 7.1（a）所示，只有在靠近瓶颈处的局部空间内，个体之间才会出现实质性身体接触，接触作用力最大的区域和局部密度最大的区域基本吻合。此时个体由于争相从瓶颈处疏散，无法避免地与他人发生碰撞或推挤，造成个体受到接触作用力。但是，如图7.1（b）所示，在疏散过程中，个体风险水平非常低，说明个体几乎不会感到任何不适，

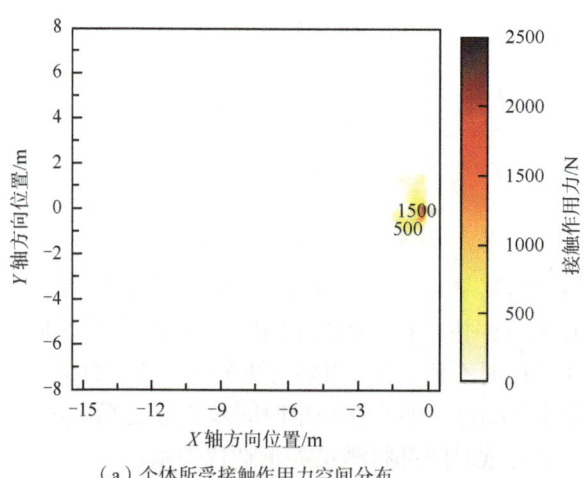

（a）个体所受接触作用力空间分布

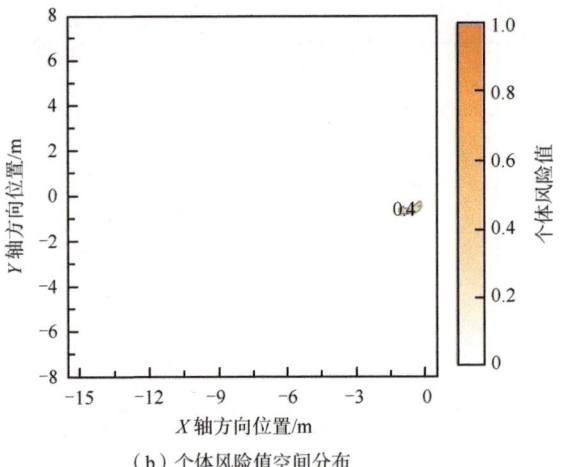

（b）个体风险值空间分布

图7.1　利用修正模型模拟疏散过程时开始后第12.94 s空间内个体所受接触作用力与个体风险值的分布情况

这与个体期望速度仅为 1.5 m/s 的实际情况相符合，此时个体之间的竞争行为并不强烈[10]，不会造成个体出现不适感。

在瓶颈处疏散场景中，个体所受的瞬时相互作用冲量分布如图 7.2 所示。这表明一旦在区域内形成局部拥堵，个体之间的相互作用行为就无法完全避免，无论是主动的推搡动作还是被动的碰撞过程都可能导致个体受到瞬时的相互作用冲量，并随即失去平衡。这种个体间局部的相互作用过程很可能在密集人群中产生传递现象，如图 7.3 所示，若疏散中的个体受到来自侧后方个体的碰撞及推搡冲量，其身体姿态将因失去平衡而发生倾斜，如果在恢复身体直立姿态前再次与前方个体发生碰撞，那么将会把相互作用冲量传递给前方个体。

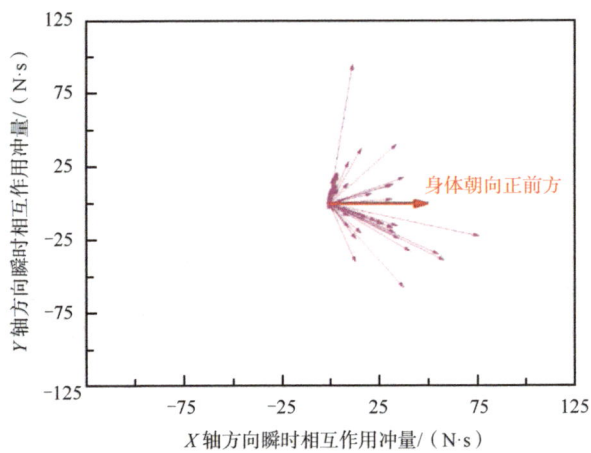

图7.2　利用修正模型模拟疏散过程中某个体所受瞬时相互作用冲量的方向分布

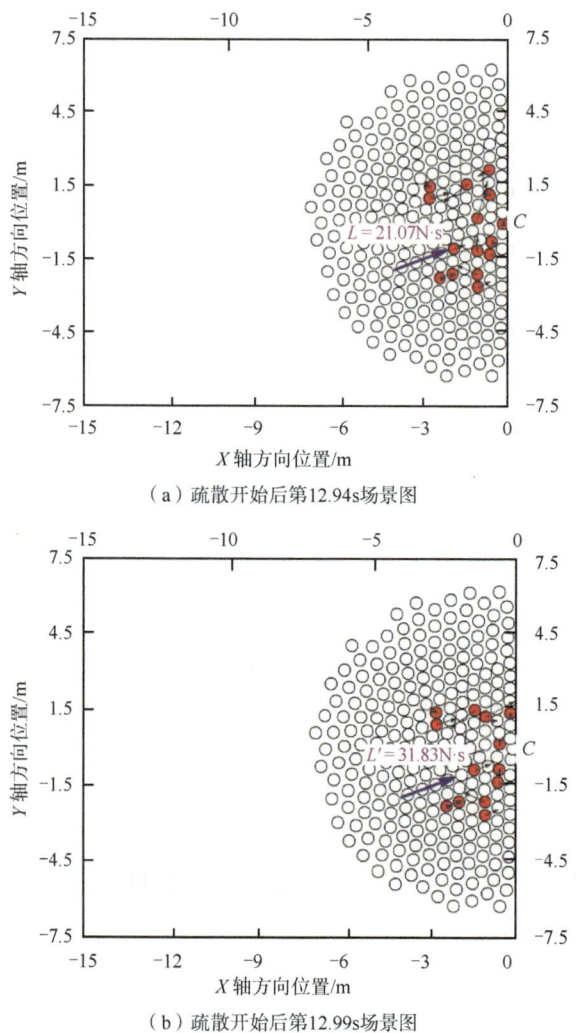

图7.3 利用修正模型模拟疏散过程中个体所受相互作用冲量在人群中的传递现象

红色填充个体表示出现身体姿态倾斜的个体,其上的矢量箭头表示个体受到的相互作用冲量,紫色箭头指明了某个体所受相互作用冲量在个体间传递的方向

由于密集人群中个体间隔十分狭小,那么个体间的局部相互作用很容易引发人体连续碰撞过程,使得局部相互作用时产生的相互作用冲量沿着人群中的个体不断传递,在宏观上形成人体多米诺骨牌效应。由于个体处于失稳状态,相互作用冲量在传递过程中可能会逐步累积并放大,如图7.3所示,最终极有可能超出某些个体的承受极限,引发个体失衡跌倒,并导致踩踏等极端事故的发生。另外,冲量的传递现象可能会在宏观人群中引发人群涌动、震荡波等现象,甚至促使人

群转变为湍流运动状态,因此在人群安全管理中,必须针对这种可能发生的传递现象实施有针对性的预防措施。

在麦加朝圣活动人群汇流场景中,个体之间发生身体接触时的相互作用过程如图 7.4 所示。个体只有在靠近转弯处的局部区域内才会与其他个体发生身体接触,该时刻的局部最大接触作用力超过 3600N,该区域的空间覆盖范围远远小于出现湍流运动状态时的空间范围,同时也是真实发生拥堵的核心区域,且由图 7.4(b)可知,局部拥堵区域内,个体在整个模拟过程中受到的接触作用力可能为 4000 N 以上,且主要集中在身体的前后向,这几乎已经逼近个体能够承受的极限载荷,过高的作用力可能导致人体出现外伤,持续时间加长,可能造成生命危险。但在人群的整体期望速度为 1.34 m/s 时,人群在转弯处形成的拥堵规模仍然较小,个体在局部拥堵区域内持续发生身体接触的时间仍然不长(<5 s),如图 7.5(a)所示,因而个体承受的高强度载荷是较为短暂的,故个体风险水平虽然持续攀升,引发了个体主观上的不适感,但仍然没有达到发生危险的程度,如图 7.5(b)所示。

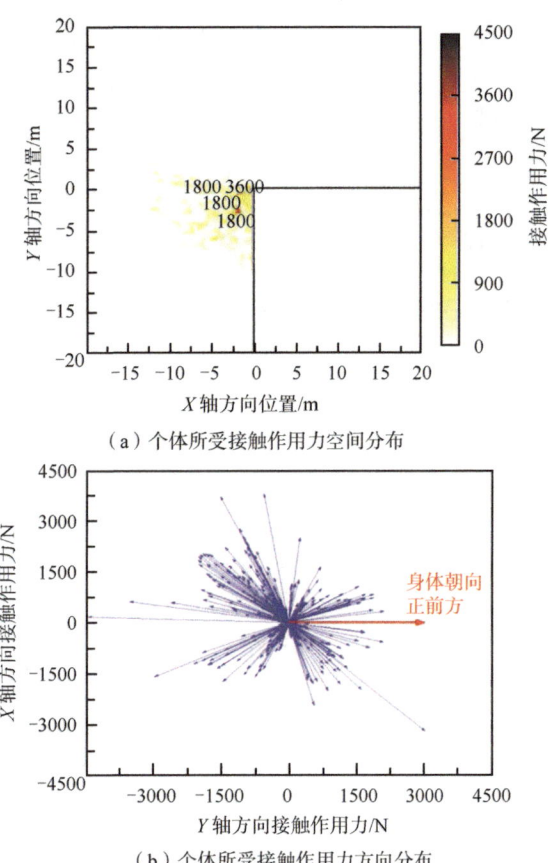

(a)个体所受接触作用力空间分布

(b)个体所受接触作用力方向分布

图7.4 人群汇流过程中接触作用力空间分布及某个体所受接触作用力的方向分布

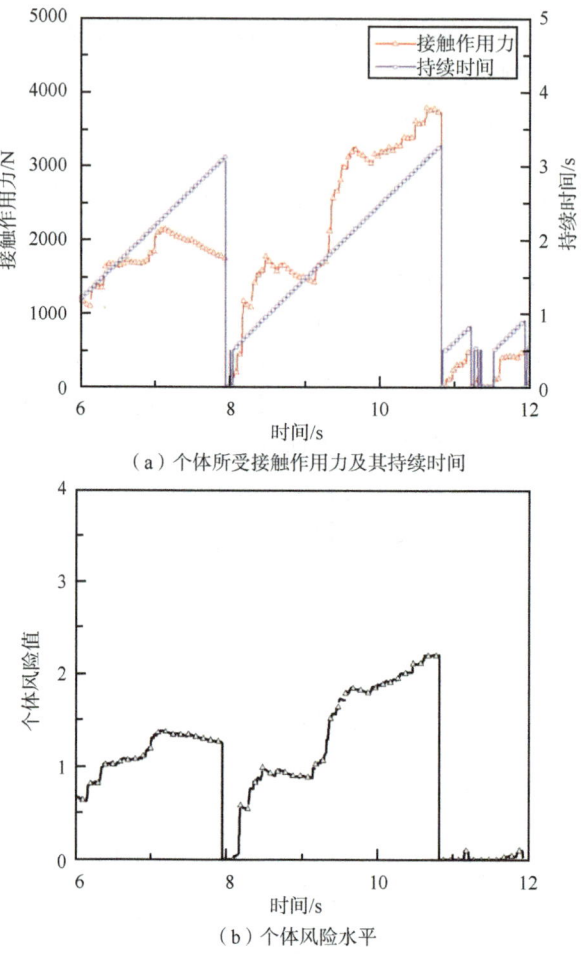

(a)个体所受接触作用力及其持续时间

(b)个体风险水平

图7.5 人群汇流过程中某个体所受接触作用力及其持续时间与个体风险水平

7.2.3 个体风险与局部密度

在研究麦加朝圣活动人群汇流场景中"人群压力"随人群密度的变化规律时，研究人员已经发现，伴随着人群内局部密度的不断增大，"人群压力"也会逐渐升高，人群内部可能将随之出现湍流运动状态，且此后的增长幅度越来越显著[11,12]，但出现湍流现象的临界密度值也不尽相同，这受限于各类模型中定义的个体形状、半径及密度计算方式上的差异。然而，一般认为空间内平均"人群压力"超过 0.02 s^{-2} 时，可能会出现人群的湍流状态。

相较于宏观的"人群压力"，人群中的个体风险值与局部密度存在如图 7.6 所示的关系。在麦加朝圣活动人群汇流场景模拟中，个体风险值与局部密度的拟合

直线可以表示为 $\rho = 1.21 \times 10^{-1} \times R_{value} + 4.80$。可以发现，个体风险值在局部密度达到某一阈值后才会逐步出现，并且随着局部密度的增大而迅速升高。同样地，在"爱的大游行"活动对冲人流场景模拟中，人群中的个体风险值与局部密度的拟合直线可以表示为 $\rho = 1.70 \times 10^{-1} \times R_{value} + 4.98$。

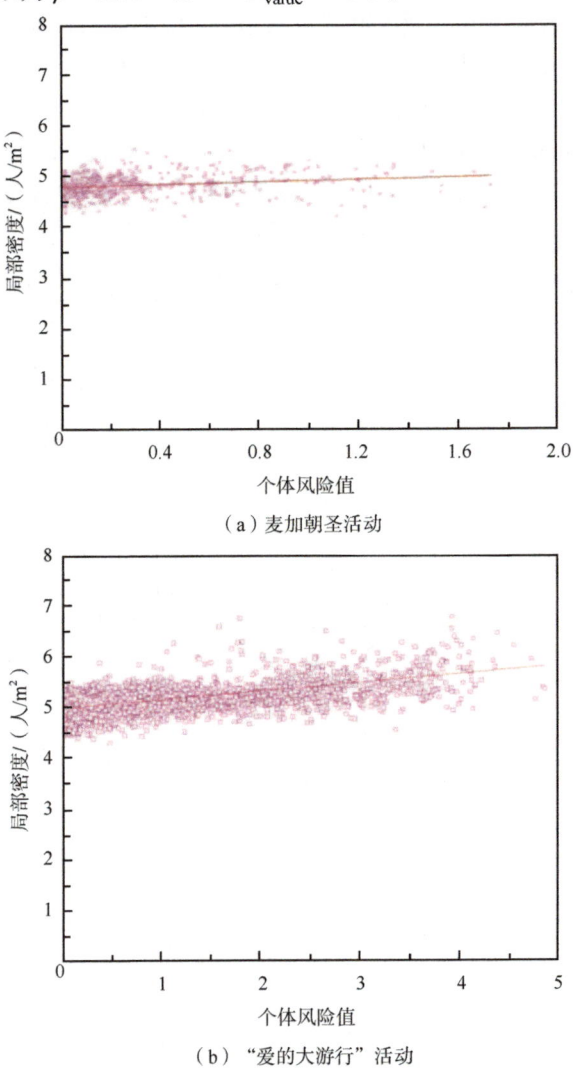

（a）麦加朝圣活动

（b）"爱的大游行"活动

图7.6　人群中个体风险值与局部密度的关系

因此，可以认为，个体之间存在显著且持续的接触作用力的临界人群密度大致在 4.80~4.98 人/m²，此时个体之间的间隔非常狭小，身体接触已经无法避免，这也与人群开始发生拥堵时的局部密度非常接近。同时，该拟合直线的截距应该作为人群安全管理的临界密度。

7.2.4 个体风险与"人群压力"

在麦加朝圣活动人群汇流场景模拟中,可以得到个体风险值的空间分布与"人群压力"的空间分布,如图 7.7 所示。对于"人群压力",普遍认为空间内平均值高于 0.02 s^{-2} 就意味着可能出现人群湍流状态[11, 12],随着人群压力继续增大就可能伴随有事故发生。在本模拟中,"人群压力"在空间中的局部最大值可达 0.09 s^{-2},该区域靠近转弯处,此时人群容易形成局部拥堵,且呈现出典型的湍流运动状态。同时,转弯处个体风险水平同样是空间内最高的,为 $R_{value}>2$,意味着此时个体感到不适但仍然可以通过调整身体姿态等方式继续忍受,待个体通过了转弯处的拥堵区域之后,个体的风险水平就将快速下降至正常水平。

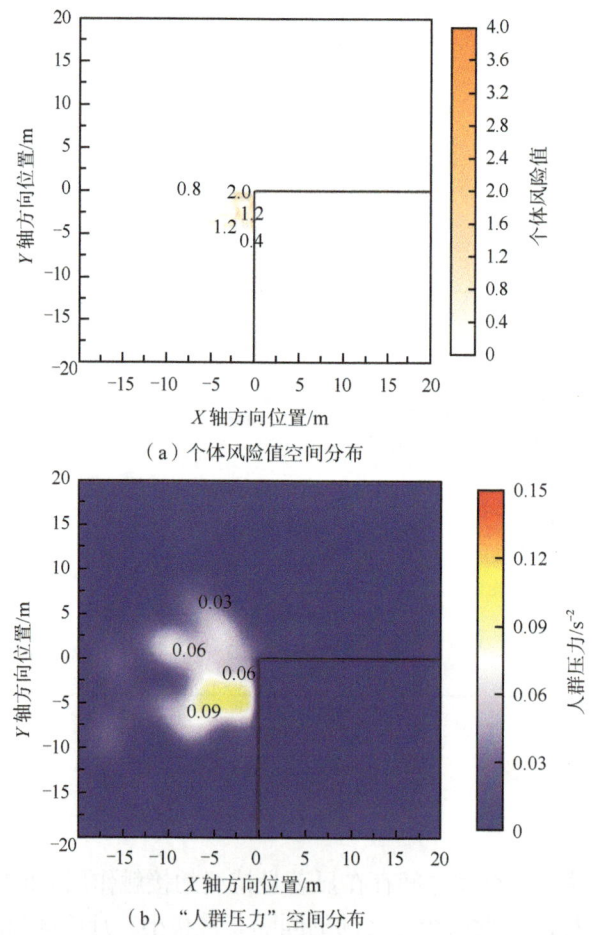

(a) 个体风险值空间分布

(b) "人群压力"空间分布

图7.7 麦加朝圣活动人群汇流模拟中个体风险值与"人群压力"空间分布对比

在"爱的大游行"活动对冲人流场景模拟中,个体风险值的空间分布与"人群压力"的空间分布,如图7.8所示。模拟中"人群压力"在空间中的局部最大值同样可达 0.09 s^{-2},该区域与因对冲人流造成的局部拥堵区域基本一致,此时人群处于典型的湍流运动状态。同时,局部拥堵区域内的个体风险水平也相对最高,图 7.8(a)中个体风险值 $R_{value}>2$,意味着此时个体感到不适但仍然可以通过调整身体姿态等方式继续忍受,但由于对冲人流形成的局部拥堵很难在短时间内得到有效缓解,处于拥堵区域的个体风险水平将随着拥堵时间的增长而不断升高。

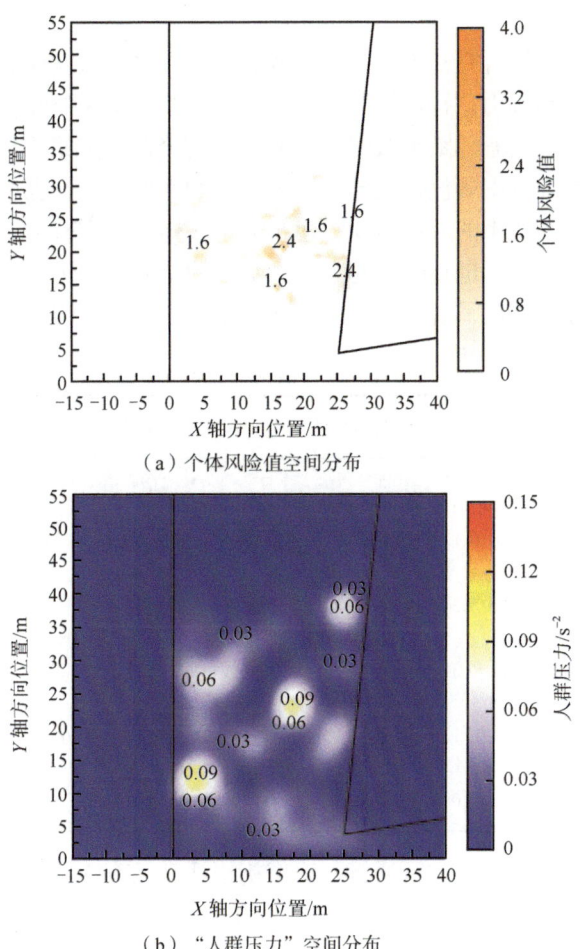

图7.8 "爱的大游行"活动对冲人流模拟中个体风险值与"人群压力"空间分布对比

上述结果表明,微观的个体风险与宏观的"人群压力"在空间分布上具有一致性,个体风险同样可以作为描述人群内部风险时空分布态势的有效参数。更为重要的是,个体风险评估方法以个体的承受能力为风险的评价指标,依据个体所受外部载荷及其持续时间进行定量计算,避免了为计算"人群压力"选择时间和空间范围所带来的困扰,因此更适合作为人群聚集活动风险评估的有效手段。

7.3 事中的实时风险监测预警

7.3.1 场景描述

本章基于实际案例研究密集人群运动特征和人群聚集风险评估方法,涉及的案例共有 6 个,分别是佛山"行通济"活动[13,14]、麦加朝圣踩踏事故[6,15]、"爱的大游行"踩踏事故[16,17]、上海踩踏事故[18,19]、成都人群骚乱、北京人群骚乱,如表 7.1 所示。这 6 个实际案例中既包括无异常行为发生的人群运动,也包括踩踏事故和人群骚乱 2 种异常行为发生的人群运动;建筑类型多样,分别有平地、拐角、缓坡、楼梯;既有国外的案例,也有国内的案例。案例的全面性为进一步得出普适性的人群聚集风险评估方法奠定了基础。下面分别对 6 个案例的人群运动场景进行描述。

表 7.1 案例概述

案例编号	地点	时间	异常行为	异常行为致因	建筑类型	分析时长/s	参考信息
A	广东佛山"行通济"活动入口处	2011.02.17	无	—	平地	98	图 5.1、文献[13]、[14]
B	麦加朝圣驱邪桥入口处	2006.01.12	踩踏事故	人群密集	平地、拐角	11.6	图 5.1、文献[6]、[15]
C	德国杜伊斯堡"爱的大游行"活动地点	2010.07.24	踩踏事故	人群密集	缓坡	20	图 5.2、文献[16]、[17]
D	上海陈毅广场通往观景平台的楼梯	2014.12.31	踩踏事故	人群密集	楼梯	220	图 5.3、文献[18]、[19]
E	成都传化物流交易信息大厅	2014.03.12	人群骚乱	外界突发事件	平地	0~1.4 10.6~13.8	图 5.4
F	北京某景区	2013.08.01	人群骚乱	外界突发事件	平地	75	图 5.5

(1) 案例 A。广东佛山"行通济"民俗祈福活动已有 300 多年的历史,在每年的元宵节进行,其影响力日益扩大,活动当天几十万行人由北到南走过通济桥,祈求来年一切顺遂。如图 7.9 (a) 所示,是 2011 年"行通济"活动的入口[14],是行人通往通济桥的必经之路,所有行人的运动目的和方向一致,即沿着道路向通济桥运动。

(2) 案例 B。麦加朝圣每年有数百万人参加,其中射石活动是在驱邪桥上完成[20],如图 7.9 (b) 描述了 2006 年 1 月 12 日朝圣者准备进行射石活动时在驱邪桥入口处的运动情况,一部分朝圣者向右转弯后向驱邪桥运动,来自另一个方向的朝圣者直行进入驱邪桥，两股行人流在驱邪桥入口处汇集，由于人群十分拥挤，运动空间受限，人群通过相互推搡希望尽早地进入驱邪桥完成射石活动，导致震荡波发生，人群处于无序运动状态，行人的运动不受自身控制，被推搡着向任何可能的方向前进。

 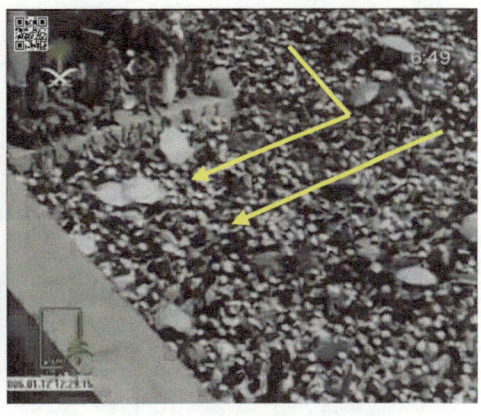

（a）"行通济"活动入口　　　　　　　　（b）麦加朝圣驱邪桥入口处

图7.9　场景描述

黄色箭头表示行人的运动方向

（3）案例 C。"爱的大游行"是 1989 年发起在德国举行的电音舞会，1989~2003 年每年都在柏林举办，2004 年、2005 年由于资金、与警方的协调问题取消，2006 年恢复，2007~2010 年在德国鲁尔区的不同城市举办，参与人数众多，2007 年的参与人数达 120 万人，2010 年"爱的大游行"活动的举办地点如图 7.10（a）所示，行人从左右两侧的隧道汇聚进入中间坡道，由于活动举办场所的不合理、管理者管理不当、警戒线设置不合理等原因，导致踩踏事故发生，死亡人数达 21 人。活动过程中，警戒线的设置不仅没能控制好人流量，反而使行人变得更加拥挤[21,22]，如图 7.10（b）所示。活动当天，15:50 警方在左侧隧道处设置了第一个警戒线，左侧出入口被堵塞，随后在 15:57 在右侧隧道设置了第二个警戒线，两边的出、入口都被堵塞，行人无法进入活动场地，游览结束的旅客也无法离开，随着越来越多的人到达，两边警戒线处积累了大量的游客，16:02 在坡道上设置了第三个警戒线，但是由于左右隧道处积累的游客太多，警方迫于压力，先后于 16:13 和 16:20 释放了第二个警戒线和第一个警戒线，导致进入活动场地的游客与准备离开的游客在警戒线 3 处对冲，如图 7.10（c）所示，坡道上人群十分拥挤，人群的运动方向不再受自身控制，被周围人群推搡着无序地运动，有些行人甚至试图通过攀越楼梯、电线杆离开，如图 7.10（d）所示，此时人群处于恐慌状态，17:02 踩踏事故发生，事发地点靠近楼梯处，如图 7.10（d）所示。

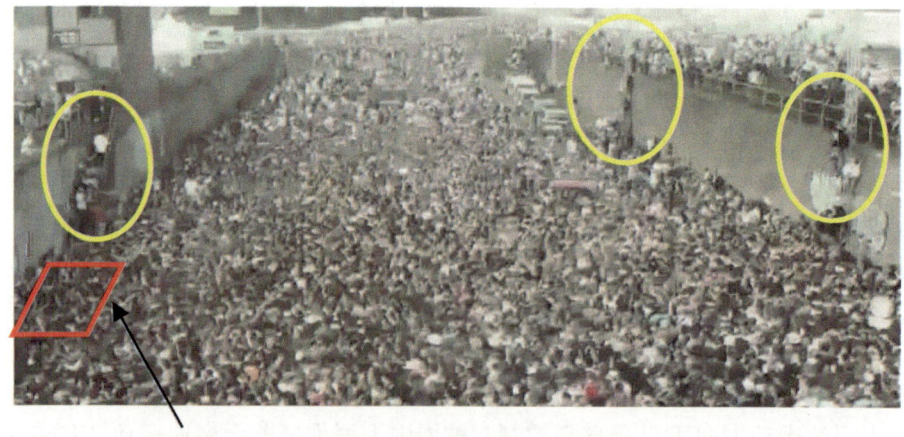

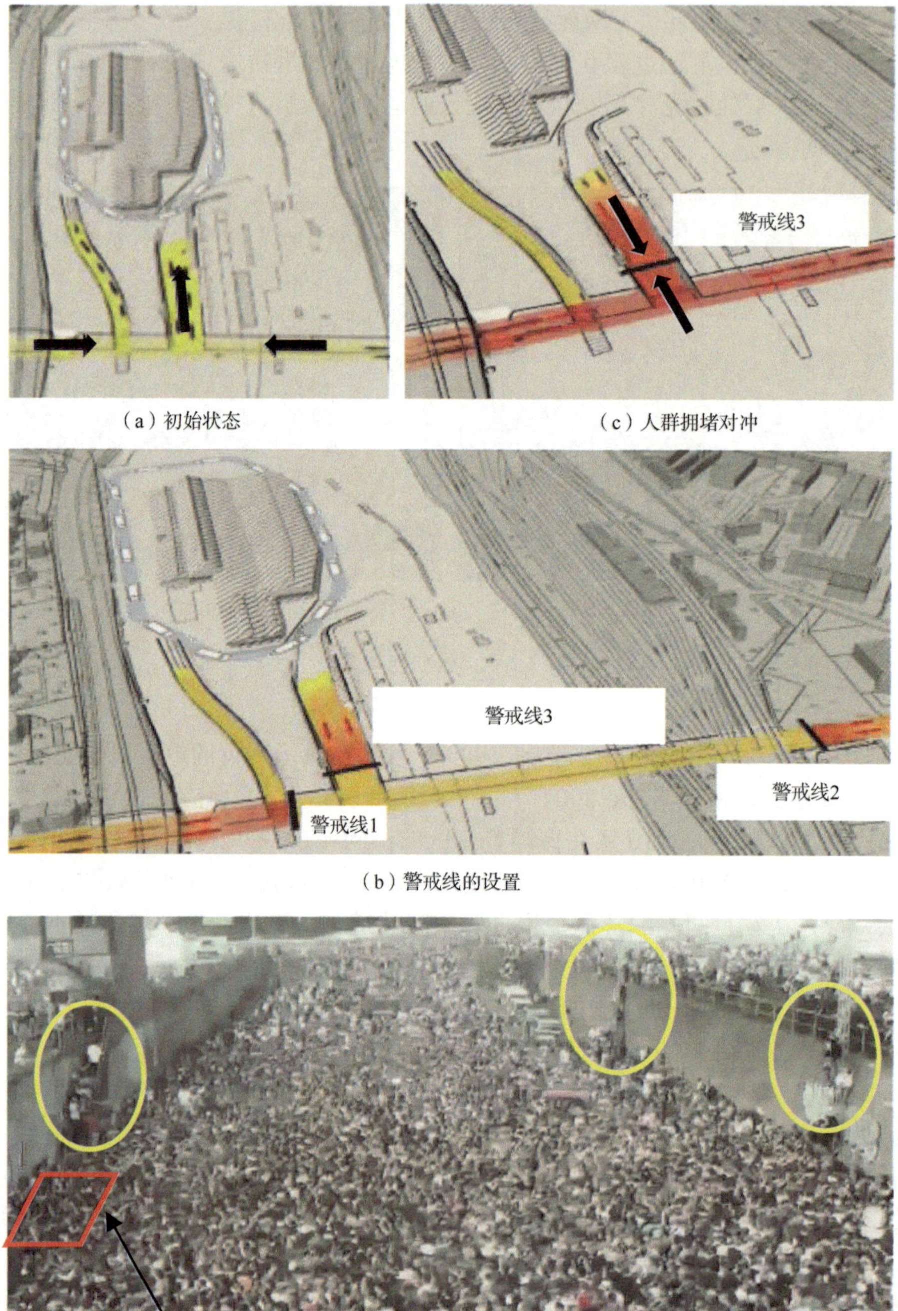

（a）初始状态

（c）人群拥堵对冲

（b）警戒线的设置

（d）人群极度拥堵，处于无序运动状态

图7.10 “爱的大游行”踩踏事故发生过程[23]

（4）案例 D。从 2011 年开始跨年灯光秀已经连续 3 年在上海外滩举行，但是 2014 年灯光秀的举办地点从上海外滩变成离外滩几百米远的外滩源，关于这一改变举办方或者相关管理部门并没有进行有效、及时、着重地宣传，再加上"外滩源"与"外滩"相差一字，很多人要么不知道两者的区别，要么是由于惯性思维，在 2014 年 12 月 31 日，大量的行人像往年一样来到上海外滩，当晚的人数并不比往年少，但是相关的行人管控措施、安保力量、救援力量都没有匹配到位。随着越来越多的行人聚集在上海外滩，连接陈毅广场和观景平台的楼梯上行人双向运动，上行人流与下行人流形成对冲，最终引发踩踏事故，死亡人数达 36 人。图 7.11 描述了上海踩踏事故的发生、发展过程。上海踩踏事故发生在一个 17 级的台阶上，台阶有一个 6.2 m×3.5 m 的平台。2014 年 12 月 31 日 23:29:46，台阶上行人的运动是双向的，上楼梯的行人要比下楼梯的行人多很多，甚至有一段时间，上行人群占据了全部的楼梯，但是只持续了 60s。随着下行人群的逐渐积累，上下行人群相互对抗，达到一种暂时的平衡，行人进入停滞状态。112 s 之后，下楼梯的行人由于等待时间长而首先失去耐心，推搡前面的行人，打破了平衡，然后上楼梯的行人也跟着相互推搡，又过了 43 s，人群失去控制，开始在楼梯上倒退，这种倒退状态持续了 58 s 之后，有人摔倒，其他附近的行人由于失去平衡，像多米诺骨牌一样跟着摔倒，踩踏事故发生。

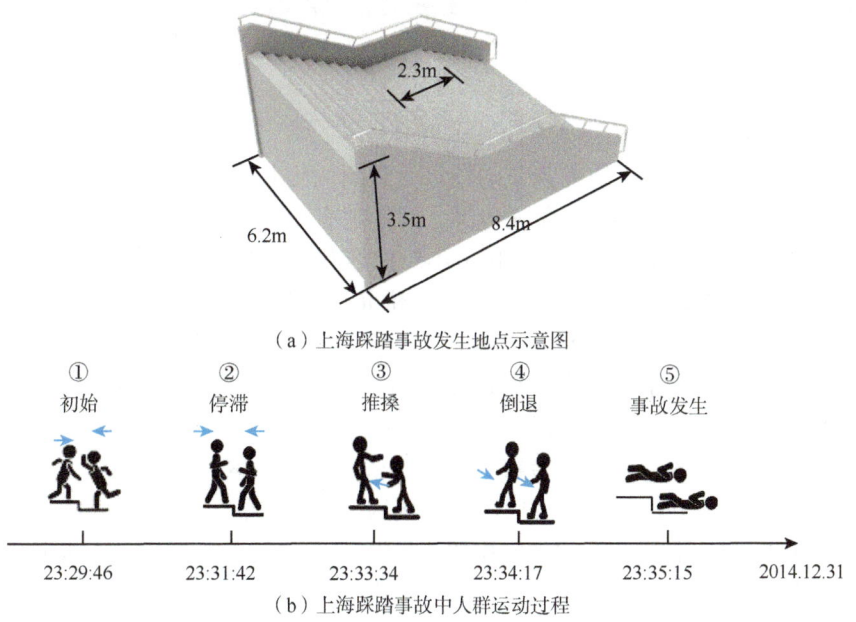

(a) 上海踩踏事故发生地点示意图

(b) 上海踩踏事故中人群运动过程

图7.11 上海踩踏事故发生地点及过程

事故发生在一个 17 级的台阶上；可以将事故发生前的人群运动过程分为 4 个阶段：初始阶段、停滞阶段、推搡阶段、倒退阶段；箭头表示人群的运动方向

（5）案例 E。成都传化物流交易信息大厅是物流交易的平台，因此大厅内通道的两侧是成排的小隔间，方便各个商户与顾客或司机商讨合作事宜。2014 年 3 月 12 日，成都传化物流交易信息大厅内人流量很大，如图 7.12 所示。通道内有 2 个主流的运动方向，一部分行人从大厅向出口行走，另一部分行人的运动方向相反。上午 9:11，某商户与司机发生冲突，商户用木凳追打司机时走廊中的白板掉在地面上，撞击地面发生轰轰的声音，旁边的人员误以为地震，并大声喊"地震了"，引发了骚乱，人群开始向出口方向疏散，如图 7.12（b）所示。本章基于突发事件发生前 0～1.4 s 和突发事件发生后 10.6～13.8 s 的监控录像进行分析，而在 1.4 s 到 10.6 s 之间，由于摄像头的快速放大，基于现有的图像分析技术，难以获取人群运动的特征参数，无法对其进行分析。

(a) 突发事件发生前　　　　　　　　　　　　(b) 突发事件发生后

图7.12　案例E中的人群运动
红色的箭头表示人群运动的方向

（6）案例 F。图 7.13 是案例 F 的场景示意图，发生于 2013 年 8 月 1 日北京某景区的进出口处，该景区被一条河包围，河上建有 5 座桥，但是旅客只能通过桥Ⅰ、桥Ⅱ、桥Ⅲ、桥Ⅳ进入景区，桥Ⅴ不对旅客开放。桥Ⅰ和桥Ⅳ关于桥Ⅴ对称，建筑尺寸相同，分别为长35m，宽 4.66m；桥Ⅱ和桥Ⅲ关于桥Ⅴ对称，建筑尺寸相同，分别为长 37.6 m，宽 5.78 m。2013 年 8 月 1 日，只有桥Ⅲ和桥Ⅳ对旅客开放，桥Ⅲ上大部分行人向景区行走，而桥Ⅳ上向景区行走和背离景区的行人都有。为了更方便地描述行人的运动过程，本章将桥前面的通道分为两个区域：A 和 B。A、B 区域准备进入景区参观的大多数行人通过桥Ⅲ进入景区，也有少部分行人通过桥Ⅳ进入景区；结束游览的行人通过桥Ⅳ从景区离开，然后进入 A 区域或者 B 区域。在桥Ⅳ上的某个行人突然向空中扔不明物体，引发人群恐慌，行人开始向四周疏散，桥Ⅳ上的一部分行人向景区里面奔跑，另一部分行人返回到 A、B 区域；A 区域的行人向左侧疏散，B 区域的行人向右侧疏散。但是桥Ⅲ中的人群继续原来的运动状态，基本上没有受到异常行为的影响。因此本章的研究区域只包括桥Ⅳ和 A、B 区域。

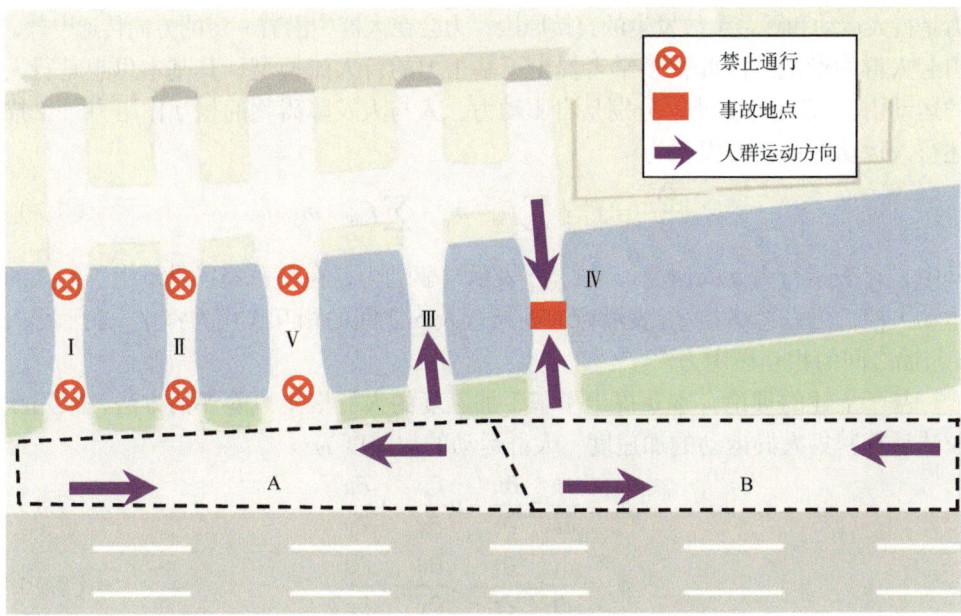

（a）突发事件发生前

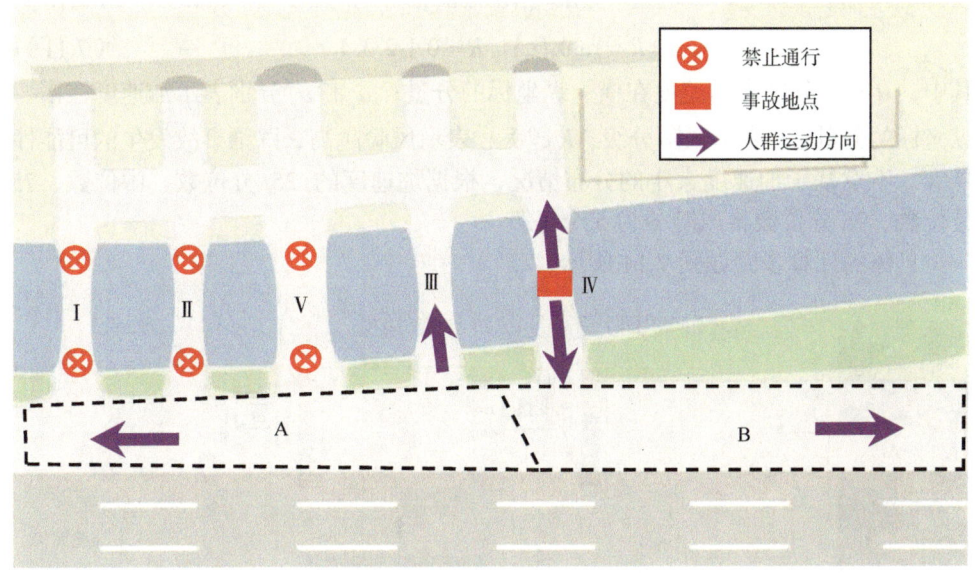

（b）突发事件发生后

图7.13　案例F中的人群运动

A、B区域分别用黑色虚线表示

7.3.2　人群聚集风险评估方法

行人的运动由行人的自我认知以及与其他行人或障碍物的相互作用力所驱动[23]。

力是行人运动和踩踏事故发生的直接原因，力会在人群中沿着一定的方向传递[12,24]，引起人群的紊乱。因此很多学者提出了基于力的行人流模型，其基本思想是行人的运动由 3 部分力驱使，分别是自驱动力、人与人及障碍物的相互作用力[25]，描述行人运动的社会力模型为

$$\frac{\partial \boldsymbol{v}_a}{\partial t} = \boldsymbol{f}_a^0 + \sum_b \boldsymbol{f}_{ab}/m_a + \sum_W \boldsymbol{f}_{aW}/m_a \qquad (7.7)$$

其中，v_a 表示行人 a 的速度矢量；f_a^0 表示自驱动力，在高密集场景下由于行人的运动失控，可以忽略；f_{ab} 表示行人 a 与行人 b 之间的相互作用力；f_{aW} 表示行人 a 与墙之间的相互作用力。

基于上述的理论，本章提出了基于加速度的人群聚集风险评估方法，采用欧拉法计算密集人群运动的加速度。人群运动的加速度为

$$a_x = \frac{\mathrm{d}u}{\mathrm{d}t} = \frac{\partial u}{\partial t} + u\frac{\partial u}{\partial x} + v\frac{\partial u}{\partial y} \qquad (7.8)$$

$$a_y = \frac{\mathrm{d}v}{\mathrm{d}t} = \frac{\partial v}{\partial t} + u\frac{\partial v}{\partial x} + v\frac{\partial v}{\partial y} \qquad (7.9)$$

$$a = \sqrt{(a_x + a_y)^2} \qquad (7.10)$$

$$R = \mathrm{rank}(a), \quad R = 0,1,2,3,4 \qquad (7.11)$$

其中，u 和 v 分别表示速度在横、纵坐标的分量；a_x 和 a_y 分别表示加速度在横、纵坐标的分量；R 表示风险分级，R 越大，表示风险越高，踩踏事故发生的可能性越大。本章基于加速度大小的分布情况，根据加速度的 25 分位数、中位数、75 分位数、95 分位数将风险分为 5 个等级。

具体的计算步骤如图 7.14 所示。

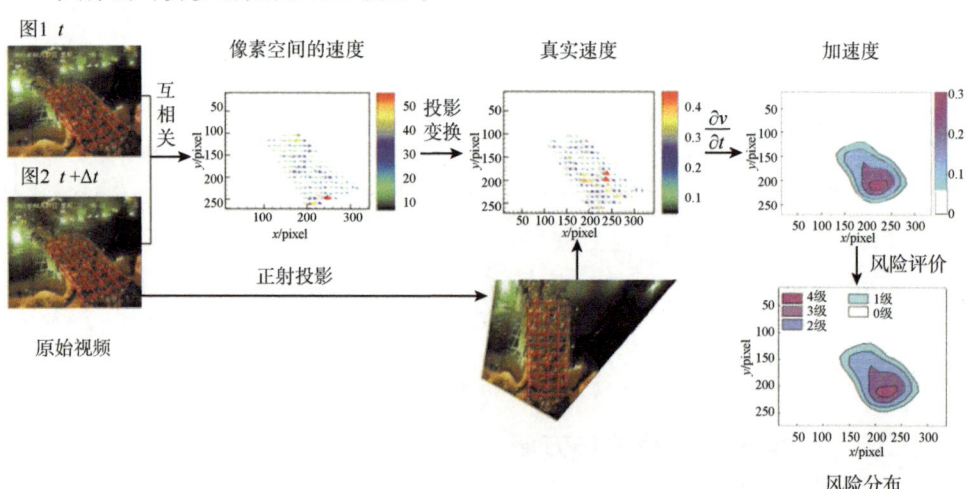

图7.14　风险评估方法

（1）运用基于互相关算法的人群运动速度提取方法，得到人群在像素空间的速度。

（2）基于正射投影变换方法，得到真实空间中行人的运动速度。

（3）基于行人的运动速度，根据式（7.8）、式（7.9）、式（7.10）得到行人的加速度。

（4）统计行人加速度的 25 分位数、中位数、75 分位数、95 分位数，并据此将人群聚集的风险进行分级，再根据 LOWESS 平滑方法，得到研究区域内的主要高风险区域。

本章提出的人群聚集风险评估方法具有如下几方面的特点。

（1）运算速度快，对监控视频的质量要求低。本章采取速度计算方法，运算快，对监控视频的安装角度、清晰度、明暗对比度、采光等要求低，因而基于速度、加速度的人群聚集风险评估方法也具有相应的特点。

（2）本方法可以定量地得出风险的时空分布，从而可以掌握高风险的时间、空间信息，为踩踏事故的监测监控、预测预警奠定基础。

（3）本方法不仅适用于由于行人密集造成的踩踏事故，也适用于外界突发事件引起的人群骚乱及异常人群的识别。

7.3.3 人群聚集风险评估方法实例验证

图 7.15 是 6 个案例的时间平均速度场，表现出了不同的运动特征。在图 7.15（a）中，速度矢量与边界近似平行，说明行人的运动方向一致，行人有秩序地前进，但是在左侧运动的行人比右侧行人的速度快，左侧的行人运动较顺畅，表现出层流的特性；行人倾向于沿着最短路径行走，因此右侧的行人比左侧密集，行人的运动受阻，表现出走走停停的状态。图 7.15（b）中，右拐的行人与直行的行人在驱邪桥入口处汇集，靠近拐角的行人的运动速度比其他行人慢，因为行人趋向于走最短路径，拐角处行人更加密集，并且由于向心力的作用，拐角内侧的行人受到的作用力大于拐角外侧的行人，再加上运动方向的转变也会影响行人的速度大小，3 种因素共同作用导致运动速度在靠近拐角处较小。图 7.15（c）是踩踏事故发生前 20 min 的人群运动特征，速度矢量没有规律，表示人群的运动十分混乱，这是由于缓坡、左右隧道内警戒线的设置，大量的行人被堵在一个"T"形的结构中，拥堵现象严重，行人会推挤其他的行人满足自己对空间的需求，行人的相互推搡引起人群内部的扰动，人群失去控制，陷入湍流状态。同样的情景也发

生在图 7.15（d）中，速度矢量紊乱，向各个方向运动，行人处于湍流状态，人群中的作用力剧烈。图 7.15（e）中的两幅图片分别表示突发事件发生前 0～1.4 s 和突发事件发生后 10.6～13.8 s 的时间平均速度场，左侧图中包含两个方向的速度矢量，并且速度矢量相互平行，表明在突发事件发生前人群在通道中的运动是双向的，并且秩序井然；而在右侧图中，所有的速度矢量都指向出口的位置，并且速度变大，说明突发事件发生后，所有的行人开始紧急疏散，向出口快速奔跑。图 7.15（f）中的两幅图分别是案例 F 中行人在突发事件发生前后的运动情况，在突发事件发生前，A 区域中指向右侧的速度矢量、B 区域中指向左侧的速度矢量以及桥Ⅳ中向上的速度矢量都代表准备进入景区的行人流，反之代表准备离开景区行人流，因此 A、B 区域及桥Ⅳ中的行人是双向运动的；突发事件发生后，人群的速度增大，速度方向改变。A 区域的速度矢量指向左侧，B 区域的速度矢量指向右侧，桥Ⅳ上部的速度矢量指向上侧，桥Ⅳ下部的速度矢量指向下侧，表明突发事件发生后，A、B 区域的行人分别向左右两侧疏散，桥Ⅳ上的行人分别向景区内、外疏散。

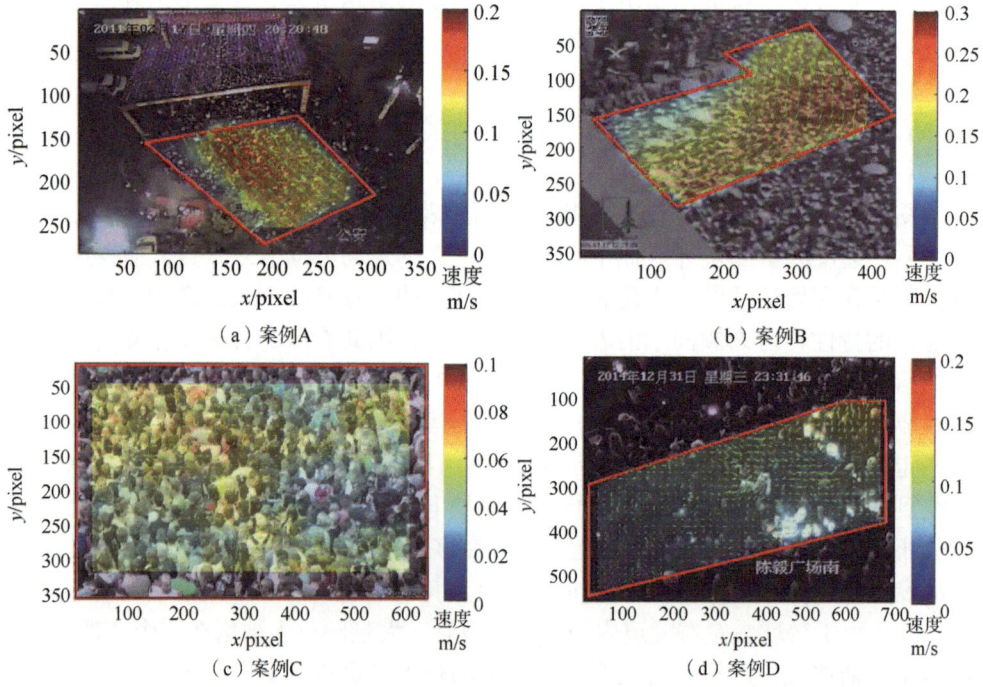

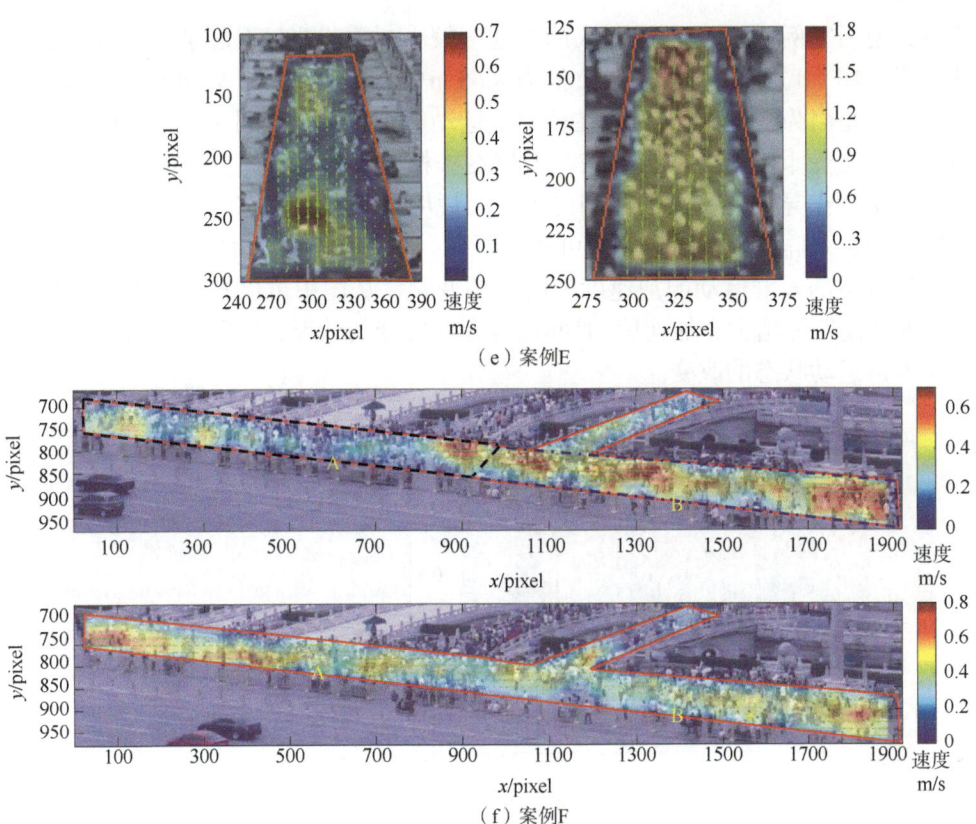

图7.15 时间平均速度场

图（e）、图（f）都包含突发事件发生前后的时间平均速度场；本章的研究区域用红色实线表示，箭头代表速度矢量，其大小通过颜色体现，紫色到红色代表速度逐渐增大；图（f）中分别用黑色虚线和蓝色点划线表示区域A和区域B

　　图 7.16 是人群运动加速度的箱线图。箱线图可以全面地展示研究对象的统计特征，包括四分位距（紫色箱体）、中位数（箱体中的红色直线）、最大值、上下边缘（黑色横线）、异常值（红色十字），其中四分位距=75 分位数−25 分位数，上边缘=75 分位数+1.5×四分位距，下边缘=25 分位数−1.5×四分位距，从统计意义出发，大于上边缘或小于下边缘的数据属于异常值，而异常值所占比例的多少可以反映人群运动的混乱程度。图 7.16（a）中加速度的范围最小，只有 0~0.5 m/s^2，这是因为案例 A 中人群的运动是相对有序的，但是图中异常点并没有很少，这可能是因为部分在通道右侧的行人运动较缓慢，甚至处于停滞状态。图 7.16（b）中加速度的范围是 0~1.35 m/s^2，箱体的位置（即加速度的 25 分位数和 75 分位数）变化剧烈，说明行人运动的加速度频繁变化，行人处于无序、紊乱的状态。图 7.16（c）中加速度的最大值是 2.60 m/s^2，比图 7.16（b）大很多，但是加速度的四分位距和上下边缘都比图 7.16（b）小，并且处于较稳定的

状态，说明案例 C 中大部分行人的加速度较小，震荡波只引起了部分行人的紊乱。图 7.16（d）中加速度的最大值为 8.65 m/s^2，要比前三个案例中的加速度大很多，这是因为案例 D 中行人在楼梯上运动，行人不仅受到人群内部的相互作用力，还会受重力分量的影响，当人群在楼梯上倒退时重力分量的影响更大，并且此案例中异常值所占的比例也很高，说明处于紊乱状态的行人很多，相应的风险大，人群发生踩踏事故的可能性更高。图 7.16（e）和图 7.16（f）是有突发事件发生的人群运动的加速度随时间的变化，从图中可以看出突发事件发生后，加速度明显增大，加速度-时间曲线存在突变的情况，因此可以根据加速度判断人群运动状态的改变。

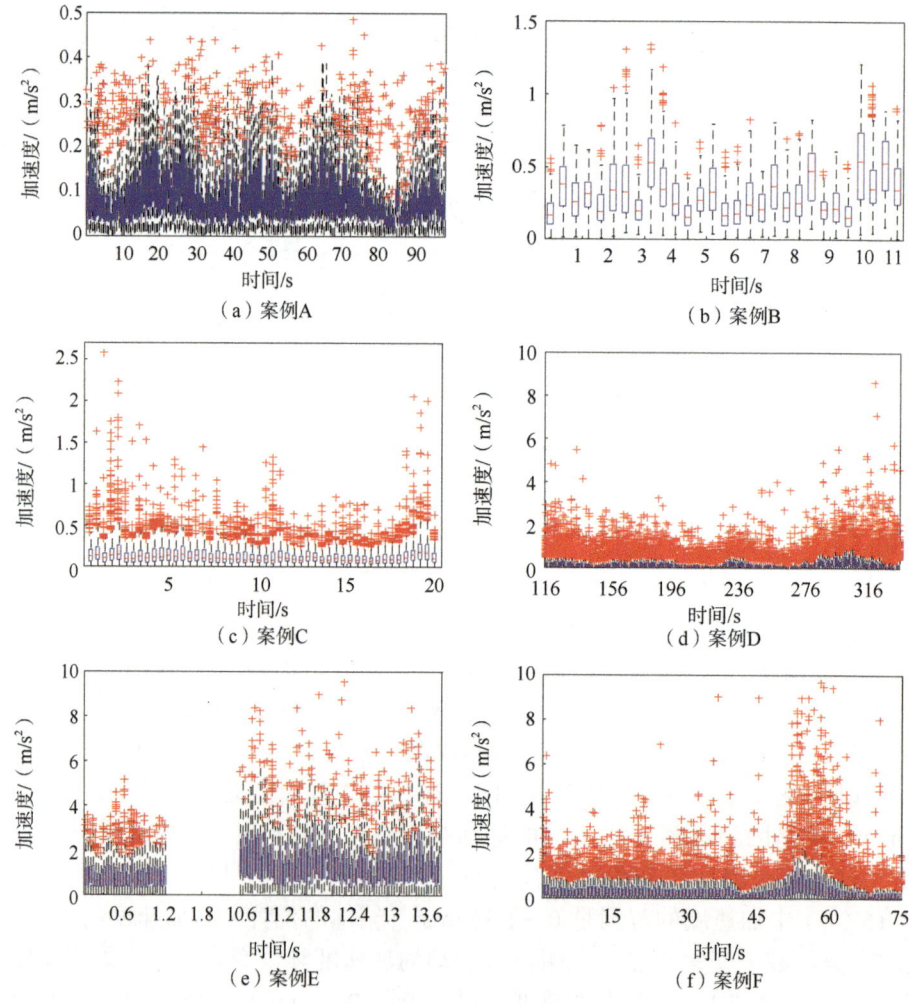

图7.16 加速度箱线图

为了进一步分析人群运动的加速度，我们选取了不同的统计值作为加速度的特征值，挖掘密集人群的运动规律和风险的表征方法。本章中加速度的特征值包括均值、中位数、95 分位数、最大值、偏度、上边缘（75 分位数+1.5×四分位距），这些特征值可以代表加速度的分布情况和变化规律，但是每个特征值所表现的特征不同，如中位数和均值都可以描述数据的集中趋势，与均值相比，中位数不受极值的影响；95 分位数是常用的位置测量参数，可以用来描述某一观测量相对于其他观察值的相对位置；偏度可以表示数据分布的非对称性，如果数据具有对称性，则偏度为 0，如果数据主要集中在均值的右侧，则偏度小于 0，反之偏度大于 0；上边缘可以判断一组数据中异常点的情况。

下面，我们从三方面来决定哪种加速度的特征值可以作为临界参数来识别人群聚集风险。首先是时间，被选定的临界参数可以为应急救援争取时间，即能够尽早地对踩踏事故报警；其次是信息方面，从上面的描述可以知道，每个特征值能够体现出不同的数据特征，被选定的临界参数应该可以涵盖尽可能多的信息；最后是空间位置，被选定的临界参数应能够预测高风险区域或提供踩踏事故发生的位置，从而为事故预防和事故处置提供帮助。关于这三方面因素的详细讨论分别在图 7.17、图 7.18、图 7.19 中展示。

图 7.17（a）中加速度的均值、中位数是所有案例中最小的，并且随着时间保持稳定，表现出人群运动的有序性，案例 A 中加速度的 95 分位数随时间变化较小，并且和其他案例相比，值是最小的。在图 7.17（b）中，均值、中位数、95 分位数随着时间变化剧烈，表现出人群运动的无序性，案例 B 中人群相互推搡，期望可以尽早地进入驱邪桥，人群内相互作用力剧烈，引发震荡波，使人群的运动失去控制，处于湍流状态。同样地，由于震荡波的作用，图 7.17（c）中加速度随时间变化剧烈。在图 7.17（d）中，加速度的均值、中位数、95 分位数、上边缘等特征值随时间变化的趋势相似，分别在 305.6 s、305.6 s、302 s 和 307.2 s 达到最大值，加速度最大值的峰值出现在 318 s，如表 7.2 所示，而案例 D 中踩踏事故发生在 329 s，可以发现 95 分位数的峰值比均值和中位数的峰值早出现 3.6 s，比最大值的峰值早 16 s，比事故发生时间早 27 s，因此，从时间上考虑，加速度的 95 分位数可以尽早地对踩踏事故进行报警。案例 B 和案例 C 也发生了踩踏事故，但是我们无法获取包含踩踏事故发生时的完整视频资料，因而不能根据此方法得出事故预警的时间。图 7.17（e）表明踩踏事故发生后的加速度特征值大于踩踏事故发生前的特征值，但是图 7.17（e）中无法得出加速度特征值的突变时刻，这是因为案例 E 中可分析的视频资料里只包含人群的初始阶段和疏散阶段，缺少反应阶段和加速阶段。案例 F 中突发事件发生于 42 s，从图 7.17（f）中可以看出加速

度的均值、中位数、95分位数在42 s前保持稳定，然后变小，此阶段是人群的信息处理和反应阶段，突发事件发生后，人群选择停下来探查周边的情况；在此之后，加速度的均值、中位数、95分位数急剧增大，并分别在54.3 s、52.5 s、52.2 s时达到峰值，如表7.3所示，其中，加速度的95分位数是最接近于事故发生时间的。因此，95分位数可以尽早地对人群中的异常行为和由外界突发事件引起的人群骚乱给予警报。

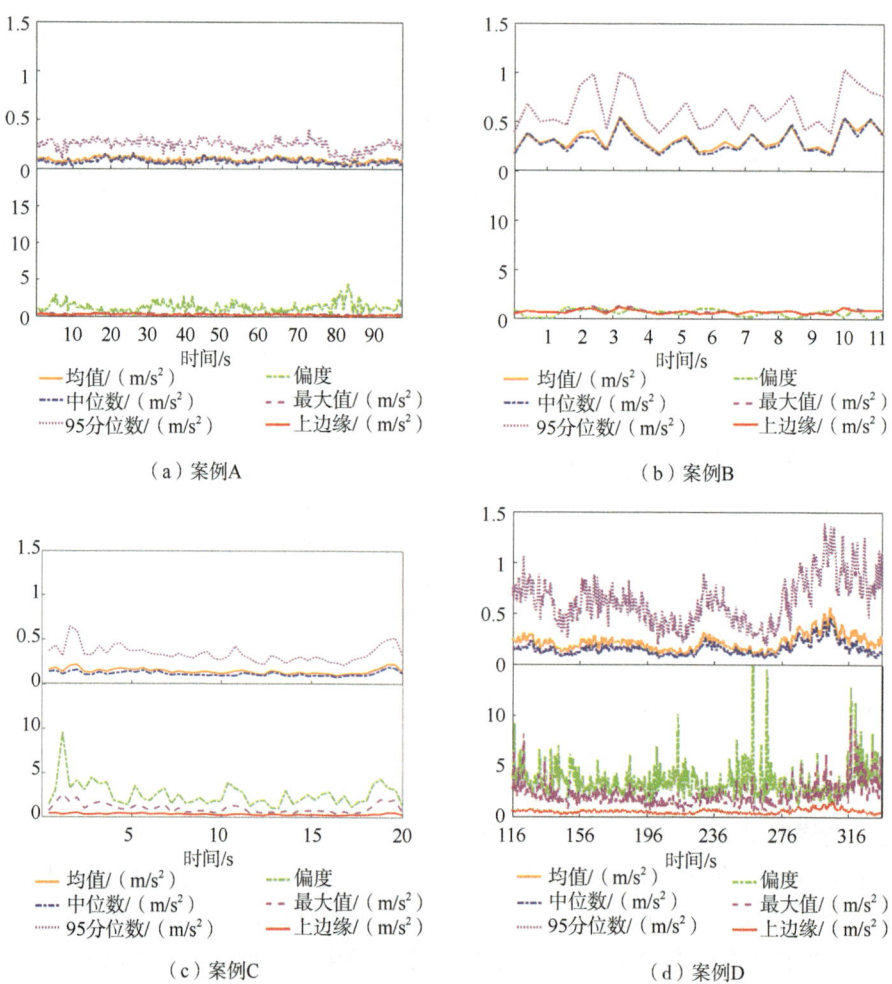

(a) 案例A

(b) 案例B

(c) 案例C

(d) 案例D

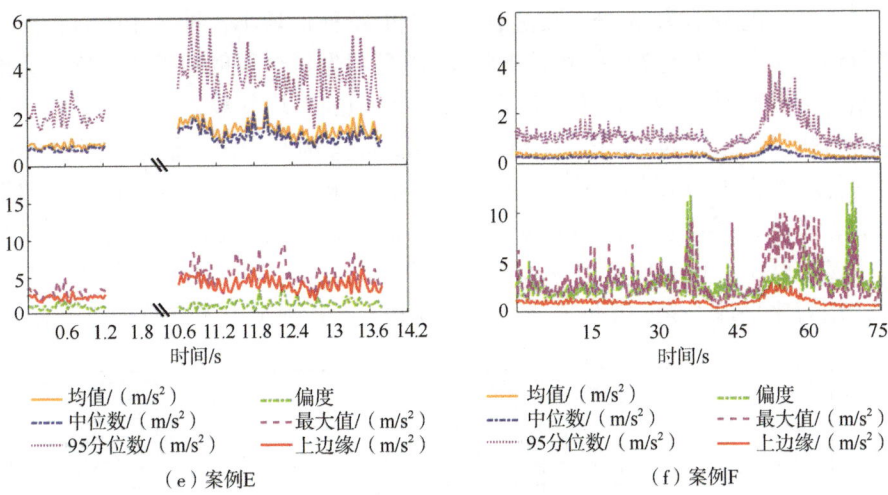

图7.17 加速度特征值随时间的变化

上边缘来自箱线图,上边缘=75 分位数+1.5×(75 分位数−25 分位数)

表 7.2 案例 D 中加速度特征值达到峰值的时间和位置

变量	均值	中位数	95 分位数	上边缘	最大值
达到峰值的时间/s	305.6	305.6	302	307.2	318
峰值/(m/s^2)	0.56	0.46	1.40	1.52	10.22

表 7.3 案例 F 中加速度特征值达到峰值的时间和位置

变量	均值	中位数	95 分位数	上边缘	最大值
达到峰值的时间/s	54.3	52.5	52.2	52.5	55.3
峰值/(m/s^2)	1.18	0.73	3.93	2.98	10.00

图 7.18 是加速度的大小分布图,其中加速度的均值、中位数、95 分位数等特征值也在图中体现。图 7.18 中,所有案例的加速度分布的偏度都大于 0,分布的重心都在图的左侧,说明研究区域的大部分位置点的加速度较小,只有少部分区域加速度较大,也就是只有小部分区域是值得关注的高风险区域,因此通过风险的空间分布为相关工作人员提供人群聚集的高风险区域,从而合理地分配应急资源,降低事故发生的可能性或提高救援的效率和成果率。表 7.4 统计了各个案例中人群运动加速度的特征值,包括均值、中位数、95 分位数、上边缘、最大值、偏度和 D 值,其中 D 值为均值和中位数之间的差别,可以表示数据的集中趋势。表 7.5 中展示了根据不同特征值对本章研究的 6 个案例从大到小进行排序的结果,可以发现基于不同特征值得到的排序结果不同,为了综合考虑各个特征值,得到 6 个案例一致性的排序结果,本章根据各案例在排序结果中所处的位置给定分数,分值的范围是 1~6 分,若案例的特征值最大,排序在

第一位，给定的分值为 6 分，反之，若案例的特征值最小，排序在最后一位，给定的分值为 1 分，如表 7.5 右半部分所示；然后根据每个案例基于各个特征值排序结果给定的分数计算相应的平均值，得到各案例的平均分数，再根据平均分数对案例进行排序，结果为 E>F>D>B>C>A，即案例 E 中风险最高，案例 A 中的风险最低，案例 E 和案例 F 中行人运动状态的影响因素不仅包括人群内部的相互作用力，还有外界突发事件的触发，因此人群的聚集风险更高，人群容易在奔跑过程中发生踩踏；而案例 D 中人群在楼梯上运动，由于重力分量的作用，人群受到的作用力比平地上大，因此其风险大于 B 和 C；案例 A 中人群的运动相对有序，

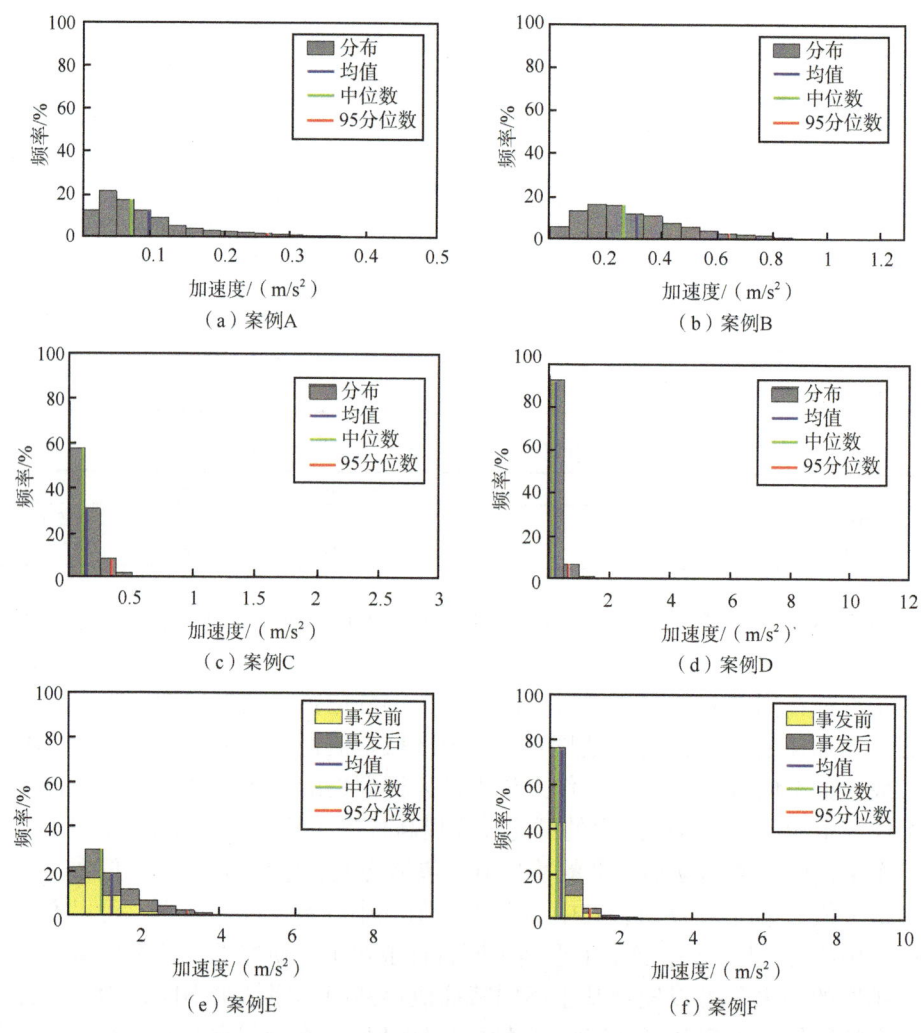

图7.18 加速度大小分布

案例 E、F 中突发事件发生前后的速度分布分别用黄色和灰色表示

表 7.4　加速度特征值

案例	均值	中位数	95 分位数	上边缘	最大值	D 值	偏度
案例 A	0.09	0.07	0.26	0.26	0.49	0.02	1.36
案例 B	0.32	0.27	0.65	0.80	1.34	0.05	1.15
案例 C	0.14	0.11	0.35	0.36	2.59	0.03	3.90
案例 D	0.22	0.14	0.67	0.54	10.22	0.08	4.81
案例 E	1.21	0.94	3.16	3.18	9.56	0.27	1.98
案例 F	0.40	0.25	1.19	1.04	10.00	0.15	5.31

注：特征值上边缘来自箱线图，上边缘=75 分位数+1.5×（75 分位数−25 分位数），D 值等于均值减去中位数

表 7.5　6 个案例基于加速度特征值的排序

加速度特征值	6 个案例根据各个特征值的排序						分数					
	6	5	4	3	2	1	A	B	C	D	E	F
均值	E >	F >	B >	D >	C >	A	1	4	2	3	6	5
中位数	E >	B >	F >	D >	C >	A	1	5	2	3	6	4
95 分位数	E >	F >	D >	B >	C >	A	1	3	2	4	6	5
上边缘	E >	F >	B >	D >	C >	A	1	4	2	3	6	5
最大值	D >	F >	E >	C >	B >	A	1	2	3	6	4	5
D 值	E >	F >	D >	B >	C >	A	1	3	2	4	6	5
偏度	F >	D >	C >	E >	A >	B	2	1	4	5	3	6
平均分数	E >	F >	D >	B >	C >	A	1.1	3.1	2.4	4	5.3	5

注：右侧每个案例在每行的得分是根据相应的加速度特征值排序得出，如案例 A 的加速度均值最小，相应的得分为 1，而案例 E 的加速度均值最大，得分为 6

运动状态相对稳定，因此风险最低。另外，我们发现根据加速度的 95 分位数排序的结果与根据平均分数排序的结果相同，说明 95 分位数所包含的信息较全面，可以直接将 95 分位数作为临界参数表征人群的运动状态，识别人群聚集风险。

根据加速度的 25 分位数、50 分位数、75 分位数、95 分位数可以将人群聚集的风险分为 5 个等级，如图 7.19 所示，0 级表示安全，4 级表示风险最高。在图 7.19（a）中，风险从外向内逐渐升高，最高的风险区域位于层流（左侧）与拥堵流（右侧）两股人流的交界处，因为交界处人群的相互作用相对较大，处于拥堵状态的行人会试图向左运动，离开拥堵的环境。图 7.19（b）中，高风险区域在拐角处，此区域内人群内部以及与墙的相互作用十分剧烈，再加上向心

力的作用，靠近拐角处的行人承受的压力更大，风险更高。图7.19（c）中风险区域比较分散，这是因为人群被堵塞在一个受限的空间内，人群之间的相互作用力引发震荡波，导致人群失去控制，处于湍流状态。图7.19（d）中的高风险区域与事发地一致，人群之间的相互作用力以及重力沿楼梯方向的分力会从上往下传递、累积（称为力链）[12]，这种情况下在力链末端的行人承受的作用力更大，更容易摔倒，发生危险的可能性越大，因此高风险区域为力链的末端，即楼梯的下方。力链的传递是踩踏事故发生的主要原因，因此对人群进行分区、分块化管理是有效防止力链传递的方法，从而防止踩踏事故的发生。图7.19（e）分别展示了突发事件发生前后的风险分布，突发事件发生前，风险较低，最高为3级，但是突发事件发生后，风险变高，为4级，高风险区域在远离出口的位置，这是因为行人在向出口疏散时，前面的行人阻碍了后面行人向前奔跑，后面行人的运动受阻，相互作用力大，风险更高。图7.19（f）分别展示了9s、49s、53s的风险分布图，随着时间的变化，相应的风险也越来越大，在9s时风险较低，最高的风险等级是2级；在49s时，风险的最高等级是3级，出现在桥的入口处，与突发事件发生的地点相近；在53s时，高风险区域在右侧边界处，这是因为部分行人疏散到右侧的安全区域后开始停下来，阻碍了后面其他行人的运动，人群内部相互作用加剧，风险较高。

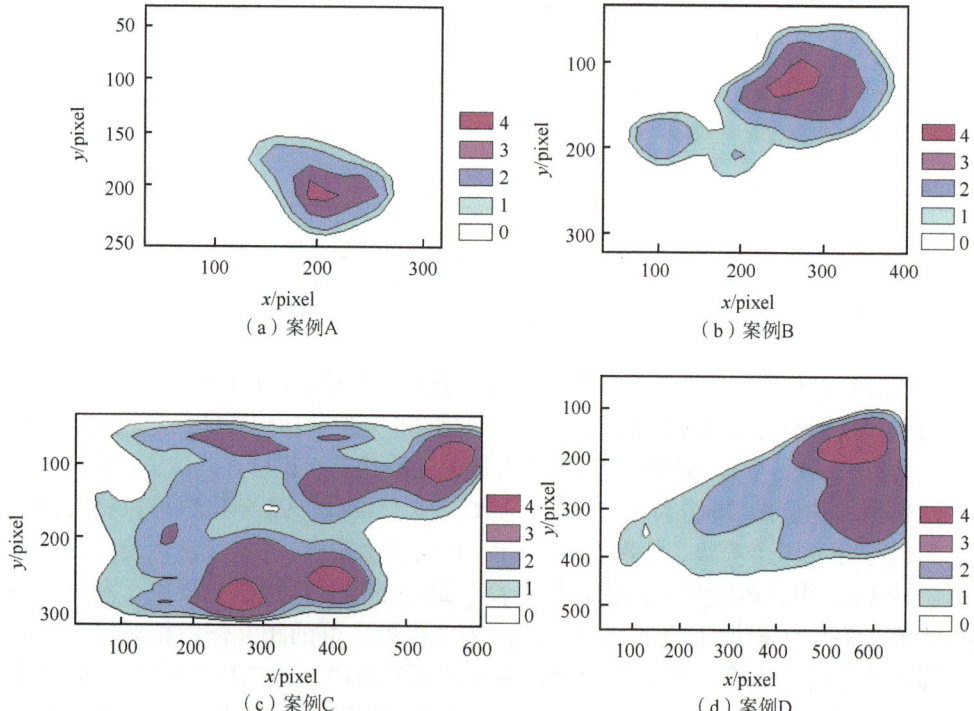

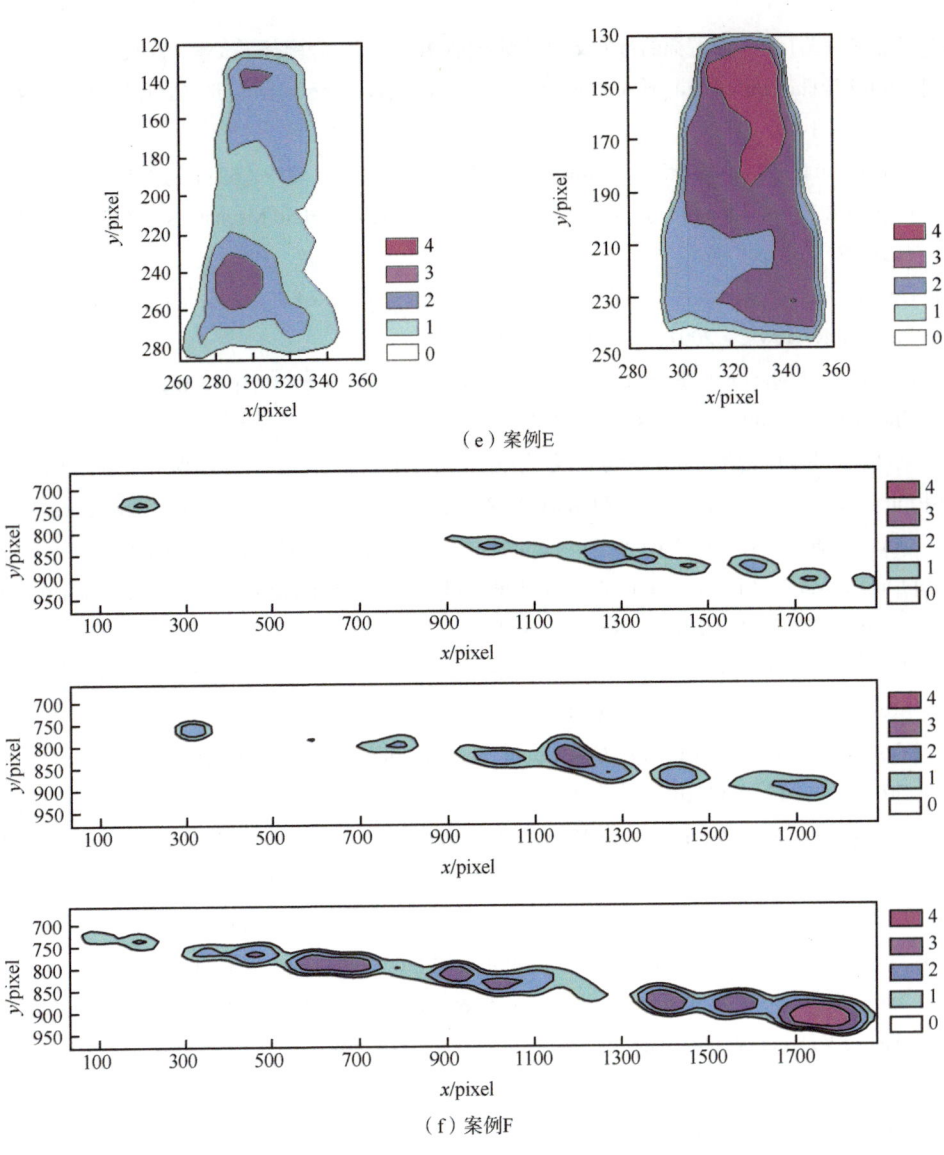

(e)案例E

(f)案例F

图7.19 人群聚集风险分布

参 考 文 献

[1] Jin C J, Jiang R, Wong S C, et al. Large-scale pedestrian flow experiments under high-density conditions[J]. arXiv, 2017, 1710: 10263.

[2] 黄德剑. 基于行人流特征的行人交通机理分析[D]. 广州：华南理工大学，2012.

[3] Fruin J J. The causes and prevention of crowd disasters[J]. Engineering for Crowd Safety，1993，1（10）：1-10.

[4] Henderson L F. The statistics of crowd fluids[J]. Nature，1971，229（5284）：381-383.

[5] Hughes R L. The flow of human crowds[J]. Annual Review of Fluid Mechanics，2003，35（1）：169-182.

[6] Helbing D，Johansson A，Al-Abideen H Z. Dynamics of crowd disasters：an empirical study[J]. Physical Review E，2007，75（4）：046109.

[7] Lee R S，Hughes R L. Exploring trampling and crushing in a crowd[J]. Journal of Transportation Engineering，2005，131（8）：575-582.

[8] 刘洎. 公共场所密集人群行为分析及干预措施研究[D]. 哈尔滨：哈尔滨理工大学，2012.

[9] Johansson A，Helbing D，Al-Abideen H Z，et al. From crowd dynamics to crowd safety：a video-based analysis[J]. Advances in Complex Systems，2008，11（4）：497-527.

[10] Lin P，Ma J，Si Y L，et al. A numerical study of contact force in competitive evacuation[J]. Chinese Physics B，2017，26（10）：104501.

[11] Yu W J，Johansson A. Modeling crowd turbulence by many-particle simulations [J]. Physical Review E，2007，76（4）：046105.

[12] Golas A，Narain R，Lin M C. Continuum modeling of crowd turbulence[J]. Physical Review E，2014，90（4）：042816.

[13] Zhang X L，Weng W G，Yuan H Y，et al. Empirical study of a unidirectional dense crowd during a real mass event[J]. Physica A：Statistical Mechanics and Its Applications，2013，392（12）：2781-2791.

[14] Zhang X L，Weng W G，Yuan H Y. Empirical study of crowd behavior during a real mass event[J]. Journal of Statistical Mechanics：Theory and Experiment，2012，2012（8）：P08012.

[15] Wang J Y，Weng W G，Zhang X L. New insights into the crowd characteristics in Mina[J]. Journal of Statistical Mechanics：Theory and Experiment，2014，2014（11）：P11003.

[16] Krausz B，Bauckhage C. Loveparade 2010：automatic video analysis of a crowd disaster[J]. Computer Vision and Image Understanding，2012，116：307-319.

[17] Huang L D，Chen T，Wang Y，et al. Congestion detection of pedestrians using the velocity entropy：a case study of Love Parade 2010 disaster[J]. Physica A：Statistical Mechanics and Its Applications，2015，440：200-209.

[18] Zhou J B，Pei H B，Wu H S. Early warning of human crowds based on query data from baidu maps：analysis based on Shanghai stampede[C]//Shen Z J，Li M Y. Big Data Support of Urban Planning and Management. Cham：Springer，2018：19-41.

[19] 卢文刚，蔡裕岚. 城市大型群众性活动应急管理研究——以上海外滩"12.31"特大踩踏事

件为例[J]. 城市发展研究, 2015, 22 (5): 118-124.

[20] Haase K, Al-Abideen H Z, Al-bosta S, et al. Improving pilgrim safety during the hajj: an analytical and operational research approach[J]. Interfaces, 2016, 46 (1): 74-90.

[21] Helbing D, Mukerji P. Crowd disasters as systemic failures: analysis of the Love Parade disaster[J]. EPJ Data Science, 2012, 1 (1): 1-40.

[22] Peinel G, Rose T, Wollert A. Cross-organizational preplanning in emergency management with IT-supported smart checklists[C]//Aschenbruck N, Martini P, Meier M, et al. Future Security. Berlin: Springer, 2012: 497-508.

[23] Helbing D, Brockmann D, Chadefaux T, et al. Saving human lives: what complexity science and information systems can contribute[J]. Journal of Statistical Physics, 2015, 158 (3): 735-781.

[24] Wang J H, Lo S, Wang Q S, et al. Risk of large-scale evacuation based on the effectiveness of rescue strategies under different crowd densities[J]. Risk Analysis, 2013, 33 (8): 1553-1563.

[25] Helbing D, Farkas I, Vicsek T. Simulating dynamical features of escape panic[J]. Nature, 2000, 407 (6803): 487-490.